嘉善历史文化名人丛书

中共嘉善县委宣传部
嘉善县名人与乡贤文化研究会 编

魏大中传

李 勇 著

上海三联书店

编 委 会

主 编

郭 真

副主编

龚跃华　李剑明

编 委

金治平　金林峰　丁 艺

总　序

　　嘉善地处吴根越角，为马家浜文化发祥地之一，在文化发展方面，有着十分丰硕的成果。

　　嘉善人杰地灵、人才辈出，是全国有名的"巍科大县"。根据历代府志县志记载，唐、宋、元、明、清五个朝代，嘉善共出状元2人、进士213人、举人491人。有著作者626人，书画家162人。明清历代县志收入的文苑人物多达788人，被《四库全书》收入或存目的著作达到70多种。其中就有唐陆贽的《翰苑集》《古今集验方》，宋娄机的《汉隶字源》、陈舜俞的《都官集》，明钱士升的《周易揆》、袁黄的《历法新书》，以及清曹廷栋的《老老恒言》等。在书画方面则有吴镇、盛懋、姚绶、项圣谟、许从龙等一大批震古铄今的大家。这些前辈乡贤，为嘉善留下了丰富的文化遗产，值得后辈永远尊敬。

　　出版名人丛书，意义重大。这次由中共嘉善县委宣传部和嘉善县名人与乡贤文化研究会组织出版的"嘉善历史文化名人丛书"中，传主有被誉为"中国十大贤相"之一的唐陆贽，有"元四家"之一的吴镇，有被谥为"忠节"的明魏大中，有明万历"嘉兴三大家"之一的袁黄和劝善江南的丁宾。他们或忠贞报国、恪守清廉，或视死如归、忠于职守，或淡泊名利、书画传世，或布道天下、光前裕后。在这些乡贤前辈的风骨深处，蕴含了鲜明的地域文化特征，也为今日的嘉善地域文化建设提供了"善文化"的基因。为此，对"嘉善历史文化名人丛书"的出版表示祝贺，对长期从事地方名人与乡贤文化研究的专家学者表示敬意。

嘉善所处的地理区位，在先秦时为吴越争雄之地。当年的吴、越，大致相当于今天的江浙沪，即长三角核心区域。吴是以今天的江苏省苏州市为中心的区域，越是以今天的浙江省绍兴市为中心的区域。吴、越在历史的大融合过程中，分别产生了以"上善若水、兼容并蓄"为标志的吴文化和以"卧薪尝胆、经世致用"为主要内容的越文化。嘉善接受吴越文化的辐射，"长久地镶嵌在吴越两地的边界线上，得两地之气，交融汇淬，千年安详"。进入近代以来，随着上海开埠，西风东渐，以"海纳百川、开放包容"为特点的海派文化，又与吴越文化相互交融，不但深刻地影响历史发展的进程，而且也丰富了嘉善地域文化的内涵，逐渐形成了具有自己特色的"坚韧不拔、敬业争先"的嘉善精神。这也说明古今文化之间具有延续性和传承性。所以，古代的嘉善产生了众多优秀的前辈乡贤，今天的嘉善同样也拥有以中科院院士为代表的一大批优秀儿女。

历代志书告诉我们，曾为吴越争雄之地的嘉善，在两汉至三国时期已经得到开发，渐成江南鱼米之乡。文化建设也逐步展开。但嘉善文化繁荣的最佳发展机遇期，则是在宋室南渡以后。

绍兴八年(1138)起，南宋定都杭州近140年，其间浙江全省的经济、社会、文化都获得飞速发展。其中文化发展主要反映在三个方面，即教育发达、书籍刊印业发展和藏书楼增加。紧邻杭州的嘉兴（当时嘉善尚未建制，隶属于嘉兴府）是畿辅重地，又是宋孝宗赵眘的诞生地，更是直接接受了京城的文化辐射，取得了先发的优势。因此，不仅仅是教育发达、科举鼎盛，还带动了整个社会文化的繁荣。以嘉善的历史文化名人为例，除陆贽等少数人外，大多数都是在宋以后出现的，到明清时形成高峰。这除了说明京畿文化辐射的重要性外（其他方面也同样），也表明嘉善善于抓住这个千载难逢的历史发展机遇，从而促进了自身的文化繁荣。

文化现象的出现从来就不是孤立的。回望过去，除了向前辈乡贤表示敬意，也是为了更好地总结前行。展望未来，嘉善站在新的历史起点上，切实扛起两大国家战略的重大历史使命，以红船起航地的忠诚和担当，迭代升级、再造嘉善，奋力推进"双示范"建设，努力争创社会主义现代化先行示范区，以优异的成绩庆祝中国共产党成立100周年。

是为序。

2021 年 5 月

（作者系中共嘉兴市委常委、嘉善县委书记）

目　录

前　言

一

天启五年（1625）的夏天迟迟不愿离去，京城直到农历七月底仍是暑气逼人，午后常常袭来的雷雨，总算带来一丝凉意。这并不是一个可以让人安心消夏的年份，比起惊雷来，坊间传播的消息更加令人心绪不宁。除了延安府六月飞雪、济南府飞蝗蔽天等灾异外，更多的则是诸如官军在旅顺兵败、沈阳成为"后金"[①]都城这样的坏消息。

七月的最后一天[②]，诏狱的后门不同寻常地打开了——说是后门，其实是半藏在厚达数尺的墙根下，上有石梁支撑，像个狗洞，仅容一个人匍匐进出的门。熟悉这里规矩的人知道，这是要往外出尸体了。果不其然，三具被芦席与草绳胡乱捆扎着的尸首被依次拖出，一股浓重的尸臭弥散开来，尸虫雨点般纷纷落下，令人毛骨悚然、难以驻足。[③]

一同从诏狱中被拉出来的，是一个月多前因身陷"封疆大案"而入狱

① 努尔哈赤在东北建立的政权，是清朝的前身。

② 转换为公历即 1625 年 9 月 1 日。为行文简便起见，书中提到的日期，除特别注明外均为农历，不一一转为公元纪年。

③ （清）黄煜《碧血录》（下）"天人合征纪实"，见《丛书集成新编》第 120 册，台湾新文丰出版社 1985 年版。诏狱，关押钦犯的牢狱，即镇抚司狱、厂狱。

的左副都御史杨涟、金都御史左光斗以及吏科都给事中魏大中的尸首。三位言路的高级官员一齐在诏狱暴毙，在明代历史上恐怕绝无仅有。

封疆也就是分封土地的边疆。这起所谓的"封疆大案"，是指天启元年（1621）熊廷弼①、王化贞在辽东一场关键的战役中遭受惨败，尽弃关外四十余座城堡，退守山海关，将大明苦心经营数十年的关外河山拱手让人。

疆土尚不容他人觊觎，更遑论丧地辱主。天启五年（1625）春，前辽东经略熊廷弼正在狱中戴罪等死。杨、左、魏等东林官员因与魏忠贤结怨，被诬欲为熊廷弼开脱死罪，收受其数额巨大的贿赂，一起罗织进骇人听闻的"封疆大案"中，逮入诏狱。这场冤狱涉及十数名官员，其中六人诏狱死难，除杨、左、魏三人外，还有御史袁化中、给事中周朝瑞和刑部员外郎顾大章，史称"天启六君子"。

即使举朝皆知这是件冤案，也几乎没人出面施以援手。就在上一年春夏之交，大臣们还在步调一致地紧随杨、左、魏之后，以雪片般的奏章猛烈地攻击魏忠贤，拉开与阉党决战的架势。在这次反对阉党的战役中，东林集全力一击不中，反遭重大挫折。天启四年（1624）的最后两个月里，东林失去了叶向高、韩爌等来自内阁的支持者，也失去了赵南星、高攀龙等实际领导者，如同被推倒了的多米诺骨牌，大批官员迫于魏忠贤的淫威，或倒台、或求去、或谄媚、或附之，余下的只能明哲保身。

让人意想不到的是，除督师山海关的东阁大学士、兵部尚书孙承宗让魏忠贤惊出一身冷汗的救援行动外②，唯一有分量的上疏救援居然来自魏忠贤的私党——建极殿大学士魏广微。

在天启五年（1625）六月的一份上奏中，魏广微说道：

（杨）涟等在今日，诚为有罪之人，在前日实为卿寺之佐。纵

---

① 熊廷弼（1569—1625），字飞白，号芝冈，湖广江夏（今武汉江夏）人，两度出任辽东经略，与孙承宗、袁崇焕并称"辽东三杰"。
② 详见后文"范阳三烈"一章。

使赃私果真，亦当转付法司，据律论罪。岂可逐日严刑，令镇抚
追赃乎？身非木石，重刑之下，就死直须臾耳。以理刑之职，使
之追赃，官守安在？勿论伤好生之仁，抑且违祖宗之制，将朝政
日乱，与古之帝王大不相侔矣。①

在这份奏疏中，魏广微称，杨涟等人即使有罪，也应当交付法司审理，
而不是关在诏狱中严刑追赃。魏广微质问："你们做官的操守到哪里去了？
这样做，是坏了祖宗的规矩，扰乱了朝政！"

很难想象，这份措辞严厉的奏疏竟然出自阉党、同时也是这起冤案的
策划者。天启四年（1624）十月，魏广微还在与魏大中交章攻讦。魏广微
于是授意御史陈九畴，以魏大中出于私交，举荐谢应祥出任山西巡抚为由，
上疏弹劾。② 魏大中随即被以"把持会推"③的罪名被降级调外，随后又被
罗织进这起封疆大案。

现在，身居相位的魏广微又以卫道士的面目出来反对严刑拷打，要求
皇帝"据律论罪"，让人感叹晚明政治生态的诡异。但这样明显同情东林的
言辞，让魏忠贤怒不可遏，这个摇摆不定的大学士很快失宠致仕。④

既然连阁臣孙承宗、魏广微都救不得，那么杨、左、魏等人在诏狱这
座人间地狱的死，已是无法挽回了。

二

在天启四年（1624）之前，朝政还不至于糜烂到这样的地步。

在结束了数十年死气沉沉的万历时代后，中兴的梦想烧灼着顾命大臣
的心，借朱由校之手，大臣们开始系统地纠正万历时的诸多弊政，并实施

---

① 《明史·卷三〇六·列传》第一百九十四"阉党"。

② 谢应祥曾任嘉善县令，与魏大中有师生之谊。

③ 会推：多人参与推荐选任官员的一种制度。

④ 《明史·卷三〇六·列传》第一百九十四。致仕：指交还官职、退职。

了诸多让人振奋的新政，如提拔袁崇焕，发银二百万两犒边，下诏为张居正平反，优恤方孝孺遗嗣……[1]。新君的年号被定为"天启"，语出《左传》，包含着朝野对重启道统的普遍期待。

天启四年（1624）适逢甲子重开，皇帝已经成年，即使朝堂之上没有张居正这样的治世能臣，以东林为代表的清流也足以让朝野充满信心。

> 东林势盛，众正盈朝，（赵）南星益搜举遗佚，布之庶位，高攀龙、杨涟、左光斗秉宪；李腾芳、陈于廷佐铨；魏大中、袁化中长科道……而四司之属邹维琏、夏嘉遇、张光前、程国祥、刘廷谏亦皆民誉。中外忻忻望治，而小人侧目。[2]

这段文字出自《明史·赵南星传》。万历中后期开始活跃在政治舞台的东林党人，通过党争的起落，逐步迈向权力中心。因在"红丸案""移宫案"中辅佐光宗和熹宗顺利即位有功，东林党人赢得皇帝的信任，此前下野的东林元老邹元标、赵南星等纷纷回归政坛。天启四年（1624），赵南星履新吏部尚书，随即展开他的人事布局，让高攀龙、魏大中等人踏上要位，成为言路系统的领导者。

此时，东林的官员不仅掌控了都察院、吏部、六科等重要部门，甚至囊括了吏部文选、验封、稽勋和考功四司主事的职位。朝堂之上，有赵南星、高攀龙、杨涟、左光斗、魏大中等一干东林健将，还有亲东林的内阁大臣叶向高、孙承宗、韩爌、朱国祯。几十年未有的"众正盈朝"喜人局面，使朝野"忻忻望治"。

但从另一方面看，这是东林大力打击异己的结果，其他政治派别侧目而视，甚至被迫投靠魏忠贤，促进了晚明阉党集团的形成。在与阉党的生

---

[1] 参（清）谷应泰《明史纪事本末》，中华书局1977年版。

[2] 《明史·卷二百四十三·列传》一百三十一。"宪"，指都察院；"铨"，指吏部；"科道"，指六科以及都察院，即所谓言路。

死决战中，皇帝不幸倒向了魏忠贤，东林党很快付出了沉重的代价。

明代因不设宰相，皇帝成为政事运作的关键，处于政体"拱顶石"位置。倘若皇帝懒政，政事的运作就会受到很大影响。不过，在大臣兢兢业业的努力下，缺少皇帝配合的政府居然可以维持必要的基本运作，仿佛国家治理中并不存在任何危机。

政治上的这种怪诞之处，也折射在社会生活各个层面。这个开国已两个半世纪的王朝，既有着官僚社会难以摆脱的臃肿的历史包袱，又呈现出迈入前近代社会的生动气息——弥漫于整个社会的，不仅有扩大检验道德行为的保守力量，也有探寻个人价值、追求安逸生活的时代潮流。

经济上，作为当时国际贸易主要支付手段的白银，每年有将近一半的产量流入了东亚，尤其是中国[1]，用于购买供西方贵族享用的精美丝绸、瓷器和茶叶，也使明王朝摆脱了困扰多年的白银短缺问题。红薯、玉米等高产作物的引种，推动了人口的暴增。在人口稠密的东南部地区，尽管"农人尽力，野无旷土"[2]，但种植水稻已难以满足谋生之需，桑棉等经济作物争夺了宝贵的耕地资源，推动着自然经济向商品经济转变，成为带动市镇经济发展的主要动力。工商成为"生民之本业"，市镇成为贫民安身立命的新去处，"无产者赴逐雇倩（请）"，城乡经济和生活形态差异日渐扩大，一些乐观的研究者将其称为"资本主义的萌芽"。

文化上，相对宽松的政治氛围和繁荣的经济，哺育了众多杰出的作品。这个时代，诞生了中国历史上最知名的戏曲戏剧、最有影响力的章回体小说、最早记录地理环境的游记和最出色的中药学大成。

科技上，明末西方传教士带来了包括测量、天文、火炮在内的先进科学技术。中国民间和官方同时展开了对多达上千本的西方科技、思想书籍大规模的翻译，正如徐光启所说的："欲求超胜，必须会通；会通之前，必

---

① （德）贡德·弗兰克《白银资本——重视经济全球化中的东方》，第 8 页，中央编译出版社 2000 年版。
② （清）光绪《嘉善县志》卷八。

须翻译","令彼三千年增修渐进之业，我岁月间拱受其成"。放眼天下的晚明有识之士开始认识到东西方学术上的差距，提出向西方学习、赶超西方的想法。此时，《几何原本》《天工开物》这类纯科技书籍也开始印行。

在思想上，前有王守仁的启蒙，后有李贽、黄宗羲等人的艰苦探寻，许多具有进步性和现代特质的理论先声纷纷应运而出。比如，顾宪成提出的"天下之是非，自当听之天下"，钱一本提出的"大破常格，公天下以选举"，等等。日本学者沟口熊三在《中国前近代思想的演变》中认为：

> 从现象上看，这一时期的特征可以举出很多，但和以往完全不同的新的变化可以举出两点。这就是：一、对欲望予以肯定的言论的表面化；二、提出对"私"的肯定。①

与历来主张"天理公论"不同的是，"私"的提出，是对个体价值的充分重视。如东林党提出的"民重君轻""有益于民而有损于国者，权民为重，则宜从民"等观点，已经具备了现代民主思想的一些特质。这样的思潮直接启迪了稍后"中国思想启蒙之父"黄宗羲《明夷待访录》的诞生，发出了超越时代的民主先声：

> 今也以君为主，天下为客，凡天下之无地而得安宁者，为君也，是以其未得之也，荼毒天下之肝脑，离散天下之子女，以博我一人之产业，曾不惨然，曰："我固为子孙创业也。"其既得之也，敲剥天下之骨髓，离散天下之子女，以奉我一人之淫乐，视为当然，曰："此我产业之花息也。"然则为天下之大害者，君而已矣。

这既是孟子以来民本思想的延续，也是君主立宪的先声。但中国蹒跚迈向前近代社会的步伐，随着作为中小地主阶层和新兴士绅阶层代言人的

---

① （日）沟口熊三《中国前近代思想的演变》，第10页，中华书局1997年版。

东林党的垮台而停滞不前。

三

"天启"这个年号看起来并不吉祥，历史上用"天启"这一年号的，除了明代，至少还有三次，俱是叛臣当道或群雄逐鹿的时代。[①] 历史总是与世人开无情的玩笑，辅佐幼主成为一代令主，前朝的张居正功败垂成，东林更是一败涂地。

万历四十八年（1620），大明王朝在短短一个月时间里接连送走了两位皇帝。转眼间，皇长孙朱由校成了皇帝。由于其父朱常洛长期受神宗的漠视，连带这位皇孙应有的基本教育也难以保证。朱由校对政治的认识很不成熟，大权落入太监魏忠贤手中。东林"众正盈朝"的局面，随着杨、左、魏等一群言官的死，迅速转入血腥的魏忠贤暴政时代。

魏忠贤屠杀异己的时候，在世界史上，正是西方开始甩开东方，大踏步前进的时代。随着大航海时代新航线的开拓以及随后的地理大发现，为西方找到了拓展疆土、寻找财富的捷径。西洋商人驾着远洋货船驰骋全球，依靠通商乃至掠夺积累的财富，很快结束了中世纪的"黑暗时代"，进入了"文艺复兴"鼎盛期、工业革命的前夜，奠定了其超越亚洲的基础。从此，欧洲走在了世界的前列，成为现代文明的开拓者。

但我们仍不得不提到的是，早在哥伦布发现新大陆的大半个世纪前，由郑和率领的大明船队就探索了东南亚与南亚的大部分地区，如交趾（越南）、马六甲、暹罗（泰国）、爪哇、加尔各答、斯里兰卡等，甚至远至波斯湾和东非。这种耗费巨大的开创性探索，不久后在朝野一致反对下偃旗息鼓，代之以严厉的海禁。仅半个世纪后，明王朝就在海上遭遇重大挫折，

---

① 历史上曾使用天启这个年号的至少有：南朝梁政权永嘉王萧庄、南诏国（今云南）第七代国王劝丰祐、元末起义军领袖徐寿辉。见（清）抱阳生《甲申朝小纪》，第250页，书目文献出版社1987年版。

倭寇的屡屡侵犯令当政者头疼不已。到天启四年（1624）前后，"五月花号"乘客已经踏上美洲新大陆、麦哲伦已驾船经新大陆南端进入太平洋，而荷兰殖民者更是踏上了太平洋西岸的中国台湾。历史发展的瞬息万变，让后人感慨万千。两个世纪后，西方对东方取得了压倒性的优势，列强用洋枪火炮打开了一扇将中国强行推入近代社会的"二重门"——血腥的掠夺与西学的涌入。

作为主宰国家命运的紫禁城历代主人，逃不过由龙种退化为跳蚤的怪圈，他们无法对国家的基本治理提出任何有新意的安排，更遑论大航海时代的风云际会。在这个朝代，道德的裁量总是凌驾于治世的技术手段之上。引进的天文知识，首先被用来校正稍有瑕疵、但已甚为精确的历法①，原因在于钦天监未能准确预报象征国家命运的日食或者月食——钦天监的技术官员更像是预言祸福的祭司；西方的几何学，被张居正用于清丈全国的田地，以便推行更为合理的赋役制度，但随着张的身败名裂，数年清丈的努力一夕化为灰烬；农业与工商业的发展，并没有给国家带来税收的同步增长，国力是如此的虚弱，甚至连维系南北供给的大运河都难以保证常年通畅，更罔论加强武备、培植税源了。

整个晚明社会在混沌中踯躅前行，而不知山河易主的威胁正渐渐逼近。大明王朝的分崩离析与最终覆灭，远非一两条缘由可以解释，如吏治的败坏、阉党的煽虐、连续的灾荒、农民的暴动和清军的入侵，它们讲述了不同的故事，又相互交织成为同一部历史。经常被提及的明亡原因还有党争之祸。晚明的历史也是一部血淋淋的党争史，与汉代的党锢、唐代的牛李党争以及宋代元祐党争相比，有过之而无不及，从万历年间直到苟安一时的南明政权，前后持续将近半个世纪。

本书铺陈的魏大中、魏学濂父子的故事，便是围绕党争展开的一段历史：

---

① 明代所用的大统历基本上就是授时历，自元至元十八年（1281）开始施行，以 365.2425 日为一岁，与近代观测值 365.2422 仅差 26 秒，精度与公历（即 1582 年施行的《格里高利历》）相当。

这个家族深深地陷入了明末党争。天启四年（1624），魏大中卷入了"吏垣之争""汪文言案""会推晋抚"等震动政坛的事件，揭开了东林血案的序幕。魏大中次子魏学濂参与了复社与阉党残余继续缠斗，是留都防乱公揭和骂座事件的主角。以魏氏父子为视角，可以从党争这个角度来探寻明亡的一个原因。

四

1624 年，甲子年，魏大中罢官，次年惨死诏狱。

历朝历代，皇帝对言官处以极刑都极为审慎。朝廷设置言官的目的，就是要他们大胆谏言，以规谏圣德，驳正违误，纠劾奸佞，澄清吏治，从而维持长治久安的局面。在明代，为鼓励言官自由地发表个人意见，朝廷做出了种种制度安排，授予他们特殊的权柄、超擢的优待，目的就是为了让言官在谏言时不至于患得患失。因此，无论在制度设计上，还是在体现君主的气度上，言官很少因抗颜上奏而被治罪。如果皇帝连这点气度都没有，就会被认为是钳制言路、闭塞视听。明智的君主往往对难缠的谏言采取"留中"[①]的策略，甚至对直接攻击皇帝本人的奏折，也常常不去深究言辞的唐突。

魏大中争移宫、争封疆，以澄清天下为己任，蹈死不顾，被称为"大明三百年来，忠烈刚强第一人"。除了疾恶如仇的本性外，更认为这是作为言官的职责所在。他说：

> 国家言官之设，专令发奸纠匿，使大臣有所忌惮，不敢堕羔羊之节；累臣有所忌惮，不敢生脱兔之奸。[②]

---

① 留中：指皇帝把臣下的奏章留在宫中，不交部议也不做批答。
② （明）魏大中《藏密斋集》卷三，第 21 页，上海图书馆藏明崇祯刻本影印，见《四库禁毁书丛刊》集部第 45 册，北京出版社。

魏大中或许会羡慕上一个甲子年进京为官的海瑞。那是在嘉靖四十三年（1564），严嵩已经垮台，海瑞入京任户部主事。次年，海瑞为自己准备好棺材，上了名闻天下的《治安疏》（又称《直言天下第一事疏》）：

> ……迩者，严嵩罢相，世蕃极刑，差快人意，一时称清时焉。然严嵩罢相之后，犹之严嵩未相之先而已，非大清明世界也。不及汉文帝远甚。天下之人不直陛下久矣，内外臣工之所知也……①

海瑞称，虽然严嵩已经下台，但现在不过是回到严嵩未当宰相前而已，远非一个清明的世界。陛下，您远远比不上汉文帝，朝廷内外都知道，天下人已经很久以来就认为你这个人不怎么样了……

嘉靖帝读罢奏疏，其震怒的情状可想而知。据说，他把奏折一摔，喊道："不要让他跑了！"旁边太监奏道："万岁爷不必动怒。这个人向来就有痴名，是不会逃跑的。"嘉靖帝听完，捡起奏本一读再读，长叹一声："我虽不是纣王，但这人却可以与比干相比了。"②

嘉靖帝明白杀了海瑞只会让自己更加难堪。故而，海瑞虽因尖锐地攻击皇上被判死刑，但嘉靖帝始终没有将其勾决。隆庆帝即位的当天，海瑞就被重新起用，这位铁疙瘩一般的清官甚至还得到了善终。

魏大中没有海瑞这样的幸运。留在这位清廉耿直的言官心头的遗憾，同样也应该成为大明王朝的深深遗憾。这位言官死后三年，在魏学濂刺血上疏的努力下，朝廷即为其平反，哀荣并至。然而这一切，既无济于重开言官抗颜直谏的风气，也无助于挽救苟延残喘的明王朝。除勤政的崇祯帝一天天刚愎自用、疑心重重外，大明只剩下不到二十年的光景了，而魏大中身后的数百年间，再也难以见到真正的言官群体。

---

① （明）陈子龙等辑《明经世文编》卷三百九"海忠介公文集"第 4 册，第 325 页。
② （美）黄宇仁《万历十五年》，中华书局 2007 年版。

第一章　父祖家世 ①

一、离奇的出生故事

魏大中出生在万历三年（1575）。这一年，在长江流域发生了一次数百年一遇的日全食，除去这个异常天相，1575 年应该算是个承平之年。四十余万字的《万历邸抄》中，有关这一年的记载几乎是最少的，仅仅六百来字，没有显示有特别重大的事件发生。

大明国祚至此已赓续二百余年，第十四位皇帝朱翊钧即位不久。太祖皇帝处心积虑创建的制度，虽然被臣子不时搬出来奉为祖制，但执行的基础早已面目全非。历代王朝统治中后期照例出现的各种病症，也毫无例外地侵蚀着这个国家庞大而迟钝的机体，尤其是东南沿海的倭寇之乱，令天朝颜面大失、头痛异常，而北方剽悍的蒙古骑兵，已经使朝廷在几近半个世纪的时间里疲于应付，甚至御驾亲征的皇帝也曾被俘虏。

好在万历初年有明代最有才能的首辅张居正，他推动财政经济改革，注重开源节流，使国家摆脱了嘉靖以来连续的严重赤字局面。张居正主政

---

① 本章内容主要据（明）魏大中《藏密斋集》"自谱""先考继川府军纪实"以及（明）姚希孟《棘门集》"勅赠修职郎行人司行人继川魏公行状"；（明）赵南星《赵忠毅公诗文集》卷十一"明勅赠吏科都给事中继川魏公碑"。

11

十年，太仓存粮可以满足九年之需，国库存银超过千万两，为神宗后来的长期倦政打下了暂时不倒的基础。

在一派承平气象下，也飘来了几片乌云。万历三年，朝廷在京城蒿街磔杀了建州女真首领王杲（满语名阿突罕，又名阿古）。王杲与努尔哈赤的祖父觉昌安有着紧密的双重姻亲关系。万历十一年（1583）李成梁继续攻打王杲儿子阿台所占据的古勒寨时，又不幸误杀了觉昌安、塔克世父子。外祖王杲与父、祖的先后被杀，使努尔哈赤与明廷结下不解之仇，成为日后明王朝的掘墓人。

放眼世界，万历三年有三个事件也值得关注。其一，在日本的长筱合战中，织田信长以三千火器兵消灭了武田军的三万骑兵部队，这是火枪第一次在战役中起到决定性的作用。其二，号称中国"殖民"海外的第一人——"海盗"林凤，这年攻克了吕宋岛的马尼拉（今属菲律宾），试图赶走盘踞于此的西班牙殖民者，但在西班牙军队的围剿下，功败垂成。此役之后，华商在东南亚的势力日渐式微。其三，罗马教皇格里高利十三世宣布在澳门建立天主教主教区，负责中国、日本和交趾（今越南）的教务。澳门成为欧洲在东亚的第一块领地，无意之中扮演了"西学东渐"桥头堡的角色。

风起于青萍之末。万历三年发生的这些看起来并无关联的事件，凸显的是东西方观念上的巨大差距——对武备重视不够、对西学的不敏感和海洋意识的缺乏。这些事件，数十年后就深刻地影响到魏大中以及他的儿子魏学濂的命运：辽东在四十年后即成为朝廷的肘腋之患，魏大中与封疆抗争，却死于封疆；魏学濂受业于硕儒名师，却深受西学的影响，并加入天主教。

对日出而作、日落而息的升斗小民来说，这些事件毕竟距离他们的生活太遥远了。黎民百姓关心的，是老天会不会怜悯苍生的困苦，官府能不能体谅小民的难处。这样，风调雨顺的年景可以多收个三五斗，逢上灾年也不至于流离失所。天灾是人力无法左右的，故而，对于施以点滴惠政的官员，百姓都铭记在心。

万历三年，距嘉善县从嘉兴府分拆出来单独置县，已过去近一个半世纪。

县城以北约二十华里的一个繁华小镇——西塘镇正在兴建一座祠堂。这座规模并不弘敞的祠堂，是为了祭祀已离任多年的浙江巡按御史庞尚鹏（清康熙年间重修后改供关帝，俗称"圣堂"），本邑的书画家、御史姚绶还为此郑重执笔写下了一篇动人的文章。庞尚鹏在浙七年中，初行里甲均平法，继行十段锦法，最后行"一条鞭法"①，以减轻百姓的负担。这些惠政使嘉善子民在多年后仍然念念不忘。

没有人会想到，五十年后，嘉善民众将以本县历史上最华美的祠堂与牌坊，来纪念万历三年出生在这个小镇旁的一个人——魏大中。

魏大中生于万历三年十一月十四日亥时，按照今天的历法来说，即1575 年 12 月 15 日的半夜时分。从时令上说，这是冬至后的第四天，虽未到一年中最冷的日子，但明中后期的冬天一向是比较冷的。现代气象研究表明，明后半期至清前期是地球历史上第五个小冰河期，在中国也称为"明清小冰期"。气象学家甚至相信，当时全球的气温下降到了千年以来的最低点、万年以来的次低点，是人类有文字记载以来最寒冷的时期。②因此，如果用合理想象的手法来描述一下本书主人公诞生时的场景，下面几句或许是恰当的：

> 深夜，一轮圆月将惨淡的光华撒向大地，围绕浙西一座小水村的小河已开始结上薄冰。整个村子只有一户人家的窗户中还透出些微光，烟囱里依稀可辨正冒着烟，西北风掠过树梢，发出呜呜声响，破烂的屋子遮挡不住从窗户、门缝中袭来的寒气。一位

---

① "一条鞭法"是明代中叶后赋役方面的一项重要改革。初名条编，后"编"又作"鞭"。一条编法代表了明代管理者试图获得一种理想状态的各种努力：徭役完全取消；里甲体系不管在形式上还是实质含义上都不再存在；任何残留的人头税都将并入田赋之中。纳税人可以通过分期支付单一的、固定的白银来履行对国家的义务。
② 参施雅风等《中国历史气候变化》，山东科技大学出版社 1996 年版。据《哈佛中国史·元与明》在"极端气温和降雨量的时期（1260—1644）"的统计，1536—1571 年期间中国气候总体为"暖"，而 1577—1598 年期间为"寒"，可见 1575 年气候已开始转入阶段性的低温期。《哈佛中国史·挣扎的帝国：元与明》，第 262 页，中信出版社 2016 年版。

老妪在灶前忙着烧水，两个乖巧的女孩儿在旁帮着忙，边上局促不安地站着一名抱着女童的瘦削男子，里屋传来妇人产褥上的呻吟。终于，在摇曳的油灯下，一声响亮的哭声冲破静寂，一个男婴倔强地来到这个世界。

之所以用一段虚构的文字来描写魏大中的降生，是因为在历史记载中他的出生故事十分离奇。县志称：

> 魏忠节公（魏大中）将生也，其母夫人方将寝，见火光缘壁而上，急呼赠公（魏邦直），告以所见。公曰："异哉，予适梦二童以绛纱灯导一少年入室，金冠绯服，仪状俊伟。"已而，忠节公生。[①]

这段记载称：临盆前，魏大中的母亲薛氏突然看到家中火光荧荧，沿着墙壁升到屋顶，就连忙推醒丈夫魏邦直，把这件怪事告诉了他。魏邦直起身说："怪了，我刚刚做了一个梦，梦见两个童子引着一位头戴金冠、身穿红袍，仪表非凡的少年来到屋里。"不一会儿，魏大中就降生了。文中"忠节"是魏大中的谥号，其父母因被朝廷追赠诰命，故分别称之为"赠公"与"夫人"。此前，魏氏夫妇已经生育了三个女儿，当时正僦居于寡居的叔婶家中。

这个超越常识的离奇故事并非出自县志编者的杜撰，其实第一个以文字形式讲述这个故事的正是魏大中本人。在其自编年谱（即《魏廓园先生自谱》，以下称《自谱》）中，魏大中写道：

> 壁栋间火光荧荧，……火光缘栋上升，至脊梁正中而予生。（魏邦直）若见两童子执灯，导一金冠绯衣少年者入卧室，遽然起，则闻予哭声矣。

---

① （清）光绪《嘉善县志》卷三十五，第9页。

魏大中的原版故事更具戏剧性：火光至房梁正中时，魏大中刚好出生；其父魏邦直梦刚醒，就听到了婴儿落草的哭声。很难让人相信，在妻子阵痛的呻吟中，同处一室的丈夫会酣然入眠。

历史上，大人物有离奇出生故事的并不鲜见。明代最有名的政治家张居正便是一例。张母曾梦见天降一青衣童子，不久便有了身孕。张居正出生时，尚健在的曾祖父梦见一只白龟在月光下浮上水面，故张居正最早的名字为"白圭"。[①]与魏大中同年出生并一同诏狱死难的左光斗，其出生故事与魏大中有惊人的相似之处。据年谱记载，左光斗出生时"火光绕屋，邻人以为火灾，救辄无有，如是者数四焉"。因时值九月初九，月大如斗，因此取名"光斗"。

诸如此类的异象，因被视作关系到家道的兴衰，一般人家自然不会等闲视之，多半会记入家谱或成为家族逸事流传下来。不过，对于过于离奇的出生故事，即便在当时，还是有人不予轻信。在嘉善，还有一位与魏大中同年出生的有名人物——钱士升。他是早产儿，在母腹中只待了不到八个月，侥幸存活下来，后来却高中状元，官至内阁大学士，年谱上称其"初生多异征"，但"以诞不具述"。[②]

这样的出生故事大都出自编造，或来自产妇的臆想。魏大中的父母以这样一个类似"星宿下凡"的故事，或只是为不让儿子因家境贫寒而心生自卑。不过，倘若魏邦直在儿子出生时真的梦见一个"金冠绯服"的少年来到家中，这一点日后倒是应验了——身为言官的魏大中与四品以上的官员一样，也身穿大红的官袍，上面还绣着獬豸[③]的图案。

这个儿子被取名为"大中"，字"之罘"，体现了魏邦直对儿子的殷切期望。所谓"名以正体，字以表德"，"大中"一词，或出于《易·大有》："柔得尊位大中，而上下应之，曰大有"，指无过与不及的中正之道。"之罘"，

---

① 朱东润《张居正大传》，第34页，东方出版中心1999年版。
② 传说中能辨别邪佞的独角神兽，也称神羊，以角触邪恶无理者。给事中官服上绣有此物。
③ （明）钱士升《赐余堂集》年谱，第1页，见《四库禁毁书丛刊》集部第10册。

或指之罘山[1]，因始皇帝登临刻石，宣扬其文治武功而闻名天下，相传徐福在此东渡扶桑。传统士人，名、字训义多相关，我们猜测，魏大中的这个名、字的含义应该是持中正之道而取得文治武功。

"之罘"这个字很少用，仅在魏大中的《自谱》和《柳洲词选》中各见到一次。[2] 在明人的集子里，更多提到的是他另一个字"孔时"，或其别号"廓园"。魏大中还有个别名"廷鲠"，这是他参加县试时为自己取的名字，体现了他的自我期许：骨鲠。

魏大中后来为其三个儿子分别起名学洢、学濂、学洙，希望自己的儿孙学习程颐、周敦颐和孔子这些先贤大儒。[3] 自"学"字辈起，魏大中这一支魏姓又将家训纳入名字，以"学允儒为正，行先孝立基。道原天日在，耕读圣贤诗"二十字依次排行取名。[4]

离魏大中出生的村子不远，即是西塘镇。据《嘉禾志》记载，西塘在元代便已成市，陶宗仪《辍耕录》中云："秀（州）之斜塘，有故宋大姓居焉，家富饶，田连阡陌。"明代建市镇，晓市颇盛，"官设征商局于上……贾舶鳞集"，故宣德五年（1430）置县时，颇有将县治置于此间之议。[5]

魏家先祖自明初起就住在镇北数里的南早村。1575 年冬天，魏大中出生时，他家刚刚破产。一家六口借居亲戚的一间屋子，朝不保夕。在素有"鱼

---

① 今山东省烟台市芝罘区的芝罘山。
② 见（清）钱焕等《柳洲词选》"先正遗稿姓氏"，第 1 页，国家图书馆藏本。
③ 朱熹《观书有感》一诗脍炙人口，诗中提到的"半亩方塘"上有"濂洛桥"，取"文公（朱熹）之学，实渊源于濂洛（河南濂溪程颢、程颐的洛学），而上溯于洙泗（孔子在洙泗之间聚徒讲学，后因以洙泗代称孔子及儒家）"之意。程颐，人称伊川先生；周敦颐，号濂溪。故"洢""濂""洙"，应该分别指程颐、周敦颐和孔子。
④ 《西塘镇志》，第 386、405 页，新华出版社 1994 年版。
⑤ 据（清）光绪《嘉善县志》卷三十五记载："大理卿胡㮚将析县，命知府齐公政相度。齐欲定县于西塘镇，胡询诸父老，咸曰：'建邑最上论国计，次论人情，又次论地势。西塘非扼塞要会，武塘海滨孔道、郡之东藩，地方有警，可以扼吭。又商旅往来，民易成聚。'胡然之。因阅武塘四水皆直，胡不甚乐。及抵西塘，见南北诸流会于文水漾，召里老云：'国计民情是矣，如地势何？'里民曰：'西塘二水虽合，势实倾邪。武塘虽直，势甚平正。古者太史以土较轻重试秤之，优劣判矣。'胡命取二镇土秤之，武塘果重。遂定治焉。"

米之乡"美誉的嘉善，魏邦直一家因何陷入如此窘境？

让我们先从在嘉善的这一支魏姓人家说起吧。

二、魏氏一支的由来

在元末明初的那段动荡岁月里，一个叫"魏伴"的年轻人孤身来到江南，在嘉兴府迁善乡三十五都迁北区东岁圩南张浜落脚（今嘉善县西塘镇红菱村一带）[①]，成为农人徐成三的上门女婿。对于嘉善魏氏的这个始祖，不仅其原籍已不可考，甚至连姓名也并不十分确定。魏大中的《自谱》手稿中称"魏伴"为"阿伴"——这或只是其小名而已。[②]明初躲避战乱而播迁至江南的很多家族，日后有能力修族谱时，对始迁祖移居的缘由，往往记载为"入赘"。单纯的婚姻"入赘"可能是新移民成为定居农民的契机，实际上也有不少是作为"义男"收养的。无论是入赘还是收养，都反映了这些新移民衣食无着的实际情况。[③]

洪武十九年（1386），魏伴的岳父徐成三被编伍入军，将被派往大理卫戍边。徐成三老而无子，魏伴于是代岳父从军。为防止逃亡，明代规定戍边军士须带家眷同行。这个刚在江南落脚的青年，被迫携妻跋涉千里前往

[①] 西塘镇所在的迁善乡，"西界秀水，北界吴江。有都二，区五，里四十有二"，其中三十五都迁北区东岁圩位于今天的西塘镇南早浜（属西塘镇红菱村），距镇北偏西九里。参（清）光绪《嘉善县志》；《嘉善地名志》，浙内图准字2003第187号；魏学濂《忠孝实纪》"遗令"。

[②] 据晚清藏书家刘履芬的校勘，魏大中在《自谱》手稿中对魏伴有"阿伴"的记录。见上海图书馆藏《藏密斋集》刘履芬边栏校注。

[③] （日）滨岛敦俊《农村社会——研究笔记》，周绍泉、栾成显等译，载《明清时代史的基本问题》，第149页，商务印书馆2013年版。

云南大理。[①]

朝廷在洪武十四年（1381）正式施行黄册制度，对全国人口按所从事职业造册登记。不同的差役，分为不同的户籍，诸如民籍、军籍、匠籍之类，并严令："凡军民医匠阴阳诸色户，许各以原报抄籍为定，不许妄行变乱，违者治罪。"唯其如此，这个庞大的国家才能保证各类役户的来源。各种户籍的地位虽平等，差役负担却不平衡，军籍属于较重较苦的。国家升平日久，军户也乐于转向收入更加丰厚的职业，但政府决心制止军人的流失，一旦签发入军，便世代相袭，如有逃亡或死绝，须由原籍亲族补充，私自改籍将被处充军、没收田产。即使日后进士及第，也不能因此脱离军籍，除非官至兵部尚书，才能上表请求脱籍。[②]

徐成三死后，按照明律，魏伴接替了徐家的军籍身份。魏伴在云南生子魏海，魏海有魏真、魏成、魏显三子。魏真一支留在大理，生子魏遐。成、显二支回到嘉兴，仍居于迁善乡，但只有魏显这一支在嘉善繁衍生息下来。

明宣德元年（1425），广东按察使胡槩[③]以大理寺卿身份奉命巡视江南八府。胡槩在巡视嘉兴后认为，嘉兴府年缴纳税粮八十五万余石，远超一般的州府，且"课程、军需等项视他府加数倍"，其下仅领嘉兴、崇德、海盐三县，"政繁事冗"不利于地方治理，于是向朝廷提出"增设县治、建官分理"的申请，获得朝廷批准。肇建嘉善的一切就绪后，皇帝于1430年的春天发出一道谕旨，敕分嘉兴为一府七县——析嘉兴县置秀水、嘉善，析

---

① 明洪武十五年（1382），明朝派遣傅友德、沐英、蓝玉率三十万大军征云南，云南平定后留下部分军士由沐英镇守。方国瑜《云南地方史讲义》引《太祖实录》卷一四三说："以云南既平，留江西、浙江、湖广、河南四都司兵守之，控制要害。"1386年，明王朝在洱海卫（今祥云）"立屯堡"。关于明代军人携家属驻守边关，可从今天尚存的"屯堡人"得到印证。

② 参（明）申时行《明会典》卷一九；王毓铨《莱芜集》卷二，中华书局1983年版。韦庆远《明代黄册制度》，中华书局1961年版。

③ 胡槩，本姓熊，因其母改适胡氏遂改此姓。据孙承泽《天府广记》："洪熙初（1425），乞命廷臣往来巡抚，庶民安田里……遂命广西按察使胡槩为大理寺卿，同四川参政叶春巡抚直隶及浙江诸郡。此设巡抚之始。"可见，胡槩是明代最早任命的巡抚。正德四年，经上奏同意，胡槩改回熊姓，详见《明宣宗实录》卷六十四。

海盐置平湖，析崇德置桐乡。①

县域的划定想必经过了一番利益争斗，最终迁善、永安、奉贤三个完整乡和胥山、思贤、麟瑞三乡之部分归属嘉善。嘉善得到了嘉兴北部肥腴的土地，也付出了不小的代价——因官田（税负高于民田）比例、田则②（土地等级）在全嘉兴府最高，嘉善税负水平也远高于秀水和嘉兴。更令人头疼的是，此次分县时，嘉善与嘉、秀两县交错的田地未得到厘清，田赋的差异使得"飞田""诡寄"等逃税手法层出不穷，嘉善亏赔严重。为"正疆域"，嘉善不惜与嘉、秀两县打了两个多世纪的官司。这是以铁腕整饬江南而闻名的胡棨所料未及的。

魏显从云南回乡时，嘉善已完成置县，魏显就成了嘉善人，以徐成三当年留下的二十八亩军产为业，在此繁衍生息。③因是军户，村里人按照当时的习俗，尊称他为"老长官"。④魏显性格豪爽，嗓门洪亮，一里之外都可以听到。每天鸡鸣头遍，"老长官"便拉开嗓门呼叫邻居早起劳作，如有睡懒觉的，"老长官"就会上门来催促。魏显为人"农而侠"，公道仗义，"豪右望风敛手，而孱懦受人鱼肉者，得'老长官'如得天"，俨然成为里中百姓的保护神。魏显有四子，次子魏继宗（隐斋），即魏大中曾祖。魏继宗子

---

① 《明宣宗实录》"宣德五年三月戊辰条"："先是，巡抚苏松等处大理寺卿胡棨言：嘉兴府所属嘉兴等三县，为里一千九百有九，民二十九万六千三百户，税粮八十五万余石，课程军需等项，视他府加数倍，政繁事冗，宜增设县治，建官分理。上命行在吏部员外郎奈亨往同浙江布政司、按察司，相度其他，询访其民，计议以闻。至是，亨还奏，嘉兴县宜分置二县，一于附郭，一于魏塘镇；崇德宜分置一县于凤鸣乡，海盐宜分置一县于当湖镇。上从之。命嘉兴附郭置秀水县，魏塘镇置嘉善县，当湖镇置平湖县。"宣德五年三月戊辰，即宣德五年三月二十八，1430年4月20日。

② 田则，旧时评订农田等级的准则。田则高，则税负重。

③ 据（清）光绪《嘉善县志》食货志二，嘉善有"嘉兴千户所屯田三处"，其中"一所坐落迁善乡三十四都，田一十一顷……，屯军九十名"，"百户各领兵耕种。原额所派总旗一十八亩，小旗一十六亩，军一十二亩，俱办粮六石，本色、折色均有成数"。由此可知，军田每亩一年纳粮大致在三至五斗，高于民田。

④ 在李自成攻破京师时，崇祯帝对他的儿子们说："尔等今日是太子，王城破，即小民也，……若逢做官的人，老者当呼为老爷，幼者呼为相公；若遇平民，老者呼为老爹……呼军人为户长，或称曰长官。"可见，当时民间习惯称军户为长官。

魏祥（南川），即魏大中祖父。

从明初入赘徐家的"阿伴"，到以军户身份返回嘉善的魏显，魏家开始摆脱移民与入赘的阴影，在嘉善站稳脚跟，其社会地位得以正常化，开始了"树德一方"的家族经营。到明中期的时候，魏家的经济状况得到相当的改善，在军产之外另置田地，一些子孙的家境堪称小康，有余力供子弟读书进取。根据县志的记载，魏祥的兄弟魏珊，很早便取得了秀才的功名，因"游学兰溪卒"，年仅二十八的妻子沈氏奉姑教子，受到朝廷旌表。魏珊的孙子魏廷相于万历三十二年（1604）中进士，是魏氏家族中第一个登第的，他的一个女儿嫁给钱继登，钱家是魏塘屈指可数的望族。可见，在万历后期，魏氏家族的社会地位已超过一般的耕读之家。

魏大中的曾祖魏继宗、祖父魏祥，"皆以淳朴世其家"，乐善好施。魏祥本人被称为"生授廛、授粲，死授槥"。[1] 这样的说法不免稍有夸大嫌疑，因魏祥一支的经济状况并不算好。嘉靖四十年（1561），魏祥在第四子出生后，恰逢大灾之年，因家口负担过重，打算将其溺毙，可见当时魏祥的生活状况是相当窘迫的。

万历三年（1575），魏祥轮到十年一度的徭役，次子魏邦直一家，因代魏祥服徭役而陷入破产。

三、徭役的沉重盘剥

传统上，朝廷一直主张宽仁无为的统治，法治的努力从来没有被真正用来作为治国的主要手段，也从来没有取得过明显的成功，"正式的皇权统辖只施行于都市地区和次都市地区。……出了宫墙之外，统辖权威的有效性便大大地减弱，乃至消失"。[2] 乡村社会秩序的维系，严重依赖伦理道德的调节，而这在很大程度上又是基于宗族内的长幼尊卑与亲情友爱的。但

---

[1]　廛，平民的房地；粲，米；槥，棺木。
[2]　马克斯·韦伯语，转引自《中国乡村研究》第一辑，第2页，商务印书馆2003年版。

比起法律的强制性来，道德的约束力常常使实际的情形并不那么乐观，孝子节妇诚然有之，忤逆之辈也不乏其人。

万历三年（1575），魏祥正面临这样的困境。

魏祥年已垂白，但还未到可以免除徭役的六十岁，成年的儿子已经分家立户。从法理上说，儿子们并没有替父服役的义务，但从孝道上说，父亲年岁已老，这份苦差应该由儿子来分担。除次子魏邦直，其余的儿子对魏祥的这一苦差避之不及，谁也不愿意去跳这个火坑。大儿子家比较穷，除担心"任役毁家"外，便再也不置一喙了。第三子魏如川虽很会做生意，但据称向人借了一笔钱，债主天天上门来讨债，不久又身染疫病，自顾不暇。第四个儿子才十几岁，已过继给了伯祖。于是，魏祥的次子魏邦直站出来说，父亲操劳了一辈子，他们做儿子的怎能只顾自己享乐呢？他慨然请代，"独力肩之，以服父之劳而代兄之贫"。

只有对明代的赋役制度和江南的税负水平有深入了解，才能了解魏邦直做出这一决定的勇气有多大。

平心而论，在怀着"忠君爱民"理想的臣子不断力争下，尽管国家财政常常入不敷出，朝廷对农民征收的税负并不苛刻。嘉靖年间，朝廷一年的收入不过二百万两，而支出"多者过五百万，少者亦三百余万，岁入不能充岁出之半"[1]。费正清在《剑桥中国史》中指出："不论比起当时或以后世界上的其他国家来说，它向人民征收的税项是很少的。"[2] 按照黄仁宇的测算，即便当时全国田赋最高的南直隶苏州府，税收总水平也仅相当于农村收入的五分之一，而同期日本的这一比例高达二分之一。当时五百万人口的英国，赋税总额竟与其三十倍人口的中国大体相等。

整个国家，税负最高的是南直隶的苏松常镇和浙西的杭嘉湖，即狭义所称江南地区，税负水平是全国平均的四倍多。江南一个富县，税负可达到较低县的二十倍之多。明孝宗时，大学士丘浚在《大学衍义补》中对唐朝

---

[1] 《明史》食货志二。

[2] （英）费正清《剑桥中国史》明史导言，中国社会科学出版社1992年版。

韩愈"赋出天下而江南居十九"的说法做了如下补充："于今观之，浙东、西又居江南十九，……而苏、松、常、嘉、湖又居两浙十九也……其科征之重，民力之竭可知也已。"[1] 而重赋之地的江南内部，地区间税负水平也有很大差异，让人怀疑税额的确定是否与其经济实力相称。如田地与杭州府相当的嘉兴府，每年上缴的麦子却是前者的五倍、米将近三倍。[2]

表一：明代江南亩均税粮表 [3]

（单位：石）

	全国	江南	苏州	松江	常州	嘉兴	湖州	杭州
洪武廿六年	0.035	0.143	0.285	0.238	0.082	0.144	0.116	0.066
弘治十五年	0.043	0.130	0.221	0.219	0.123	0.222	0.082	0.056
万历六年	0.038	0.127	0.225	0.243	0.118	0.147	0.082	0.055
平均	0.038	0.134	0.244	0.233	0.106	0.164	0.093	0.059

表二：万历六年（1578）杭嘉湖税负对比 [4]

（单位：石）

	麦	米
杭州府	5573	234072
湖州府	13597	469119
嘉兴府	27629	629211

---

[1] （明）丘浚《大学衍义补》卷二十四"治国平天下之要·经制之义下"；（明）顾炎武、黄汝成《日知录集释》卷十"苏松二府田赋之重"条。

[2] 据范金民《江南社会经济研究》明清卷（中国农业出版社 2006 年版）及《明清江南重赋问题述论》（《中国经济史研究 1996 年第 3 期》），在明万历年间，江南苏州、松江、常州、镇江、应天、嘉兴、湖州、杭州八府的税粮占了全国的约 22%。按照每亩的实际税额排序，大体上依次为苏州、松江、嘉兴、常州、湖州、镇江、杭州、应天。

[3] 数据来源：康熙《江南通志》卷七"田赋"；康熙《浙江通志》卷一四"田赋"。

[4] 见陈学文《明清时期杭嘉湖市镇史研究》，第50页，群言出版社 1993 年版。

关于江南重赋，一个广为流传的说法是认为朱元璋为报复江南民众。在朱元璋夺鼎过程中，最后移师张士诚所占据的苏州城时，向来被视为民风柔弱的吴中儿女曾作殊死抵抗。朱元璋登基后，对江南加征重赋，以示惩戒。这样的说法虽然难以让严谨的学者信服，但明初以来，朝廷通过各种手段籍没富室田地，随之大量增加的官田是江南重赋产生的一个重要原因。① 况且自南宋起，中国的经济重心已转移到江南一带，所谓"国家根本，仰给东南"，只有富饶的江南才足以承当国家钱袋子的重任。朝廷对维持江南重赋政策不遗余力，洪武二十五年（1392），朱元璋曾诏令："浙江、江西、苏松人毋得官户部。"整个明朝，浙江贡献了五十名大学士、尚书（不包括两京分立后的南京六部尚书），除崇祯末年的一个例外，没有一位出任掌管财政的户部尚书。②

嘉善的税负又在嘉兴最重，仅漕米一项就"至八万有奇"③，税额与顺天府或贵州全省相当。顾炎武的《天下郡国利病书》中全文抄录了万历间嘉善知县章士雅的《正疆界议》，其中有"（嘉善）其田额视各县独重。盖全浙之税莫重于嘉郡，而嘉郡之税莫重于嘉善"一说。④ 嘉善重赋的原因，除嘉兴税负水平总体较高外，也因嘉善析县时分得的官田比例和田则均远高于嘉兴。⑤ 嘉兴官租向分上、中、下三则。析县后，嘉兴一方面将嘉善的田则列为最高："兴邑（嘉兴）专利病邻，自居下则，列秀（秀洲）于中，而独

---

① 官田除税负外，还需要缴纳地租，两者之间税负的差距可达数倍："民田的税额止于一斗，而官田米有七斗者。"

② 吴宣德《明代进士的地理分布》，第 89 页，香港中文大学出版社 2009 年版。

③ 漕粮是南直隶及浙江等五个布政司每年输京的大米。万历年间，漕粮总额在 300 万石左右，浙江的漕粮总额约 60 万石。〔见（美）黄仁宇《明代的漕运》附录二〕实际上，由于运输线路过长产生的消耗及名目繁多的其他费用，各地起运的漕粮往往远高于正粮。

④ （清）顾炎武《天下郡国利病书》第廿二册，第 30 页；（明）魏大中《藏密斋集》卷十六〈与姚镜初〉，第 30 页。

⑤ （清）朱彝尊《静志居诗话》卷九"赵同鲁"条，第 233—234 页，人民文学出版社 1990 年版；朱彝尊在《曝书亭集》中也提到："……嘉兴官田不及二千顷，而民田五千八百顷，故其赋最轻。嘉善民田止三千一百顷，而官田二千七百顷，故其赋于三县（嘉兴、嘉善、秀水）中差重。"

派上则于嘉善；"另一方面，又不肯将朝廷减免税粮等优惠政策与邻县分享。嘉善人曾悻悻地称："蒙减粮之惠者，惟分后之嘉兴受之，而善邑不与焉。"①

国家税负的征收，主要通过里甲这个自治组织来实现。每"里"包含十"甲"。每"甲"由十一户农户组成，其中家口众、收成多的一家往往被推选为"甲首"。每年，里长和甲首率领其中一甲农户服役，按照赋役黄册所载的每户人丁地产，承担相应的钱粮与劳役，并负责管理各户的人丁事产，清勾军匠，根究逃亡，有时还需要到各级官衙听候差唤，或向皇宫、兵部、工部提供物资，或向衙门提供乡饮②、祭祀、举子会考盘缠等泛杂费用。③除了宗室开支、官员俸禄等刚性支出外，朝廷所需的一切物资，哪怕是覆盖在漕粮上的几张芦席或者祠堂里一年两次祭祀所需的几两银子，都通过里甲摊派到民众头上。整个国家因此充满了各种长途、短途的物资补给线，其中最庞大的一项是每年四百万石的漕粮，税负的管理难度可想而知。

表面上，很难说这不是一项公平的制度。明初，政府精简，财政开销不大，里甲编制、财产登记较完备，赋役黄册浮漏不严重，课派较为平均，徭役的负担较为公平。逐渐地，酷吏乡霸开始大做手脚，纷纷以优免税负、诡寄田产等方式来逃避对国家履行基本义务。力役、田税以及税负加派，纷纷转嫁到穷户、小户的头上，加上贪官污吏、乡霸里长的层层加码，徭役最终成为底层农民的沉重负担，以致"中人之产立蹶"。很多破产的穷户、小户选择逃亡，使得留在里甲内农户的负担更为沉重。就整个国家而言，明正德以后，里甲制度就已经接近崩溃。

在嘉善，明代后期以来对下层农民的盘剥同样严重："富民多（每亩纳粮）五升以上之轻田，贫民多五斗以下之重田。"可见，富室与平民一亩地

---

① （清）光绪《嘉善县志》食货志三。

② 乡饮酒礼始于周代，到清道光二十三年，乡饮酒礼被废止。主要目的是为了向国家推荐贤者，由乡大夫做主人设宴，后演为地方官设宴招待应举之士，此宴为"乡饮酒"。

③ 《明实录》太祖实录卷一三五第4页，"洪武十四年正月丁亥"条。

的负担竟相差多至十倍，甚至"有家无寸土，税及百石者"。① 正如魏大中后来给当时嘉善县令吴旭如的信中所说的，家无立锥之地的人，仍被官府编入徭役，这些人只能卖妻鬻子，而"连阡广陌"的富户，或拿着钱财趁机放高利贷，或将田地以诡寄他人等方式逃避税负，或袖手旁观，不与穷人共患难。即便家境中等的，其资产也"尽并豪右"，那些单人独户或家境贫寒的，要活下去，就只能选择逃亡。

魏大中后来指出："民所以苦于充里者，以役未均也。"徭役伤农，与其说是税负水平问题，不如说是管理问题。黄仁宇以为，"国家的税率低，受惠的并非农民，只是鼓励了大小地主加重剥削以及官僚乡里额外加征"。② 历史传记作家朱东润则将徭役称为"最大的人祸"：③

> 到了当差这一年，一切苦难都来了，官员的压迫，廪、增、附④的压迫，地痞的压迫，都落到民众头上，这一年便是他们典妻鬻子、倾家荡产的一年。政治的不良，制度的不良，一齐造成最大的人祸。

因此，张居正将粮食与劳力等税负转化为等价货币——用银两雇用劳力比强征劳力更为公平且富有效率，这一税收制度的变革即"一条鞭法"，促成了税收体系由适应农业经济向适应商品经济转型。⑤ 从整个国家来看，

---

① （清）光绪《嘉善县志》"食货志三"。

② （美）黄仁宇《万历十五年》"自序"。

③ （美）黄仁宇《万历十五年》"自序"；朱东润《张居正大传》，百花文艺出版社 2000 年版。

④ 明洪武二年（1369）始，凡考取入学的生员（习称"秀才"），每月供给廪食米六斗，以补助其生活。后生员名额增多，成化年间改为定额内者食廪，称廪膳生员，简称廪生，名额有限，每县不过二十名；增额者为增广生员和附学生员，简称增生和附生。每年岁、科两试将诸生分为六等，一等前列者，遇廪膳有缺，可依次升补为廪生。参《明史》选举志、《清史稿》选举志。

⑤ 参（美）何炳棣《明初以降人口及其相关问题》，三联书店出版社 2000 年版；韦庆远《明代黄册制度》中华书局 1961 年版；顾炎武《天下郡国利病书》第廿二册，第30页。

"（一条鞭法）嘉靖间数行数止，至万历九年（1581）乃尽行之"。① 而从江南看，浙江推行"一条鞭法"要晚于苏松地区。从嘉兴来看，嘉善是较晚才实施的县。② 魏大中在《自谱》中指出，万历三年（1575）"一条鞭法"在嘉善尚未推行，因此魏邦直仍无法摆脱徭役不公造成的额外盘剥。

为应付徭役，魏邦直变卖"田庐服物"，倾家荡产才得以完成这十年一度的苦差。这一年，薛氏又怀有身孕，当时风俗认为孕妇在别人家生孩子不吉利，亲戚也都拒绝收留。③ 魏邦直一家五口（大中父母及三个女儿）幸赖薛氏寡居的堂嫂收留，才勉得一楹栖身之所。一家人衣衾敝烂，入冬还穿着单衫，夜寒难支，不得已覆盖蓑衣来取暖。

四、父亲的言传身教

与生性善良但有些懦弱的父亲相比，魏邦直的善意让与他相处的人如沐春风。这个并不成功的书生，在当地颇有声望，即使在去世多年后，其口碑仍"耿耿人心、历历人口"。县志将魏邦直归入"孝友"之列，称其：

> 少丧母，怀慕不置，事舅母（继母）如事母，居家友爱慈和，

---

① 《明史》卷七十八"食货二""一条鞭法"是明代嘉靖时期确立的赋税及徭役制度，称："（一条鞭法）嘉靖间，数行数止，至万历九年乃尽行之。"

② 关于"一条鞭法"在嘉兴的施行时间，可简单考证如下。梁方仲的研究认为，平湖县于嘉靖三十八年推行条编法；嘉兴府、嘉兴县、海盐县则于嘉靖四十四年推行。（见梁方仲《明代一条鞭法年表》，香港岭南学报1952年）另据万历《秀水县志》："隆庆间，御史庞尚鹏奏行一条鞭法，括一岁内应用公费若干，等派民间，每丁田当办若干，输银贮官，按款支销。著为令甲。"〔见（明）李培等万历《秀水县志》卷三"食货志"第12—13页〕，则秀水县"条编法"迟至隆庆年间推行。可见，"一条鞭法"在嘉兴并无统一的实施时间。

③ 这一陋俗并非嘉善独有。与魏大中同时代的内阁大学士叶向高（福建人）在其母墓志铭中记载道，其母怀他时，为避倭寇，逃至娘家。临产时，族人以为不祥，将其赶出，无奈将他生在路边败厕中。

终身无疾言遽色。乡里化其德行，卒私谥"康惠"。^①

魏邦直（1538—1592），生于嘉靖十六年十二月二十日，原名德成，字君贤，号继川，年轻时曾挣扎于举业，但"稍试，有司不效，遂弃不为，以处士终"。这是委婉的说法，也就是说魏邦直虽读过一点书，但没有取得秀才的功名。

魏祥有个伯父叫魏南郊，是族中长支，虽然家境较好，但膝下无子嗣。魏祥的第二个儿子魏邦直一生下，就被魏南郊抱养。五岁时。魏邦直又回到自己家中，继续与生父母一起生活，这很可能是出于渐知人事孩子的敏感与自尊，魏邦直在意识到被收养的身份后向父母提出了回家的要求。老天并没有给魏邦直承欢母亲膝下的机会，次年母亲杨氏即撒手人寰。因家贫无以为葬，魏祥欲从习俗火葬^②。魏邦直年甫六岁，"哀号欲绝"，责问父亲道："为什么不安葬母亲？""你们忍心让我母亲飘为孤魂野磷吗？"魏祥"感而止之"，母亲最终得以入土为安。

魏祥再娶周氏。魏邦直把对母亲的思念转移到周氏身上，对周氏十分孝顺，事继母如生母。但这个继母却不受其他家人待见，嘉靖三十年（1551），生下一子的周氏母子被迫别居在外。嘉靖三十五年（1556），魏邦直成婚，娶小自己四岁的薛氏（1542—1596）。到嘉靖四十年（1561）的时候，继母周氏又生下了一个儿子（即魏祥的第四子魏邦杰，字君兴，号邃元）。这个孩子的出生，惹起了一场家庭风波。

这一年，嘉善发大水，"自四月初雨，至闰五月，苗种淹没，田成巨浸，民大饥"。^③原本就艰于养家糊口的魏祥，正准备给已成年的两个儿子分家，此时再添一子，不仅多了一张嗷嗷待哺的嘴，还多了一个家产分割者。魏

---

① （清）光绪《嘉善县志》卷二十一，第17页。怀慕：思念。
② 明清江南土地珍稀，下层民众贫乏无力的，多从火化。见冯贤亮：《土火之争：清代江南乡村的葬俗整顿与社会变革》，载《传统中国研究集刊（第二辑）》，第155页。直至清中叶，嘉善"民间尚有火化之事"。见（清）光绪江青峰等《嘉善县志》卷四。
③ （清）光绪《嘉善县志》"灾异"。

祥的长子恼怒地揶揄道："这下我们恐怕连糠都要吃不上了。"在家人激烈的争吵中，魏祥抱着婴儿快步走到水边，打算将其投入水中溺毙。魏邦直不顾其他家人的阻拦甚至拳脚相加，抢上前去，从父亲手里救下婴儿，交给妻子薛氏。薛氏刚生了一个女婴，正在哺乳期，遂将两个婴儿"并乳之"，魏邦杰就这样侥幸活了下来。

为家庭和睦，也为四弟今后出路考虑，魏邦直后来提议让魏邦杰过继给叔祖。当然，只要魏邦直坚持自己的嗣子身份，日后魏南郊的家产就是他的。实质上，这是魏邦直向四弟让渡了对伯祖嗣产的继承权。

到魏大中出生的万历三年，异母的三弟魏如川已经二十五岁了，魏祥又一次分家析产，魏邦直十分大度地让三弟先挑，魏如川却仍借口当年魏邦直救下四弟，损害了自己的利益，意图争取更多更好的家产，似乎兄长挺身而出代父服徭役与他毫无关系。魏如川对魏邦直说："二哥的产业反正要卖掉，不如把靠着我房子的宅基给我，我可以换给你其他田地。"于是，魏邦直拿到了较差的田块和破敝的屋子，很快将这些田地屋产变卖一空，以应付徭役。

魏如川在这一年染上疫病，家人都避之不及，只有魏邦直"独往周旋护视""昕^①夕视医药"。在医疗尚不昌明的年代，照顾疫病患者的险恶并不亚于赴汤蹈火。万幸的是，魏如川恢复了健康，魏邦直也没有被传染上。面对如此宽容与大度的兄长，魏如川不得不感慨："今日乃知我二哥。"

破产的魏邦直表面上坦然自若，每天外出与人下象棋消磨时间，内心肯定也在煎熬之中。生活重担全压在怀有身孕的妻子身上。薛氏日夜纺纱织布，靠十根手指赚来的几个钱，尚不够买度日所需的米盐。这样操劳、拮据的生活，使薛氏感到失去了生活的一切乐趣。在大中出生后，魏邦直意识到这样下去生活难以为继，决定另谋出路。对于这个年届不惑又穷困潦倒的书生来说，当乡村塾师几乎是谋生的唯一选择。

明代乡间的塾师，地位还算受人尊敬，生活却是相当的不堪。简陋的

---

① 昕：太阳将要出来的时候。

私塾仅能遮风挡雨,往往是"漆黑茅柴屋半间,猪窝牛圈浴锅连"[1]。被称为"束脩"的教书费,原意是捆在一起的干肉,而事实上,这点微薄的"束脩",不仅买不起肉,连填饱自己的肚子都成问题。正如当时千字长诗《屈屈歌》所写的:

> 初心只说教书好,谁知教书无了期……今年已去复明年,寒毡冷凳俱坐穿。寂寞一饭小窗下,冷落三杯孤灯前……先生虽读万卷书,一字不堪疗饥腹。物薄礼微为束脩,受他便作无罪囚……[2]

一般富实人家自设塾馆,延师训诲自家子弟,有时也吸收亲戚朋友的子弟,称之为"附学"。普通人家或者贫寒之家,由于乡间义学的匮乏,或出于造就子弟的强烈愿望,也不乏一家或数家共举,合力设建家塾的。魏邦直所去的家塾属于后者,学生大多是所谓的"牛医儿"[3],实质上是一批出身贫寒、很多连学费都交不起、缺乏管教的顽劣孩童,魏邦直没得挑选,均受之不却。

明代的塾师大致可分为两类:一种以教童子歌诗习礼,讲授文字、句读等基础知识为主,被称为蒙师或句读师;另一种则是治科举之业,被称为经师。[4]魏邦直虽是蒙师,却绝非靠"牧童八九纵横坐,天地玄黄喊一年"混饭吃的庸师。他教学生们"坐作、应对、进退、拱揖"的礼节,并"随其资之敏钝而教育之,察其性之驯戾而陶镕之",因人施教,宽严有度。他爱护自己的学生,对学生照料之周不亚于自己的孩子。暴雨天时,魏邦直担心体质孱弱的学生淋雨得病,必定会给学生准备好午饭,离家稍远的学生还会留在自己身边过夜;学生去河边洗脚时,他每次都要跟着去,在后面小心扶掖,生怕学生掉进河里。这样的先生,不仅学生喜欢,也赢得了乡邻的尊重,

---

① (清)袁枚《随园诗话》卷八"三七"条。
② (明)余永麟《北窗琐语》。
③ 典出《后汉书·黄宪传》,原意是指出身微贱而有声望的人。
④ 刘晓东《明代的私塾与塾师》,东北师大学报(哲学社会科学版),2010年第2期,第70页。

称其为"严师而慈父",家里有学生的,都争着送到魏先生这里来。

在魏邦直的教书生涯中,一家人随着辗转乡里,居无定所。先是在自家西塘以北的东岁圩,万历四年(1576)到三里外的邬村,万历七年(1579)到十五里外的陶庄凌巷,万历十五年(1587)到短浜,万历十九年(1591)复到凌巷教书。虽屡屡搬迁,魏邦直一直挂念着住在东岁圩的老父亲,只要得到一点好吃的,都会徒步赶回家给老父送去。他曾接父亲来家赡养,魏祥知道他自己过得也不容易,既不舍离去,又担心拖累他,父子两人相对唏嘘而已。

魏邦直在乡里堪称师表,对乡邻又是古道热肠。他与老人言慈、和子女说孝、跟兄弟谈悌,对睚眦相报的劝以解纷息怨。所以,乡里有夫妻反目、姑嫂不和、乡邻不睦的,往往不去官府衙门,更愿意请魏邦直来分辨是非曲直。由此,魏邦直不仅成为童蒙的严师慈父,更成为乡人的师长。乡间每次村鼓社会等活动,一定要等魏邦直到了方才开始。魏邦直为人直率谦逊。一次,有人因魏邦直当面指出他的过错而恼羞成怒,拉着魏邦直的衣服要讨个说法,引起众怒。众人想将那人打一顿,魏邦直却忙将大家拉开。过了几天,那人羞愧地上门来向魏邦直道歉了。

魏邦直的这种仁慈情怀,更可从魏大中在《先考继川府军纪实》一文所记的两则故事看出。

一则是邻人偷菜的故事。魏邦直余暇时也莳花弄草,借以自娱。出于补贴家用的考虑,他还是一名种菜的能手,浇水、除虫、攀除黄叶,在他的悉心照料下,菜都长得青翠欲滴。某天夜里,院子里隐隐传来割菜的声音,被惊醒的魏邦直起床从窗缝里向外窥视:霜月之下,偷菜的人面目虽不甚清晰,但从左肩所缀的补丁犹可辨认出是东边第二家的邻居。魏邦直知道邻居家的难处,耳语家人不要惊动,任由他割一些菜去。但许是听到了什么动静,这位邻居扔下菜跑了。第二天,魏邦直索性割了院子里所有的菜,一半留作自家过冬所需,另一半分送东西各两家的邻居,以免偷菜的邻居感到尴尬,也救了邻居家一时的难处。

另一则是雪夜救小贩的故事。一年隆冬,魏邦直私塾旁沿河有一船屋,凋敝不堪，行将倒塌。一日大雪，一个卖糖的小贩泊舟其下。夜半时分，忽听得一阵崩塌之声，魏邦直猛地想起那个小贩，冒着风雪披衣出门。船屋已被雪压塌，小贩与船被压在梁木瓦砾下，生死未卜。情急之下，魏邦直找来木棍，奋力撬起压在小贩身上的梁椽杂物，将小贩从冰冷的水中救了上来，并解下身上的衣服为他御寒，这个小贩得以大难不死。

魏邦直性好整洁，衣服纵有补丁，也总是一尘不染。他一生不轻贷人一钱，不轻餐人一饭，不轻杀一牲，不轻膳一肉。即使家里穷得揭不开锅，"遇贫而濒死者，倾囊授之"。每次搬家，村里老少都"陈筐列筐，呜咽悲酸，环不忍别"。

多年以后，魏大中接过父亲的衣钵，也成为一名乡间塾师。每次路过父亲当年授蒙的那些村庄，乡邻见了，无不争着请大中吃饭，席间讲起魏先生当年往事，乡邻不时涕泪并下……

魏邦直死后，乡亲们感其德行，给他拟了个私谥：康惠。根据谥法，温柔好乐曰"康"、柔弱慈民曰"惠"。应魏大中的邀请，嘉善解元陈山毓为他撰写了谥议[①]。

为让父亲留名千古，魏大中后来请名家为父亲撰写行状、墓表、神道碑和诔文[②]。查阅各家文集可以知道，记录魏邦直生平的《行状》出自江苏吴县文人、庶吉士姚希孟[③]之手，《继川魏公诔》则出自魏大中的进士同年兼好友魏浣初。而后，东林巨擘高攀龙、赵南星分别为魏邦直撰写《墓表》

---

① （明）陈山毓《陈靖质居士文集》卷六，第9页，见《四库禁毁书丛刊》集部第14册。陈山毓，嘉善人，浙江乡试第一，进士陈龙正兄，魏大中儿女亲家。

② 墓表：墓碑。因其竖于墓前或墓道内，表彰死者，故称。墓志铭：埋葬死者时，刻在石上，埋于坟前。神道碑：立于墓道前记载死者生平事迹的石碑，也指墓碑上记载死者事迹的文字。诔，叙述死者生前事迹，表示哀悼，为谥法所本。墓志铭、神道碑、墓表等一般延请名家撰写，其依据便是行状、行实一类记述死者生平的文章。

③ 姚希孟(1579—1636)，字孟长，吴县人(今属江苏)。万历四十七年(1619)进士，授庶吉士，系状元文震孟的外甥。

《神道碑》①。魏大中更延请当时的书法名家为墓碑、墓表书丹。其中，墓碑为文徵明之曾孙、姑苏状元文震孟题写，墓表由华亭书法名家董其昌书写，墓志铭篆额则出自太仓书法家赵凡夫之手。②

　　魏邦直的生平事迹得以与这些名家的文集一起流传下来。

---

① 姚希孟《勅赠修职郎行人司行人继川魏公行状》，见《棘门集》卷五，第33—43页；高攀龙《魏继川先生墓表》，见《高子遗书》卷十一，第31—34页；赵南星《明勅赠吏科都给事中继川魏公碑》，见《赵忠毅公诗文集》卷十一，第43—46页；魏浣初《继川魏公诔》，见《四留堂杂著》抄本，国家图书馆藏。

② 魏大中《奉赵侪翁》："冒昧为先人乞言，辱许以墓门之石，感且不朽。"赵南星，号侪鹤；魏大中《与文起》："墓门片石，仰荷台慈凌寒呵冻为之布墨矣。"文震孟，字文起；魏大中《答董思白》："先人表墓之石，得托千秋私心，感刻尤倍寻常万万，也已镌之石矣，虑不能肖先生万一。"董其昌，号思白；（清）光绪《嘉善县志》："黄霁青（黄安涛）太守于书贾得魏继川先生墓表，高攀龙撰，董其昌书，墨采如新"；魏大中《答陈则梁》："廿五以后，弟当往吴门见赵凡夫，为先人铭表乞篆。"魏大中《与赵凡夫》："蒙诺大篆，颙僮走领并以申谢不尽。"赵宧光，字凡夫，南直隶太仓（今江苏太仓）人，宋太宗赵炅第八子元偁之后，擅书法，尤精篆书。

第二章　早慧少年

一、坎坷的求学经历

嘉善地处浙西路，北接南直隶。这里是江南水网地带，全县地势北低南高，北部星罗棋布的湖、荡、漾、塘、潭，被蛛网般的河、溪、港、湾连缀起来，犹若散落一地的璎珞，一派旖旎风光。

水，主宰了这里生活的所有方面，嘉善的历史是一部人与水的历史。好的年成，衣食才能无忧，桑棉丝麻才能卖个好价钱。一年两季的作物，既仰仗持续不断的河水灌溉，也需要在暴雨如注时及时排泄。唐宋以来，这片"膏腴之壤"不断圈圩筑堤，以抵御常见的水旱灾害。土地纵然是分散在众多农家手里，被视作拱璧，但凡排灌需要开挖一条小泾或沟通两个水塘，总会在合作互助的气氛下得到解决。数百年间，这里稍大的圩区才得以被永不知疲倦的农家分割成无数独立的小圩。这样，繁重的农事可假舟楫之便利，而一旦水旱灾害来袭，低效的排灌设施也能及时发挥作用。一直到晚明，浩大的分圩工程才基本告竣。水乡人和善、淳朴、谦让、勤劳的民风就在不断的分圩、耕作中形成。圩，成为这里最为常见的坐标，无论邑志家乘中，庙宇、亭台、宅院、墟墓都以所坐落的圩区标记，如魏家先祖魏伴，便居于迁善乡三十五都北区东二岁圩。

明代以后沉重的税负和暴涨的人口，使这里延续千年的水稻种植收益难以令人满足。元代元贞年间，寓居海南崖州的黄道婆将黎族人的纺织技术带回家乡松江府乌泥泾。棉纺效率大大提升，收益也随之倍增。据松江叶梦珠的《阅世编》记载，种棉收益大概是种稻的两倍，种桑养蚕收益虽然更高，可以达到水稻的四倍，但所需人工也更高。纺纱的收益也极为可观。这一时期反映嘉湖地区农业生产的《沈氏农书》称，一个男劳力可耕地八亩，一年大致挣八两银子，如果家中有两个女性从事纺织，一年除去费用及一家口粮，就能净挣三十两。可见，当时一个纺织能手的收入，能抵上两名壮劳力的收入。嘉善的棉花种植大致在正德年间开始，官府也予以大力推动。正德十年（1515），县丞倪玑曾说："高乡不宜稻，……宜兼种菽稷、木棉、桑枣之类。但土人不习也。愚尝教之，有未成者。"[1] 嘉善农家不仅在南部高阜之地大量引种棉花，也引进了当时先进的纺织工具和加工技术。棉花成熟季节，田野一片银白，村街里巷，处处可闻机杼之声，县城魏塘镇之东、西市梢有纱庄，枫泾则成为棉布交易及染、踹加工的专业市镇，时谚已有"买不完的松江布，纺不尽的魏塘纱"之说，嘉善也由此成为明王朝较为富庶的地区之一。

纺织业的兴起，无疑给了魏家一条生路。与当地众多的女性一样，魏家妇女成为苏松嘉小三角地区纺织大军中的一员，她们纺出的纱线棉布，衣被了天下的百姓。每天早上，薛氏抱纱入市，换取棉花和米、盐等生活必需品，回家与女儿们一起纺纱，一直要到后半夜才能歇息，周而复始，寒暑不辍。纺纱织布的收入诚然可观，但遇上荒歉年份，米价腾涌，布纱乏人问津，生计就成问题了。[2] 不幸的是，晚明风调雨顺的年景并不常见，大中一家仍然难免冻饿之虞，甚至遇上断粮的困境，诸如棉衣之类的必需之物，也经常在质押典卖中进出家门，"日午而炊，冬半而絮，岁以为常"。[3] 魏家妇女的日子过得更加艰难，在魏大中的记忆里，母亲薛氏与姐姐们只

---

[1] （清）光绪《嘉善县志》区域志二，倪玑〈水利议略〉。

[2] （明）陈龙正《几亭全书·卷二十五》："吾邑以纺织为业，妇人每织布一匹，持至城市，易米以归，荒年米贵，则布逾贱，各贾乘农夫之急，闭门不收。虽有布，无可卖处。"

[3] （明）魏大中《藏密斋集·卷十四》，第4页。

以一件单衫过冬，手脚长满冻疮。

正如宋朝诗人张俞《蚕妇》一诗中描绘的那样：

> 昨日入城市，归来泪满巾。遍身罗绮者，不是养蚕人。

尽管襁褓中的魏大中未受过"推干就湿"般的呵护——母亲纺纱时，只能拿块围裙将大中缚在腰后，屎尿常常湿透了母亲的围裙。一家人所有的努力都是为了这根独苗，为此可以牺牲一切，甚至活下去的希望。在艰难的年景，魏家"并日而食，或野菜和米作粥"，常常隔天才能熬一点野菜粥充饥，但端上桌的野菜粥也毫无例外地被赋予了浓重的宗法色彩——父母要细细地析出粥中的饭粒，留给儿子吃，而面有菜色、饥肠辘辘的女儿们包括父母自己，喝的不过是野菜米汤而已[①]。家人这种自我牺牲精神令人动容。为减轻家里负担，大中的二姐很早就离家做了童养媳。由于积年的劳累和营养不良，他的三个姐姐后来都很早离世。

好在张居正当国的万历初年，国库渐渐充盈，国家对灾民的豁免也并不吝啬，魏邦直这样的小民，就多了一分生存下去的可能。一家人虽居无定所，朝不保夕，但毕竟艰难地活了下来。

农业生产力的提升、商品经济的发展，惠及最多的并非底层小民。"万般皆下品，唯有读书高"，小民要改变命运，能指望的只是科举这一尚算公平的社会流动通道。让儿子读书进学、改换门庭，是艰难岁月里支撑魏家的最大动力。与无数中国伟大的父亲一样，魏邦直将儿子视作自己毕生最大的事业，为之耗尽后半生的心血。

魏大中四岁那年，魏邦直在本县的陶庄镇凌巷谋得了一个教书的机会。因母亲薛氏与姊姊们忙于纺纱，大中就由父亲带在身边。为弟子授课时，魏邦直就将儿子放在膝上。在父亲的怀抱里，大中听着父亲为弟子讲解《孝经》《大学》，不哭不闹，耳濡目染之下，日渐成诵。对于一个四岁的孩子来说，

---

① （明）魏大中《藏密斋集》卷一："淅粒饲予，先都谏、先孺人及三姊徒菜羹耳。"

毕竟还难以理解其中的含义，但这种摇头晃脑的吟诵，应是从那时起便深深刻入了他的灵魂。与他一生相伴最久的，除了纺车的机杼声，就是这朗朗的读书声。

六岁时，魏邦直正式给大中授蒙。大中的表现令父亲感到欣慰，记性好，思维活跃："读能强记，课偶语颇能捷应。"偶语，俗称对对子。此刻的魏邦直肯定面有得意之色，好在他不是王安石笔下《伤仲永》中那位虚荣的父亲，魏大中的聪颖也不是昙花一现。

万历十年（1582），魏大中八岁。这年，大中出天花，但他平安地度过了这个生死大关。病愈后，开始学习八股文写作，他的小楷已写得颇为工整，学生中有拿扇子来的，魏大中已能在扇子上题咏一番了。不久，父亲就让他带着其他孩子一起读书、练字，俨然一副"小先生"的模样。

显然，孩子是块读书的料，也正值读书的黄金时期。魏邦直只是童子师，六经未通，何以指导儿子求取功名呢？可是要聘一位好点的先生，毕竟大大超出了他的能力范围，魏邦直为此日夜忧虑。在这样的情形下，大中的婚姻问题被早早提了出来，魏邦直目的很明确，只求亲家能够资助大中的学业。这一年，魏大中十岁。

教育被视作当然的正道，一旦获得回报，便可光宗耀祖、改换门庭。但科举毕竟是昂贵的投资，贫寒之家很难凭一己之力，负担求取功名的费用。很多时候，子弟的读书问题，往往被视作整个家族的责任来共同分担。也有像魏邦直那样，通过联姻的方式来筹措。魏家的儿子"颇负颖异之誉"，故求亲风声一传出，求亲者竟然络绎不绝，"抱女者多欲得以为婿"，其中包括嘉善秀才钱悁寰。

钱家实际上也很穷，不过钱悁寰耍了一点小聪明，他听说魏邦直幼时曾投于贺正泉先生门下，对贺师赞赏有加，便投其所好地让媒人谎称已聘了贺先生来教大中。魏邦直十分满意，就应允了这桩亲事。亲事定下后，魏邦直就让大中去钱家读书。当然，那里并没有贺正泉。钱悁寰虽不吝于聘师，但确实力不从心，勉力安排大中在离家不远的尤济涌先生处读书。不到一个月，钱悁寰搬了家，算是体面地给自己找了个台阶下，魏大中只得弃学回家。

儿子的终身大事定下了，但聘师的问题依旧没有着落，魏邦直应该会感到有点沮丧。他需要不时地掂量着手头有限的一点银子来为儿子谋划学业。手头有点余钱的时候，就让魏大中跟着老师读一阵子书，没钱的时候，只能让儿子跟着自己读书，频繁更换老师成了家常便饭。从十岁到十八岁，魏大中换了十多位老师。家境的贫寒，使大中备尝人生的艰难，阅尽世态的炎凉。这未必是一件坏事，艰苦的生活砥砺了大中的品行，也使他的性格变得敏感与孤傲。

表三：魏大中读书经历一览（万历六年至万历十九年）

时间	塾师	（馆主）地点
万历六年至万历十二年	魏邦直	陶之凌巷等地
万历十三年（不足一月）	尤济涌	钱惺寰
万历十四年（数月）	钱惺寰、吕云岩	莲花泾徐氏
万历十五年	沈月台	孙竹亭等
万历十六年	叶鹿吴、沈元封	钱惺寰
万历十六年（九月起）	魏邦杰	东岁圩
万历十七年	金凤台	俞氏
万历十八年	随魏邦杰及其友人读书	邑之东塔、陆庄
万历十九年	曹穗	陶之凌巷

万历十三年（1585）至万历十四年（1586），魏大中辗转在几位塾师那里求学。岳父钱惺寰到莲花泾当塾师，魏大中也前往附学。未几，岳父生病，馆主身故。随后，魏大中又在一个叫吕云岩的先生处学了数月，这样缺乏系统的学习很难对学业有什么帮助，魏邦直对此焦虑万分。万历十五年，当听说本族的兄弟魏月台与几个朋友一起请了一位不错的先生时，魏邦直就匆匆拉着魏大中前去投学。魏月台为人势利，瞧不起穷亲戚，又嫉妒大中的才华，魏邦直再三请求方勉强答应。大中不太情愿父亲低声下气地

去求人，在他看来，族叔魏月台之所以拒绝他，是因为"忮予之慧、憎予之儇、幸予之贫、夺予之便，谓可以终废业也"。[①] 没过几天，魏大中就与这个千方百计想把他赶回家的叔叔发生了激烈的争吵，随后不辞而别。魏邦直气恼儿子不理解自己的苦心，绑了大中前去道歉，当着魏月台的面狠狠打了大中一顿，"杖至流血"。魏月台只得同意魏大中留下继续读书。以大中的倔强脾气来说，接下去教与学之间相互抵触是十分自然的事了，先生对魏大中毫不过问，不给题目、不让写文章。大中并不在意，"不问何题，凡所见闻，必能拈入成章"。这段学习生涯注定短暂，入秋，失望的魏邦直就将魏大中转到孙姓的老师那里继续读书。

这年冬天，祖父魏祥谢世。

万历十六年（1588），大饥荒。十四岁的魏大中再次到岳父钱惺寰处读书。钱惺寰的内弟李全吾爱惜大中的才智，常常在其师友间称道。沈元封、沈心阳等先生伸出援手，为大中提供了饭食和书本。这年，魏大中第一次参加童试，但没有取得好成绩。

九月，叔父魏邦杰乡试下第，魏邦直让儿子随其读书。魏邦直对魏邦杰可谓恩重如山，既有活命之恩、哺乳之恩，又有推让嗣产之恩。魏邦杰才得以读书，成秀才。即便如此，魏邦直仍坚持礼数，以每日米一升，每隔十来天送些鱼肉之类，充作儿子的学资。

魏邦杰少时曾从王阳明的弟子王龙溪[②]学，县志称他"笃理学，授经忠节"。魏大中对这个叔父很是佩服，每见叔父与朋友一起，说起王阳明、王艮[③]两先生当年往事，大中脸上就露出神往与羡慕的神采。魏邦杰知道兄长对儿子的期望，对侄儿的要求十分严格，大中读书表现好的话，两人可以亲如好友，如表现不好的话，就让他长跪至深夜。魏邦杰的教书方法也很

---

① 忮：嫉妒；儇：聪慧敏捷。

② 王畿（1498—1583），字汝中，号龙溪，浙江山阴（今绍兴）人。师事王阳明，为王门七派中浙中派创始人，著有《龙溪全集》二十卷。

③ 王艮（1483—1541），初名银，字汝止，号心斋，泰州安丰场（今江苏东台）人，师事王阳明，创立泰州学派。

特别，常常自己不讲解文章，反让大中讲解给他听。如果大中没有领会文章的含义，就纠正后让大中重新讲解，如此反复四五遍。写文章也是同样，先让大中读一篇范文，然后以范文为题，让大中口占一篇。如果文章作得不理想，就让大中口占数遍后再让他读范文，读上句，续下句；或者读一段，续一段，再让大中拿自己的文章与范文比较优劣。魏邦杰的这种教育方法，充分发挥了大中的学习能动性，促进他深入地了解文章的内涵。魏大中后来表示，叔父的这种独特的训练方式，为他的文章打下了很好的根基。

万历十八年（1590），又遇饥荒。魏邦直"束脩所入，不足充衣食"，他无力拿出更多的钱为儿子聘师。魏邦杰自己也有举业在身，就带着大中在本邑东塔、陆庄①一带一起读书。魏邦杰对这个侄儿十分喜爱，视如己出，有次他身患重病，因膝下尚未有子，很想让大中做其嗣子，这样可以名正言顺地承担大中读书费用，也算是将叔祖的家业重新交给二哥家，以报答二哥活命和让嗣之恩。因不好意思向兄长开口，托人代为致意大中。大中知道后婉拒道："叔父美意我心领了，但父亲只有我这根独苗，我若答应了叔父，父亲身后又有谁承继呢？"这个十六岁的少年已经很有主见，魏邦杰虽然有些失望，却不由得对侄子肃然起敬。以后魏邦杰不管遇到什么事，都要和大中商量，把他看成可资信赖的朋友。②

次年，魏邦直再次来到陶庄凌巷教书，收入稍好，十七岁的魏大中学业也得以"稍成片段"。这年，大中拜在嘉善名师曹泰宇门下读书。

曹泰宇，名穗，祖上从华亭干溪（今上海市金山区干巷镇）移居嘉善，不久便成为嘉善的一支望族。曹穗是"律声极严的塾师"，为人严谨，"坛宇防表甚设，步趋周折，虽迫不乱尺寸，盛暑必衣冠而处，七十年如一日""生平无疾行，无惰容，无哗语，无违心之言，无欺人之事"。曹穗也是极有名的塾师，尤善"六经、孔孟诸书"，"门下执经者甚众"。他有两个出色的弟子：一个是

---

① 陆庄在张泾汇东（今嘉善县惠民街道）。县志称，此地原为唐宰相陆贽故宅，子孙世居于此，故名。

② （清）项玉笋《檇李往哲续编》"魏忠节公传"，见《明代传记丛刊》，明文书局影印。

他的儿子曹勋，为崇祯元年会试第一，授庶吉士；另一个就是大中。[1]万历四十八年（1620），在为恩师所写的七十寿序中，魏大中说：

> 中自惟束发而事先生，无闻未能光先生之教……，先侑职公（魏邦直）每以羞雉不腆，蒽蒽自将，先生必欵欵相慰藉。[2]

大中称"未能光先生之教"，当是自谦之词。魏邦直每以给先生的学费太少而惭愧，曹先生却"欵欵相慰"。魏、曹两家由此交好，魏大中后将女儿魏清嫁给曹穗的孙儿曹培。魏大中在县城讲经授徒时，曹穗命儿子曹勋以兄事之，等到天启四年（1624）魏大中被捕下狱，曹勋相与周旋，患难与共。

在曹泰宇的督促下，大中的学业已有所成：

> 志气鼓发，藻思溢发，……一日三艺，日中脱稿如探囊焉。

半天功夫，三篇制艺（八股文）一挥而就，这使得魏邦直对儿子次年的童试充满了期盼。

二、父亲突然谢世

万历二十年（1592），十八岁的魏大中在县、府两试中均榜上有名。县试、府试是院试的准备性考试，却是能否入泮的关键，特别是府试，被称为"府关"。一旦府取，则入泮十有七八。考试竞争激烈倒也罢了，还常常需要面

---

① 潘光旦《明清两代嘉兴的望族》，第81页，《民国丛书第三编》，上海书店；（明）魏大中《藏密斋集·杂著》，第31页，《寿泰翁曹先生七十序》。坛宇防表：语出《荀子·儒效》，"君子言有坛宇，行有防表。"意思是说，君子讲话必依循一定的原则，行为有一定的标准；（清）光绪《嘉善县志》卷二十，第2页。

② （明）魏大中《藏密斋集·杂著》，第31页，《寿泰翁曹先生七十序》。侑：配享、从祀。羞雉，指付给先生的学费。

对种种潜规则。比如，府试需要缙绅的荐引书。求一封荐引文书，在晚明松江府的时价为百两银子。读书人家往往不惜百金之费，以为进学阶梯。叶梦珠在《阅世编》中说：

> 童生府取，在吾生之初，已无公道。凡欲府取者，必求缙绅荐引。闻之前辈，每名价值百金。故当日童试不难于入泮，而独难于府取，谓之府关。[①]

当然也有例外，这需要在府试中名列前三，魏大中凭实力顺利地通过了府试。二月便是院试，满心喜悦的魏邦直月初就将大中送往杭州，让儿子在杭温习，准备考试。

临近考试的时候，第一次远离家门的大中常常无缘无故地感到心怦怦直跳。他有种不祥的预感，便决定在考前抽空先回一趟家看看。二月十三日，魏大中匆匆赶回家中。一踏进私塾，看到的是父亲躬着身，抱病在为学生授课。魏邦直所染的是"寒疾"，照今天的推测可能是伤寒一类的急性传染病，病势已比较沉重。大中心里十分难过，急忙劝父亲遣散学生回家，服侍父亲卧床休息，并打算留在父亲身边照顾。听到大中这样说，魏邦直马上从床上爬了起来，狠狠地把儿子骂了一顿。但责备归责备，考试却耽误不得，魏邦直硬撑着身体出门雇了条船，送儿子回杭州：

> ……（魏邦直）蹶然起曰："负我，负我！"因自出雇小舟，减一簪五分许，为试卷费，促余登舟，亲为解维，望余舟不见，始入寝。

春寒料峭中，一位头发已见斑白的瘦弱中年男子，吃力地弯腰解开系在河边石桩上的缆绳，嘱咐船家小心行船。船家撑起竹篙，正要往岸边一点，

[①] （清）叶梦珠《阅世编》卷二"学校五"，第35页，见《明清笔记丛书》，上海古籍出版社1981年版。

中年男子忽然想起什么，取出一枚半钱重的银簪，递给船上的少年。少年眼含热泪，看着父亲做着这一切，连声催促他赶紧回屋歇息。船儿摇摇晃晃起程了，在泪眼蒙眬中，少年发现，父亲静静地伫立在岸边，一动不动，目送着小船从视线中消失……

没想到，河边一别竟成父子永诀！魏邦直死于两天后的二月十五日。数十年的艰苦生活，使得魏邦直最终没有逃过疾病的魔爪。

刚回到杭州的大中就接到了家里遣人送来的讣报。大中顾不上回寓所，也不管认不认得路，便出杭州朝嘉善方向狂奔。万历二十年二月十六日，杭州至嘉善的官道上，在络绎行人同情的目光中，一位无限哀伤的少年如同一只受伤的鸟儿，跌跌撞撞，狂奔不已。鞋早就跑丢了，脚被砖石磨破，一路血迹斑斑：

> 跣而奔，不识路，未尽六里街，两足为砖石屑所啮，血渍泥坟赤，屡起屡踣，行道嗟悼。

幸好，路上遇到一个叫杨君贤的嘉善同乡，是个轿夫。这个好心的轿夫一路领着大中回家，看大中走不动了，便搀扶着他走。嘉善至杭州两百多华里的路，这个光着脚的少年一天就走完了。黄昏时分，魏大中赶到嘉善，顺道先到岳丈家报丧。钱家已获知讣闻，已遣未过门的儿媳钱氏前去拜祭，钱惺寰又连忙雇舟载魏大中回家。等魏大中赶到家中时，已是二更天，刚好赶上亲手为父亲合殓。

弥留之际，魏邦直留下遗言，不欲归葬祖茔。他本想与四弟魏邦杰商量，希望得尺地以供安眠。但四弟因过继给伯祖，并不能自主。天气已经开始转暖，棺薄不可以久待，房东也面露难色，魏邦直被匆匆葬于祖茔。葬毕人散，一子一母终日相对而哭。

为儿子的学业，魏邦直可谓殚精竭虑。在他死前三年，还卖地为儿子谋取学费。这块地，原本就是魏邦直的，在万历三年（1575）替父服役时，魏邦直将其抵给了三弟魏如川。后来族中长者看不下去，认为魏邦直倾家荡产，是其他弟兄没有尽到责任的缘故。于是，由长者做主，让三弟拿出一亩多地来补偿兄长，以作魏邦直一家立锥之地。魏邦直拿到地后，却"且得之而夕售之"，换取银两来为大中聘请老师。

对这根独苗，魏邦直爱之愈深，责之愈切，"……课读稍弗，棰挞^①辄数十下"，毫不宽容。薛氏不忍儿子被责打，以身相护，常常为魏邦直的棍棒所误伤。祖父魏祥也大为不忍，背地里流着泪对魏邦直说："这个孩子的脾气实在太倔了。"魏邦直伤心地对老父说："我也不舍得打他啊，我全是为他好啊。"

十多年后，魏大中的父母都已过世，在有了一点积蓄后，魏大中把父亲先前卖出的这块地赎回，葬其母于右，准备日后营建双茔，再行迁葬父亲，以实现父亲的遗愿。不过一直到魏大中身死，仍因宦囊空虚，未能达成这个心愿。三十多年后，在魏大中抱着必死之心写下《自谱》的时候，仍可以在字里行间感受到他绵长的丧父之痛。在《自谱》和《先考继川府君行实》中，大中深情回忆父亲的舐犊之情，他沉痛地表示："每一追忆，痛恨欲死。"

---

① 挞：笞，鞭打。

第三章　坎坷举业

一、辗转乡村的塾师

父亲的早逝，使年仅十八岁的魏大中失去了生活的重要支柱。好心的私塾馆主拉来魏邦直原先的学生，让魏大中接手继续教他们。这个早慧的嘉善少年，不得不与父亲一样开始了飘萍乡间的塾师生涯，一边教授童蒙，一边继续读书。他无力为自己请先生，甚至连科考必备的书籍都买不起。自万历二十年（1592）起至万历四十四年（1616），这段塾师生涯持续了二十五年之久（见表四），直到他一捷南宫。个中缘故，一方面是千军万马的科举道路的艰难；另一方面，为父母居丧守制又耽搁了六年的光阴，但相较诸多白首场屋、艰于一第者，已属大幸。

刚做塾师时，魏大中毕竟太年轻，稍长的学生竟与他年纪相仿。见以前的玩伴成了他们的先生，这些大孩子觉得既有趣又有些不服气，私下相约不要听从这位年轻的先生。魏大中知道后，便立下若干规矩，违反者要受到处罚。不过，魏大中也知道这些学生只是口头上唯唯诺诺而已。

一日午休，魏大中外出散步，隔墙听见狡黠的学长正带着众学生，在学堂隔壁的五圣神祠点起蜡烛祷告，祈祷他们年轻的老师早点死掉。

这只是孩子的一种游戏，魏大中发现这是收拢这帮野孩子的好机会。他悄悄回到私塾，不动声色地端坐在椅子上等待学生的归来。为首的那个大孩子一踏进学堂，魏大中就令其跪下，那孩子当然不服。魏大中便责问他刚刚在祠前说了些什么，众学生相顾失色，为首的孩子认了错，从此再也不敢搞怪了。在《自谱》中，这是一段有趣的文字：

> 一日午假，予散步于邻场墙以内，而墙以外故有五圣神祠。黠者率诸生然烛，祝予死。予一一听之。从间户潜归于塾，俨然坐。黠者至，予叱令跪，弗驯。予诘以顷于神祠前罗拜而祝者何言？诸生徒相顾失魄，而黠者首服其辜，自是莫敢以黠应矣。

与宽容、和蔼的父亲截然不同，十八岁的魏大中已经初露其狷介的脾气 —— 他容不下半点错误，也不会妥协，哪怕是孩子并无伤害的玩笑。他更愿意通过严格的奖惩措施，让学生学会守规矩，甚至要求他们"在家如其在塾"，也要驯约如故。

表四：魏大中处馆及读书一览（万历十九年至万历四十四年）

时间	馆处	时间	馆处
万历十九年	父徒馆于陶庄凌巷	万历三十二年	仍馆陈氏
万历二十年	接父馆为蒙师	万历三十三年	馆于夏瞻明家
万历二十一年	换馆陶庄李全吾家	万历三十四年	未馆，读书于沈园
万历二十二年	馆于陶庄张家	万历三十五年	馆于吴江高氏
万历二十三年	馆于陶庄凌家	万历三十六年	馆清风泾，秋迁于瓶山
万历二十四年	仍馆于凌家	万历三十七年	读书获秋庵，乡试中举
万历二十五年	馆于陶庄沈家	万历三十八年	下第，读书
万历二十六年	复馆于凌家	万历三十九年	馆夏述明家
万历二十七年	问学桐村书屋	万历四十年	复馆于高氏
万历二十八年	馆于陶庄许氏	万历四十一年	下第，读书慈云寺

续表4

时间	馆处	时间	馆处
万历二十九年	馆于平湖陆氏	万历四十二年	开家塾，数生徒及门
万历三十年	馆于吴江陈氏	万历四十三年	谢生徒不受，赴京会试
万历三十一年	仍馆于陈氏	万历四十四年	进士及第

次年，魏大中仍在陶庄处馆。钱惺寰的内弟李全吾担心生徒过多影响魏大中的学业，再次着力周全，邀请魏大中教他的儿子及其他两三个学生。尽管李的家境也很是贫寒，但"其意良厚"，令魏大中十分感动。

转眼到了万历二十二年（1594），魏大中已届弱冠之年。这年，以"榨油为业"的张生约孙氏等人聘大中为师。榨油是个重体力活，张生坚持半工半读，每天夜半即起读书，大中也起床读书。屋主为他们的苦读所感动，常常给他们送来饭菜。

这一年又是县试。考前一个月，县署已贴出告示，公布考期。这次县试的时间，尚在魏大中居丧期内。朝廷对科举考试的把控十分严格，除了甄别考生身份的真实性外，还需保证考生的清白出身。如童生县试，除需要详细填报姓名、籍贯、三代履历、体貌外，还需由五名考生互相作保，并由县学的一名廪生出具保单，证明该考生确系本县某某，非娼、优、皂隶之子孙，无居父母之丧者，方准报名应考。按例，魏大中不能参加考试。父亲殁于两年前的二月，居丧守孝号称三年，实际来说是不计闰月的二十七个月。[①] 这年县考时，离守孝服阕已相差不远，因此魏大中还是报了名。魏大中的堂兄弟，如魏廷相等，都以"廷"字排行，魏大中担心考官怀疑他冒籍替考，遂临时将名字改为魏廷鲠。

---

① 魏邦直于万历二十年二月去世，按照守制二十七个月计算，魏大中应当守制至万历二十二年的五月（不计万历二十一年的闰十一月），则县试考期当在万历二十二年五月。

魏大中错过了县试头两场考试。到下月覆试 [①] 时，离三年守孝服阕只差五天了。县令章士雅听说了这件事，出于读书人的惺惺相惜，便有意成全，告诉魏大中说，就差四五日了，难道不可以宽借几日吗？言下之意，便是默许他参加考试。不料，魏大中却答道，就算只差一日，也是三年的丧期内。魏大中有些"迂阔"的答复，给章士雅留下了深刻的印象。[②]

覆试是取初试前一二十名进行第二轮选拔。所幸的是，这次覆试因有人缺考而顺延数日，魏大中得以参加考试。考场上，魏大中第二个交卷，等第三位考生交卷时，章士雅已经举着魏大中的试卷赞叹道："文章就应当这样做啊。"魏大中想看看第一个交卷的文章，章士雅笑笑说："你且慢点看别人的文章，先将前两场考试的文章补来。"魏大中立挥而就。章士雅又让前两名考生再加试一场，魏大中的文章让章士雅刮目相看，因补考者按例不能拔为案首 [③]，章士雅便将当年县试第二给了魏大中。

此次县试，魏大中给章士雅留下了很深的印象，考场上，章士雅注目大中良久。县试之后，章士雅将魏大中举荐给乡居在家的进士夏九鼎。夏为顾宪成的学生，看了魏大中的文章也颇为赞赏，又推荐给高攀龙、吴子往等人。次月，魏大中以府试第一、院试第四的优异成绩，在科举征程中迈上第一个台阶，成为县学的一名附生。

万历二十二年（1594）十二月二十四，本地民间俗称小年夜，刚刚成为秀才不久的魏大中与钱氏完婚。婚礼十分简朴，就在魏大中教书的陶庄举行，连婚服都未置办，小夫妻穿着日常衣服完成了婚礼。此时，母亲薛氏僦居于叔父魏邦杰家的一间偏屋内，距离陶庄二十多里，没来参加儿子的婚礼。两天后，薛氏托人给儿子送来一件亲手缝制的油绿布袍。新婚第三天，大

---

① 县考分四场，入场按卷面盖号戳对号入座。第一场试一文一诗。第二场仍一文一诗。第三场覆试一赋一诗（或试一策一论）。第四场覆试以小讲三、四艺。除去各场淘汰者，发一榜称"长案"，主考官为本县之县官。

② （清）项玉笋《檇李往哲续编》"魏忠节公传"；（清）盛枫《嘉禾征献录》卷十五，第1页，见《续修四库全书》，上海古籍出版社。

③ 列县试第一名者，曰"县案首"，一般无须再一路考至院考，照例"进学"，获取秀才功名。

中带妻子钱氏归家祭拜先人，看望母亲，三人一起高高兴兴过了年。

万历二十三年（1595），魏大中仍设馆于陶庄。秋天，他得了非常厉害的痢疾，生性豁达的大中在榻前贴了一个"死"字，静听命运的安排。病愈后，有个叫王雨圃的人为大中算了一卦，这个算命先生其实算得并不太准，称魏大中会在丁酉（万历二十五年，1597）乡试中举，次年登进士。实际上魏大中万历三十四年（1606）才中举，万历四十四年（1616）登进士。除了照例必须关切的科举成败之外，王雨圃告诫大中："趋吉避凶的话，公也不听，仕途上宽人些"，并说他"还有三十年贫贱"。

这不幸成为谶语——魏大中一生贫寒，中举后，依旧贫如诸生，即使官至吏科都给事中后，生活仍旧穷困潦倒。魏大中也正因"不宽人"的性格，得罪魏忠贤而死。而自算命之日到他五十一岁惨死，刚好是三十年。

二、从辗转乡村到定居县城

万历二十四年（1596），长子魏学洢出生。此前，因家中无房可居，一家三人分处三地，各自思念不尽——魏大中在陶庄教书，母亲借居邦杰叔父家的房子，而妻子钱氏仍滞居娘家。钱氏有身孕后，魏大中在陶庄新街租了一处房子，婆媳团聚，洢儿新生，一家人其乐融融。

这年夏天，三十六岁的叔父魏邦杰患病不起，引发了一场家产纷争。魏邦杰过继给魏氏的长支魏南郊，身后留下一个三岁的儿子，名廷荐，字无咎。按理，魏邦杰去世后，应由魏廷荐继承魏南郊的家产。魏南郊已老迈，嗣孙魏廷荐尚年幼无知，于是有人眼红魏南郊的家业，鼓噪族人打官司争夺田产。其实，魏南郊的地产都是自置的，并没有魏伴当年留下的军产在内，但岁月既久，一时难以说清。为保全从弟魏廷荐的利益，魏大中将详情闻于郡县官府，不惜与整个家族翻脸。族人天天来魏大中家闹腾，"老者言死、饥者言食、强者言殴言杀"，还有的在魏南郊面前说大中坏话。魏大中坚持不让步，这场闹剧以官府出面主持公道收场，魏廷荐得以顺利继承魏南郊的家产。

万历二十五年（1597），二十三岁的魏大中补增广生，并通过科试，取得了乡试资格，但这年他并未参加乡试。万历二十六年（1598），大中仍在陶庄凌巷教书，作为县学的增生，魏大中的塾师收入高了一些，一年可以拿到十两银子。这段时间，魏大中的交游也开始频繁起来。万历二十七年，魏大中与赵归甫一同读书于西塘镇北的桐村书屋，这里原是明高士周鼎读书之所。夏德清、许敬庵也召魏大中与其公子一同读书。这年魏大中长女出生，取名魏清。

万历二十八年（1600），魏大中第一次参加乡试。乡试落第回家后，母亲已经病重不能进食。新年前三天，操劳一生的薛氏撒手西去。由于家贫，薛氏的遗骸三年后才得以安葬。

次年，大中去毗邻的平湖县教书，妻子钱氏借居于魏邦杰家的两楹偏屋内，独自抚养一儿一女。与当年婆婆薛氏一样，钱氏以异乎寻常的勇气与毅力挑起了家庭生活的重担。魏大中说：

> 孺人抚一男一女以居。每昏，则置二稚卧榻，而篝一灯先孺人柩前，独纺常至丙夜。[①]

这里所称的孺人、先孺人，即妻子钱氏与母亲薛氏，因后来皇帝的敕命封为孺人。在魏大中外出教书的日子里，钱氏每晚在婆婆棺材前点起一盏油灯，旁边的床上，睡着一双儿女，在豆粒大的灯光下，独自纺纱至半夜。叔母沈氏看了很心疼，族中的妇女也问钱氏怕不怕。钱氏说："我时思见我娘娘（指薛氏），何惧？"

在魏家妇女的身上，可以找到中国女性外柔内刚的优秀品质。母亲薛氏"性整洁，杼轴、馔饮，靡不精好，制服储木棉之最白者为用……"，可见她对美好生活的追求。薛氏十分善良，即便家中瓶无储粟，她对丈夫"遇饿者，倒廪授之"的义举，从未有过半句怨言。薛氏也十分要强，魏邦直死后，

---

① 丙夜：三更时分。

母子婆媳相依为命，"稍富厚之家来为孙辈妁者"，薛氏就让儿子回绝，唯恐贫富悬殊的婚姻折损孙辈的志气。[1] 妻子钱氏，成婚前还是"出父母骄稚中"的掌上明珠，婚后却能安于贫困，操持家务，春米、做饭、汲水、洗衣、纺织样样都能干。婆婆病中，钱氏"服侍左右"，十分孝谨。生活上，钱氏是难以想象的俭朴，饭菜馊了，也不舍得倒掉，甚至重病后（出天花）的所谓调补，也不过是一点黄豆酱而已。大中称赞妻子"瘁其十指以佐魏子，颇亦如先孺人之佐先赠公"。[2] 在钱氏的操持下，一家人的生活境况有所好转，陆续置办了十几亩田地。

万历三十一年（1603），为母丧守孝服阕后，二十九岁的魏大中继续参加科举考试。这年，他县试第四、府试第一、道试录科，但乡试依然不售。县试的时候，时任县令谢应祥与魏大中结下了师生之谊。这场师生之谊，日后成为阉党扳倒魏大中的口实。而府试第一名，则为嘉兴令郑振先所取。府试时，考生纷纷奔走名绅之门以求举荐，名绅也借此机会收取举荐费用并招揽有点名气的学生于自己门下，魏大中看不起这种做法，没有奔走请托。所以，魏大中十分感激郑振先的知遇之恩。

郑振先宰嘉兴七年，政绩卓著，他的儿子郑鄤后来也成为东林党的一员。天启五年（1625），杨涟、左光斗、魏大中等"六君子"入狱，郑鄤因作《黄芝歌》寄予同情，被削职为民。

万历三十三年（1605），魏大中已至而立之年。在亲友的劝说下，魏大中倾其所有，并借了一笔钱，在县城县学后面买下了一处朝北临水的房子。

因倭寇屡屡侵扰，嘉善在嘉靖三十四年（1555）筑起城墙。城市空间在筑城后有了快速拓展，举业也随之蒸蒸日上，迎来"推倒一时"的好时代。正如县志指出的："初，魏塘士人皆尚书画诗词。筑城后，独举业蒸蒸日进。"而筑城前的元末至明前中期，尽管魏塘文化经历了一波高潮，但文化的繁荣并未与举业的兴盛同步。这段时期，嘉善所在区域仅一人登进士

---

① （明）魏大中《藏密斋集》卷三，第22页，"为先孺人征制词略"。
② （明）魏大中《藏密斋集》卷三，第23页，"为妇征制词略"。

榜，这反映了没有城市作为经济文化的核心，科举很难兴盛起来。万历以后，海内知名"儒士"的参与，大大推进了嘉善的科举事业。明中期，王门心学对魏塘文风影响深远，其后东林书院、复社等文人团体对嘉善教育整体性发展的促进作用巨大。比如，顾宪成、高攀龙、薛敷教、刘宗周、陈子龙、夏允彝等硕儒与魏塘文人交游频繁。在嘉善，夏九鼎、钱士升、魏大中、李奇玉、卜洪载、朱国望、陈龙正等，均为顾宪成、高攀龙入室弟子，这些人日后大都登进士榜。嘉善名门望族与科举世家随之兴起，士绅作为社会中坚力量，开始走上嘉善地方社会生活舞台。

对于埋首举业的魏大中来说，无论是设馆还是科举，乡居确实不利于他的学业进步。从此，魏大中告别了乡村，来到县城定居。

新居并未给魏大中一家带来好运。这年清明节，魏大中因长舅所托，安葬离世多年的外祖母沈孺人。而后，妻子钱氏积劳成疾，又为庸医所误，后背长出了一个大毒疮，几乎整个背部都溃烂了。钱氏一病年余，为医好妻子的病，大中不惜代价，所费银两无数。不久，儿子魏学洢在赴私塾途中，不小心被背着布匹和棉花的小贩挤下政和桥，右股骨折，又花费了十几两银子。无奈之下，大中将这处住了还不到一年的房子卖掉，租住了县城北门政和桥畔夏瞻明的房子。直到五十一岁罢官归里时，大中一家一直住在这里。

顾宪成、高攀龙、归子慕像

这处租来的房子，东枕政和桥。沿桥往西数百步，在十来楹的一排房子当中，有一条窄小得不能容两人并行的小径，可通魏大中的居所。西边的庭院内，住着其他人家，园内"篱落纵横如鱼籪"。魏大中租住的三楹屋子，靠西的一间十分低矮，弯腰低头才能进屋，算是接待客人的地方。东边二楹，靠东的一楹为厨房，已经倾斜，屋主人用一根木头斜支着才不至于倒塌，出入需要小心翼翼地弯腰避开这根支柱。中间一楹前半间为卧室，后半间放置着纺织机具。屋后还有三楹屋子，西面一间存放魏家先祖牌位，中间一间做书房，东边的是柴房。这是百年开外的老房子，帘绳都已发黑变脆。因地势低洼，一到下雨天，则上漏外涨，给生活带来不便甚至苦恼，如万历三十六年（1608）大水，家里不多的一点存粮全被河水所淹。万历三十七年（1609），魏大中中举后，又租了小径东面的一楹供仆人居住。从这年起，魏大中开始设家塾，有弟子上门来求学，魏大中又借了三从兄、进士魏廷相（字云卿）的房子让学生居住。

尽管房子很破旧，但一家人安之若素。魏大中的《壁立歌》[1]对此有生动的描绘，也表达了他的生活意趣与豁达情怀：

> 酌酒劝君君开怀，听我歌君壁立斋。
>
> 男儿志气会有极，壁立不立休逼侧。
>
> 吾无四壁赁人住，晦明风雨杂云雾。
>
> 主人其中弄两丸，周游太极环无端。
>
> 吁嗟儿女匕餶繁，东啼西号驱出门。
>
> 长途奔走事衣食，自论夙昔非所存。
>
> 旋已作书报妻子，前途沟壑朝朝是。
>
> 丈夫此语非不详，殷勤自护生晶光。
>
> 病妇小瘥且绩缉，大儿负薪小据拾。

---

[1] （明）魏大中《藏密斋集》卷十，第6、7页。根据《自谱》，此诗写于万历四十三年，是大中赴京赶考途中的一首题壁之作。壁立：家中只有四壁空立，形容非常贫困。

拂天双袖长风吹，归乎未归难与期。

归来解橐出乾肺，四壁笑人羞欲死。

君斋壁立无安排，酌酒劝君君开怀。

魏氏父子热衷于描写这个并不理想的居所，除了在《自谱》中对居所进行过详细的描绘外，魏大中还写有《茅檐小咏》六首[①]，其一云：

借得茅檐住，低低不扫除。星寒知怯鼠，春涨欲通鱼。

一径野篱密，半墙秋草疏。雨余添藓晕，曲曲作虫书。

长子魏学洢有《茅檐赋》，赋曰："阛都之北，酒帘之西，有扉画扃，蛩吟鸟啼，篱迳沵迤……"，这篇赋写得秾丽动人，后来魏学洢的文集也被定名为《茅檐集》。魏学洢还写有《茅檐杂诗》六首及《题茅檐》一首，在他的其他诗作中也多次提及这处居所。[②]

如《茅檐杂诗》其一：

只在尘寰内，居然径独迁。此君疏类我，石丈老于儒。

候雨迎鸠妇，栽花剃鼠姑。客来深自慰，知有浊醪无。[③]

次子魏学濂也有诗描述家居情形：

小屋容君居，迁期日日赊。对门横一水，出郭有千家。

---

① （明）魏大中《藏密斋集》卷十，第11页。

② （明）魏学洢《茅檐集》卷一，第12页。阛都：城池。阛：古代城门外曲城的门。蛩：蟋蟀。沵：水满。

③ （明）魏学洢《茅檐集》卷二，第13页。鸠妇：指雌鸠。剃：除去野草。鼠姑：牡丹。

曲径通桥边，低檐避树斜。著书倘有暇，移种故园花。①

尽管有吟咏茅檐的闲情雅致，但魏大中的生活仍是潦倒的。教书的收入并不丰厚，大中又因买房、租房欠了一笔债，一家的经济状况并未好转。家中的经济来源，主要还是靠妻子的纺织收入，只能糊口而已。儿子学濂没裤子穿，钱氏赊了几尺夏布做了一条裤子，仅四分银钱的几尺布钱却一直无力还上。

从万历三十三年（1605）到万历四十三年（1615）北上会试中进士，魏大中在县城住了十一年。这段时间，魏大中结识了陈山毓、陈龙正、钱士升等人，并成为知交。万历三十四年（1615），魏大中与陈山毓、陈龙正兄弟读书于城南的沈园。

魏大中与钱士升早有姻亲关系。大中的三从兄魏廷相一女配钱士升的叔父钱继登。②县志在魏廷相的小传中，称其"秉性磊落，衷怀坦率"。魏廷相是万历三十二年进士，授汝阳令，居官清约，严防胥吏盘剥乡民，曾将南方水车引入河南汝阳，使滨河田地得以种植水稻，垦荒数万亩，人称"魏公车"。后补枣强令（今属河北省衡水市），政绩懋著，擢升四川道御史。但万历末年，神宗厌薄言路，缺官不补，魏廷相候任时卒于京邸。

万历三十四年（1606），魏大中通过科试，乡试依旧落第，此后两年，魏大中先后在江苏吴江县、嘉善枫泾镇教书。

与县城诸友的交往，更使魏大中结识了他们的师友，其中很多是当时的名儒，比如顾宪成、高攀龙和归子慕（归有光子）。万历三十七年（1609），魏大中三十五岁，这年他与朱士翘一起读书于祥符荡畔的获秋庵。此庵为嘉善举

---

① 引自金一平《柳洲词派》，第112页，同济大学出版社2002年版。原诗题为《王孝恃迁居》。王孝恃即王屋，柳洲词人，曾与魏大中比邻而居。
② （明）钱继登《垦专堂集》卷四，第2页。

人吴志远①构筑，吴志远与高攀龙、归子慕交游并讲学于此。

这年六月，魏大中再赴浙闱乡试。赶考舟中无聊，魏大中以"谁能出不由户"给自己出题，准备写篇文章练练手。这是《论语·雍也》中的句子——子曰："谁能出不由户？何莫由斯道也？"意思是说："谁能够走出屋外不从房门经过？为什么没有人从我这条路行走呢？"孔子所说的是一个比喻，因他所宣扬的"德治""礼制"，在当时有许多人不予重视，孔子感到很不理解，所以发出了这样的疑问。魏大中动笔写这篇八股文的时候颇感思路枯竭，参考了前人文章，才勉强写成两篇八股文，觉得文章或许可以入考官之眼。

这年八月考试的时候下起了暴雨，魏大中候考入场时已被淋得全身湿透。入场后，因他所在的号舍地势较低，雨水一度浸至他的腰腹处，其困顿可想而知。所幸老天有眼，魏大中居然押对了第一篇八股文。于是凌晨入场的魏大中，索性在考场酣睡至中午方才开始答题。每写完一篇，则小憩片刻。文章写完后，"展览自笑，亦复沾沾自喜"，魏大中对这次考试十分自信，回家对儿子魏学洢说，应该是第二等的文字。桂榜一出，果然中了第二十二名，房师为戴玄趾。当年秋天，魏大中第一次入京参加会试。这次考试时，他又用回魏大中这个本名。

会试下第。夏天的时候，在徐玄仗园中，魏大中结识了顾宪成、高攀龙、薛敷教②等东林名士。次年，魏大中正式成为东林书院创始人之一高攀龙的弟子。

东林书院在无锡城外弓溪旁，始建于北宋政和元年（1111），是理学家程颢、程颐嫡传弟子杨时（龟山）的讲学之地。万历二十二年（1594），顾宪成削官回到无锡，偕顾允成、高攀龙、钱一本、薛敷教等人，为继承杨时讲学遗志，共同倡导捐款重建。在常州知府与无锡知县的协助下，至万

① 吴志远，字子往，浙江嘉善人。明万历十六年（1588）举人。与高攀龙、归子慕往来谈道，擢翰林院孔目（职掌文书事务的小官吏），改吏部司务，后转南京兵部郎。年八十卒。县志称，魏塘理学自王守仁高足龙溪（王畿）后复振于吴志远。

② 薛敷教（1554—1610），字以身，号玄台，南直隶常州府武进（今属江苏）人，万历十七年进士，明朝政治家、文学家，东林党领袖，"东林八君子"之一。

历三十二年（1604），东林书院恢复了旧观。

东林书院讲学内容以儒家经典为主，讲学的形式也不拘一格，其中最为人重视的是面向社会的讲会，每年春季或秋季一次大会，每月十五前后的一次小会。嘉善学人也常常参加这样儒学聚会，有记载显示，万历三十七年（1609）八月十九日，吴子往应高攀龙之邀，参加了是年秋天的大会，听取"会主"顾宪成讲解《孟子》义利之旨。

明末东林党人因东林书院而得名，东林书院又因东林党人而蜚声海内。海内一些抱道忤时的士大夫仰慕应和、闻风响附，皆以东林为归，每年的大会有时多达千人，至学舍不能容，盛况空前。四方名士聚集在一起，讲学之余，渐及讽议朝政、裁量人物，指责当道者之愚，忧心于民变的征兆，朝中清流也纷纷遥相呼应，正如顾宪成所称的"风声雨声读书声声声入耳，家事国事天下事事事关心"。

顾宪成、高攀龙的许多学生后来陆续走入官场，同气相求，在朝中形成一股较大的势力，为天启初年东林"众正盈朝"做了人才的铺垫。[①]

除了零星的记录，并没有魏大中与顾宪成、高攀龙等师长更多的过从记载。但顾宪成在嘉善有弟子钱士升、夏九鼎；高攀龙除魏大中外，在嘉善还有吴志远这样的朋友，以及陈龙正等弟子。嘉善、无锡两地相隔不远，故而，他们师生间的交往应该远不止于书信的往来，而魏大中对政治的认识，从此便打上了东林的烙印。[②]

---

① 《明史》卷二三一在顾宪成本传中称："邑故有东林书院，宋杨时讲道处也，宪成与弟允成倡修之，常州知府欧阳东凤与无锡知县林宰为之营构。落成，偕同志高攀龙、钱一本、薛敷教、史孟麟、于孔兼辈讲学其中，学者称泾阳先生。当是时，士大夫抱道忤时者，率退处林野，闻风响附，学舍至不能容。……其讲习之余，往往讽议朝政，裁量人物。朝士慕其风者，多遥相应和，由是东林名大著，而忌者亦多。"

② 高攀龙在嘉善的其他弟子，可略考如下：倪以植《斜塘竹枝词》："少月东林听讲书，攀髯无地付长嘘。雪园妙义何愁绝，读易还欣有述馀。"诗中雪园，即李奇玉，从高忠宪（高攀龙）学，登天启壬戌（1622）进士；（明）张岱《石匮书后集》：魏里卞子厚（洪载），常从梁溪高忠宪攀龙游，为东林诸先达所重；（清）光绪《嘉善县志·卷二十二》行谊上，第12页；据钱士升年谱，顾宪成、高攀龙曾多次来嘉善讲学。

第四章　南宫一捷

一、入京赶赴会试

"慈云晓钟"为旧时魏塘十景之一。肇基于三国时期的慈云寺，很早以来就被视作"邑之首刹"。这里不仅是百姓的精神家园，也是学子断齑画粥的苦读之所。[①] 相传曹操驻跸的五凤钟楼，即在慈云寺之西南。千百年来，两座阿育王塔默默拱卫在旁，暮鼓晨钟中俯观世间的风云变幻、人情冷暖。[②]

有诗为证：

> 寺占城中央，千古推灵境。
> 清响发蒲牢，大众齐深省。[③]

万历四十四年春（1616），当慈云寺殿柱异乎寻常地长出了三株灵芝时，可以想见百姓争睹的轰动。这一不算特别罕见的祥瑞[④]，因慈云寺而分外灵

---

① 慈云寺旧有社学，魏大中等曾在此读书，见（清）光绪《嘉善县志》卷六、魏大中《自谱》。
② （清）光绪《嘉善县志》卷三、卷六、卷三十三。
③ 诗题为孙肇薰《魏塘八景之三·次上元王友三韵》。蒲牢：传说中龙之第四子，受击大声吼叫，充作洪钟提梁的兽钮，助其鸣声远扬。
④ 明清两代，县志所载类似"生芝"祥瑞共有九起。

验。大致在春夏之际，关于春闱的喜讯接踵而至：先是会试，嘉善登会榜者多达五位。数十天后，一杆黄绛丝的大旗，金书"状元"两个大字，在鼓乐吹打声中冉冉而来。[①]是年，嘉善钱士升殿试第一，成为建邑以来首位状元。

按照明代的规定，乡试每逢有子、卯、午、酉的年份秋八月举行，称"秋闱"；会试每逢有丑、辰、未、戌年份的春二月或三月举行，称"春闱"。前两次会试，大中都铩羽而归，对于这两次下第的经历，魏大中只是简单地说：

> （万历）三十八年（1610）庚戌，三十六岁。下第。读书于城北。夏，晤顾泾阳（宪成）、高景逸（攀龙）、薛玄台（敷教）诸公于徐玄仗园中。
>
> （万历）四十一年癸丑，三十九岁。下第。读书慈云寺，时有解。[②]

万历四十三年（1615）春天，座师戴玄趾迁官河北文安，来信邀请大中与他的儿子结伴，一起赶赴离京较近的文安县。于是，魏大中早早动身了。临行前，大中为长子魏学洢完婚，为次子魏学濂订婚，魏大中对婚事颇为满意，不过他的心却暂时被功名心占满了。

嘉善至京师，水路四千一百三十里，行程大致要两个来月，故大部分嘉善举子选择秋后结伴启程，旅途固然漫长，却不寂寥，嘉善进士袁黄曾记载了嘉善十名同乡举子一同赶考的经历。[③]不过，像魏大中这样提前出发的也大有人在。四十一岁的钱士升也选择在这年春天启程，不过他并非赴京参加会试。离开嘉善时，他不过是一名国子监的贡生，此行系探望在刑部供职的胞弟钱士晋，并顺便参加顺天（北京）乡试。这年秋试，钱士

---

① （清）王世贞《觚不觚录》，第8页，上海文明书局民国四年石印。

② （明）魏大中《藏密斋集·自谱》，第20、21页。

③ （明）袁黄《了凡四训》。

升意外地在顺天中举，遂留在京中准备来春的会试。①

　　魏大中出发后不久，与戴玄趾的二公子在京口会合，同行的还有戴公子的朋友李生。戴师的二公子并不情愿与大中同行，只是遣童子过来打了个招呼，自顾自驾舟先行了。魏大中无奈，只得雇舟雇仆相随。李生"酒食声色相谑浪"，与平日简衣素食的魏大中很不投契，加上魏大中新雇的仆人不懂得好好照料主人，热衷于赌博喝酒，魏大中常常过午还吃不上饭，这使魏大中感到有些不快。

　　当然，令大中郁闷的并不全是旅伴的不投契，更多的是对前途的迷惘。三年一度的会试是众多举子不堪承受之重，更不知何时才能苦熬出头。明代官场上有"三途并用"之说。除进士外，举人、岁贡也可以经荐举或考选入仕。但到明中后期，官场越来越讲究出身，举人出仕的官职简小，俸禄低微，一般仅安排教谕之职，相当于县里的教育主管，难有大的作为。比如，海瑞与李贽都是举人出身。海瑞三十七岁中举，四十一岁被授予福建南平教谕。李贽二十六岁中举，三十岁成为河南辉县教谕。举人出任教谕，也算是明经之选，可是明后期举人数量实在太多，下第举人和中副榜的纷纷乞恩充任教谕，严重挤占岁贡充教职之缺。万历四十四年（1616），礼部对举人出任教谕的人数做了限制，每年不超过三百人。同时，这些出任教谕的举人，只准再参加一次会试。② 这样，举人出仕的可能性更小，大多数举人只能继续在科举道路上走下去，期待有朝一日金榜题名。

　　六月初四，舟过山东微山湖畔的夏镇时，魏大中写下了《乙卯五日泊夏镇》一组四首诗③寄托乡愁与迷茫的心绪。

　　其一曰：

---

① （明）钱士升《赐余堂集》年谱，见《四库禁毁书丛书》集部第10册。

② 《明神宗实录》卷五五一，万历四十四年九月壬辰条。

③ （明）魏大中《藏密斋集》卷十，第5页。

水驿驱舟涩，今朝未可行。榴花知节候，艾气动乡情。
身以为儒贱，缘从在客轻。非关同调少，强作不知名。

其三曰：

偶尔撩诗绪，凄然客里行。家人当此日，谁更独含情。
市舶冰鱼急，儿童艾虎轻。明年知共否，惭愧再埋名。

其四曰：

谁能邀必得，逐队且行行。物以经春老，人伤过午情。
药收诸毒尽，命入五丝轻。敢为儒冠误，辛勤只事名。

隆庆元年（1567），古京杭大运河改道，夏镇于是成为北方漕运的重镇。端午时节，石榴花开、渔舟贩鱼，儿童挂着艾虎戏耍，这些家乡佳节时分常见的情景，勾起的不仅仅是浓浓的乡情，更有大中对韶华已逝的伤感，对再次落第的担忧和对前途的彷徨。

幸好，命运没有在这里再次捉弄他。

二、艰难的会试

万历四十三年（1615）早冬间，得知同乡举子吴志远等人已经入都，魏大中于是辞别座师，离开河北文安赶往北京。

隆冬时分，举子齐聚京城。离考试的时间还早，众多同乡举子经常一起聚会，讨论时艺，为会试做准备。正月十五，帝都灯会热闹异常。赏灯之余，年轻的考生会与长安士女一道，去西华门摸门钉，去前门走桥，彻夜不休。①考试的气氛终于在新年二月紧张起来，赴礼部投卷报名后，二月初八点名，初九便是关键的头场考试。

考场设在京城东南隅崇文门的贡院，建制宏大，是仅次于紫禁城的第二大规模的建筑群。贡院每三年才启用两次：顺天府的乡试及次年的会试，真正派用场的时间，不过十几天工夫。一般的年份，据说里面蓬蒿没人，甚至有狐狸、黄鼠狼出没。前一年秋天顺天府乡试前，贡院已打扫得干干净净。贡院的大门巍峨，正中高悬"贡院"墨字匾，左右各有牌坊一座，东首写着"明经取士"，西边写的是"为国求贤"，门内正中的牌坊上写有"开天文运"四个大字。进大门后为龙门，直进为明远楼、致公堂、聚奎堂、魁星阁、会经堂等办公用房。这一连串南北走向殿房的两边是连绵不绝的考棚，又叫"号房""号筒子"，一间挨一间，一排挨一排。应试的举子将在长五尺、宽四尺、高八尺的单间号房内应考。考场虽说单调，但万余间按千字文顺序鳞次栉比排列的号房一直延伸到视线的尽头，倒也是颇为壮观的。

万历丙辰会试，主考官为阁臣吴道南和吏部尚书刘楚先，另有来自翰林院、六科和六部的房考官②二十名，分阅《诗经》《易》《尚书》《春秋》《礼记》"五经"考卷。万历以来，由于参加会试的举人不断增加，阅卷压力增大，房考官从万历十一年（1583）的十七房，渐增至这年的二十房。③

会试分为三场，每场连头带尾占了三天工夫。如二月初九的头场考试，考生初八下午要在场外候考，初九黎明时分点名入场，清晨发卷，而出场要到初十凌晨。对于文弱的书生而言，这是一次很大的脑力和体力挑战。

万历四十四年（1616）会试的前两天，纷纷扬扬飘下一场春雪，次日又下起瓢泼大雨来。初八午后，数千举子便在贡院外冒雨等待点名、搜身入场。

---

① 袁中道《游居柿录》卷十一，第1187条，《中国文学珍本丛书》，民国二十四年（1935）版。明代京城民俗有元宵摸门钉以求生子、走桥以消百病。

② 房考官，简称"房官"，也叫"同考官"。明、清乡试、会试中，协同主考或总裁阅卷之官，因在闱中各居一房，故名。

③ 《明神宗实录》卷五四一，万历四十四年正月庚辰条、辛丑条。

考生虽贵为举人，也不免要宽衣解带，甚至随身携带的饭点都要一一掰开检视，入场的效率也因此极低。[1] 往年考前点名时，常因考生等得心焦，顾不得斯文，争相涌入，体弱的考生，甚至有被踩踏而死的。这年的大雨使得考生都躲在廊下避雨，考场大门口的秩序反而稍好些。[2]

头场的考试共有七题，分别为《五经》义四道、《四书》义三道。这是会试至关重要的一场考试，一些阅卷官甚至只看头场考试的七篇八股文就决定录取的名次。考题照例从四书五经中抽取，考生的文章须合乎孔孟之道，即所谓"代圣人言""为社稷说"。

考场内一排约四十间的号房，称为号筒，外头还有一两名右腮上打着一个方寸大的红戳子的号军看守。考生进了号房后，门就被锁上。考场不提供伙食，需举子自带。由于天气尚寒，还有一盆炭火可供驱寒。不过，这样的一盆炭火也曾引起明朝科举史上一场惨剧：天顺七年（1463）会试的第一天夜晚，考场失火，一下就烧死了九十多位被锁在号房内考试的举子。除监考外，号军还负责为举子们沏茶热饭。黄昏时发给每位举子三支蜡烛，蜡烛不仅用作照明，也是计时工具。蜡烛点完，考生必须交卷，由号军将考生强行"扶出"。[3]

首场考试首题为"君子惠而不费"，次题为"人道敏政"，三题为"为人臣者，怀仁义以事其君"，分别取自《论语·尧曰篇》《中庸·哀公问政》和《孟子·告子下》。魏大中在狭小的号房里答题，起初文思蹇涩，但一下笔，却全不构思，引笔直书，至晚上在烛光下改稿时，自觉行文颇为生动。

头场试毕后的情景，袁中道在日记中这样写道：

> 初九场中，至初十日鸡鸣时始出。门外接者壅塞，不得行。
> 久之，推排众中或空，行数步几仆，始得出。复不见从者，徒步

---

[1] 李兵《科举关防面面观》，载《考场春秋》，第11—16页。

[2] （明）袁中道《游居柿录》卷十一第1192条。

[3] （明）张朝瑞《皇明贡举考》卷一："试之日，黎明举人入场，黄昏纳卷，未毕者给烛三支，烛尽文不成者扶出。"

泥泞中，万苦乃达寓。

　　袁中道已年届五旬，平日四体不勤，作文也惯用行草，誊写一般都请人代劳。而科场中规定用正楷，这让袁中道之类养尊处优的举子们颇为苦恼。从初八开始，一直到初十鸡鸣时分的漫长考试，让举子疲惫至极。试毕出场，已是鸡鸣头遍。昏黑的考场外又是一阵混乱，疲惫不堪的举子，甚至无法找到迎候的仆人，只能在泥泞中独自蹒跚，回寓所歇息。[①]

　　紧接着的十二日、十五日分别是二场和三场考试。第二场试题为试论一道，判五道，诏、诰、表中任选一道。第三场考试为经史时务策五道。三场的考试设置，体现了国家简拔人才的无尽苦心：先以经义，观其穷理之学；再用论、表，观其博古之学；最后用策问，观其时务之学。后世对科举制度虽颇有微词，但这种平等公正的选才手段，在威权时代恐怕是唯一合适的制度选择，保证了贫寒子弟平等的考试权。只是古人太过迂腐，不知变通，致使八股横行。同时，僵化的考试内容成了桎梏知识分子心灵的枷锁，甚至成为中国近代落后的肇因。

　　三场试毕，二月廿七会榜放出。按照规则，春闱并未结束，通过会试的那部分举子还需参加殿试，这样，中式的举子[②]才能称为进士。此时，魏大中却等不及放榜，启程回家了。

　　魏大中匆忙返乡的原因，自称是因为用光了盘缠，思乡心切，便决定卷铺盖早点回家。因赴考路上，魏大中本以为可以搭戴公子的顺风船，哪知道自己雇舟不算，还要雇仆人，路费已大大超出预算。春闱历时较长，长途跋涉的举子所携银两常常不敷用度。断了归资的举子，常常不得不求助在京的同乡、故旧。魏大中在天启元年（1621）就倾其所有资助过下第的海盐同乡陈梁（则梁）："倾筐倒箧仅得一十五两二钱，奈何……君铩羽而南，

---

① （明）袁中道《游居柿录》卷十一，第1192条。
② 会试录取的举人明代称会试中式举人、清代称贡士，统一参加延试。

我濡首而北，为之黯然。"①

前两次下第的经历，使魏大中对这次考试也不那么自信。在他看来，与其花上十多天时间等一个失望的结果，还不如提前打道回府。好在科举制度设计上，即便错过殿试，仍允许中式举人直接参加下科的殿试。由于殿试并不引入淘汰机制，故不至于对前程产生不可挽回的影响，成为进士只是问题，这使得魏大中兼程赶回北京的经历少了几分惊心动魄。② 像魏大中这样的考生也大有人在，如这年马士英中式后，没有参加殿试，三年后补殿试成为进士。

在离京城七八百里的山东东阿，魏大中或是通过邸报，或是通过同乡的飞报，获悉自己中了会榜的第三榜，列二百〇九名③。本房房师为商等轩。魏大中随即再度赶回北京，很快廷试就开始了。

三、南宫一捷登进士

万历四十四年（1616）三月十五日破晓时分，三百多名中式举子，在庄严肃穆的气氛中穿过空旷的承天门（清改称天安门）广场。承天门门洞在微明的天色下显得益发的寂静幽深。过端门，是一条笔直的中心御道，直通皇宫正门——午门。御道两侧的朝房④紧闭，使得通往紫禁城的道路显得更加狭长。经午门侧门进入皇城后，过内金水桥，穿皇极门，眼前豁然开朗，

---

① （明）魏大中《藏密斋集》卷十四"答陈则梁"，第4页。

② 参陈长文《明代科举中的"告殿"现象》，见《图书馆杂志》2008年第四期，第68页。中后不殿试，称为"告殿"，下科补试，称为"补殿"。

③ 见李开升辑录《明万历丙辰科进士同年序齿录》残页，见《历史档案》2014年第3期，第4页；（明）杨坤等《东林同难录》，第6页，《四库未收局辑刊》第1辑第18册，北京出版社。

④ 御道旁的这些朝房，称为"六科廊房"，是六科给事中办公之处。日后，魏大中便在此供职多年。

一片极度开阔的广场尽头，一座金碧辉煌的宫殿——皇极殿[①]展现在眼前。

这是殿试的日子。皇帝三年一度在皇极殿前召考全国最优秀的读书人，使得新科进士都成为天子门生。殿试只考一篇策论，内容多为朝廷关注的重大问题，如道德、纲常、吏治、兵戎、田赋、刑名等等，要求"惟务直述、限一千字以上"[②]。

以往遇上雨天或大风，皇帝还会下令将试桌移至大殿两庑，甚至入殿应考，以显示皇恩的浩荡。1616 年的殿试赶上了大晴天，试桌照例整齐排列在皇极殿广场。在北方初春强烈的阳光下，算不上一次很好的体验：

> 暴烈日中，饥渴并至，立穷则跪，跪久复立。墨既易燥，又防其渗，日西方竣。[③]

迟暮的万历皇帝已几近三十年没有临朝视事，但东北边境的心腹之患、切肤之痛，使其忧心忡忡。这年的策问长达五百二十多字，皇帝称，自己"虽深居静摄，而安攘大计，无日不惕于衷"，他问道：军令不畅，士卒疲羸，一旦发生变故，朝廷以何为恃？去岁大敌入侵却无防御之策，这是兵员不足，还是训练无素？国家军饷不足，如何让将士出生入死？修屯田以减轻军粮运输负担，练关外士民以资战守，这样的策略为何不见成效？[④]

相比会试时八股文的刻板，殿试策论更需真才实学，若非对时局、军政、钱粮和兵马有深入的了解，恐怕是难以做好这篇策论的。可惜局势的发展并未给这些新科进士实践理想的机会，也不再给朝廷改革的时间——三年后的萨尔浒之战大败，辽东攻守之势便已逆转。

---

① 皇极殿本名奉天殿，明永乐十八年（1420）建成后不久焚毁。明嘉靖四十一年（1562）改称皇极殿。清顺治二年（1645）改名太和殿。

② （明）袁中道《游居柿录》卷十一"第 1207 条"，第 299 页。

③ 不题撰者《皇明诏令》卷一，第 25 页，科学出版社 1994 年影印。

④ 《明神宗实录》卷五百四十三，万历四十四年乙酉条；（明）钱士升《赐余堂集》卷五，第 1 页，"万历丙辰殿试策"。

照例，一甲三名进士由皇帝钦点。殿试三天后，即举行名为"传胪"的唱名赐第仪式。三月十八日，换上进士服的举子，北向列班于中极殿[①]下。待皇帝弁服升殿，宣制官即以洪亮的声音传递天子纶音："万历四十四年（1616）三月十五日，策试天下贡士，第一甲赐进士及第，第二甲赐进士出身，第三甲赐同进士出身。"传胪官用一种特别悠长的声调依次唱名："第一甲第一名 钱士升……"这种庄严的声音随即被丹墀上依次排列的礼部官员以同样的声调重复着，一直从庄严的大殿传向彩旗飞扬的广场，让第一次位列朝班的新科进士禁不住心潮澎湃……[②]

万历丙辰科一共产生了三百五十名中式举人。经殿试，一甲进士照例为三名，二甲六十七名，三甲二百七十四名。魏大中列三甲[③]第十三名，算下来在新科进士中排名第八十三位。[④]

从皇榜发布至进士入仕，还要经过很多隆重而烦琐的仪式。榜发次日，新科进士们赴礼部的恩荣宴。二十日早，文武百官朝服侍班，上御皇极殿，鸿胪寺官传制唱名，礼部官员手捧黄榜，鼓乐导引出长安左门外张挂，顺天府官还用伞盖仪从，送状元并榜眼、探花归第。二十四日，状元率诸进士上表谢恩。二十五日夸官，接着便是正式入仕。[⑤]

"洞房花烛夜，金榜题名时"，进士及第是读书人的最高理想。其实，文学作品中描绘的登科之后高官厚禄、皇帝赐婚、衣锦还乡的无限风光，在明代几乎是看不到的。相反，因背井离乡、客邸萧然、阮囊羞涩甚至债

---

① 中极殿，原称华盖殿，清代改称中和殿，参前"皇极殿"注。
② 《明会典》"传胪仪"；王圻《续文献通考》卷四六，哈佛燕京藏书；（明）谈迁《枣林杂俎》圣集，"胪传"条，《续修四库全书》；林时对《荷牐丛谈》卷一，"设科取士条"；王兴亚《明代殿试管理制度》，载黄河科技大学学报，第六卷第一期，第84页。
③ 廷试录取分为三甲：一甲三名，赐"进士及第"，依次称状元、榜眼、探花；二甲若干名，赐"进士出身"；三甲若干名，赐"同进士出身"。
④ 列名明万历四十四年进士题名碑录的进士确凿数字为三百四十四名，原因在于除两名作弊者被除名外，部分会试中式举人（如马士英）因健康等特殊原因未参加廷试。见（清）王弘的《山志二集》卷二"会试二元"条；《国朝历科题名碑录·明万历四十四年进士题名碑录》；吴宣德《明代进士地理分布》，第53页。
⑤ （明）林时对《荷牐丛谈》卷一，"设科取士条"。

台高筑，短暂的欢乐后，便是枯燥的观政、候选，有的进士甚至三年后才得以正式授官。

沈德符在《万历野获编》里写到，西长安街的射所，原是大慈恩寺火灾后的废寺，被用作点视军士及演马教射之地。某次会试放榜次日，中式举子聚集在这里，邀两大主考官出席，新科会元献茶于前。沈德符感叹，圣朝如此盛事，而仅安排在"刍牧决拾之场"，其穷酸与无奈让人难堪。时人李诩还记载了一个极端的例子——有个山陕（山西及陕西）籍的新科进士，未及正式授官，"衣食不给，冬间犹着夏衣……思亲归阻，终日抑郁，一夕缢死于旅"。①

魏大中毕竟已经年过不惑了，欣慰之余只有沉静，可以从他《廷试退朝感事》一诗中体会：

> 屯田策罢下彤墀，柳暖花晴正午时。
> 北阙举头天穆穆，西山当面日迟迟。
> 龙惊无首疑难定，人有同心未可知。
> 未倩东风倾芳讯，殷勤兰谷为嘘吹。②

中式背后，是整个家庭的全力支撑，凝结了整整一家三代的心血：父母的无私付出、姐姐们的克己牺牲和妻儿默默奉献。诚如黄宇仁先生在《万历十五年》中所说的：

> 一个人的进学中举，表面上似乎只是个人的聪明和努力的结
> 果，实则父祖的节衣缩食，寡母的自我牺牲，贤妻的茹苦含辛，

---

① 杨东方《明代新科进士的凄清岁月》，载《寻根》2007 年 02 期；（明）沈德符《万历野获编》卷二十四"畿辅·射所"条（黄山书社 2008 年版）；（明）李诩《戒庵老人漫笔》卷七"薛宪副三同年"条。

② （明）魏大中《藏密斋集》卷十，第 7—8 页。"龙惊无首疑难定"一句后原注：会榜无元。盖指因科场作弊案，导致会试没有产生第一名，详见后文。

经常是这些成功的背景。

这样的评论，用在魏大中身上，是再贴切不过了。

四、会试弊案与科举之难

万历丙辰年（1616）堪称一个时代的分水岭。这一年被后金称为天命元年，努尔哈赤在这一年建国，黄衣称朕，同明朝分庭抗礼。而万历丙辰科表现出的种种异象——比如科场爆出的罕见弊案，被后人解读为大明王朝气数将尽的征兆。

明代对科场作弊的防范措施即使在今天看来也是相当严格的。为防止考生夹带，考前要严格搜身。为防止试题泄露，考题是开考前夜由考官们随机抽取的，考卷也是连夜赶印的。会试时，每条号筒都由一两名军士看守，以防串通作弊。考生所答试卷统一誊抄为朱卷，供阅卷官批阅，以防与阅卷官串通作弊。[1]

明中后期，朝廷每科取士三百名左右，[2] 而考生接近万人之众，登第与否不啻云泥之别，因此科场弊案确实难以根除，但像丙辰科这样戏剧性的科场弊案十分罕见。

丙辰会榜一出，即遭人涂抹，舆论随即大哗——名列榜首的吴江人沈同和被同乡举报，称其平日"素不能文"，随即为吏科右给事中韩光佑检举[3]，在朝野掀起轩然大波。核查发现，沈同和头场七篇文章中，第三篇、

---

[1] 参龚笃清《明代科举图鉴》，岳麓书社 2007 年版；廖鸿裕《明代科举研究》，台湾中国文化大学中国文学研究所博士学位论文，2008 年。

[2] 据《明会典》，"会试中式无定额。大约国初以百名为率，间有增损。多者，如洪武十八年永乐三年俱四百七十二名、永乐十三年三百五十名；少者，如洪武二十四年三十一名、三十年五十二名。成化而后，以三百名为率。多者，如正德九年嘉靖二年、三十二年、四十四年，隆庆二年、五年俱四百名；少者，如成化五年、八年俱二百五十名。各科三百名之外，或增二十名、或五十名，俱临时钦定。"

[3] 《万历邸抄》万历四十四年丙辰卷，第 2312 页，江苏广陵古籍刊刻社 1991 年版。

第五篇与会试第六名赵鸣阳（系沈的同乡兼姻亲）的雷同，"止有数语稍异"。其余各篇"俱系旧文"，其中一篇竟是万历二十三年（1595）会元汤宾尹的旧作。

三月十一日黎明，在礼部和刑部的监督下，沈同和被责令复试，场面相当戏剧性。"自辰至未"，两个时辰里"止作文一篇"，不过是"粗知文义，仅免曳白"。在考试过程中，沈同和不断推脱身体欠佳，意欲罢考。礼部再考以《孟子》《易经》，沈同和竟不知试题出处。经查实，沈同和"以检查之严密而多方藏带，公然挟册以供抄誊"，并贿赂负责考场编号的书手周洪基和黄成，使得自己的号舍与赵鸣阳相邻，以便作弊。进一步追查还发现，上一年南直隶乡试的考卷，也均为抄袭旧作或赵鸣阳代作。这样大胆的作弊手法，是大明科举二百年来从未有过的。弊案一发，主考官和房考官都具疏自劾，沈同和、赵鸣阳二人被枷号示众一个月，沈被"发烟瘴地面充军终身"，赵被处"运炭赎罪，发回原籍为民"。[①]

据吴江地方志记载，沈同和长得相貌堂堂，但并非只是个"绣花枕头"，他"善词赋"，但"独不长于制义（八股文）"。沈同和的倒霉，在于他既无意于八股，却不能忘情科举。坊间流传一个粗俗的笑话，挖苦沈同和没有凭自己的本事考中会元：沈同和纳了一个诗妓做小妾，沈偶以淫妇骂，小妾应声答道："这淫妇倒是我自家挣的。"[②]

这一年，大清[③]建国初年开科取士，有了第一个会元，明王朝不仅会榜

---

① 参《明实录》卷五四二"万历四十四年二月戊辰"条；张宏道、张凝道《皇明三元考》卷十四，见《明代传记丛刊》，明文书局刊；张惟骧《明清巍科姓氏录》，武进张氏小寂庵刊本，民国十四年（1925）年刻；袁中道《游居杮录》卷十一，第1206条；（明）谈迁《枣林杂俎》圣集"觭元"条，见《续修四库全书》，上海古籍出版；《明代科举史编年考证》，第283、284页，科学出版社2008年版。

② 《明史》第1138、3829页；（明）袁中道《游居杮录》·卷十一，第1206条，第299页；（明）黄尊素《黄忠端公集》卷六"说略"，第7页；《分湖三志》"分湖小识"，第118页，广陵书社2008年版。

③ 1636年，皇太极改国号为清。

无元，又少了赵鸣阳这个第六名，时谚称："丙辰会录，断幺绝六"①。在明代流行的骨牌游戏中，幺、六是最重要的两张牌，幺代表阳，六代表阴，两个"六点"拼成"天牌"，两个"幺点"拼成"地牌"，少了幺、六，阴阳皆无，被视作相当不吉利。因此在后人看来，丙辰科不仅仅是出了弊案那么简单，计六奇在《明季北略》中发出如下感慨：

> （万历）四十四年（1616）丙辰，广宁妇生一猴，二角。是年清朝建国号大清，太祖武皇帝即位，建元天命，开科取士，始有会元，而中朝会元沈同和以弊发除名，洪承畴登进士，是清有元而明无元，承畴后为清之勋臣，俱天也。②

在计六奇看来，丙辰年会榜无元与广宁（位于辽东）妇人生了两只角的猴子一样，这些异数，是明代气数已尽的征兆。而且，丙辰科又替日后清朝录取了日后定鼎中原的功臣洪承畴，明朝的灭亡是天意。

除了洪承畴这个"汉奸"之外，丙辰科日后名列阉党的委实不少，有二十四人之多，还有两个将南明王朝带入覆灭深渊的"佞臣"：阮大铖、马士英。尤其是阮大铖，这个与魏大中共事多年的进士同年，被认为是明末最有才华的剧作家与诗人，后来成为东林、复社的公敌，与魏学濂也结下了长达二十年的仇怨。

尽管如此，万历四十四年（1616）丙辰科仍以人才济济、气节之士尤多著称。有名垂青史的东林英杰，日后列名东林党者多达四十三人③。这些进

---

① （明）朱国祯《涌幢小品》卷之七"断幺绝六"；（清）赵吉士《寄园寄所寄》卷六"焚麈寄"："丙辰会试，沈同和以代笔中第一名，代笔者赵鸣阳中第六名，俱吴江人，事发按问，并罪除名。吴为水国，遂应其占，亦一厄运也。苏州人为之语曰：'丙辰会录，断幺绝六。'盖名次适应其数云。赵最有才情，特以馆谷落其度中，代笔者往往有人，皆无他异，所未有幸有不幸也，似宜末减。"
② （清）计六奇《明季北略》，第18页，中华书局1981年版。
③ 李棪《东林党籍考》"东林登科录"，第179—183页，人民出版社1957年版。

士当中，有著名的抗清英雄，如瞿式耜、黄公辅；有名动天下的文人，如袁中道；还有未来的内阁大学士，如钱士升、林鉽、贺逢圣。天启年间的残酷党争与天崩地解的易代，使这些进士同年或成为生死与共的至交，或成为水火不容的仇敌。

万历四十四年，是嘉善科举史上丰收的一年，嘉善举子登进士榜的多达五人，其中名列一、二甲的就有三人。钱继登与钱士升叔侄，一个是会试会魁；一个是殿试第一，成为嘉善建邑以来首位状元。[①]

对于一个历史并不久远的小县来说，嘉善科第的繁盛，即使在人文渊薮的江浙，也是相当了不起的成绩。无论录取人数、比例还是质量，均名列前茅。自唐至清，嘉善的二百一十三名进士，绝大多数集中在明后期至清代。

从整个国家来看，每次县试，都有将近两百万童生参加，其中三万人能成为生员。这三万人中，仅一千五百人能通过乡试成为举人。这些举人当中，只有三百来人能获得进士的头衔。当然，这只是静态的估算，实际的录取情况随年代与地域还有差异，且生员还有淘汰机制，举人可以重复参加会试。据郭培贵的研究，大体来说，明中后期一名秀才通过科试、乡试、会试，最终成为进士的几率大致是万分之七左右。[②]明代嘉善的秀才数量已难统计，从清代的数据看[③]，至少有二十分之一的嘉善秀才可以最终成为进士，明清两代的科举制度并无太大差异，可见嘉善的科举水平应是大大超越全国平均水平的。同时，嘉善进士的质量也不错，名列全国二十六个

---

① 明清科举制度，考生于五经试题里各认考一经，录取时，取各经之第一名合为前五名，称五经魁或会魁。《国朝历科题名碑录》"明万历四十四年进士题名碑录"；(清) 光绪《嘉善县志》卷十六，第18、19页。

② 据郭培贵《明代科举各级考试的规模及其录取率》推算，见《史学月刊》2006年第12期。

③ 清代入泮者 (即通常所称的秀才) 可见于《嘉善入泮题名录》(民国七年嘉善林立本堂续刊重印)，唯精确统计是一件烦琐的工程，为简便起见，这里采用序言中"两百数十年来入泮者不下一千数百人"的说法。又，据县志所载，清代嘉善进士共104人，可得出嘉善秀才中进士的比例大致在十分之一至二十分之一之间。

巍科 ① 大县之一。

科举是要以相当的经济实力作为后盾的。明代以来，嘉善找到了一条经济发展的新途径——植棉纺纱。嘉善妇女纺织大军不仅衣被了天下，也使嘉善寒门学子的科举梦得以实现。

一次赴京的会试，往返数千里，费时一年半载，开销常常在百两以外，相当于一户人家好几年的开销，王世贞曾经说：

> 余举进士不能攻苦食俭，初岁费将三百金，同年中有费不能百金者。今遂过六七百金，无不取贷于人。②

王世贞是嘉靖二十九年（1550）的进士，他一年的科举花费至少要三百两银子，甚至达到六七百两银子，都是向别人借来的，主要用于"贽见大小座主，会同年及乡里、官长酬酢，公私宴酬，赏劳座主仆从与内阁吏部之舆"。王世贞认为，即使省却这部分官场应酬，一年也要将近百两银子。与魏大中同时代的江阴人缪昌期称，他做秀才三十余年、举人十多年，年垂五旬，不营产业，家里越来越穷，无钱北上科举。从常熟的几位朋友那里借了三十两银子，才得以赴考登第。③ 再如，比魏大中早一科登第的吴县周顺昌也称，这科考试繁杂的费用减免了一些，加上自己的节省，也需要两百两银子，但常常苦于借钱无门。

综合来看，一次科举的费用接近两百两银子，个人承担部分需在百两开外。大多数举人需要多次赶考才能登第，如苏州文徵明十次乡试不举，其曾孙文震孟在连续参加了十一次会试后高中状元。士子们一而再、再而三地应试，没有一点家底是极难承受的。

考虑到应试所需不菲，官府对举子赶考给予了适当的补贴。参加会试

---

① 一甲三名（状元、榜眼、探花）、二甲第一名（传胪）和会元称巍科。
② （明）王世贞《弇州史料》卷三十九，第 25 页。
③ （清）计六奇《明季北略》，第 66 页，中华书局 1981 年版。

的举人，经各级核准后，由官府计路程远近发给银两，沿途由驿站供给车船，又叫"公车"，故举人会试也叫"上公车"。除此之外，地方上还给予赴礼部报名印卷的"卷资银"，另有书院、同乡会赠与的一些零星费用。

按魏家的经济状况，连续参加三次会试确实不堪重负，这应是他会试后不待发榜便匆匆南返的重要原因。但令人难以理解的是，贫寒至极的魏大中居然拒绝了作为常例的卷资银。[①] 据《嘉兴县志》记载：

> 起送会试举人酒席路费卷资，府银四十九两、县银二十八两四钱。俱解府库，照起送名数申请动支。[②]

会试、乡试费用分摊各地的做法早在弘治年间即开始推广，通过徭役将部分科举费用转嫁到底层社会，比如卷资银、盘缠银等，名义上由朝廷提供，实则由民众承担。时人李乐在《见闻杂记》中记载了这样一个故事：新淦（今江西新干县）有位名叫潘九思的生员，新中举人。县令向里甲派征盘缠银，以资助其北上参加会试。结果被派征的一名里长因为无力负担，只能卖掉自己的儿子。[③] 正如顾炎武所抨击的："一切考试科举之费，犹皆派取之民，故病民之尤者，生员也。"[④]

据刘履芬[⑤]的校阅，魏大中在其《白谱》手稿中还留下了这样一些被划去的文字："以卷资遗者，皆谢之不受，初原非有意却之……"按此推测，除了官府给予的卷资银之外，可能还有人借此名义向他赠送银两，但魏大中都没有接收。

---

① （明）龚立本《烟艇永怀》卷二，第 3 页。
② 崇祯《嘉兴县志》卷十"赋役"，第 16 页，日本藏中国罕见地方志丛刊，书目文献出版社 1991 影印。
③ （明）李乐《见闻杂记》卷二。
④ （明）顾炎武《亭林诗文集》卷一"生员论·中"，见《万有文库》，商务印书馆 1937 年版。
⑤ 刘履芬（1827—1879），字彦清，一字泖生，号沤梦，祖籍浙江江山，随父客居江苏苏州。幼承家教，熟读诸子百家，精通音韵，通晓词律，还精通版本学，又善于校勘评注。

第五章　初登庙堂

一、初仕风骨与交游

进士登第后，在礼部官员的带领下，前往设在太学的先师庙行释菜礼。释菜，又称舍采、舍萌，是祭祀先师先圣的典礼。在一阵香烟缭绕之后，算是告慰过孔圣人等诸位先师先圣了，进士至此方始"释褐"，脱下了代表平民的布衣，可以被称作"老爷"了，可以绫罗绸缎、坐轿出行了。

按照成例，一般进士在正式任职前有一个较短见习的过程，一般为期三个月至半年，称为观政，分别派往六部、都察院、通政司、大理寺等衙门，使他们明达政体，扩充见闻，历练经验。这种观政制度到明后期已流为形式，"不过作揖打恭，升堂画卯而已"[1]。观政之后，进士才被派以正式官职。三甲进士中，排名靠后的基本下派到地方任官，名次靠前的则留京充任京官。尽管京官一般是清水衙门，但毕竟还有地方官的孝敬，且升迁速度较快，从个人前途来说，明显比沉沦外僚强许多，故多数进士视外放为畏途。

万历四十四年（1616）六月二十五日，在大理寺观政三个月后，魏大中被选入行人司，由此开启了八年的官宦生涯。[2]

---

[1] （明）周顺昌《烬余集》卷二"与朱德升孝廉书"。
[2] （明）魏大中《藏密斋集》卷二，第1页，"比例陈情恩恩移赠疏"。

朝廷设行人司始于明洪武十三年（1380）。洪武二十七年（1394），定行人司司正一员、行人四十员，全在进士中选授。《明史·职官》中称，行人司掌传旨、册封等事。凡颁行诏敕、册封宗室、抚谕四方、征聘贤才，及赏赐、慰问、赈济、军务、祭祀，则遣行人出使。可见，行人虽仅八品，但出则捧节奉使，口衔天宪；入则朝审亲鞫，往来传旨，地位颇受人瞩目，其清望与内阁中书相捋。①

自视甚高的魏大中，对这一任命似乎并不满意，一些进士同年觉得这人有点装腔作势，背着他摇首吐舌，甚至理也不理就走开了。

很快，魏大中又一次让同僚瞠目结舌。

这年十一月初五，他给丙辰科会试的主考官——东阁大学士吴道南写了一封长信，要求他辞职回家。一个初出茅庐的进士，竟然要求位居宰辅之位的座师辞职，不仅大胆，也十分失礼。

由于会试出了弊案，吴道南遭到言官攻击，已经数次向皇帝打了辞职报告。科场弊案固然是大事，主考官也理应承担相应的责任，可皇帝还是看在吴道南官声不错的面上，照例下温旨加以挽留。在这种情形下，魏大中给吴道南写了这封信。信中称，"大臣之相天子而表百僚也，必有不言而信者，以通天下之精神；又必有一辞而退者，以树士夫之风节"，魏大中随即笔锋一转，谈起了国朝的内忧外患、天灾人祸，再谈及今春会榜无元，内外为之震动，尽管老师为此请辞，皇帝慰留，但"旁观者度老师无再出之理，未谅者疑老师无决去之心"，故大中认为，老师"未去之日皆苟且之日"。

在魏大中看来，大臣的去留，并不完全是个人的私事，而关系士大夫的风节。他丝毫不认为吴道南是位居阁臣的高官，就可以放弃个人应该承担的责任。魏大中认为，自己既然已经看到这个问题了，就一定要向老师"昧死进其耿耿"。

不知道吴道南在接到这封信后，内心是何种滋味。在明代，门生对主

---

① （明）沈德符《万历野获编》卷二十"中书行人"，黄山书社 2008 年版。中书、行人二官，为进士筮仕（初出做官）所拜，有台琐之望，最为清秩，今人并称中行。

考官是绝对的服从，即使老师受到了弹劾，学生一般也会站出来反驳攻击他的人。次年，在连上二十余道辞疏后，吴道南终于致仕了。

就这样，魏大中以孤耿的姿态在官场亮相了。他一身布衣，出行多徒步，连个像样的住所也没有，借居在僧寺中。瘦削的身影、冷峻的神色，使人觉得他就是一个孤傲的寒僧。

这种特立独行的姿态，魏大中并非没有自知，但是他显然不愿意为了“同”而放弃自己的主张。他说：“为人心之同，然意必有踧焉。不自宁而独信其想路之所之者，夫其人岂苟焉、同焉者乎？独自通于同，同者丧其所为独。”[①] 虽然强调“独”，只有真正了解他的人，才知道在他那副拒人千里之外的冰冷外表下，藏着的却是热心热肠和对政事的热衷。

行人的主要差事是奉旨出使，魏大中四年行人的任职经历（1616—1620）并不能显露多少政绩，但三度出使，使他得以饱览山河之美，开阔了眼界，而他秋毫无犯的作风，更为他赢得了佼佼的声誉。

万历四十四年（1616）十二月二十一日，魏大中奉旨前往山东青州，谕祭衡府商河王朱翊锾[②]。到达青州已是正月，使竣之后，大中取道泰山，于雪中登岱宗之巅，拜孔林而归。大中描绘了泰山、黄河胜景，并写下了《登泰山》一首长诗。在魏大中的《藏密斋集》中，这样写景状物的诗文比较罕见。魏大中说：“今岁奉使青齐，登泰山观日出。辙殆遍龟凫邹峄之间，道徐滁黄河长淮大江之胜，烟云晴雨，如楮黑淋漓，变态百出，舟车所至，未有同者。”[③] 诗曰：

大块擎巨灵，屹然天之东。兹来罄夙慕，造化真奇雄。
一步一停瞩，千变相迎逢。回马转黄岘，雨雪如霏氍。
风吼众壑动，奔噬驱群龙。新盘上百仞，举膝槌其胸。

---

① （明）魏大中《藏密斋集》卷十二页14，“练君豫三冬草序”。此序写于万历丙辰四月。踧，同蹙，恭敬而不安的样子。

② 明成化二十三年（1487），宪宗朱见深第七子朱佑楎被册封为青州衡王。

③ （明）魏大中《藏密斋集》。

天昏蹬道滑，努力还沐衷。藉茅暂一憩，翘首扶桑红。

硁硁霁色赊，末斿展瞳晥。蹑水寻绝顶，冥焉与天通。

云雾滃且郁，播物施神功。身在最高处，乃入混沌中。

千红与万紫，一气归鸿濛。意者兹山灵，隐然牖其蒙。

不在览万象，还当游无穷。虞巡揆孔登，此脉将无同。①

二月，魏大中轻舟微服，告假回到家中。尽管已经进士及第，但一家人仍住在政和桥下夏澹明的房子里，纺织仍是家里的主要经济来源。这次回家，他为女儿魏清定下了婚事，嫁与曹泰宇的孙子、曹勋的儿子曹培。二姊已经离世，魏大中又为具棺殓。

回到北京后，十月，魏大中与太常寺的徐雅池一起，奉使去山西大同册封代王世子朱鼎渭。② 代王废除长子朱鼎渭，欲立爱子朱鼎莎，时称“渭莎争立”，与朝中刚刚落幕的“国本之争”相似，大臣们上疏一百多道争论，最后在孙慎行多次上疏力争下，才得以改正。

万历四十八年（1620），魏大中入川为岷藩王③掌丧。藩王府地近黔粤，一路艰辛，常常要冒雨跋涉千山万水。事竣之后，魏大中于六月十七日登衡山，“蒙雨而上，至顶开霁，少顷复雨，信宿而下”。路过江西时，魏大中去拜访了邹元标。邹元标与顾宪成、赵南星并称为“海内三君”，魏大中对邹元标的景仰由来已久。幼年时，父亲魏邦直每日给他讲述忠孝故事，其中就有南皋先生疏劾张江陵而被廷杖一事，当时大中还以为是前朝古人的故事。在吉水，魏大中与七十岁的邹元标欢聚十来日，成为忘年之交。④

天启二年（1622），魏大中在礼科给事中任上出使河南，册封福王妃，使竣登嵩山，宿少林寺，并冒雪寻达摩面壁石。

---

① （明）魏大中《藏密斋集》卷十，第9页。晥：日出很明亮的样子。

② 明洪武十一年（1378）朱元璋第十三子朱桂封豫王，二十五年（1392）改封代王，同年就藩大同府。

③ 明洪武二十四年（1391）朱元璋第十八子朱楩封为岷王。

④ （明）魏大中《藏密斋集》卷一，第25页，“自谱”；高攀龙《高子遗书》卷八下，第66页。

出使沿途的地方志中还留有魏大中相关记载。如湖南《邵阳县志》载：
"明魏大中使岷藩，至宝庆宿褚塘留诗"，题为《宿褚塘旅馆》（吏科魏大中）：
"驱车逢积雨，况复路纡回。屯泾千嶂瞑，奔流万壑雷。蒙茸惊虎眼，突兀
避龙堆。筋来幸开霁，不敢负村醅。"

行人任上较为宽松的政事，也使得魏大中有暇交游一番。大致在万历
四十六年（1620）至天启初年，魏大中有过一段交游活动。有关这段交游
活动很少见于魏大中的文字记载，在《藏密斋集》中收录的整整十一卷书
牍中，写于这段时期的书信仅有四通。魏大中解释说，这是他的书信、诗
稿失窃的缘故，"悔其不尽存也"。[①] 但对魏大中来说，这是颇为重要的一
段经历，结交了几个重要的朋友：孙奇逢、鹿善继、周顺昌、左光斗。

孙奇逢（1584—1675），字启泰，号钟元，北直隶容城人（今河北保定
容城），晚年讲学于辉县夏峰村，从者甚众，世称夏峰先生。明朝灭亡后，
清廷屡召不仕，故也称孙征君。他与李颙、黄宗羲并称为"明末清初三
大儒"。钱锺书在《谈艺录》中认为，孙奇逢的为人有三个特点：一是他的
讲学宗旨比较突出，主张身体力行；二是他的义侠之迹，在明末乱世，他
能够率领几百家据守险要，保全乡里；三是他的门墙广大，教育了很多人才。[②]

鹿善继（1575—1636），字伯顺，号乾岳，北直隶定兴（今河北定兴）人，
万历四十一年（1613）进士。鹿善继是辽东经略孙承宗最得力的助手之一，
因抗清死节，追赠大理寺卿，谥"忠节"。

周顺昌（1584—1626），字景文，号蓼洲，南直隶苏州吴县（今江苏苏州）
人。万历四十一年（1613）进士。历官福州推官、吏部文选司员外郎，为魏
忠贤迫害，死于狱中。崇祯元年昭雪，谥"忠介"。

孙奇逢与鹿善继十四岁起就相识，两人交修默证，相知相交四十载，"无
隐不晰、无衷不吐"，互相以圣贤相期许。周顺昌、孙奇逢、鹿善继三人是
同科举子。这年春闱，鹿善继与周顺昌中式，孙奇逢落榜。

---

① 魏大中在其《自谱》中称：盖指与孙奇逢、鹿善继等的交游。见《藏密斋集》卷十四页之首。
② 钱锺书《谈艺录》。

周顺昌居官清正廉洁，为人疾恶如仇。他曾称："临时事尚当竖起脊梁，做一个生铁铸就的人，以不负知己。"[①] 周顺昌因初授杭州司理，故在京的杭州人备酒相贺，席间上演《精忠记》。当演到秦桧东窗设计陷害岳飞一出时，周顺昌"呼"地离席，怒打戏子而去，满座惊愕。次日托人去问，周顺昌说："昨天心中不平，打的是秦桧罢了。"[②] 时任首辅叶向高是福州人，觉得周顺昌为人不同寻常，因其家乡刁顽难治，直接将周顺昌改任福州。赴任途中路过家乡，苏州巡抚徐民式也是闽人，他的儿子杀人犯了死罪，向周顺昌恳请手下留情。周顺昌表示："如果查明没有杀人，就立刻释放；但如果真的杀了人，我宁可丢弃官职，也不徇私枉法。"到任后，周顺昌

周顺昌像

将徐民式的儿子按律问成死罪。因周顺昌廉明清正，徐民式最终也奈何不得他。[③]

周顺昌曾撰文回忆与鹿善继、孙奇逢相识定交的经过。万历四十一年（1613）会试之后，举子照例到吏部答谢。其中一名举子须发花白，落落大方地站在中间，引起了周顺昌的注意。周顺昌想，这人不顾官场大忌，以此衰老面目示人，不以乌须药掩饰一下，可见是一个奇人。攀谈之下，两人十分投契，都是"热肠劲骨"，有"布衣蔬食之志"，两人又恰好都在兵部观政，此人正是鹿善继。后来，在鹿善继的引荐下，周顺昌又认识了孙奇逢、范景文等人。《明季北略·鹿善继传》中说："（鹿善继）与吴郡周顺昌、吴桥

---

① （清）顾沅编选《乾坤正气集》，周顺昌《与文湛持孝廉》《与现闻姚太史书》。

② 俞为民《周顺昌怒打"秦桧"》，载《当代戏剧》1985 年第 9 期。

③ （清）褚人获《坚瓠辛集》卷之四"改任福州"。

范景文襆被萧寺，鸡鸣风雨，以节义相期也。"一日，孙奇逢以《杨忠愍集》^①赠周顺昌，并说："杨继盛是嘉靖朝忠谏的第一人，相信先生定不会做当朝的第二人。"在旁的鹿善继拍手称道，并赋诗曰："寰中第二非吾事，好向椒山句里寻。"^②

周顺昌与鹿善继、孙奇逢这段交往的时间不长。当年观政之后，周顺昌改任福州，一去七载，至天启元年（1621）才重新返京。

魏大中与鹿善继、孙奇逢等人结识，恐怕是周顺昌引荐的缘故。嘉善与苏州接壤，魏大中曾多次在江苏吴江设馆教书，与近在咫尺的吴县文人姚希孟时有互动，而姚希孟与周顺昌为故交，故推测魏大中与周顺昌早已认识。

鹿善继与孙奇逢两人的学问以陆九渊、王阳明为宗，与东林的理学主张桴鼓相应，对顾宪成、高攀龙尤为推崇，认为他们堪称诸儒之冠。高攀龙、邹元标等在京建首善书屋时，孙奇逢极其仰慕。孙奇逢曾向年长的学者打听东林到底是怎样的一群人，那人告诉孙奇逢："东林君子也，未必全都是君子，但东林的主盟几个人，是真君子。"考虑到自己只是一介寒儒，孙奇逢未去拜见高攀龙，一直引为憾事，此后便以私淑弟子自称。鹿善继也曾投书高攀龙表达仰慕之情："某何幸，以平生所仰为山斗者而交臂遇之，即俗骨浊胎无受教之地，只邂逅真儒便足了落地一番大事。"^③因此，他们十分乐意结识高攀龙的弟子魏大中。魏大中与他们志趣相投，一见如故。汤斌在《征君孙钟元先生墓志铭》中称："时桐城左忠毅（左光斗）、嘉善魏

---

① 杨继盛（1516—1555），字仲芳，号椒山，直隶容城人，嘉靖二十六年进士，因力劾严嵩"五奸十大罪"，遭诬陷下狱遇害，追赠太常少卿，谥忠愍，世称杨忠愍。

② （明）周顺昌《烬余集·卷二》〈与朱德升孝廉书〉；张显清编《孙奇逢集·中》，第1383页，中州古籍出版社2003年版；陈鋐《鹿忠节公年谱·卷上》。范景文（1587—1644），梦章，号思仁，别号质公，河间府吴桥（今属河北）人，历官东昌府推官、吏部文选司郎中、工部尚书兼东阁大学士，国破殉国，赠太傅，谥文忠。"鸡鸣风雨"，语出《诗经·郑风·风雨》："风雨如晦，鸡鸣不已"，比喻在如此黑暗的环境中，仍不改气节的君子。

③ 《四库全书·史部·目录类·经籍之属·经义考·卷九十一》；张显清《孙奇逢评传》，见《孙奇逢集·中》，第1122页；（明）鹿善继《鹿忠节公集·卷十八》，第10页，〈与高景逸书〉。

忠节（魏大中）、长洲周忠介（周顺昌）以气节相高见，先生（孙奇逢）皆倾盖定交。"① 方向瑛在《鹿忠节公传》中也称："桐城左光斗、嘉善魏大中、长洲周顺昌闻而访之，定交于萧寺中。"

杨继盛像

时人笔下提到的"萧寺"，即位于北直隶容城的杨椒山祠。明嘉靖中后期，严嵩独揽大权，残忍专横，在"士大夫侧目屏息，不肖者奔走其门，行贿者络绎不绝"的情况下，杨继盛不顾亲友的劝阻，上疏弹劾严嵩，后被严嵩害死。在明中后期，杨继盛是被时人景仰的对象，在保定、容城、定兴等地都建有祠堂。万历三十九年（1611），保定知府文达建祠于保定西郊之东冈，"铸严嵩父子、仇鸾三铁像北向跪，供谒公祠者椎击之。"② 到乾隆年间，杨继盛在京的旧寓松筠庵也改为祠堂，晚清康有为、梁启超为首的一千三百多位应试举子发起的"公车上书"事件就发生在这里。③

除了杨椒山祠，他们聚会的场所还有定兴江村的北海亭。北海亭，为旧时定兴八景之一。据《畿辅通志》记载，北海亭"数椽结茅，不髹不绘，园蔬几色，灌木两行"。亭旁有东园，遍植柳树、菜蔬，一派田园风光。亭之北，鹿善继的祖父鹿久征构筑江村草堂，鹿善继曾在此读书、讲学，孙奇逢也曾长期在这里居住和讲学。晚明时节，江村是北方士人交游中心之一，北海亭则是江村的重要公共空间。陈铉在《鹿善继年谱》中说："（万

①　（清）汤斌《汤子遗书》卷七，第30页。
②　（清）汪有典《前明忠义别传》卷三"杨忠愍传"，见《四库未收书辑刊》第一辑第19册，北京出版社。
③　参《明史》卷二〇九、《杨忠愍公全集》、孙奇逢《杨继盛传》。

历四十八年，1620）魏公大中过江村，访先生，……相与莫逆。"① 明代军事家、归安人（今浙江湖州）茅元仪贬官后也曾在北海亭居住三年，在其《乾坤北海亭记》中写道："吾乡魏子孔时为行人时，尝策蹇访伯顺（鹿善继）于江村馆，于是时有唱和吟咏。"②

万历四十八年（1620），鹿善继以一封情真意切的信，召魏大中去他家中赴约：

> 大贤过里，鸡黍相陪，真趣流行，弟亦自恕其简率也。最得趣者，孙兄在座，夫以数年声气一旦凑合，真称有缘耳。仁兄盛使如未尚到，弟后园有茅屋，原是当年读书处，今日扫除，薄暮粗具，恃知我之深，敢再劳玉趾，徘徊于容膝之地，即无奇味供养，而泉冽酒香，脱粟可饱，仁兄岂厌之耶？区区数种，谨献非报也，永以为好也。③

这年，魏大中借奉使出京之便，顺道拜访正因"金花银案"赋闲在家的鹿善继。④ 魏大中在《留别贾孔澜》诗序中称："鹿伯顺以借金花镌秩，归卧江村，念之不置，道出定兴，将就访焉。"贾孔澜，定兴举人，是孙奇逢姻亲。

从鹿善继信中的"再劳玉趾"看出，魏大中此前已经至少去过一次江村，那次聚会，正好孙奇逢也在，三人于亭中唱和，一同至容城祭拜杨椒山祠，并赋诗而去。⑤

---

① （清）陈铉《鹿善继年谱》。
② （明）茅元仪《乾坤北海亭记》，见《钦定四库全书》《畿辅通志》卷九十八。
③ （明）鹿善继《鹿忠节公集》卷十八，第3页。
④ 萨尔浒战役中，明军遭受了重大失败。在"辽左饷绝"且"廷臣数请发帑，不报"的危急情况下，鹿善继依据旧制，建议采取扣留"金花银"来解决辽东战事的紧急需要。这一举动，触动了贪财的神宗的私利。因为所谓"金花银"，是"国初以备各边之缓急，俱解太仓，其后改解内府，官中视为私钱矣"。鹿善继以死抗争，由此受到了降级、调外的处理。
⑤ （清）郑珍《巢经巢诗集》卷八，第1页，诗《题北海亭图》序。

魏大中有两首诗作记录这段交往。《偕鹿伯顺访钟元先生》[①]：

> 平生幽谷间，神州恣飞越。云在北城北，不胜意勃窣。
> 并辔获良俦，一舍奄超忽。登堂列玉昆，蔼然对清樾。
> 久储易州酒，佐之以肴核。欢情不自持，后先微讴发。
> 何必慕古人，俯仰亦恍惚。遥村绿四围，中天写明月。

又《再过江村信宿》[②]：

> 良晤甫云遂，别亦从兹始。脉脉不可道，主人尚延企。
> 洒扫园中庐，从容布筵几。拾磔开三径，垣筑故时圯。
> 花药当庭午，风日具暄美。物物各得所，在人安置尔？
> 北山献遥秀，东圃足菊杞。以我抱瓮心，欲转辘轳水。
> 忠悯坟嶕峣，前望沟市里。千古曾何人，于斯言及此。

稍后的天启元年，左光斗也加入了这个圈子。左光斗是万历三十五年（1607）的进士，曾出任直隶印马屯田监察御史和直隶巡抚兼提督学政。在任期间，所录之士很多是孙奇逢的朋友、学生，但他们一直无缘结交。在魏大中的引荐下，孙奇逢、左光斗二人相识。天启元年（1621）的头几个月，周顺昌回朝，左光斗新入，交游频繁。魏大中在《自谱》中称，"辛酉（天启元年）颇多酬应"，应该就是指这段时期的交游。

定兴是人才辈出的地方，从这里曾走出过高渐离、祖逖、王实甫等名人。前227年秋，燕太子丹送荆轲于易水（即定兴西沙河与中易水汇流后的北易水），高渐离（定兴人）击筑相送，荆轲和歌："风萧萧兮易水寒，壮士一去兮不复还"，燕赵慷慨之风成为千古佳话。杨继盛杀身不悔的气概，给在

---

① （明）魏大中《藏密斋集》卷十，第12页。
② （明）魏大中《藏密斋集》卷十，第12页。

此聚会的魏大中、周顺昌、鹿善继、孙奇逢和左光斗等人以巨大的精神力量，他们在此追怀燕赵豪侠精神，讽议时政，成为砥砺品行的节义之交、生死与共的患难之交。

天启元年（1621）四月以后，魏大中经考选出任工科给事中，政务渐繁，很少再有外出的差事。五月，鹿善继由户部改兵部职方主事，驻山海关。这些朋友的交游活动暂告段落。

二、职微权重的给事中

魏大中在行人任上表现出类拔萃，同榜进士龚立本称其"声望矫矫"。万历四十七年（1619）十一月，魏大中任满三年后，朝廷即行考核，称为"初考"，其结果作为是否提拔任用的依据。但万历末年，皇帝缺官不补，礼部堂上官久缺，到万历四十八年（1620）才将考核结果送至吏部。而这时魏大中又奉旨去了四川，途中两奉神宗、光宗宾天的哀诏。京中的朋友致信魏大中，要他赶紧回朝候选，但大中并不在意。

使竣回朝已是三月。按例，候选者需每月初一、十五到吏部报到。大多数官员都认为这是在吏部混个脸熟的好机会，趋之若鹜，唯独魏大中杜门独坐，静观其变，到吏部陈职也是落落大方，不像那些一心想钻营的人那样低声下气、阿谀奉承。四月七日正式考选。初十，在经过吏部和都察院严格考选后，四名官员调任给事中职位，其中魏大中出任工科给事中。[①]这年，魏大中四十七岁。

给事中是言路官员。明代的言路官员，其组织机构为"六科"及都察院，有"科道"或"台垣"之称。"科"也称"垣"，包括"吏、户、礼、兵、刑、工"六科，每科设都给事中、左右给事中各一，给事中若干；"道"也称"台"，即都察院，包括都御史、副都御史、左右佥都御史及十三

---

① 《熹宗实录》卷九，天启元年四月，"续考拟授科道等官。阮大铖、李遇知、霍维华、魏大中，俱给事中。大铖户科，遇知、维华兵科，大中工科"。

道监察御史。

历代以来，言官是政治制度设计中的重要一环，担当规谏君德、驳正违误、纠劾奸佞、澄清吏治的重任。如唐代"三省六部"的权力架构中，中书省为决策机构，负责草拟和颁发皇帝的诏令；门下省为审议机构，负责审核政令；尚书省下辖六部，为最高行政机构，负责政令的执行，即"中书取旨，门下封驳，尚书奉而行之"。给事中隶属门下省，主要负责纠核朝臣奏章，复审中书诏敕，如认为不当，可以封还或加以驳正。

言官地位的高低，历代以来各不相同，在一定程度上反映了皇权（内廷）与相权、六部之间的权力制衡。

明代朱元璋汲取历代殷鉴，仅保留中书省。明洪武十三年（1380），因宰相胡惟庸"擅权植党案"，朱元璋又废除了中书省，不再设宰相。这样，皇帝既是国家的最高统治者，又是政务的最高负责人。大小事务均由各级官僚逐级逐条向皇帝汇报，得到皇帝的批复后，方可按旨意执行，这是废相之后行政权和皇权实现的基本形式。皇帝变得十分繁忙，据记载，洪武十七年（1386）九月十四日到二十一日的八天内，送至御前的奏章共一千一百六十件，涉及三千两百九十一件事，皇帝平均一天要处理四百多件事，很难有精力充分行使权力。

洪武十五年开始，皇帝开始从翰林院挑选私人秘书，以"翰林院兼平驳诸司文章事某官"的名义为自己办事，官阶五品，在中极殿、建极殿、文渊阁等处办公，故称"殿阁"或"内阁"。从明英宗开始，内阁有了处理政务的"票拟"权，即奏章先由阁臣草拟批答意见，交皇帝朱笔"批红"后，成为正式的谕旨。到明中后期，内阁大学士开始由尚书兼任，很多还挂有"三公""三孤"等荣衔，并按资历分为首辅、次辅，并出现了像夏言、严嵩、张居正等所谓的"权相"，故内阁"虽无相名，实有相职；虽有相职，实无相权；虽无相权，却有相责"。

绝大多数情况下，皇帝可以放心采纳内阁的票拟，但批红仍是一件苦差。皇帝又选择一些太监作为宫内秘书协理政务。一般来说，这些太监需要在内书堂接受严格的正规教育，然后分到六科廊房写字。经过一二十年的历练后，表现出色的才得以进入文书房，负责中央各部门和全国各地奏章、文书的传递、启封工作。因身处政治中枢多年，这些太监逐渐窥测政治运作的精微奥妙之处。他们中的极少数被提拔为司礼监秉笔太监，"掌章奏文书，照阁票批"，替皇帝执笔，批示文件。由于秉笔太监长期在皇帝身边工作，又能代表皇帝发号施令，特别是他们的领导者——司礼监掌印太监和东厂提督太监又掌握着国家秘密警察组织，因此这些太监的权势可想而知，明朝的宦官专权也难以避免。

明代废尚书省，使六部鼎足而立。为制衡六部，明朝在废除门下省的同时，保留了给事中。这些给事中分为"六科"，向对应的六部开展监督。具体来说，给事中直接对皇帝负责，负责"侍从、规谏、补阙、拾遗、稽察六部"的职责，包括皇帝的圣旨、各衙门的奏疏公文，都要经过六科的审查，即使是以皇上名义发出的敕书，给事中也有权复核，若有不妥之处，可以封还给皇帝；六部和各地的奏章须交给事中审查，若有不妥，即行驳回。每日早朝，一名给事中站在殿中"珥笔 ① 记旨"，皇上交派各部办理的事情，由给事中每五天督办一次，倘有拖延、迟缓者，由他们向皇上报告。可见，给事中虽只七品，但权势很大，顾炎武称之为"品卑而权特重"。②

言官秩低而权重，是统治者以内制外、以小制大策略的体现。对朝廷来说，言官位卑容易控制；对政府官员来说，言官权重使其有所顾忌，不敢妄为；对言官自身来说，秩低权重使其自励，竭忠尽力。明初以来，皇帝就要求六科的给事中"不爱富贵"而"惜名节"，要求他们"专利国家而不为身谋"，要"国而忘家，忠而忘身"，并从制度上加以保障，这也是明代言官敢言敢谏的重要原因。

给事中的升迁机会和速度明显好于其他官员，所谓"台谏之选，尤为华要，往往名卿硕辅由此为出"。在明代的中央部门中，科、道与翰林、

---

① 谏官入朝插笔于冠侧，以便随时记录。
② （清）顾炎武《日知录》卷九，第170页"封驳"；《明史·职官志》。

吏部一起,"以其极清华之选"而被称为"四衙门"。① 科道官员如果出京做官,一般直接任命为正四品的知府,或从三品的布政司参政。如留京转任,则多为太常寺少卿(正四品)、太仆寺少卿(正四品),超升为六部侍郎(正三品)、按察使(正三品)者也不乏其例。据蔡明伦对见于明史的557名言官升迁路径研究,最终官至二品以上的191人,占总数的34%,其中180人升至六部尚书、左右都御史这样的顶级高官,更有4人被授予太子太保这样的荣衔,官至极品。② 故此,时人有"官由科道升者,每苦太速"的感叹。

鉴于言官的特殊性,铨选标准也十分严格,除由翰林院的庶吉士改授外,一般要通过严格考选,"才识老成、学术纯正、语言正当、行止端庄"的官员才能充任。考选程序十分严谨,最后结果也需要皇帝御批。按照《明史·职官志》的说法,考选优异者,授给事中;次者授御史。江盈科曾记载了隆庆、万历以后科道官员的选拔标准:

> 国朝新中进士凡馆选者(即庶吉士),除留翰林编、检外,皆补科道。其中、行、博士、推、知皆拔其尤者,行取科道。京师人为之语曰:"庶吉士要做科道,睡着等;中、行、博士要做科道,跑着寻;推、知要做科道,跪着讨。"③

散馆后的庶吉士,要么留在翰林院,要么选为给事中或御史。而中书舍人、行人和博士要进入科道,必须是表现十分突出的。至于推官、知县等,除了治行优良者,一般是极难被选为科道官员的。入选科道,在当时是致身显位的一条捷径,统治者亦以此方式吸引了大量优秀人才充实到言路官员之中。在明代历次参加考选言官的官员中,正六品的六部主事占了相当大的比

---

① (清)沈德符《万历野获编》卷十"遍历四衙门"条。

② 蔡明伦《明代言官的职业风险与保障机制》,信阳师范学院学报(哲学社会科学版)第28卷第2期,第141—144页。

③ (明)江盈科《江盈科集》"谐史"二四,岳麓书社1997年版。

例，甚至六部的员外郎（从五品）也有参与七品言官考选的，朝廷不得已屡次申令禁止。

进入工科担任给事中，意味着魏大中进入朝政核心的开始。

三、铁面无私政绩卓著

从天启元年（1621）至天启四年（1624），魏大中一直是一名言官，历任工科给事中、户科右给事中、礼科左给事中、吏科都给事中。在这四年的言官生涯中，魏大中在庙堂上高声疾呼，痛砭时弊，出色地履行了言官职责，并成为东林党的中坚分子。

天启元年（1621）四月十九日，刚刚任职工科不到十天，魏大中就呈上了一份奏疏——《圣明矢志灭奴以作举朝怠气疏》。当时，辽东局势已经十分紧张，魏大中虽任职在工科，但作为言官，是可以对全部政事开展监督、提出批评的。

万历四十七年（1619），朝廷任命杨镐为辽东经略，统帅十二万大军，兵分四路，直捣后金的大本营——赫图阿拉，史称萨尔浒大战。努尔哈赤采取"凭你几路来，我只一路去"的策略，集中六七万兵力，各个击破，杨镐的四路大军，三路覆没，一路败退。这次战役，明军堪称完败，共损失文武将吏三百余员，军丁死亡四万五千余人，失马、骡、驼共两万八千余头（匹），而后金的兵民死伤却不超过三千人。此役之后，大明王朝由战略进攻转为战略防御，成为明衰清兴史上的又一个转折点，正如后来乾隆帝感叹的："呜呼！由是一战而明之国事日削，我之武烈益扬，……我大清亿万年丕基实肇乎此。"[1] 可见，这次战役的极端重要性。

萨尔浒兵败后，辽东战局顿时成为朝野关注的焦点。魏大中在这份奏疏中认为，大明与后金势不两立，不是你死，就是我亡。现在，辽左是拱

---

[1] 《清高宗纯皇帝实录》九九六卷"乾隆四十年十一月癸未""御制已未岁我太祖大破明师于萨尔浒山之战书事"。

卫京师的左膀右臂，应重视其防卫："京师之倚辽左，譬在人身是为左臂，左臂失则全体危。"① 他说，辽东的广宁不过弹丸之地，东临海，而西北之地已被掳掠，即使屯重兵也不一定能固守。眼下"寇迫门庭、辽沈闻陷"已有月余，而守御、移镇、团练、招募等工作仍未有计划，广宁一无可恃，皇上应当早定计谋。②

明末辽东形势图

四月二十六日，魏大中再上《恳乞圣明发帑，以宽加派并勅议调募团练事宜以杜乱萌疏》，极论民心向背之重要，恳请皇帝发内帑助边。魏大中在这份上疏中称，"社稷者，独民心耳。民心不可重伤也，伤心之久，收拾已迟"。魏大中认为，重拾民心的关键就要减轻百姓的负担。

明朝的名义税率低下。到万历年间，因为文官集团的抵制，商业税降到了1.5%。万历亲政后，一方面由于内忧外患，朝廷开支日增。像宁夏用兵，耗费一百八十万两白银；朝鲜之役，军费开支七百八十余万两；播州用兵，也用掉近两百万两，国库早已不敷支出。另一方面，皇室及宗藩的开支也相当惊人。尤其是宗室，至万历四十年（1612）宗室人口已超过十余万人口，假如按规定给付足额禄米，其总数已经超过了国库收入，成为国家财政和

---

① （明）魏大中《藏密斋集》卷二"圣明矢志灭奴以作举朝惰气疏"，第4页。

② （明）魏大中《藏密斋集》卷二"圣明矢志灭奴以作举朝惰气疏"，第4页；《藏密斋集》卷十四"答张心严"，第15页。

地方开支的一个严重问题。①

明代又是一个充满道德感的朝代，君王虽被授予了"生杀予夺"的特权，他的每一句话，被称为"天语""纶音"，被拟成圣旨。但实际上，皇权受到诸多制约，任何一个皇帝，无不生活在喋喋不休的劝谏声中，无论是政事还是私生活，只要被认为有违圣贤之道的，一定会招来雪片式的奏章。比如，从制度上讲，皇帝不能绕过内阁发出圣旨，如硬要强行内降中旨，必须由给事中覆奏一次、尚书询问确认一次才可以施行。皇帝的家事是国家事务，无论修建宫殿、分封藩王还是纳娶嫔妃，都要经过廷议讨论。皇帝任何稍微出格的举动，都会引来臣子的谏言，皇帝的奢侈则被视作国家的不幸，为此大臣甚至不惜身家性命相抗争。

故此，明代皇帝都十分重视内库——小金库建设。从正统元年开始，一部分漕粮折为金银运入内库，每年限额一百万两，即所谓"金花银"，被视为皇帝的私钱。随着皇室用度的增加，皇帝仍不时要求从国库支钱。万历帝为自己修建陵墓，已经花掉了朝廷一大笔银两。皇长子朱常洛及诸王子册封、冠婚用掉了九百多万两，袍服之费两百七十余万两。万历二十七年（1599），万历帝以诸皇子婚娶为由，又要求从太仓（国库）取用两千四百万两白银。对于当时的朝廷而言，这是一个天文数字，户部难以满足。万历帝竟尽遣宦官到各省核查库房积银，一副不刮尽天下财物决不罢休的架势。从万历二十四年（1596）开始，皇帝还派遣太监到各省充当矿监和税使，将矿税收入充作内帑②。

皇帝与政府争夺国家有限的资源，这是廷臣屡屡要皇帝发内库银两的起因。万历年间，李三才③上疏皇帝，称："陛下爱珠玉，民亦慕温饱；陛下爱子孙，民亦恋妻孥，奈何陛下欲崇聚财贿，而不使小民享升斗之需，

---

① 张德信《明代宗室人口俸禄及其社会经济的影响》，《东岳论丛》1988年第1期，第80页。
② 内帑：指皇帝、皇室的私财、私产。
③ 李三才（1554—1623），字道甫，号修吾，陕西临潼人，万历二年进士，万历二十七年以右佥都御史总督漕运。与顾宪成结交，以治淮有大略，得民心，天启三年（1623）起用为南京户部尚书，未赴任而死。

欲绵祚万年，而不使小民适朝夕之乐。自古未有朝廷之政令、天下之情形一至于斯，而可幸无乱者""一旦众叛土崩，小民皆为敌国……陛下块然独处，即黄金盈箱、明珠填屋，谁为守之？"神宗对这些谏言毫不理会，朝廷的财政危机似乎与他毫无关系。

万历末年，国家已无足够银两支撑辽东的连年战事，万历四十六年（1618）开始，朝廷多次在正常税负之外增收辽饷、剿饷和练饷。"三饷加派"固能提升收入，但吏治崩坏，官员贪墨，加派之外又有额外课征，这些负担无可避免地摊派在小民头上。百姓活不下去，只能起来造反，国家治理陷入王朝末年无解的死结。

魏大中认为，派饷征兵，是骚动天下的举措，皇上不可不深虑。重拾民心、提振士气，最好的办法莫过于尽数拿出皇宫内帑来补贴军用。魏大中言辞犀利地指出，大内所积蓄的钱财均是通过"椎山、竭泽、掘冢、罗门、逮官、杀人、吸膏吮血"的残酷手段搜刮来的民脂民膏，拿这些钱来助边，可以散冤气、销兵戎。当今广宁危急，募兵、修城、市马、购置装备均需大量用钱，而用大内所积的钱财，既可应急，又不至扰民，更可以提振士气。这些钱当用不用，日后想用却来不及用，就会追悔莫及。

对于京城周边的"畿辅重地"，魏大中建议朝廷蠲免钱粮的加派，万一有事，也便于招募义勇。他主张重视军士素质，兵要精而不要冗，将领不光凭勇气，还要有谋略。[1] 他说，京师兵营里有九万将士，其中善战的或有三万，"（兵）宁精而无多也。精者一可当百，少则易驭，费也稍简也"，在魏大中看来，与其给九万人每人每天十文钱，还不如挑其中三万精兵，每人每天给三十文，这样对将士的激励效果更好。[2] 魏大中反对长途调募将士。万历四十八年（1620），魏大中奉使入岷，途中曾亲见永保（今属湖南）士兵赴辽，一路不断掳掠驿站、村铺，惨不忍睹。魏大中认为，长途招募将

---

[1]　（明）魏大中《藏密斋集》卷二，第7页，"恳乞圣明发币，以宽加派并勒议调募团练事宜以杜乱萌疏"。

[2]　（明）魏大中《藏密斋集》卷十四，第23页，"与方孩未"。

士开赴辽东，既耗费大量银两，无益于辽东的防守，更容易骚扰沿途百姓，给地方治安带来问题。最后，魏大中说：

> 内帑不发，冤气犹屯；加派不已，追呼刺骨；纷纷调募，四海驿骚。畿辅之间痛心疾首，未平外变且有内患，伏惟圣明深虑，详择施行。[①]

魏大中的这一奏疏，对缓解当时社会矛盾，加强东北防务，提高军队作战能力，都有一定的现实意义。魏大中的大胆谏言，对皇帝来说却是触动了他的私利。接此两疏后，御批虽有责备之意，但魏大中所提"调募兵将诸款"，皇帝都表示同意，申饬各部施行。熹宗不及他的祖父神宗那样贪财，从大内拿出了一些银两以作军用。[②]

魏大中对边事的关注，也反映在他坚持对失事将领的问责上。萨尔浒一役，明将杨镐、李如桢指挥失误，被判死刑，押解在监。

天启元年（1621），佥都御史王德完[③]因与杨、李两人关系较为亲密，代为向内阁首辅韩爌求情，打算让两人遣戍边关，戴罪立功。于是，韩爌票拟减去死罪。消息传开，群臣议论纷纷。魏大中认为，杨镐、李如桢等"不独失事，实与谋逆"，"罪无一而可原"，上疏反对，称王德完在"覆师失地"之际，为杨镐、李如桢做从轻论罪之议，不仅晚节不保，简直是参与谋逆。魏大中建议立斩杨镐、李如桢，罢免御史王德完，并建议韩爌辞职。这份奏疏末了，他还请求皇帝把大胆上疏的自己也一同罢免。[④]

---

① （明）魏大中《藏密斋集》卷十四，第13页。
② （明）魏大中《藏密斋集》"答张心严"："荷旨切责，踧踖自疑，旋即奉诏大涣内帑之藏，始知圣主未尝一日而忘却东顾之犹也。"
③ 王德完（1554—1621），字子醇，别名希泉，四川广安人。万历十四年（1586）进士，任翰林院庶吉士，改兵科给事中，直言敢谏。万历二十八年（1600），因立太子事触怒神宗，被廷杖一百，革职还乡。光宗继位，被起用。天启元年（1621）病故，被封赠为大司徒，加封光禄大夫，柱国少师兼太子太师。
④ （明）魏大中《藏密斋集》卷三事，第1—4页，〈直纠邪议佥臣以明国法疏〉。

受到魏大中弹劾，王德完上疏反驳。五月十四日、十六日，六月十二日，魏大中又连上数疏反击。这场论战闹得举朝骚动，主宽与主严的分成两派，并波及李三才、邹元标等东林重要人物，首辅韩爌也不安其位，向皇帝递交了辞呈。

《明史》在魏大中本传中称：

> 杨镐、李如桢既论大辟，以佥都御史王德完言，大学士韩爌遽拟旨减死。大中愤，抗疏力争。诋德完晚节不振，尽丧典型，语并侵爌。帝为诘责大中，而德完恚甚，言曩不举李三才为大中所怒。两人互诋讦，疏屡上，爌亦引咎辞位。

李三才是万历中后期少有的干才，曾出任漕运总督、凤阳巡抚，政绩卓著，《明史》称他"英迈豪隽，倾动士大夫，皆负重名"。万历三十七年（1609），李三才出任户部尚书兼都察院左副都御使，成为朝廷重要官员。李三才与顾宪成私交颇好，时内阁缺人，顾宪成致书大学士叶向高，力称李三才廉，支持其入阁。在派系林立的万历末年，东林有这样一个既有才干又负声望的人选，自然难以获得其他政治派别的支持，他们策划了一场诋毁李三才的运动。一些别有用心的人把李三才、顾宪成及其东林书院并称为"东林党"。这可能是"东林党"一词的最早出处。

天启元年，御史房可壮又提请起用李三才为辽东经略，得到东林元老邹元标的支持。在这次围绕李三才展开的斗争中，左佥都御史王德完等人与邹元标、魏大中等东林人士的立场相左。因言路官员意见不一致，邹元标没有再坚持这一人事主张。王德完因此讽刺他首鼠两端，邹元标也不计较。

其实，邹元标早年性格刚烈。万历五年（1577），首辅张居正丁忧。政治上尚未成熟的万历帝决定以国事需要为由，剥夺张居正的孝思，让他继续供职——即所谓"夺情"。然而，在"视社稷所重莫如纲常"的明代，即使"夺情"是出自皇帝本人的坚持，也很难让人不去猜疑张居正是否具备足够的孝道。张居正曾领导过的翰林院首先反水，几十名翰林联名要求他回家居丧。事情闹大后，万历帝为张居正撑腰，将闹得最凶的四名官员处以廷杖[1]，使局面得以控制——除了新科进士邹元标，当时他还在刑部观政，继续上疏弹劾张居正，结果也领受了一顿血肉横飞的廷杖，落下终身的残疾。邹元标被褫夺进士头衔，发配贵州。张居正死后，一去五年的邹元标在申时行的努力下出任给事中。到京后，他又上疏批评神宗不能清心寡欲，神宗未加理睬。不久，邹元标再次指责皇帝有过不改、装腔作势，没有人君的风度，神宗勃然大怒，差点再次将其廷杖。[2]此后，被罢官的邹元标在野讲学，声名日著，与顾宪成、赵南星并称"海内三君"。

天启元年（1621）四月，邹元标再度出山，任刑部右侍郎。数十年宦海沉浮，邹元标变得老成持重，成为东林的温和派、稳健派。有感于党派纷争给朝廷带来四分五裂的局面，邹元标向皇帝进"和衷"之议。他说，今天国事面临的困局，都是这二十年朝臣的互相倾轧造成的。过去没有做到进贤让能，而是锢贤逐能，所以大臣不降心平气，专注于分门立户，当务之急是要和衷共事。复出后的邹元标主张为张居正平反，并向朝廷举荐了李邦华、赵南星、高攀龙、刘宗周、罗大纮、雒于仁等三十多人，对促成天启初年"众正盈朝"的局面起到了非常重要的作用。[3]

受魏大中等的弹劾，王德完不能等闲视之，寻求邹元标的帮忙。因李三才一案，王德完知道邹元标为人宽厚，在东林党内的立场也不偏激，且与魏大中关系较好，认为请他出面调停，会有不错的效果。

看在王德完官声不错的份上，邹元标致信大中为其宽解，大意称王德完即将升职，在皇帝诰命封赠三代后，就要告老回乡。念在其晚节的分上，让魏大中不要深究了。魏大中的脾气是论事不论人，在给邹元标的复信中，魏大中说，边疆出了这么大的事，要是刑与赏颠倒，那么即使尧舜再世也治理不好这个国家，这是我具疏反对王德完的一个原因。魏大中说："'争

---

[1] 廷杖即皇帝杖责臣下，是对官吏的一种酷刑。
[2] （美）黄仁宇《万历十五年》。
[3] （明）林时对《荷牐丛谈》卷一"理学真传"；（明）吴应箕《东林本末》，第22页，北京古籍出版社2002年版。

国家之法'，恐怕是我们这些学道者不得不执着的，我不敢一念不从国家起见，着实将官位看得很轻。先生当初以学道对我相期勉，今天却又要我宽容王德完，这是我现在要向先生请教的。"

邹元标理解魏大中的痛苦，在大中身上，邹元标看到的是自己早年锐气十足的影子，并不在意魏大中言辞的唐突。他曾以一札寄大中，要求他："不要因为我年纪大了，就对我宽容。"[1]魏大中对邹元标十分推崇。这年年末，都察院左都御史空缺，廷推的结果是邹元标。但皇帝却以中旨的形式，要求"再推三四员来看"，对廷推结果的公然反悔，在此情形下，邹元标似乎只能提出辞职。十二月二十日，魏大中上疏为邹元标鸣不平："皇上要念老成难得、计典就在眼前，下温旨命邹元标即日到任，以安其心、以竟其用。以后推举官员都要听外廷的意见，慎勿以中旨的形式来选拔人才。"在魏大中等的力持下，邹元标最终被任命为左都御史。

御史台的官员见同僚王德完与魏大中交章辩论，也纷纷攻击魏大中，其中包括作为东林同人的御史周宗建。在这场论战中，周宗建"持论数与东林左"，使得东林党内也为之愕然：

> 御史周宗建、徐扬先、张捷、徐景濂、温皋谟，给事中朱钦相右德完，交章论大中，久而后定。[2]
>
> 魏大中劾王德完庇杨镐、李如桢。（周）宗建为德完攻大中，其持论数与东林左。[3]

周宗建于天启六年（1626）被魏忠贤下诏狱迫害致死，是为天启"七君子"之一。对于此案引发的魏、周两人的争执，令很多人感慨。钱谦益后来在为周宗建撰写神道碑时有如下评论：

---

① （明）魏大中《藏密斋集》杂著"寿泰翁曹先生七十序"，第31页。
② 《明史》卷一百三十二。
③ 《明史》卷二百四十五。

> 公（周宗建）与魏公（大中）争论故佥院王公德完，遂相击排，魏（大中）描画其（王德完）末路，而公（周宗建）惜其初节，所谓相争如虎者也。及纠郭巩疏出，魏公亦闻而叹焉！魏、周之争，举朝几分左右袒，既而隶党籍、死阉祸，白首同归，盖棺论定，阉之煽虐，殆天之所以成公等欤？

钱谦益认为，魏大中是攻击王德完晚节不保，而周宗建是"惜其初节"，两人在此问题上似乎都有道理，两人相争如虎。等到天启三年，周宗建弹劾御史郭巩[①]，魏大中也对其赞叹不已。魏、周两人的争执，几乎举朝都分成两派，争执不下。钱谦益对魏大中与周宗建"白首同归""天成公等"一段议论，显然对其二人的气节颇有仰慕之情。但钱谦益虽为学界泰斗，却因后来气节有亏，历史对其评价并不高。

首辅韩爌因此提出辞职，引起很多大臣的惊愕，纷纷上疏攻击魏大中，还有人直接找到魏大中门下，求他收回奏疏，魏大中却不为所动。对这场越来越扩大的争执，皇帝有些不耐烦，责怪魏大中，要求他不要苛求。最后杨镐、李如桢终于没有减罪释放。

对于这场论战，周顺昌认为，"塞外之战血未干，殿中之操戈复急"，可见他并不赞同无谓的党争。他在写给文震孟的信中说，当下京城的局面恰如两句古诗："未知肝胆向谁是，令人却忆平原君"，"去河北贼易，去朝中朋党难"。周顺昌所引两句诗，前一句出自唐朝诗人高适的《邯郸少年行》，指朝中缺少尚义重士之人；后一句出自《新唐书·李宗闵传》，系身陷党争之中的李宗闵感慨牛李党争的激烈。周顺昌认为，王德完、邹元标都堪称君子，但在这次论战中"声价半减"，令人痛惜。

周顺昌更为论战中处于困境的魏大中鸣不平。他说，魏大中与周宗建

---

① 天启三年（1623）春，魏忠贤引荐魏广微入阁，令御史郭巩攻讦周宗建、刘一燝、邹元标以及杨涟、周朝瑞等人保举熊廷弼，说他们袒护奸邪之徒，误了国家。周宗建针对郭巩之疏连同魏忠贤的险恶用心，两次上疏直击魏忠贤，称魏忠贤借郭巩之口，干扰京察，排斥打击王纪、邹元标、冯从吾、文震孟、郑鄤、孙慎行等东林人士。

论战，吾乡（按：周宗建是苏州吴江人，与周顺昌同乡）齐与（魏大中）为难，魏大中这个人孤而不介，一付铁肝石肠，但他毕竟也是吃寻常茶饭的人，正如姚希孟所说的："杨（涟）长于舌，左（光斗）长于笔，魏（大中）遍集二公之短。"魏大中不长于口舌、笔墨，受到"众镝交攻"，竟无法解脱，实在令人可怕！①

魏大中出任工科给事中后，监督工部各项政务活动是其主要职责。在给事中任上，魏大中不遗余力地严格监督政府工作，取得了很大的成绩。

天启元年（1621）四月，皇帝大婚，娶河南祥符县（今河南省开封市祥符区）生员张国纪之女张嫣，是为张皇后。皇帝大婚是大事，工部担负着庞杂的工作，作为工科也担负着稽查的重任。大婚之礼告成之后，皇帝照例论功行赏，据县志记载"工科给事中魏大中……屡荷恩赉，共赏银九十四两"。②

在工科，魏大中严格工程审计，严令工程项目照章送审，一一清核，力破营私舞弊行为。他的第一件大的差事是监督工部疏浚京城护城河。辽东局势的风云变化，使朝廷不得不考虑加固北京的防御，决定疏浚护城河。

疏浚护城河是一项浩大的工程，耗费一百五十多万工时，征用一千两百八十九名工匠及三万三千十一名军士，耗银六万三千三百六十一两，耗米三千三百石以及椿木、灰砖、绳斗等物若干，疏浚河道五千余丈。针对

《钦定日下旧闻考》关于魏大中疏浚护城河的记载

---

① （清）蒋廷锡《借月山房汇钞》，见《丛书集成初编》，商务印书馆 1936 年影印。

② （清）光绪《嘉善县志》卷八，第 1 页。

玉河北部淤积、南部干涸的状况，这些仍未疏浚的河道魏大中建议，等以后国库有节余，再慢慢治理，使护城河支脉全通，更好地发挥作用。

竣工之后，魏大中将工程耗银明细一一上报皇帝。此份奏疏，其实也是一份较为详尽的工程统计汇总，胪列各项子工程的责任人、工价、料价、运土价等，银两的统计数字精确到两、钱、分、厘、毫、丝甚至忽①，可见魏大中办事的细致程度。②承揽工程和供应物资的工头、铺商以及工部的官员见来了这么一位认真的主儿，便偷偷将一些虚高的工程报价改了回去。

正是这份细心，天启二年（1622），魏大中又发现了工部的一起假印案。这年二月，魏大中奉命督察皇陵建设工程。二月四日，有人拿来两册账簿，要求工部支付工钱三千六百两。魏大中发现，这些工钱还是万历三十三年（1605）、三十四年（1606）发生的，"讶其年远不可信"，但账簿上却赫然有工部的堂印、司印，魏大中怀疑其中有猫儿腻，便调来工部公文核验。比对之后，魏大中发现账簿所钤为假印。经讯问，乃知为工部书办与奸商串通冒领，意欲私吞公款，而主管的官员因染指其中，佯装不知。大中上疏要求将这些人下法司惩处。③工部尚书的颜面挂不住了，他认为魏大中揭发工部赝印，是往他脸上抹黑，十分恼怒。

同年二月，朝廷要打造甲衣，需采购铁叶与布匹，工部的预算是三万两银子，用以买铁买布、打制甲叶甲钉等。工部提出到山西买铁，因当时京师铁价每斤银二分六厘，而产地山西每斤铁不过三四厘银子，只是运费稍贵。得到朝廷批准后，工部找来商人李扬等到山西买铁。按说工部选择山西买铁是有其道理的，但最终四十余万斤铁报价一万两千余两，每斤价格竟达三分四厘，大大高于京城的铁价。

---

① 明制1斤为16两，其下10钱合1两，10分合1钱，以此类推。

② （明）魏大中《藏密斋集》卷四"浚濠工竣疏"，第1—11页。

③ （明）魏大中《藏密斋集》卷四"发觉假印疏"，第16页。

魏大中发现这一问题后，移文①至工部虞衡司，要求工部就此做出解释。魏大中并致函工部尚书王太蒙，称工部原以山西所产的器物件件精好，铁价低、煤价低、工价也低，且当地官员廉洁，铺商更无虚报冒领行为等理由，主张到山西买铁，但到库的铁价却是原价的八倍。魏大中调查了山西的铁价，荒铁一斤只要一厘，熟铁因产铁远近不同，价也不同，有三厘的，也有四厘的。魏大中称，即使山西"道里遥远，转运为难"，但价格也不至于"倍之又倍，以至于此"。按照魏大中测算，山西至京师，以骡运的话，每骡可驮铁两百余斤，脚价一两五钱，铁价加上运费每斤不过一分一厘多。魏大中承认"铺商承办、唯利是视"，有适当的利润也是应该的。他认为，五倍于原价，即每斤二分银子就足够了。对工部催促给付铁价的请求，魏大中坚持铁必须克期解运至库，如若质量不如原式，还需"依差等照数处减"。②

打造甲衣还需要买布，工部交铺商张镇负责采购布匹。甲叶甲钉还不知何时能到厂库，张镇已预办了甲裹甲面，并要求工部付给他六千两银子。魏大中未循例批准付款。工部某些官员与商人有见不得人的交易，指责魏大中无视军需急迫，故意拖延给付铺商的银两。魏大中对此予以驳斥，他说，现在要付银子的地方很多，需要从全局之需通盘考虑，兵杖械具火药需要多少、京营十六门的厂库库存有多少、需修理的有多少、该补充的要多少，总共需要多少银两、库房存银有多少、亏钱多少，这些都需要按大小、分轻重缓急安排。

魏大中在写给同僚的信中愤懑地表示，我若不是参与了疏浚护城河、山西买铁等事，根本不知道其中有这么多的猫腻，铺商与胥班借口国家之急需，兴建根本不必要的工程，买根本不需要的东西，贪婪地拿着国家的钱到处乱花，实际上根本不知道办了些什么事情，不过借此为由达成自己的交易罢了，而主张这种做法的官员还称这是"经济之学"。③魏大中说：

---

① 移文：行于不相统属的官署间的公文，亦泛指平行文书。
② （明）魏大中《藏密斋集》卷十四，第26—29页。
③ （明）魏大中《藏密斋集》"答何福庐"。

（铁）原期两月解至，而今安在！且当时铁式在库有三等，价也三等，年兄试一查比解到若干也。事尽如兹，币亦安得不空耶？[①]

兴不必兴之工，市不必市之物，以糜币耳。东事起……糜乃更甚。[②]

北边形势严峻，工部又有筑高重城之议，奸商与贪官乘机鼓噪，冀从中渔利，魏大中上疏驳止：城池的防御不光在城墙，还应凭护城河之险。但京城的护城河既浅又窄，光靠筑高城墙并不足以为恃。况且，夯筑城墙也非易事。魏大中举例称，他的家乡嘉善为抵抗倭寇而修筑城墙，但一下雨常常崩塌，原因在于城墙下面的土松而上面有砖石重压。如果控制不好施工质量，恐怕反而对原有的城墙带来不利影响。魏大中进而称，城市防御关键在于"得其人而守之"，如果守城将领无能，"高亦无益"。他认为，与其加强京城的防御，还不如加强边关的防御，并引杨继盛"万里河山俱帝业，如何谋计只神京？备边自是千年计，塞外谁人筑五城"一诗，称筑高城墙只是治标之策，加强边关防御才是千年大计。他进一步诘问道："有此增筑之费，何不先于边关议修筑耶？"

天启三年（1623），四十九岁的魏大中转任户科，不久升户科右给事中。年底，魏大中有了一次巡青的差事。所谓"巡青"，其职责在于查核牲畜、买办草料、时估商价等，以监督草场运作。[③]

明代军政系于马政，而马政施行的效果则取决于草场。为避免草场被过度侵占，导致马政无法运作，宣德九年（1434）起，令监察御史与户部主事到马牛羊等房仓场监督收受草料，清查河北坝上等二十六处马牛羊房等仓场，将在栏的马牛羊驼进行查点，凡瘦损矮小不堪用者，发各衙门变卖，然后将存栏数造册送部，以凭会计钱粮。到嘉靖末年，因各马房开销巨大，

---

① （明）魏大中《藏密斋集》卷十六"与刘文石"，第5页。
② （明）魏大中《藏密斋集》，"答钱昭目"。
③ 连启元《明代的巡青御史》，载《明史研究专刊》第十五期，2006年8月，第21—50页。作者系中国文化大学（台湾）史学研究所博士。

岁终由巡青科道官员会同户部监督官查验马匹等的肥瘦、存留及其他情况，设立文簿登录以便核对。文簿记载的内容包括各马牛等牲畜毛色、口齿、印记、来历，若有倒死、病疫等情形，需加以呈报验实。如发现营私舞弊的，巡青科道官要进行参究。[①]

天启三年（1623）十二月初九，魏大中会同户部广西司郎中贾钶前往坝上[②]等处检查草场、马房。经查点，总计有马一千一百四十三匹、驼二匹、骡十三匹、牛二百八十二头、羊二百九十头。除查核牲畜实际数目之外，魏大中等还详细登记了马牛存栏的质量。对马牛等瘦弱不堪用者，要予以变卖，魏大中具数登录在册送户部统计。

经过仔细清点与查看，魏大中发现其中有不少问题。按规定，马匹每年需放牧数月。大中巡视的御马监统辖的二十处马房，规定每年须放牧马匹三个月，放牧之时按月扣除草价支给，其余不放牧之时，则全数支给草料，支给的标准是两岁左右的驹，每匹日给料两升、草十斤。马房的官军，以部分放牧、全不放牧等手段，骗取草料。马房中尚有瘦损矮小不堪用的马九十二匹、牛二十一头以及骡一头，照例早该淘汰，但不知猴年马月起，这些牲畜一直在马房里滥竽充数。为防止官马被盗卖，凡秋后由御史会同太仆寺官员印烙的马匹，若有病疫倒死的，须由官军兽医医治，不得故意隐瞒。然而，魏大中发现，管马官军或借口推托，或捏称倒死，不愿将马匹送太仆寺烙印，以便私自盗卖，从中牟利。

即使是巡青这样不大的差事，办事认真的魏大中也发现了很多漏洞。短短几年，在给事中任上，仅疏浚护城河、置办甲衣、巡视马场几件差事，魏大中"督浚城濠巡视节慎，剔蠹减费靡弗殚心，巡青则省价"，合计约为朝廷节省了四万余两银子。[③]魏大中的铁面无私可见一斑，而晚明的官场已经糜烂到何种程度！

---

① （明）魏大中《藏密斋集》卷七"摘议巡青要务以纾民财以仰裨国计万一疏"，第1页。

② 坝上的马仓房有：坝上北马房仓（宣德年设）、坝上南马房仓（宣德年为城）、坝上马房仓（宣德年设在通州）、坝上（永乐年间设在顺义县）、坝上东马房仓（宣德年设）。

③ （明）魏学濂《痛陈家难疏》。

不久，魏大中升为礼科左给事中，到任后即着手治理滥恤之风。明代官员去世，朝廷例有恩恤，这是官员身后应得的待遇。天启年间，官员在任上去世，其子弟就往来官府，漫天要价，竟然一一得到满足。此风一开，便不可收拾，使原来的规章形同空文。魏大中认为，如果一味满足这种逾格的要求，只会使人的胃口越来越大。魏大中到礼科后，严格按章办事，即使礼部已经同意的恩恤，大中认为不妥的，也一一驳回，即使对大官、有势力的人也是如此，一时刹住了滥恤之风。

黄尊素在《说略》中称：

> 恩恤之滥，未有盛于天启初年，子孙陈乞者，纷纷不绝。……魏廓园掌礼科事，力竭之。时有江右陈世虞，为其父子贞请恤，而浙抚刘一焜，应天王象恒，皆以死事例得请，魏抄驳之，词严义正，人情痛快，而请恩者与代为请者，皆恨入骨矣。[1]

为此，魏大中又得罪了不少人。

四、东林中坚　持议峻切

作为东林的一分子，从天启元年（1621）开始，魏大中围绕"三案"，积极投入东林党与"邪党"以及魏忠贤的斗争之中。

"三案"是明代晚期宫廷中发生的梃击、红丸、移宫三起政治案件的总称。因当事人是"戚臣""宠妃""重臣"事涉朱翊钧、朱常洛、朱由校三位皇帝，对晚明的政局影响深远。

梃击案：神宗时，郑贵妃得宠，欲立其子朱常洵为太子，但因大臣的反对，事未成。万历四十三年（1615）五月初四，一男子手持枣木棍，闯入太子（朱常洛）所居的慈庆宫，被内监所执。经审问，知为蓟州村民张差，刑

---

[1]　（明）黄尊素《黄忠端公集》卷六"说略"，第26页。

部欲以疯癫定罪，但在刑部的复审中，张差供认系受郑贵妃宫中太监庞保、刘成指使，于是皆怀疑郑贵妃欲谋杀太子，以扶立朱常洵。最后明神宗下令磔张差于市，杀庞保、刘成于内廷了事。

红丸案：明神宗驾崩后，明光宗朱常洛即位。不久，光宗患病。内医崔文昇进药，光宗病情加重。鸿胪寺丞李可灼进一红丸，朱常洛用药后称稍有好转。李可灼复进一丸，朱常洛服后即去世。朝中认为李可灼误下药剂，恐有情弊，但首辅方从哲却拟旨赏李可灼银五十两。于是议者蜂起，指责方从哲曲庇，崔文昇杀君，且语涉郑贵妃。后崔文昇被发遣南京，李可灼亦遣戍边地。

移宫案：明光宗死后，皇长子朱由校当立为皇帝。抚育他的李选侍与心腹太监魏忠贤密谋，企图挟皇长子据乾清宫，以操纵朝政。给事中杨涟、御史左光斗等入宫拥皇太子登舆，转移入慈庆宫。两日后迫使李选侍从乾清宫迁至哕鸾宫，并拥朱由校即位。

"三案"在发生的时间上，刚好是魏大中迈入政坛并开始成为东林中坚力量的时候。在争"三案"责任的过程中，魏大中紧跟东林脚步，弹劾阁臣沈潅，追论外戚郑国泰、阁臣方从哲等人的责任，并将矛头指向郑贵妃、客氏、魏忠贤等人。

天启二年（1622），沈潅入阁。沈潅是浙江南浔人，万历二十年（1592）进士。天启初年，加太子太保进文渊阁，再授少保兼太子太保、户部尚书、武英殿大学士等职。沈潅带了一个很坏的头，他是第一个投靠魏忠贤的阁臣，影响极其恶劣，由此引发了魏忠贤控制内阁的念头。

在沈潅入阁前，东林已经失去一位骨干——孙如游。光宗在位时，孙如游因抵制郑贵妃谋封皇后有功，被提拔为礼部尚书。在"移宫案"中，也是主张撵走李选侍的坚定分子。孙如游之后，内阁首辅刘一燝、吏部尚书周嘉谟也在魏忠贤的排挤下离开政坛。这引起了东林党人越来越重的忧虑。

天启二年（1622），东林党人展开了一场有组织的集体行动，群起攻击沈潅为"肘腋之贼"，其中刑部尚书王纪尤为有力，直指沈潅为当代蔡京。魏大中于三月二十四日上疏，指责沈潅"固其身于妇、寺（指客氏与魏忠贤）

之间""为所欲为",请求斥罢沈㴶,使"大臣、权臣、内臣,怀奸而不敢动"。魏大中还指出,去年秋天以来,凡是劝皇帝让客氏出宫回家的,没有一个不受到严重处分的,将矛头指向魏忠贤和天启皇帝的乳母客氏。弹劾沈㴶的疏上之后,受到圣旨的切责。皇帝称,沈㴶"素怀匡济",所做的事都出自圣意,魏大中不谙事体,这次姑且不追究责任。

天启二年(1622)四月,东林党又组织发起对"梃击案"和"红丸案"责任人的追查,以弹劾首辅方从哲。礼部尚书孙慎行认为,光宗之死,是方从哲幕后指使人谋害,称方从哲收受贿赂、干预移宫,祸国之罪"不能悉数",主张"宜急讨此贼,雪不共之仇"。接着,刚刚起复的高攀龙上疏弹劾外戚郑养性,说:"张差谋害太子事件,是郑养性的父亲郑国泰主使。现在大家都在怀疑郑养性勾结宫内外的人,犯法作乱,各种传言铺天盖地,应当考虑一个妥善处理的办法。崔文昇向来就是郑国泰的心腹,知道先帝有虚症,故意给他服用泄药,这是不赦之罪,要尽快将其绳之以法,以彰国法。"

魏大中坚决支持孙慎行、高攀龙的主张。他在六月二十五日上疏称,"梃击案"的张差、"红丸案"的李可灼,都是"先帝之贼",特别是郑国泰指使张差闯进宫,意欲谋害东宫;方从哲推荐的李可灼,在先帝"元精损耗、惫不可支"时,给先帝用"暴下之剂"和"纯火之铅",使先帝突然驾崩。方从哲作为阁臣非但没有追查,反而为他们宽解。王之寀、何士晋、陆大受等主张追查两案责任的大臣却被削职、外调、谋害。魏大中建议诛杀"红丸案"的当事人——首辅方从哲和内监崔文昇、庸医李可灼,并追查郑贵妃的家人郑国泰、郑养性迫害太子的罪行。[①]

魏大中"持议峻切,大为邪党所仄目",方从哲的势力虽然无法与东林抗衡,但毕竟还未完全崩溃,群起反驳。最终,借着重新调查"三案"的契机,东林和方从哲完成了政治交易,用一个"众臣皆有罪"的较公正结论,给方从哲一个台阶下。自知于朝局无补的方从哲,以辞职换来身家平安。

---

① (明)魏大中《藏密斋集》"乞勒奉旨诸臣刻期会奏推见至隐以立大防疏"。

　　"梃击""红丸""移宫"三案在当时是一个十分敏感的话题，精明的官员往往选择回避这些话题，生怕搭上自己的政治前途与身家性命。魏大中自己也说，"疏上，几不测"。邹元标很替魏大中担心，担心他也成为廷杖的牺牲品。曾任杭州督学的陈赤石也拉着魏大中的手劝道："汝打不起，今后莫做狠本吧！"①

　　魏大中的耿直得罪了不少人，也使他萌生退意，"予自度取怨于世已甚，有休焉之志"，但出于一片忠心，他又置一己安危于不顾，对个人的得失毫不在意。

---

① （明）魏大中《藏密斋集·自谱》。

第六章　清廉操守 ①

一、堪比海瑞的清官

童年的经历对一个人的影响是终生的。贯穿魏大中童年的，除了贫穷的记忆，还有圣贤的教育，前者是深切的体验，后者是精神的洗礼。魏大中一生廉洁自律、疾恶如仇、忠孝节烈的品行，与他童年的经历和父母的言传身教密不可分。

大中幼时，父亲魏邦直就在他心头播下辨善恶、明是非的种子。每晚睡前，都要给他讲一两个先贤的忠孝节烈故事，并要他次日复述一遍。吃过晚饭，父子散步聊天，走过母亲薛氏的纺车前时，父亲就让儿子为母亲捶背，让他知道母亲含辛茹苦操持这个家的不易。因此，即使贫困曾经给他的童年生活投下过浓重的阴影，他却从未因此心生自卑，正如《明史》所称的，"家酷贫，意豁如也"。

魏大中不喜肉食，衣着简朴，对钱财没有奢求，唯恐对物质的追求有损于他的私德。在中举之后，妻子钱氏特地为他做了一件绸衫，这令魏大中极为恼怒，当场就把衣服撕了。在他官至吏科都给事中后，依然布袍一件，

---

① 本节引文未注明出处者，均引自《藏密斋集·自谱》。

106

一如寒士。①

温饱无忧的生活足以让魏大中心满意足。他曾经回忆平生最为开心的一段时间，那是在万历二十七年（1599），二十四岁的魏大中设帐于陶庄凌巷，长子学洢出生不久，一家人团聚在一起。魏大中一年教书收入有十两银子，加上母亲、妻子纺织的收入，生活第一次显得稍微宽裕，有余钱买书来读，魏大中说："家靡闲言，门无俗务。稚儿新慧，囊有余钱。长读浩歌，乐莫乐于尔时矣。"

对魏大中来说，即使抛开孔孟之道的教诲，也会对一丝一毫的贪腐有着发自内心的强烈反感。在八年的官宦生涯里，他未曾为自己谋过半点私利，甚至未曾给家里寄去一两官俸。魏大中回馈家人的强烈愿望，逐渐内化为清廉的作风以及澄清吏治的坚定决心。在魏大中看来，自己在朝堂上的操守与作为，是圣贤教化的必然。但同时，他对家人的克己奉献，对自己无力改善他们生活的无能，有着深深的愧疚。天启四年（1624）八月，他在写给儿子魏学洢的家书中说："家乡今年发了大水，幸亏朝廷减免税收的政策。家里的米可够明年吃吗？钱够明年的用度吗？如果有点余钱，日子就不要过得太紧，也可接济一下更穷的亲戚。我帮不了你们什么忙，心里十分惭愧！"

天启五年（1625），魏大中获罪下狱，自知不免于难，在《绝命书》中吐露了自己对家人这种由来已久的歉疚感：

> 我不负国然负家；大爷未曾改葬，亲娘未曾合葬，大姊、二姊未葬，三姊未曾照顾得他（她）；奶奶害了他（她）一生，洢儿害尔半世，又要害尔后半世。②

万历四十八年（1620）三月初四，还在行人任上的魏大中向皇帝呈上了

---

① （清）雍正戈鸣岐等《嘉善县志》卷二十一，第3页。
② （清）光绪《嘉善县志》卷三十二，第16页。这里"奶奶"，即指妻子钱氏。

魏大中勅命，绫本，29×185厘米

一份奏疏——《比例陈请恳恩移赠疏》①，这或是他的第一份呈至御前的
奏疏，内容是恳请皇帝比照前例，将原本应赐予他的荣誉，移赠给已经
亡故的父亲。② 在上一年的五月，魏大中接受吏部三年一度的考核③，被
评定为"最"。按照规定，考核结果称"最"者，朝廷将以皇帝勅命的形
式予以表彰。这是朝廷笼络臣子的一种手段，有突出表现的官员，可以
由皇上以诰命或勅命的形式封赠本人，甚至包括其死去先人在内的直系
亲属，以实现光宗耀祖的愿望。④ 魏大中为官八年多，一共获得了四次
这样的勅命表彰，其中一次是皇帝的额外赏赐，他的父祖与母亲妻子因
此屡次受到朝廷的封赠。

除了在精神上给予家人报答，一贫如洗的魏大中竭力承担起照顾亲人
的责任。在以往，一人登第中进士，亲族无不视为依靠。这种个人的荣光，
必然要惠及整个家族。婚丧嫁娶、买地进学，无不需要仰仗稍有权势的亲
友相助。黄仁宇说：

① 比例：参照以往成例。
② 《明会典》规定："乞将本身及妻诰命移赠本生祖父母者，奏请准赠。"
③ 明代对官员考核，通过在任职三年（初考）、六年（再考）、九年（通考）三个阶段进行考察。
　根据表现，评为称职、平常、不称职，以决定升迁与否。
④ 诰命或勅命，用于封赠官职或赐给爵位名号，不仅可以颁给官员的先代和妻室，而且还
　延及官员的子孙后代，甚至袭封数代或"世袭罔替"。明代规定，一品至五品官员授以诰命，
　六品至九品官员授以勅命，夫人从其夫品级，并可以对官员的先代和妻室实行推恩封赠（生
　者为封，死者为赠）。

这种对宗族的照顾，不是暂时性的责任，也不仅是道德上的义务，而有其深刻的社会经济和历史的背景……表面看来，考场内的笔墨，可以使一代清贫立即成为显达，其实幕后的惨淡经营则历时至久。这种经过多年的奋斗而取得的荣誉，接受者只是一个人或至多几个人，但其基础则为全体家庭。因此，荣誉的获得者必须对家庭负有道义上的全部责任，保持休戚与共的集体观念。

万历三十年（1602），岳父钱惺寰去世，魏大中为具棺木；万历三十一年（1603），安葬停柩三年的母亲，但无钱为父母合葬；万历三十三年（1605），葬外祖母。万历四十五年，二姊、大姊先后去世，大中为具棺殓。因家贫而未能及时入土，外甥希望舅舅助一臂之力，力不能及的魏大中复信道："凡事量力便是天理。吾之嫁女，吾甥所知也，二箧一裹而外更无长物……吾明岁欲为二郎遣聘，尚未知所出，力不能相及也。"

这一年魏大中嫁女，嫁妆不过是两个箱子一床棉被，而次年为儿子魏学濂下聘的礼金还无着落。天启二年（1622），岳母顾氏亡故，魏大中无力提供更多的帮助，幸好有其他亲戚出力。魏大中无奈地说："数米称薪之家，无一余钱，抵意外之事，必不能成礼，幸赖两舅翁襄事耳。"[1]

在族人、亲戚纷纷请托下，魏大中有时也不能免俗。天启三年（1623）四月，他在亲友的敦促下，致信嘉善县令康味澹为子弟进学说情。对魏大中来说，这是一封相当难作的信，因为他十六岁的次子魏学濂这年也要参加县考。魏大中说：

> 试事在迩，……而一二亲旧，不无望不肖为之先容于左右者，淹滞而食贫者尤甚。今具列其名于别楮[2]。老父母第就试日之文而高下之，稍为加等，以示鼓舞可矣，庶材者亦自见其材，不以不

---

[1] （明）魏大中《藏密斋集》"答顾冲宇"。

[2] 楮：落叶乔木，树皮是制造桑皮纸和宣纸的原料，故为纸的代称。

肖掩也。至豚儿学濂，尚系初学，榜尾厕名已幸，万不敢以不肖故，枉其实而塞寒士之路。天日在上，无一诳语，真切真切。

此信目的是为淹滞科场的后辈亲友说话，希望父母官在县考时稍加提携，以示鼓励。魏大中的次子魏学濂这年也参加县考，故魏大中信中希望康县令不要因为自己的缘故，堵塞他人的进学之路。这次县试，魏学濂最后列全县第一。[①]

与这种对清贫豁达胸襟相对应的，在时人的笔下，是魏大中简约得近乎自虐的生活习惯，相比海瑞也毫不逊色。

如张岱称："冠十年不易，以麄布做章服，襞绩开绽。传邮不用官庖。抉一童子，小灶瓶罂，菜根、脱粟而已。"[②]

孙慎行称："气骨严冷如寒僧。未及仕及仕后持家约躬，蔽衣蔬食，多在常情之外。"

龚立本称："庚申（万历四十八年，1620）始识公于都门，时为行人，声望矫矫，寄居僧寺，出行多徒步。予持竹扇二柄、刻稿一册为赠，公笑曰：'平生一介必却，君乃破吾例耶？'明日贻酒一瓶、米一斗，盖以示酬也。""（魏大中）性不赴宴。一夕，桐城（左光斗）约夜话，瞩予辈转致，卒坚辞焉。奉使将别，予约姚孟长携尊诣寺中，公（魏大中）亦出草具共享。其狷介类此。"[③]

孙奇逢称："魏大中为吏科都，冬月不设火，留相知者用饭，荤素四器，点心一碟，酒数巡而已。周顺昌为吏部郎，居朝房留客，一如大中。二公俱不赴席、不请客。"[④]

邹漪称："馈遗至门，虽平常交皆不启缄而反之。先后谢去当中人十家

———————————

① （清）光绪《嘉善县志》卷十五，第8页。
② （明）张岱《石匮书》卷一百九十四"魏大中列传"。麄布：粗布；章服：官服；襞：衣服上的褶子。
③ （明）龚立本《烟艇永怀》卷二，第3页。
④ 张显清编《孙奇逢集》（下），第890页。

之产者，累百不止。"①

这些记载，勾画了一个生活简朴、自律严格、清正廉洁官员的生动形象。魏大中在朝中做官，未携家眷子女，"子处京邸"，也就是"广宁门外僧寮中"，仅一二仆人相随，平日不过是粗茶淡饭自供，"衣破袜穿粥冷饭硬"②。他的一顶帽子戴了十年，穿着衣缝开裂的粗布官服。平日不应酬赴宴，招待朋友也不过四个菜，一点酒而已。魏大中从不接受馈赠，即使朋友间的一点礼尚往来，不能推辞的，也必回赠。寄送邮包，从不用官府免费提供的包裹。别人送来的礼物，不启封就原物归还，拒收的礼物、贿赂，相当于十来个中等家庭的家产。

孙奇逢曾对魏大中和周顺昌两人的操守予以高度评价。他说："缙绅俭德，六十年所见，只此二人。"

周顺昌在任京官时，在京城石虎胡同租了一处小房，黎明到吏部上班，薄暮方回到家中，既不赴宴，也不招饮，家奴六人，十文钱便可饱食一日。有馈仪送上门，全部谢绝不收。周顺昌说："长安做宦者，哪一个不饮酒食肉，哪一个不娶美姬以自娱。弟独食蔬食，公余之暇，念佛千声，绝似老僧行径。计入京来馈送，尽可做一富翁，弟一切却之，今书仪亦不敢及门矣。"③ 周顺昌在京任官时间十分短暂，而拒绝的各种馈仪相加，竟足够让贫寒的周顺昌做一个富翁。可见邹漪称魏大中"先后谢去当中人十家之产者，累百不止"，或不是夸大之词。

《明史》记载了魏大中检举向他行贿的一名官员："有外吏以苞苴④至，举发之，自是无敢及大中门者。"

《明史》所称的这个外吏，系安徽霍邱知县郑延祚。天启四年（1624）五月，霍邱知县郑延祚送魏大中六十两银子，被魏大中检举，郑延祚随后

---

① （清）邹漪《启祯野乘》卷五，第 13 页，见《明代传记丛刊》，台北明文书局 1991 年版。
② （明）魏大中《藏密斋集》卷十六"与蒋泽垒"，第 5 页；《藏密斋集》卷十五"答姚凤山姑丈"，第 17 页。
③ 周顺昌《烬余集》"与吴公如书"。
④ 苞苴即蒲包，指赠送的礼物，引申为贿赂。

被下狱勘问。魏大中拒绝了很多向他馈赠、送礼的，但向朝廷检举贿赂官员的仅此一例，主要原因有两个，其一，魏大中认为"不能禁京官之不受，但期外官之不馈"，警告行贿的地方官以此为鉴；其二，郑延祚是与崔呈秀一伙的贪官。魏大中检举郑延祚，实质上是呼应高攀龙正在开展的弹劾崔呈秀行动。①

《县志》中还有魏大中主动纳粮的记载：

> 魏忠节公自登科以至掌垣，田只二十五亩，江南风俗，富户避役，率多诡寄官户，若绅士己田不足，则入其贿为之优免。公独不循例，每冬月，本邑开仓，揭示其门曰："本宦止二十五亩，自兑米若干，并无寄户假托情弊。"其清白如此。②

嘉善置县以来，无论田地之高下，每亩赋额均以三斗三升三合起科，比嘉兴多出九升八合，比秀水多三升三合，而比崇德、桐乡多出近一半。所以嘉善的田地常常诡寄于相邻的嘉兴、秀水名下，以减轻税负。《明神宗实录》曾记载道："两浙富民，畏避徭役，往往以田诡托亲邻田仆，谓之'铁脚诡寄'，于是富者愈富，而贫者愈贫。"万历四十三年（1615）九月的实录还记载了嘉善豪户朱灼等，将三万三千五百亩田地，诡推于嘉兴、秀水，全不输粮，以致嘉善摊赔。可见当时此风炽烈，已成为百姓沉重负担。③

当时，当官的及富豪之家都想方设法逃避国家的税收。有些官员因自家田地不多，便受人贿赂，为他人优免。相比之下，只有二十五亩糊口田产的魏大中，放弃了作为官员可以豁免田赋的优惠条件④，以公揭的形式告知众人：

---

① 参（明）谈迁《国榷》；（明）魏大中《藏密斋集》"付沪儿"。
② （清）雍正《嘉善县志》。
③ 黄云眉《明史考证》，第608页，中华书局1980年版。
④ 嘉靖二十四年规定：京官一品免粮三十石，人丁三十名；二品免粮二十四石，人丁二十四名；以下递减，至九品免粮六石、人丁六名。地方官则比京官减免一半。参《明世宗实录》卷三百。

本官的田赋照常缴纳。这一做法，不是作秀，而是表达了魏大中对流弊伤民的愤懑。

魏大中以不近人情的苛刻自律，实践着自己独善其事、兼济天下的抱负。他的政治生涯不过区区八年，但其安贫乐道、刚正不阿的气节，在世风颓丧的晚明时节，却是出淤泥而不染，足为后世景仰。在历史上，他虽比不上海瑞那样的声望，但他有近似海瑞的脾气，两人都被称为"狷介"。在世风渐下的晚明政坛，难免会像海瑞那样被人视作怪物。正如周顺昌那样，与人谈"俭""廉"，只会让人觉得你迂腐、矫情，被人嘲笑："惟淡可以从俭，惟俭可以养廉……尝以此言示同事，不谓迂则谓矫。弟所甘心，独怪世之不为迂、不为矫，众亦相顾大笑。"①

魏大中也常常成为同僚嘲笑的对象。天启二年（1622），辽东广宁失守，在京的官员商议每人捐俸银五十两以助边军。五十两银子不是一笔小数字，有人说，这恐怕要难为魏大中了，他根本拿不出这么多钱来。更有人幸灾乐祸地说："谁叫他不收人家的钱？"准备看他的好戏。但魏大中却出人意料地如数捐了银子——在工科任给事中的两年里，他积累了九十两的"金帛之赐"，其中四十两寄回家买了八亩地——这是他为官八年唯一一笔汇回家的银两，囊中刚好还剩五十两银子。

二、明代官俸微薄

明代官员的这种普遍贪腐，也有制度设计上的原因——"自古官俸之薄，未有若此者"。②《明史》中描述的官吏之贫在今天看来几乎不可思议："贫不能葬""贫不能归""贫不能给朝夕""所居不蔽风雨"等，让人感叹。据说，明宣宗在看到臣子生活的窘状后也不得不感叹："朝臣贫如此。"③

---

① （明）周顺昌《烬余集》"与朱德升孝廉书"。
② 《明史》卷八十二"食货志六"，第1336页。
③ 《明史》卷一五九"顾佐传"。

　　从名义上看，官员的薪水并不低。洪武二十五年（1392）八月，朱元璋颁布了一份反腐教材，叫作《醒贪简要录》，里面给出了官俸的依据：以七品县令的工资标准为例，月薪是七石大米，年薪为八十四石大米。[①] 而五口之家，一年只需十八石大米就可以填饱肚子。朱元璋认为，官员"若将所得俸禄养家，尽自有余"。他算了一笔账，即使七品官的年薪也需要七十多亩地、五个农民专门为之生产，光是挑那些稻禾就需要走一千多里地，"如此筋骨劳苦，方得许多粮米"，他告诫那些妄图贪腐的官员，"为官者既受朝廷重禄，尚无餍足，不肯为民造福，专一贪赃坏法，亡家果可怨乎？"

　　这个俸禄标准在执行过程中不断缩水，且随着通货膨胀，政府也从未想过要给官员加薪。起初，俸禄全以米石来计算，即所谓"本色"，不久执行了"钞俸折色"政策。永乐时"折色"已成定制，只有三成官俸仍通过大米计发，其余的以银两、纸钞、布匹、香料等发放，使官员的薪水大大缩水。据《明会典》，七品官员每年实际领到手的是十二石大米，二十七两五钱银子，三百六十贯钞。其中，这占薪水近四分之一的三百六十贯钞，名义上抵了近二十石米，实际上由于严重纸币超发，"一贯仅直钱二三文"，几乎就是废纸。户部还根据国家仓库物资积压情况，给官员发放各类卖不掉、用不完的实物："两京文武官员折色俸，上半年给钞，下半年给苏木、胡椒。"明后期的通货膨胀，也让官员的薪水再次大大缩水。以米价为例，明前期一两银子可买四石大米 [②]。到明中期，一两银子可买两石米。而到晚明，一两银子连一石米也买不到。米价涨了四倍多，意味着官俸中银两的实际购买力严重降低。因此，除了占薪水七分之一的"本色"大米外，官俸的其余部分都大大贬值了。

---

① 据（清）赵翼《廿二史札记》"明官俸最薄"条，洪武二十五年，更定官禄：正一品月俸米八十七石，从一品至正三，递减十三石，从三品二十六石，正四品二十四石，从四品二十一石，正五品十六石，从五品十四石，正六品十石，从六品八石，正七品至从九，递减五斗，至五石而止。自后为永制。

② 据《明史·周忱传》："时京师百官月俸皆持俸帖赴南京领米，米贱时，俸帖七八石易银一两，忱请重额官田极贫下户准纳银，每两当米四石，解京代俸，民出甚少而官俸常足。"周忱是明前期永乐、宣德时的理财专家，由此可推算明初官俸的折银，接近四石米易银一两。

　　故而，一个县令的月俸，在明初还足以支撑小康之家，到明中后期，竟连养活一家人都成了问题。县太爷总要聘个师爷吧，总要使唤几个书童、仆人、丫鬟吧，总要为小孩请个先生吧，可能还得要个账房先生，一两个月总要请人吃餐饭吧，如果内人不嫉妒，估计还会有几个小妾。租房子、聘幕僚以及雇仆人，还有官场上的迎来送往的费用，全得自己开销。当官的如果没有灰色收入，最多也就是中下等人的生活水准。即便官至二品的海瑞，海南家中尚有四十亩租米可收，仍要亲自率家人在后院种菜以补贴家用，偶尔买两斤猪肉给母亲做寿都被当作新闻，死时只剩纹银十余两，连安葬费都不够。二品的海瑞尚且如此，魏大中这样的七品京官的生活就可想而知了。

　　这种苛刻的俸禄制度，其实际效果与朱元璋的设想相去甚远：官员如果不迁就官场的潜规则，就可能饿肚子，苦熬几十年才出头的官员，基本上都背了一身的债，被时人讽刺为"空肚鸭"，很多人会不择手段，狠命捞钱。而两京的官员，虽高居庙堂，却没有地皮可以搜刮，只能靠地方官员的孝敬周济。

　　表面上，这个社会靠异乎寻常严格的道德标准维系着，但私底下的潜规则才是社会运转的基本面。因此，绝大部分官员的生活不会如此不堪，都有自己的潜规则和灰色收入。比如，海瑞一到淳安知县任上，师爷就给他看了一份常例清单：

　　　　夏绢银一百六十两……夏样绢八匹。秋粮长银二十两……农桑样绢四匹……军匠每里银一两……审里甲丁田每里银一两……审徭役每里银一两，造黄册每里银一两……收各项钱粮，每一百两收五两。[①]

　　即使在淳安这样不算富裕的县份，县令一年的常例也可以达到两

---

① （明）海瑞《海瑞集》（上编）"兴革条例"。

千六百两以上 [①]，是名义薪水的数十倍。当然，这些收入并不能全部装入个人腰包，大部分用作招待费、公关费和礼金，这还算是"奉公守法"的收入。

从明代官员的薪水问题可以看出，统治者与当政者不是出于无知，便是出于麻木：一方面是清廉贫寒的官员在默默苦苦支持，他们不会为自己高声疾呼，而是将这样苦行僧般的生活视作砥砺品行的机会，不过他们很少会因此得到奖赏，相反地更易被同僚视作异类；另一方面，贪腐官员可以夜夜笙歌，可以呼风唤雨，身边也少不了阿谀奉承者，只是这种收入并不能见于阳光。

魏大中出任行人司行人时，八品微阶，抱着"不义而富且贵，于我如浮云"的气度，官声清廉。《明史》说他："官行人，数奉使，秋毫无所扰。"出任行人的当年，他奉命入青州谕祭商河王，一路轻舟微服，秋毫不取。万历四十六年（1618），他又奉使赴山西大同册封代康王的世子朱鼎渭，藩王朱鼎渭有所馈赠，同行的同僚也劝他收下，但大中却一概谢绝，并称"须令知中朝原自有不受金钱之人"。这样掷地有声的话，使同行的同僚无所适从。

魏大中回绝福王的馈赠，更是他清正廉洁、严于律己的典型例子。

万历四十二年（1614）二月，福王朱常洵就藩洛阳，神宗给了他两万顷庄田。天启二年（1622）冬，礼科左给事中魏大中奉命赴洛阳册封福藩王妃，使竣回朝。十二月初一，在河南中牟县的驿站，一位使者给归途中的魏大中带来了福王的一封书信，随信而来的还有一个沉甸甸的礼盒，里面是五百两银子。福王在信中言辞恳切地希望大中收下礼金。此次奉使册封，福王对魏大中十分重视，一路上，福王千里遣使相迎。到洛阳后，福王是"至日宴劳，行日宴饯，侑之金悉以百计"，并"请词恳款，殷勤再三"，但魏大中每次都婉言谢绝福王的美意。

看完福王的书信，魏大中立即引笔修书一封，请使者将信与礼金一起

---

① 黄阿明《明代官场常例钱初探》，《史林》，2008年第4期。

带回。信中称：

> 大中业已诏禄于朝，传食于道，大藩之赐，虽受之无所用之。方今山海戒严，戍卒乘障，其以犒边，边士比于投醪，大惠也。[1]

这里的"投醪"，用的是越王勾践的一个典故。投醪河，又名劳师泽，位于绍兴。勾践在前473年出师伐吴雪耻之日，越国父老敬献壶浆，祝越王旗开得胜。勾践跪而受之，并将酒投于上流，令军士迎流痛饮。士兵同仇敌忾、奋勇杀敌，终于打败了吴国。后世以"投醪"指与军民同甘苦。

魏大中在复信中称，自己已经拿了朝廷的俸禄，出使途中也有驿站供给车马饮食，故而福王的赏赐对我没有什么用处。魏大中以恳切的言辞，希望福王不妨以勾践为榜样，如有余财则不如报效国家，将这些银子犒赏坚守边关的军士，以提振士气。

福王这样放下身架巴结魏大中，无非是看中魏大中钦差的身份，想方设法拉拢。崇祯十四年（1641）正月二十日，李自成攻克洛阳，福王死于此时。朱常洵的儿子朱由崧崇祯十六年（1643）袭福王位，在南京监国，后称帝，即南明弘光帝。

---

① （明）魏大中《藏密斋集》卷十六，第1、2页。

第七章 京察与党争

一、懒问政事的皇帝

说起明朝的政治，总脱不了皇帝的干系。朱元璋罢黜宰相这一政事分担者，不能不说是明代国家体制的一个败笔。朱元璋担心的是皇权旁落，不过如此一来，一旦皇帝懒于政事，等于为权臣、宦官的窃权大开方便之门。不幸的是，明代的皇帝勤政的并不多。故黄宗羲在《明夷待访录》中称："有明之无善治，自高皇帝罢丞相始也。"

太祖、成祖以及仁、宣二宗以后，文治武功已经没有了。"土木之变"中，英宗被鞑靼俘虏，于谦等大臣拥景帝即位。不久英宗复辟，杀于谦。再下是宪宗，重用太监，施行西厂、皇庄、传奉官三项弊政。之后的孝宗是个不错的皇帝，但下一朝的武宗以后的几个皇帝历史评价都不算高。

武宗朱厚照蔑视传统，他在内宫操练军队、拆房圈地、养狮驯豹。正德十三年（1518），他下诏加封"朱寿"将军为镇国公，这位"朱寿"正是他自己。次年，江西宁王叛乱，天下大震，唯有"朱寿"兴奋异常，因为他找到了御驾亲征、巡幸江南的理由。在他出征后的第二天，朝廷已接到了宁王被俘的密报，但"朱寿"的大军依旧浩浩荡荡南下了。亲征后不久，武宗即因泛舟时不慎落水而一病不起，数月之后驾崩。

世宗朱厚熜在继位之初就显示了他自私的个性，为争得生父母的地位和荣誉,不惜与文官集团进行长达几年的"大礼仪"之争。嘉靖三年(1524),为其逝去母亲的尊号,十八岁的皇帝一次廷杖了一百八十余位官员,其中十七人伤重致死。朱厚熜在位四十五年,热衷于修道、炼丹,重用擅长"青词"的严嵩。

穆宗朱载垕即位时已到而立之年。朱载垕政治还算清明,但显得木讷、平淡而又庸碌。历史记载显示,他在位六年几乎没过问朝政,从未召问过一个大臣、面质过一个讲官、赏纳过一个谏士,也从未做出任何重要的政治决断。

其后,便是明代御宇时间最长的神宗朱翊钧。神宗即位后的头十年,首辅张居正力推考成法,通过严格的层层督察与严密的考核考绩,使各级政府形成"一切不敢饰非,政体为肃"的清明局面,大小官吏办事严谨,政令"虽万里外,朝下而夕奉行"。张居正政治手腕娴熟,对内结交司礼监秉笔太监冯保,并通过冯保影响慈圣太后和小皇帝;对外则整合内阁与六科的力量,建立起以内阁为权力中枢的新体制,从而控制六部,保证政令的落实。张居正的苦心经营,在成年后的朱翊钧看来,却是皇权旁落的羞辱。张居正死后遭到了无情的清算。

亲政以后的万历帝,未尝不想有一番作为,但却很快对政事失去了兴趣。在这个多少变得有些孤僻的皇帝看来,充斥朝廷的是一群态度强硬却又顽固拘泥的臣僚。这些道德洁癖者,挥舞着"天下公论"的武器,规范这位青年君主的一举一动,不准亲自操练军队,不能视察自己的陵寝……竭力引导他踏上"贤君"之路,一旦发现皇帝的行为有所不妥,劝谏的奏章便会雪片般飞来,其道德狂热和牺牲精神令人生畏。

最令朱翊钧伤心的是,他虽贵为天子,却无权挑选继位者。万历十年(1582),神宗偶尔临幸的宫女生下了皇长子朱常洛。朱翊钧将长子的意外出生视作自己私生活的一桩丑事。四年后,他宠幸的郑妃生下皇三子朱常洵。按照"有嫡立嫡,无嫡立长"的祖制,皇长子朱常洛成为当然的储君,但朱翊钧一心想改立朱常洵为太子,遭到站在道德制高点的部分朝臣坚决反对。因为储君问题关系到国祚绵延的根本,这场皇帝与大臣的争执被称为"国本之争"。朱翊钧在立储问题上出尔反尔，一再拖延，直到万历二十九年才册封朱常洛为太子。持续十五年的"国本之争"，是万历政坛的头等大事，朱翊钧对朝臣无休止的"讪君卖直"深深厌倦，最终心灰意冷的皇帝选择了拒绝与他的臣子合作。

神宗未到中年就"不郊、不庙、不朝、不见、不批、不讲"，消极怠工，而他又不幸在位长达四十八年之久。万历十三年（1585）至万历四十八年（1620）的三十多年时间里，他的躯体仅两度离开过紫禁城，一次是去视察日后的长眠之地，后一次是被人抬到那个他视察过的地方安葬。即使在皇宫，他也创下了二十多年不与朝臣见面的纪录，直到死前五年才因事涉郑贵妃与皇太子的"梃击案"，不得已露了一次脸。绝大多数的奏章留在宫中不予批复，整个中央机构的运作失去了关键一环，上至尚书，下到知县，缺员得不到补充，辞职也没人批准，有的官员索性就挂冠而去。万历三十四年（1606），大学士沈鲤向皇帝诉苦，吏部尚书已缺三年，左都御史亦缺一年，刑部、工部只有一位侍郎兼理，兵部则尚书、侍郎全缺，礼部仅存一侍郎，户部也只有一位尚书。三十一个部院堂上官，竟缺了二十四个。万历三十七年（1609），由于吏科都给事中久缺，无人发放官吏上任的凭证，七八百个等着赴任的官员排成了长队，其中最冤的，竟因此穷困而死。刑部长期缺掌印官，狱中上千犯人没人替他们断案，无辜之众，死者相继。到万历四十年（1612），朝廷处理政务的中心——内阁仅剩下了"孤相"叶向高一个人，六部尚书缺了五个，都察院已经连续八年没有正官了。[①]

皇帝自私而消极怠工，大臣们却在为自己的生计盘算。万历后期的吏治，已经败坏到了不可收拾的地步。官员积累的财富，很难与他们每年几十两或至多几百两的俸禄联系起来。由"争国本"开始，官员之间的派系斗争也越演越烈，朋党之争到了水火不容的地步，已然上升到不得不走上王朝更替的阶段。

---

① （清）赵翼《廿二史札记·明史》"万历中缺官不补"条。

二、京察与派系斗争

万历末年东林党与所谓"邪党"纷争的焦点主要是三件事。一是"争国本"，即皇长子朱常洛的东宫地位问题；二是"李三才入阁之争"；三是争"京察"的控制权。

明代的文官基本是终身制的，官员的奖优罚劣、新陈代谢主要通过考核来实现，尤其是"京察"与"大计"：京官六年一考，谓之"京察"；外官三年一考，谓之"大计"。对京察，朝廷做了如下的规定：

> 考察之法，京官六年，以巳、亥之岁，四品以上自陈以取上裁，
> 五品以下分别致仕、降调、闲住为民者有差，具册奏请，谓之京察。[1]

考核的结果分四种：称职、平常、不称职、贪污阘茸[2]，依此给予升、降、罢或付法司处理等奖惩措施。被京察处理的官员，"不复叙用，定为永制"，连皇帝也难救，可见京察的严厉。因此，朝中的倾轧往往通过京察来实现，使京察渐渐演变为政治斗争的手段。通过几次京察，朝臣们的党派归属一步步地明确和巩固，党争之风日盛，几乎使朝中大臣都卷入其中，大有不依附于一党便无法立足之势。明史专家谢国桢在《明清之际党社运动考》中说：

> 从万历中叶开始，言官和一般士大夫比较能主持正义的就是
> 东林党，而反对东林的则是齐、昆、宣三党。万历年间的政治，
> 可以说是东林党与齐、昆、宣三党斗争的历史。而他们消长的焦点，
> 就是与吏部京内以及外省官员的考察。……考察这件事，明代历
> 来并没有这样的严格，但到万历以后，一般清流当政，总慢慢认

---

[1] 《明史·志第四十七》选举三。
[2] 阘茸：地位卑微或品格卑鄙的人。

真起来，而党争之因，即肇于此。[①]

一直以来，地缘关系是维系士大夫集团的一条重要的纽带。一县一郡的"同乡"，在政治上相互提携，经济上相互接济，生活上相互照应，被认作是理所当然、责无旁贷的义务。东林党人的反对者——"浙党""齐党""楚党""宣党"，都是以地缘为基础的官僚宗派集团。"朋党"并不一定有明确的政治主张，他们的主要诉求，就是千方百计在政坛上立足，以牟取利益、获得升迁或者确保在朝廷重要考核——"京察"与"大计"中过关。于是，官员常常像蜘蛛一样，攀结尽可能多的网络：亲戚、朋友、同学、同乡、师生、故旧等各种各样的关系都被织入网内，充分利用起来。

万历年间的京察之争，东林党与其对手互有胜负。从各党的名称来看，明后期的党争具有鲜明的地域色彩，可见党争的兴起并不全是政见的不同，在一定程度上应归咎于士大夫狭隘的地域观念和师生门派局限。在几乎所有的问题上，他们都要针锋相对，并互相倾轧，直至无法调和、互为寇仇的地步，实在是晚明政治生活中的一大悲哀。

谢国桢认为，万历年间的党争可以分为三个时期：第一个时期，以万历二十一年（1593）的"癸巳京察"为焦点，由吏部尚书孙鑨、左都御史李世达、吏部考功司郎中赵南星负责。这次京察，顾宪成从中出谋划策，引发门户之争，"癸巳京察"对万历朝及以后的明朝政治格局，有着极其深远的影响，被称为"门户之始"。

第二个时期是浙党沈一贯、朱赓专政时期。以万历三十二年（1594）大计和万历三十九年（1611）京察为焦点。东林党人借京察之名，联合吏部尚书孙丕扬，逐斥浙党诸人。

第三个时期是万历四十五年（1617）京察，吏部为浙、齐、楚三党控制，东林陷于劣势，东林党人被纷纷下野。到万历四十七年（1619）会推阁员，三党取得了压倒性的胜利。

---

① 谢国桢《明清之际党社运动考》，上海古籍出版社 2004 年版 。

随着神宗、光宗的驾崩，顾命大臣借遗诏的形式，使围绕国本、矿税、"三案"等问题在历次京察中下野的东林党人得以复归政坛。这期间，奔走的除了杨涟、左光斗等在朝东林党人，还有同情东林的司礼监秉笔太监王安以及当时不过是区区一监生的汪文言，最终将三党打得落花流水。

东林党终于开启了"众正盈朝"的崭新局面。下野二十六年的赵南星于天启元年（1621）三月被起复为太常寺少卿，很快成为左都御史、尚书，进入顶级高官序列。《明史》说：

> 南星里居，名益高，与邹元标、顾宪成海内拟之三君，中外论荐者百十疏，卒不起。光宗立，起太常少卿，俄改右通政，进太常卿，至则擢工部右侍郎，居数月，拜左都御史，慨然以整齐天下为任。[①]

赵南星（1550—1627），字梦白，号侪鹤，直隶高邑人。万历一朝，赵南星实际在朝仅八年，但因"癸巳京察"中的表现而名望大增，被视为不畏强暴、反抗强权的代表人物，与邹元标、顾宪成并称"海内三君"，疏荐其再度出山的不下百十起，可见是众望所归。天启元年（1621），赵南星回归政坛后，力主改革，大量引用正人，一时东林势盛。天启三年（1623），在吏部尚书的任上，赵南星推举了高攀龙、杨涟、左光斗、邹维琏、夏嘉遇、魏大中等人进入重要岗位：

> 推高攀龙总宪，杨涟副院，左光斗佥院，邹维琏、夏嘉遇、程国祥等人铨曹，魏大中辈相次枋用。[②]

天启元年（1621），魏大中不过是个给事中，但其声望日著，党内无不

---

① 《明史》卷二百四十三"赵南星传"。
② （明）孙奇逢《夏峰先生集》卷五"赵忠毅公传"。

视其为股肱。除了魏大中自己的突出表现外,人脉也是一个关键。朝堂上"清流""正人"的领袖:赵南星、邹元标、高攀龙,都与他建立了很好的私人关系。赵南星对魏大中的赏识,虽然不排除受高攀龙的影响(赵南星是高攀龙的座师),但赵南星还是对魏大中进行了一番认真的考察。赵南星说:

> 以吾所见,魏孔时给事其人也,当此时台省最为雄艳,而孔时德若草野,邸舍卑狭。余每过之,淹坐无扣门者,其论议皆出独见,所弹劾不避强,余折服之。

掌握人事大权的赵南星对魏大中极为看重,认为他在一众言官中最为"雄艳"。据赵南星的观察,魏大中写的奏疏逻辑严密,说理清晰,就连"三党"人物也不得不表示佩服。况且,魏大中人品出众,有主见,不畏强权,赵南星对他十分折服。因此,在很多重大问题上,赵南星都要咨询他的意见。魏大中也趁机向赵南星推荐正直的人士,因而在东林党内威望很高。这为魏大中的仕进铺就了一条平坦的道路。

赵南星大张旗鼓地提拔东林党人,引起了其他各派的不满。天启三年(1623)的"癸亥京察"又轮到时任左都御史的赵南星和吏部尚书张问达来主持。此时,东林党人声势浩大,并有熹宗做靠山,赵南星"慨然以齐整天下为任",未免"持之过甚"。本来,这是弥合因京察、国本之争、"三案"引起的与齐、楚、浙诸党之间罅隙的良机,可惜东林人士党见太深,一味意气用事,党同伐异的行动进一步加大。他们重拳出击,痛斥齐党亓诗教、楚党官应震等"四凶",将齐、浙、楚三党的干将驱逐一空,两京官员被弹劾处理的竟然多达三百三十八人,其中相当一部分是历来同东林作对的所谓"邪党",创有明三百年来京察弹劾官员之纪录。三党毕竟经营多年,所谓"百足之虫,死而不僵",三党残余为求自保,不得不联合起来并依附于魏忠贤门下,形成了以魏忠贤为首、齐浙楚三党为辅的明季阉党，酿成了魏忠贤专权的惨祸。这实在是一件为渊驱鱼的憾事！[①] 谢国桢认为，东林党的做法太过分，后来东林党人被魏忠贤大肆清洗，一半责任要归于自己：

> 天启三年（1623）的京察，赵南星未免作的太辣，但后来魏忠贤的残戮，又未免太毒了。[②]

在党争的话题下，对东林的评价由此分野。

一直以来，保证中国这样一个农业大国在行政上实现统一的，常常不是法律而是道德。东林党人希望重建道德权威，并通过道德手段解决一系列社会危机。在明末数十年时间里，这种激进的道德主义旗帜，加上东林党人本身的人格魅力，犹如一阵政坛新风，令人目眩。庙堂之上，东林书院的一堂师友刚毅正直、大义凛然的气概，很得士人的敬重。他们要求开放言路、革除弊政、整饬吏治、体恤商民，主张实行开明政治，破格选用治国之干才；他们主张保护工商业者的利益，反对苛重的盐铁税收。这些主张有其积极的现实意义，更不要说，他们慷慨赴义，与擅权误国的阉党进行了不屈不挠的斗争，在历史上写下了可歌可泣的一页。

但是东林党人将道德的作用极致化了。台湾学者林丽月《明末东林派的几个政治观念》中引用了美国学者 Charlks O.Hucker 的论断："明末东林运动的失败，代表传统儒学与现实恶劣政治势力斗争的一个典型，他们是一支道德的十字军，但不是改革政治的士大夫团体。"[③] 顾宪成、高攀龙退居林下后，倾力重整学术之道，系统地纠正当时弥漫于社会的王学末流，由"尊王"而重新转向"尊孔"。高攀龙主持东林书院时，继续反对王学、重

---

① 以上参考《明史》、（清）谷应泰《明史纪事本末》、谢国桢《明清之际党社运动考》、孟森《明史讲义》、（明）谈迁《国榷》、吴晗《明史四讲》等。

② 谢国桢《明清之际党社运动考》，上海古籍出版社 2004 年版。

③ 林丽月《明末东林学派的几个政治观念》，《中国史学论文选集》第六集，第 702 页，台北幼师文化事业公司 1985 年版。

整道德的观点。东林的学人以宗教般的虔诚来推动道德体系的重建，无论何种问题，都要提升到"四维""八德"的高度来评定是非。

毕竟道德的力量并非无限，明代的官场充满了种种制度上的先天不足，比如官俸的低微，使得清廉如海瑞的官员，必须精打细算才能保证衣食无虞，因此绝大部分官员难免身染贪墨的污点，并不能完全用道德沦丧来解释。因此，道德的建立，需要有一套合理而有效的制度与之相配套，否则就有沦为政治斗争工具的危险。一味用道德精神去处理事务、裁量人物，使得大是大非的争论、权力的倾轧更是失去了理性精神，充满了人身攻击。

到了晚明，东林内部派系林立、内讧不断，甚至连党派政治集团利益都无法保证，更罔论社稷宗庙了。有论者以为，东林党人苛激的政治态度和道德洁癖以及对政治斗争认识的幼稚等缺陷，使他们在社稷兴亡中所起的作用，无法如同对他们私德一般令人景仰。

无可否认，他们行事过于迂腐，态度过于激烈，对不同派系抱着除恶务尽的态度一概斥逐。由此看来，反对党斥责他们"党同伐异"也绝非危言耸听。同时，京察也给大明的政坛带来无尽的灾祸，为此，《明史》评论道：

> 而群臣水火之争，莫甚于辛亥、丁巳，事具各传中。党局既成，互相报复，至国亡乃已。[①]

三、魏忠贤的威胁

天启四年（1624），明王朝的两大政治势力——阉党和东林党开始了生死角逐。而在大内之中，原本可以调停这场冲突的皇帝却置若罔闻。

朱由校登基这一年，虚岁才十六，小时候父亲朱常洛的东宫地位不稳，所以连带他受的教育也极其有限。万历四十七年（1615），即朱由校登基前

---

① 《明史·志第四十七》选举三。

一年，给事中亓诗教在给万历皇帝的奏折中说："皇上（朱翊钧）御极之初，日讲不辍，经筵时御；为何因循至于今日，竟视东宫（朱常洛）如漫不相关之人？视东宫讲学如漠不切己之事？且不惟东宫也，皇长孙（朱由校）十有五岁矣，亦竟不使授一书、识一字。我祖宗朝有此家法否？"明史专家孟森对朱由校曾有"至愚至昧"的评语[①]，朱东润更是称他为"文盲儿子""一字不识，不知国事"。史学界两位泰斗的评价影响至深，以至于普遍认为天启是文盲皇帝。其实朱由校受过一定的教育，特别是登基后接受了良好教育，当然这些教育对于处理国家事务来说，还是远远不够的。当朝七年中，他坚持每月数次临朝，但很少发表意见[②]。提及政务的时候，他有时会表现出令人吃惊的前后矛盾，又偏偏不懂装懂，令人啼笑皆非。

朱由校的心思全不在政事，这个年轻的皇帝生性好玩、爱好广泛。他做木匠、漆匠，玩溜冰，善雕刻，爱看戏，就是不爱读书。

紫禁城三大殿在永乐十九年（1421）、嘉靖三十六年（1557）、万历二十五年（1597）三遭回禄之灾。[③]万历年间的火灾后，因国库空虚，重建工程搁置十八年方开始启动，直到天启七年（1627）朱由校驾崩前一个月才修缮完毕。这大概是朱由校有机会接触木匠活的原因。据称他的手艺相当专业，甚至"巧工不能及"。他曾亲手造了一座小宫殿，形制仿乾清宫，高不过三四尺，却曲折微妙，巧夺天工。司礼监太监刘若愚曾绘声绘色地描述了天启帝制造机械喷泉的场面："用大木桶、大铜缸之类，凿孔创机，启闭灌输"，出水时"或涌泻如喷珠，或潺流如瀑布"，水花托起核桃大的木球"盘旋宛转，随高随下，久而不堕"。在旁观看的魏忠贤、客氏拍手赞美："天纵聪明，非人力也。"

刘若愚称，朱由校"朝夕营造而喜。喜不久而弃，弃而又成，不厌倦也。且不爱成器，不惜天物，任暴殄改毁，惟快圣意片时之适……每营造得意，

---

①　孟森《明清史讲义》上册，第293页，中华书局1981年版。
②　天启二年（1622），新科状元文震孟上疏指责皇帝早朝如"傀儡之登场，了无生意"。
③　（清）赵翼《廿二史札记·明史》"明宫殿凡数次被灾"条。

即膳饮可忘，寒暑罔觉"①。刘若愚笔下，一个生性好动、任性折腾的少年皇帝形象跃然纸上。小皇帝幼年失母，在清冷的东宫长大，本来就惮于与人交往。从情感上说，朱由校对满嘴仁义道德的朝臣有着天生的厌倦。这些人喋喋不休地反对他玩手工，反对他骑马，反对他迷恋酒色，敦促他做"天下人的表率"。只有在运斤成风的时候，天启帝才能体会到快意的自我实现感。

谈迁曾经说过，天启一朝与正德一朝极相似，"好猎乐内，嫉谏悦婢，无一不同"。实际上，天启帝比不上同样贪玩的正德帝。正德帝可以将乾清宫的火灾称作"好大一棚烟火"；可以为了一意孤行，将一百多位朝臣集体廷杖，一下打死十多位臣子；也可以对大臣的劝谏置若罔闻，但他一直牢牢掌控着大权，诛杀了擅权的太监刘瑾，平定安华王、宁王的叛乱，平定蒙古人的入侵，并礼贤下士，登门探望病中的大臣。

在朱由校专心致志地营造他的宫殿时，魏忠贤却在挖他江山的墙角。魏忠贤与客氏沆瀣一气，借机排斥异己，扩充势力。魏忠贤等往往趁皇帝干木匠活正起劲的时候从旁传奏紧急公文，而皇帝总是手一挥："你们用心去行，我已知道了。"诸奸于是恣其爱憎，批红施行。

魏忠贤，这位高踞庙堂、八面威风的大太监，早年身世却相当凄苦，可能连个正式的名字都没有，被叫做魏四，小名辰生。后来随继父改名李进忠。魏忠贤这个知名度极高的名字，来自天启二年熹宗的御赐。

魏忠贤生于隆庆二年（1568），河北肃宁人，家境贫寒。关于他的家世，有说其父母为农人的，也有说杂耍艺人的。魏忠贤混迹于街头，不识字，喜欢赌博，迷恋酒色，胆子很大，能决断。万历十七年（1589），已经娶妻生女的魏忠贤因与一群恶少赌博输了钱，被逼得走投无路，竟然冒着巨大的风险自行阉割，幸亏附近寺庙和尚及时救治，才捡回一条性命。

太监虽然地位低下，但衣食无忧。所以，即便《大明律》严禁自宫，从太祖时的"杖一百流三千里"，到弘治时的一律处斩，不可谓不严厉，饥饿

---

① （明）刘若愚《酌中志》卷三，第22页及卷十四，第75页。

折磨的痛苦远胜被朝廷惩处的恐惧，自宫者非但没有禁绝，反而越来越多，成为困扰官府的一大难题。据记载，明朝中叶，一次宫中要招收一千五百名太监，报名者却达两万之众。那些已经净了身却不能入宫的，被称作"无名白"或"太监花子"，有家不能回，过着生不如死的日子。

万历十七年（1589）腊月十四，二十二岁的魏忠贤在花费近二十两银子后，赶上了那年最后一次的太监挑选，成为司礼监秉笔太监兼东厂总督孙暹私宅内的一名当差的。由于他仪表堂堂、能说会道，孙暹将其带入宫内，为他在宫中谋得了第一个差事：火者——做些倒马桶、开大门、扫地之类的粗活。

明代太监数量十分惊人，据说高峰时达到十万之众。太监的最高职位是司礼监掌印太监以及他的助手提督东厂太监。然后是司礼监的各位秉笔、随堂太监，以及各监、司、局等处的掌印太监。除了顶层和中层的那些太监可以过着锦衣玉食、优哉游哉的生活外，普通的小太监担负着跟班、抬轿、巡夜、洒扫、看门、守库，甚至念经、唱戏各种差事，每月食米四斗，每年发冬装、夏装各一套，铺盖六年换一套……因为薪水极其微薄，有些人就给宫女当佣人，洗衣烧饭无所不为，甚至想方设法地去贪污、索贿、打抽丰。魏忠贤当初就是这样的小太监，在他进宫当了多年太监之后，他的侄女、外甥女还被卖作京城官员的奴婢。

市井无赖的经历，使魏忠贤精通逢迎拍马，谄媚上司，很快在宫中得到一个"肥缺"，去"甲字库"负责保管布匹、染料、中草药之类。为了争取上位，他接欢于朱常洛、朱由校父子的近侍太监魏朝。在魏朝的推荐下，四十八岁的魏忠贤得以进入太子东宫。太子朱常洛有一房并不得宠的妾侍王才人，魏忠贤成为这位王才人的典膳太监，也就是伙食管理员。没想到，王才人生下了皇太孙朱由校。王才人死后，魏忠贤又成为朱常洛宠妃李选侍的近侍太监。后来魏忠贤又结交司礼监太监王安，巴结上朱由校的乳母客氏。得势后，魏忠贤将魏朝排挤出宫，又与客氏合谋将王安害死。

魏忠贤在宫内的骤贵，除了是朱由校幼年时的玩伴外，客氏也起了很大的作用。这个客氏，原名客印月，又名客巴巴，是定兴县侯巴儿之妻。十八岁那年，客氏被召入宫中做了朱由校的乳母。

客氏长得很漂亮，面似桃花、腰似杨柳，性情媚惑、态度妖淫。为永驻青春，她以年轻宫女的唾液梳理头发，以保持头发的乌黑光润，四十徐娘还像二八丽人。按说皇子过了哺乳期，乳娘就会被稍作赏赐，放出宫门，或因朱由校生母早逝，客氏破例留了下来。熹宗大婚后，大臣们曾逼客氏离开皇宫，结果人走当天，朱由校"思念流涕，至日旰不御食，遂宣谕复入"。①《明季北略》称客氏"年三十妖艳，熹宗惑之"，据称她"邀上淫宠"②，这样的一个妖艳女子在熹宗面前展尽风骚，朝夕侍从左右，已经不再是乳母的身份了。这个在皇帝面前与嫔妃争宠的女人，残害后宫——饿死裕妃、赐死冯贵人，又差点弄死成妃。最可怕的还是她残害怀孕的皇后嫔妃，造成熹宗无后。

魏忠贤为了争取更大的权势，客氏也欲借魏忠贤巩固自己在宫中的地位，两人在宫中"私为夫妇"。明代宫内太监与宫女私下相好，可以结为"夫妇"，称为"对食"。③宋起凤在《稗说》中更称："魏虽腐余，势未尽，又挟房中术以媚，得客欢。"或许魏忠贤挥刀自宫，割得并不彻底，由此博得客氏的欢心。

万历末年，任何人包括魏忠贤自己，根本不会想到他会有飞黄腾达的一天。魏忠贤已年近知天命，两鬓已经见白。此时，神宗尚在，东宫朱常洛根本不讨父亲欢心，地位随时不保，连皇帝身边的太监都可以欺负他。即便朱常洛能顺利继位，魏忠贤伺候的朱由校又不知道何时才能登上帝位。

然而一月之内，神宗、光宗两位皇帝相继驾崩，朱由校登基称帝。魏忠贤喜欢骑马、射箭，很讨朱由校欢心，加上客氏的帮衬，很快成为宫中最有权势的太监。天启三年（1623）的十二月，魏忠贤受命提督东厂，天启帝

---

① 《明史·列传》卷二百四十六·第一百三十四。

② 抱阳生《甲申朝事纪略·初编》卷十"禁御秘闻"。

③ （明）夏允彝《幸存录·门户大略》。

还特地为他赐名"忠贤",同时还有了一个字,叫"完吾",意思就是要当"克己复礼"的完人。魏忠贤在极盛时有如下的一长串头衔:"钦差总督东厂官旗办事,掌惜薪司、内府供用库、尚宝监印,司礼监秉笔,总督南海子,提督宝和等店太监","内外大权,一归忠贤"。[1] 老天毫无征兆地垂青了魏忠贤,给国家带来了无穷的灾祸。

起初,魏忠贤对东林党人并没有特殊的敌意,势力范围也基本局限在内廷。魏忠贤很清楚,他的权势来自天启帝,而东林党人对天启帝顺利即位是立下大功的。作为替皇帝"批红"的司礼监秉笔太监,他需要如日中天的东林党人的合作。因此,最初魏忠贤对于东林党人相当客气。天启二年(1622)十一月,赵南星升任左都御史时,魏忠贤派其外甥傅应星带着礼物前去拜贺,但赵南星根本不想领情,让傅应星吃了闭门羹。魏忠贤又托人请赵南星题写扇面,赵南星冷冷地说:"哪有朝廷大臣给宦官题字的?"魏忠贤于是意识到,要想站稳脚跟,除了以皇上做靠山,在外廷也需要有人。

天启元年(1621),魏忠贤的亲信霍维华被东林党人、吏部尚书周嘉谟外放出京。魏忠贤因此大怒,唆使给事中孙杰弹劾周嘉谟。当年十二月,周嘉谟被罢免。这件事使得东林党人看清了魏忠贤与前任太监王安的根本区别。

天启二年(1622)三月,顾命大臣刘一燝组织言官攻击魏忠贤亲信、大学士沈潅,之后,吏部尚书孙慎行上疏追论首辅方从哲进"红丸"之罪。邹元标、魏大中等一百余名朝官,纷纷上疏要求治方从哲之罪,一时议论汹汹。方从哲在魏忠贤的庇护下没有被治罪,东林方面的刘一燝、孙慎行以及刑部尚书王纪被罢免或削籍。

通过这些政治斗争,使得东林党人对魏忠贤越来越警惕,他们发动了一次又一次的攻势,目标就是要削弱魏忠贤,打倒魏忠贤。而东林党人对魏忠贤亲信的攻击以及对他本人的坚拒,被魏忠贤视作莫大的侮辱和巨大

---

[1]　(清)王士禛《香祖笔记》卷一,第 2 页,上海古籍出版社 1982 年版。

的威胁，双方的争斗不断升级。

天启三年（1623）三月，御史方大仁弹劾给事中郭巩私通魏忠贤，揭发魏忠贤"甲第壮丽，葬地逾制"。同年八月，时任顺天提学御史的左光斗上疏，指出魏忠贤之流企图推翻"移宫"案进而排斥异己。[1] 天启四年（1624）正月，福建道御史李应升指出今日天下有三患：夷狄吭背之患、盗贼肘腋之患、小人腹心之患，其中有几句话非常尖锐：

> 试思冲主在上，垂帘尚不忍言，况权臣在朝，禅受是何题目？
> 执拂之巡抚方恨玷我名山，媚灶之考官妄得并翻公案。狂澜一倒，
> 谁不披靡？于是新妖四出，伏莽渐兴，或势若负隅，巧通脉络；
> 或谋成卷土，密布机关，虽死灰不燃，恐百足未已。[2]

李应升以"禅受""伏莽"这样的说法，含蓄地指出有王莽那样异姓篡位者在皇帝卧榻之侧，令人触目惊心。

同年三月，山东道御史黄尊素上疏议论"时事十失"，在列举"邪正杂糅，忠谗并进"等十项弊政之后，笔锋一转，含沙射影地指向魏忠贤与客氏：

> 阿宝重于赵娆，禁旅近于唐末，萧墙隐祸惨于夷狄，异日有
> 欲言不敢、欲闻不得者。[3]

阿保，典出《汉书·丙吉传》，指宫廷保姆。汉桓帝乳母赵娆，旦夕在太后侧，中常侍曹节、王甫等与共之交结，诏事太后。禁旅，即禁军。《旧唐书·宪宗二十子等传论》："自天宝以降，内官握禁旅，中闱篡继，皆出其心。"这是影射魏忠贤组织的宫廷"内操"。天启二年（1622），魏忠贤向

---

① （明）谈迁《国榷》卷八十五"天启三年三月乙酉""天启三年八月丙戌"条，中华书局1958年版。

② 《皇明通纪集要》卷五十二天启四年正月，"御史李应升补救时事疏"条。

③ （明）谈迁《国榷》卷八十六"天启四年辛酉"条。

熹宗进言，在内廷进行军事操练，即"内操"。在得到熹宗同意后，一万余名武装的宦官在紫禁城内进行军事操练，魏忠贤自己也是盔甲在身，随意出入宫廷。

黄尊素此疏，以汉代、唐末的天子乳母、宦官乱政故事来影射客氏、魏忠贤，指出这样的隐患大于塞外的夷狄。魏忠贤闻之大怒，谋划要以廷杖来对付，在阁臣韩爌力救下，黄尊素被处以夺俸一年的处分。

不过，文臣们这样的指责毕竟过于委婉，对于熹宗而言，能否为他真正理解，实在是一件很难说的事。

在天启三年，赵南星借京察的机会，剪除包括魏忠贤亲信在内的反东林势力后，剑拔弩张的大幕终于拉开，而起因似乎只是一件小事——吏科的一次常规人事调动，史称"吏垣之争"。

四、阮大铖原本无害

天启四年（1624）春天，时任吏科都给事中的程注任期已满，按例应当升迁。在明代的制度安排中，对给事中的升迁安排了一条特别优厚的待遇。吏科都给事中任满之后一般都能由七品骤升为四品甚至三品京堂，是向权力高峰进军的极好中转站，甚至还有人贪恋权势，不愿升迁，所谓"官升七级，势减万分"。

除京察外，党争还通过言路来弹劾、倾轧。言路成了党争的工具，言官成了党派必争的人物。同六部中以吏部权最重一样，六科中也以吏科最为紧要，吏科都给事中就成了一个极关键、极有吸引力的职位。[1]

---

[1] 蔡明伦《"亡国之臣"：崇祯朝言官述论》，《学术论坛》2005 年第 5 期。作者系湖北师范学院历史系副教授，华中师范大学历史文化学院博士生。（明）沈德符《万历野获编》卷十一"科道俸满外转"条："正嘉以后，都给事之外转，必升参政固矣。又论序不论俸，即拜都科仅一日，亦得三品。"《万历野获编》卷十二"都给事升转"条："六科都给事升转，惟吏科多升堂，馀则一内一外，如庠士之挨贡，不敢擅越。内则四品京堂，外则三品参政，盖外转以正七得从三，亦仕宦之殊荣。"

按资历，程注的职位应由吏科左给事中刘弘化接替。但天启三年（1623）冬天，已风传刘父病危，刘极有可能因丁忧离职。而资历紧随其后的吏科右给事中阮大铖又告病在安徽怀宁的家中。这样，礼科左给事中魏大中虽是这个职位的第三顺位人选，却是最有可能接任的人选。这也是吏部尚书赵南星等东林大佬们乐见的结果。

在赵南星为即将实现自己的人事布局而暗自高兴的时候，原本在家休养的阮大铖突然空降京城。不知出于何种考虑，有人大约在天启三年（1623）冬天给阮大铖写了一封信，怂恿其速来京递补。

阮大铖（1587—1646），字集之，号圆海、石巢、百子山樵，安庆府怀宁人，万历四十四年（1616）进士。阮家自曾祖以下，四代登科，堪称阀阅大家。曾祖阮鹗曾任浙江提学副使，"时倭薄杭州，乡民避难入城者，有司拒不许入。（阮）鹗手剑开门纳之，全活甚众"，因此被提拔为右佥都御史并巡抚浙江，成为浙闽总督胡宗宪的主要助手。不久因皂林之败，遭倭寇围困于嘉兴桐乡。阮鹗以兵力单弱，坐困危城，无力庇民，被劾罢下狱，死于隆庆初年。[①] 阮大铖祖父阮自嵩，生阮以鼎、阮以巽，阮以鼎无子，以阮以巽子大铖为嗣。

阮大铖十七岁中举，三十岁登科，尤善诗歌词曲，被誉为"江南第一才子"，一生写下《春灯谜》《燕子笺》《双金榜》《牟尼合》《忠孝环》等十一种戏曲传奇，前四种即《石巢四种》，至今尚存。阮大铖被称为安庆这个中国戏剧重镇的重要奠基人，也为昆曲发展作出过很大贡献。阮大铖的诗歌追求唐宋趣味，成就也很高。清末陈散原称其为五百年来第一作者，胡适说他是明代唯一诗人，章太炎、陈寅恪对他的文学水准也推崇备至。

在明末与清早期，阮大铖的名声很臭。实际上，他起初为人不坏，以清流自命，但此人是出了名的热衷于钻营，曾经自署其门曰："无子一身轻，

---

① 《明史》卷二百五"胡宗宪传"；（明）徐复祚《花当阁丛谈》卷八"阮鹗条"，第1313页，见《笔记小说大观》十六编二册，台北新兴书局1977年版。

有官万事足。"[1] 这虽是自嘲艰于子嗣,也流露了内心真实想法。

袁中道曾谈及与阮的一次交往:

> 阮集之行人来,言及作官事。予谓兄正少年,如演全戏文者,忽开场作至团圆乃已;如予近五旬矣,譬如大席将散,时插一出便下台耳。[2]

袁中道反对以拟古为复古的文风,另开新局,与其两位兄长并称"公安三袁",其文名固已声动天下,却久困场屋,直至万历四十四年,年垂五十始成进士。此番对话可以看出,阮大铖热衷功名,与老年登第的袁中道大谈做官,而袁中道只能以人生全如做戏自嘲,称年纪大的演一出戏便轮到下台,而年轻的才可以在官场上演全戏文。

"吏垣之争"是天启政坛的一件大事,带来了很多严重的后果,不仅将阮大铖推向了东林的对立面,也使魏忠贤对东林党的打击表面化、残暴化,开启了阉党专权的时代。

其实,在天启四年(1624)吏垣掌科出缺时,并没有其他党派意欲染指的迹象,也没有魏忠贤插手的征兆。事实上,吏部尚书赵南星根本不需要为这个职位操太多的心,因为三个既定接任者——刘弘化、阮大铖、魏大中均被视作东林党人,但东林大佬们认为,下一年便是三年一度考察地方官的"大计"之年,为避免重蹈覆辙,都给事中必须是他们可以充分信赖的人——魏大中。

这才有了魏、阮争职的一桩公案。

---

[1] (明)夏完淳《续幸存录·南都杂志》,见《笔记小说大观》十编三册,第1667页,台北新兴书局1975年版。

[2] (明)袁中道《游居柿录》卷十二·第1379条,第325页。

第八章　吏垣之争

一、谁招来了阮大铖

天启四年（1624）春，吏科都给事中程注将要调升。给事中升迁运作一般先在科内进行，主要依据是年资，论年俸时间长短，年俸久者则可获得优先升迁。[①]排资论辈之后，递补吏科都给事中的顺序依次为刘弘化、阮大铖及魏大中（《明史》认为递补顺序为周士朴、阮大铖、魏大中）。当时，刘弘化奉差在外，且风传有丁忧之虞，而阮大铖正在安徽桐城的家中。一旦刘弘化丁忧离职，被赵南星等看好的第三继任者魏大中就可以顺利接任了。冷不防，一封信召来了阮大铖，这个"肥差"到底花落谁家，顿时呈现出十分微妙的局面。

关于阮大铖不在朝中的原因，《明史》及《小腆记传》《逸史搜遗》等史料均认为阮大铖告假的原因是丁忧[②]。其实阮大铖此时并无丁忧。其嗣父母万历三十七年[③]（1609）即已离世，而其生父母则至少活到了崇祯九年

---

① 《大明会典》卷五"推升"，第111页。

② （清）徐鼒《小腆纪传》卷六十二，第882页，中华书局1958年版；（清）李逊之《三朝野记》卷二，第38页，见《续修四库全书》上海古籍出版社。

③ （明）顾起元《懒真草堂集》卷二十二"中大夫河南等处承宣布政使司右参政兼按察司佥事盛唐阮公墓志铭"，第3360页，台北文海书局1965年版。

（1636）①。李逊之（李应升子）在《三朝野记》中认为阮大铖是"告假省亲"，魏大中则称阮大铖"移病未半年"，天启四年（1624）七月复以"侍养乞归"。魏大中与阮大铖是朋友，不至于弄错阮回籍的原因，极可能是阮以身体欠佳，且父母年老需要奉养为由，告假回家。

这个关键时候，是谁函招阮大铖来京的？一般认为是刚刚迁任左佥都御史的左光斗，但围绕这场人事展开的争斗扑朔迷离，既有各种利益关系的交织，也有派系之间的明争暗斗，加上各家记录者的立场各异和隐晦曲笔，使得梳理这段历史变得困难起来。

魏大中在《自谱》中以较长的篇幅对吏垣之争及前后的相关事情进行了叙述：

> 先是某去御史为大理丞，不数月迁少卿矣，又不数月而翼以佥都协院。时副院则郑公元岳，佥院则杨公大洪，席俱未暖。某欲迁佥院，则跻杨为副，而迁郑为户部侍郎。予以一时副佥称得人，官固未尝缺，无故迁郑公于户部，人情亦不堪。即吾辈任事当在人先，迁官当居人后，若吾辈不以恬风世于皇上御门之顷，时出面恩取忌，品亦不光。予自以为朋友切磋之道宜尔，而闻有二心矣。
>
> 逆数是岁（天启四年，1624）之二月，吏垣都谏程芸阁（程注）当升，序属刘弘化。弘化于冬间即微以艰闻矣，序当属予，而某不便予之居斯地也，且讳刘之丧，急贻书于阮大铖，令亟来，时阮移病未半年也。阮咨虽在予前，而尚为右给事中。阮至而程始升，升后复以补刘。补刘之后，阮转左，尚未以刘之丧闻，而予不觉也。
>
> 会江北铨司缺，某意属何□□（原文缺，或是何士晋，字武莪），阮意属曹履吉，公论以属宿望程公我旋，程后徐当补何，而

① （清）钱揃禄《先公田间府君年谱》第24页，北京图书馆出版社1998年版；阮大铖《咏怀堂诗》，第76页，上海图书馆藏明崇祯刻本。"雨中忆家大人子处先慈殡室并以纪世道人心之变未有甚于此者"，由诗可知其生父崇祯九年尚在世，而大铖之母则卒于此时。

阮于某格格也，则又倏而推升周士朴，出工垣缺以待阮。阮大恨，亟图于故所结兄弟傅继教，嗾弗下，而某又阴卸，以为是予欲之，而予弗闻。阮故弗善予，及是恨滋甚。于是，刘之丧闻，而阮补吏垣矣。阮即补，予以为阮故未绝于吾党，凡事诚意相商，必不至大决裂，乃某意既弗善予，复不善阮，欲乘此两去而更有所属。会江西诸子以邹公匪石调铨事，弗得与闻为耻，阮因合章允孺并合黄正宾、陈居恭共构之。操江熊明遇复怏怏于弗得骤迁，令图予，复图浮邱，而傅櫆之疏稿具矣。櫆稿具而阮始辞朝。

魏大中的记载，还原了吏垣之争的诸多细节。与各家描述不一致的是，魏大中将致信阮大铖的人称为"某"，必定有其原因。从上下文看，魏大中提到的这个"某"似乎并不是指左光斗，因为后文即以左光斗的字"浮邱"来称呼他。

笔者颇疑是手头《自谱》版本不好的原因，但翻检了四五个《自谱》的刻本、抄本，均写作"某"。而流传较广的 明代黄煜所辑《碧血录》中的《自谱》，连刘弘化的名字也被改成了"某"，使人更难猜测到底是谁致信阮大铖的。

魏大中耿耿于"某"的表现：此人起先任大理寺丞，后升御史，再迁大理寺少卿，又想让魏大中举荐都察院的郑元岳、杨涟分别升职，以便自己谋取左佥都御史的职位。但魏大中并不想帮他这个忙，还认认真真劝告了他一番："吾辈任事当在人先，迁官当居人后。"此人对魏大中有了不小的意见，于是致信阮大铖，邀他进京争夺吏科都给事中的职位，并对魏大中隐瞒了刘弘化丁忧的消息。在随后吏部铨司人选上，"某"的意见既与阮大铖不一致，也与党内同志意见相左。在阮大铖被推举为工垣掌科时，此人又向阮大铖表示，这是魏大中想得到吏垣掌科一职的缘故，引起了阮魏之间的矛盾。

由于关键当事人魏大中罕见地用了"春秋笔法"，使得很多人相信，召阮大铖来京的其实另有他人。事实上，与魏大中、阮大铖熟悉的黄尊素、钱澄之等均认为是左光斗召阮大铖入京的，但东林党内的多数意见是要推举魏大中，于是左光斗很快就后悔了，改而支持魏大中。

黄尊素在《说略》说：

> 左金宪（光斗）先期邀阮圆海（大铖）入都。阮为人滑熟，众意欲推魏廓园（大中）。左见众心所向，又欲移而之魏。①

钱澄之在《皖髯事实》中说：

> 左时已转金院，急招入京。大铖既至，而当事诸公意属魏公大中，以察典重大，大铖浅燥，语易泄，不足以共事也。②

钱澄之所称的"皖髯"，即长了一脸络腮胡须的安徽人阮大铖。钱、阮两家是"世戚"③，钱澄之早年曾求学于阮大铖叔祖阮自华门下，并一度加入阮氏组织的诗文社——中江社，后两人因政治立场不同而决裂，故钱澄之对阮大铖的底细十分清楚。

左光斗是安徽安庆府桐城人，与阮大铖是一郡的同乡，私交不错。《明史》上说"同邑左光斗为御史有声，大铖倚为重"④。左光斗将出缺的消息告知阮大铖，也是情理中事，无可厚非。年谱显示，左光斗天启三年（1623）擢大理寺左寺丞，旋进大理寺少卿，天启四年（1624）复升左佥都御史，与魏大中描述的"某"的宦历吻合。

关于是谁致信阮大铖的一桩公案，答案其实就在魏大中的《自谱》手

---

① （明）黄尊素《说略》。
② （清）钱澄之《藏山阁辑》"皖髯事实"，第432页。
③ 钱澄之与阮大铖的世戚详情，现考证已属不易。因阮大铖被定为明代奸臣，后人避之唯恐不及，相关史料恐早删削一空。从钱澄之《昝母阮孺人七十初度序》一文大致可以推定，阮大铖为表兄，钱秉镫为表弟。阮大铖生母昝氏，安徽怀宁人。
④ 《明史·阉党》"阮大铖"。

稿中。晚清藏书家刘履芬曾根据手稿校注明崇祯刻本《藏密斋集》中的《自谱》[①]，刘履芬还曾手录《魏忠节遗著》，并于莫友芝等藏书家一起对照稿本、刻本进行校勘。关于《自谱》吏垣之争的记载处，刘履芬留有细笔批注，字迹虽然细小，但细看仍可辨认：

> "某"字稿应作"左浮邱"三字，抹去改作"某"。

《自谱》（明崇祯刻本）关于吏垣之争的校勘记录

可见，左光斗不仅确曾致信阮大铖，还在吏垣之争中，与魏大中发生了不小的矛盾。

左光斗毕竟也是东林要员，当时，杨、左、缪、魏四人是东林的骨干，负有盛名，号曰"杨左缪魏"，为人俱清正廉洁，以激浊扬清为己任。[②] 左、魏两人一向友善，矛盾也未公开，且在赵南星等东林长者的劝说下，左光斗的态度发生了转变，在这个重大人事问题上，最终与党内同志取得了一致的意见，选择支持魏大中出任吏科都给事中。魏大中在撰写《自谱》时，东林已几近垮台，左光斗与自己即将同入诏狱，斟酌之下，还是提笔将"左浮邱"改作了"某"。

东林其内部远非铁板一块，魏大中与左光斗之间不显山不露水的矛盾，一直未引起史学界的重视。那些得以亲览《自谱》手稿的，多数也是东林后人，自然不会声张这一不利于东林声誉的情节。清代藏书家、刻书家袁翼曾发现了左、魏之间的矛盾，他写下按语称："魏给谏《自谱》于槛车道上，

---

① 上海图书馆所藏《藏密斋集》虽是明刻本，但书中涉及满清的表述（如"奴""酋"）均被挖后重新补刻，一些书页字体明显不同，一些人名被挖去，可知该藏本应是明刻本清代重印本。重印时补刻了缺失的书版，并对入清后删去的犯禁部分进行了补刻，重印的时间或在文字管制较为宽松的清中后期。

② （清）马其昶《左忠毅公年谱》"卷下"第 5 页，北京图书馆藏珍本年谱丛刊第 056 册。

叙生平为详。中及同志矛盾语，存其真不欲删。从来小人之乘君子，未有不起于君子自隙者也，后之君子是可以观。"① 袁翼认为小人陷害君子，往往是利用了君子之间的矛盾，提醒后人从中汲取教训。而刘履芬这样的研究者，虽做了校勘，最终还是决定"选择性失明"，未加宣扬。

左、魏之间的矛盾没有影响他们共同的事业，两人的友谊也未就此中断。当年十月，在魏大中遭贬离京时，左光斗作诗送别。② 次年，两人白首同归，一同彪炳史册。

二、吏垣之争始末

综合各家史料，我们可以较为完整地叙述吏垣之争的始末。

天启四年（1624）的新年前，吏部照例开始筹划新一年的官员升迁安排。对六科来说，每年升职的有七八人，当时执掌吏科的程注已俸满当升了。二月初三，程注升职的公文送到了吏部文选司。此前，得知这一消息的左光斗致信同乡阮大铖，召其入京候补。

二月中，阮大铖至，出使在外的吏科左给事中刘弘化也回到京城，于是程注调升太常寺少卿。按照资历，刘弘化升任吏科都给事中。二月二十二日，阮大铖由吏科右给事中转任左给事中。③ 这是正常的人事变动，各方都没有异议。

刘弘化即将丁忧守制，在这个职位上坐不长。刘一走，吏科中最资深的阮大铖就将接掌吏科，这只是时间问题。吏部尚书赵南星并不希望看到这样的结果，如何处理这个微妙的问题，使赵南星感到头痛。赵毕竟是官场老手，想出了一个计划，但他仍需要处处小心，以免政敌抓住把柄。为

---

① （清）袁翼《邃怀堂全集》。
② （明）左光斗《左忠毅公集·诗》第38页，"送魏廓园出都门"：征车遥指向荆扉，分手长安木叶稀。泪洒九阍俱是血，烹无五斗且薇薇。忍看毒雾黄河暗，一任雄鸠白书飞。我亦蹉跎从此去，相期悲啸采芳菲。
③ （明）魏大中《藏密斋集》卷九"请罢斥以安愚分疏"。

避免不必要的麻烦，决定先让左光斗出面做阮大铖的工作。

左光斗致信将阮大铖召来，现在又要动员他放弃这个职位，语气便显得格外委婉。左光斗对阮大铖说，刘弘化丁忧的消息可能是真的，但其原籍的地方官并未将丁忧的公文报上来，暂时还不会让他回家守制，因而吏科掌科一职暂缓开缺。现在工科都给事中也将有缺位，为免迁延时日，影响老弟的前程，盼你先赴此任，待吏科有位置了再让你转吏科。①

工科与吏科的都给事中，品阶相同，实权不可同日而语。左光斗这般劝说是为了避免阮大铖感到难堪，但"再转吏科"这样的说法，在阮大铖看来是明显敷衍搪塞之语。大铖何等机灵，岂不知其中底细？官瘾十足的阮大铖虽称"可"，内心肯定无比失落。此前，他已从左光斗的信中获知刘的丁忧传闻确凿，而现在格阻他升迁的原因就是魏大中。听了左光斗的一席话，阮意识到被东林的大佬们要弄了——这是要把自己撑开，给魏大中升迁让路。

这是赵南星的如意算盘：趁刘弘化还在吏科都给事中位置上，先推升工科都给事中周士朴，以便空出工科的职位给阮大铖，而后等刘弘化一旦丁忧，再从容安排魏大中接掌吏科。这样一来，就可以在不违背官场规则的前提下，实现他的人事布局。

顺便提一下，在提到吏科掌科递补人选时，《明史·左光斗传》中称"当迁（吏科都给事中）者，首周士朴"，当系编撰者没有搞清推升周士朴的目的：将阮大铖补去工科，从而为魏大中接掌吏科扫清道路。

阮大铖其实同样名列东林，同为高攀龙的弟子。阮大铖曾经想讨好赵南星，泰昌元年（1620）他以弟子礼拜见了赵南星。②但赵却不看好阮大铖，甚至比较讨厌他。他曾经在《典铨不能用人疏》中对阮大铖怀疑吏部有交易官职的嫌疑一说表示愤怒："科臣阮大铖曾与臣书曰：'吏部有秘密，藏阴

---

① （清）钱澄之《藏山阁集》，第 432 页。
② （明）陈贞慧《书事七则》"防乱公揭本末"书后。

符，言顶首也'，臣甚耻之。"①

东林老人不喜欢阮大铖的另一个原因，是阮大铖喋喋不休的性格。阮大铖曾名列东林党人名单——《东林点将录》内，其诨号是"没遮拦穆弘"②，不知道是不是指其说话口无遮拦。赵南星、高攀龙、杨涟等都认为这个人"浅躁、语易泄，不足与共事也"，不想将吏科都给事中这一重要职位交给他。

令赵南星失望的是，推升周士朴的题本迟迟没有获得御批，再次呈上也如石沉大海。很快，刘弘化丁忧的确信到了，只得回家居丧，吏科都给事中再度出缺。赵南星、高攀龙等谋划的人事布局陷入胶着，而吏科都给事中迟迟不推补，使得朝中议论纷纷。吏部无奈于天启四年（1624）三月十四日提请先补吏科一职。想不到的是，这次皇帝当天就批准阮大铖升任吏科都给事中。③

这样的结果令东林党人瞠目结舌，第一反应便是认为阮大铖背叛东林，暗中做手脚、通关节，使皇帝下"中旨"，阻止周士朴升迁。④坊间传播的一条消息称，阮大铖因为赵南星玩弄手段，要将他补去工垣而心生恨意，暗中贿赂了东厂理刑傅继教，进而与魏忠贤的外甥傅应星搭上，请他设法使周士朴不能顺利升职，这样阮大铖也就不用到工科赴任了。

这是一个多少令人有点遗憾的推测，对阮大铖来说，凭其当时的能耐，还不大可能去魏忠贤那里"邀中旨"。其实，周士朴不能顺利调升的真正原因，是因为他"尤好与中官相撑柱⑤，深为魏忠贤所恶"。比如，天启四年（1624）正月，生性刚直的周士朴多次上疏攻击苏杭织造太监李实侵权，影

① （明）赵南星《赵忠义公文集》卷二十，第44页。《阴符经》，全称《黄帝阴符经》。阴者暗也，符者合也。天机暗合于行事之机，故称阴符。顶首：出钱顶承胥吏等职。

② 见（清）朱彝尊《静志居诗话》，人民文学出版社1990年版。

③ （明）谈迁《国榷》卷八十六，第5269页；《明熹宗实录》卷四十，第4页："戊辰阮大铖为吏科都给事中。"

④ 《明史》"左光斗传"；（清）钱澄之《藏山阁集》，第432页。

⑤ 中官，即宦官。撑柱：抵牾、抗拒。

响了地方行政。天启三年（1623）六月，发生过千名宦官为索取冬衣，侮辱工部尚书钟羽正，砸毁其公座，并谩骂、殴打工部官员，大闹工部大堂的事件。周士朴又上疏斥责宦官跋扈。在此之前，周士朴还有多次弹劾宦官的记录，如太监王添爵选净身男子索贿案、守陵太监刘尚忠鼓动守陵部队挟赏案、太监刘朝等以送军械为名出行山海扰乱地方案等，他都上本弹劾，几乎专门与太监作对。①

杨涟在后来弹劾魏忠贤的奏本中也提到："给事中周士朴执纠织监。忠贤竟停其升迁，使吏部不得专铨除，言官不敢司封驳。"可见，杨涟也认识到，隔阻周士朴升迁的是魏忠贤，而不是阮大铖的求情说项。

三、阮大铖败兴而去

天启四年（1624）四月十四日，阮大铖如愿以偿得到了吏科都给事中的职位，比起专门与太监作对的周士朴，派系属性不那么鲜明的阮大铖显然更易得到阉党的赞成。

吏垣之争尘埃甫定，就任未满一月的阮大铖突然以侍养父母为由，提交了辞呈，又使得众人错愕不已。

从当时的形势判研，阮大铖匆匆挂冠而去，显然是受到了很大的压力。这实在是阮大铖唯一的选择。明后期党同伐异之风愈演愈烈，每有重要官宪出缺，各方都希望自己的人揽据要职，不然就交章攻之，不将其拉下马势不甘休。既然东林党人一致认为阮大铖"通内"，那么在"众正盈朝"的天启四年（1624）初，阮大铖得罪了把持朝政要津东林要员，实在是自断奥援。假若阮大铖恋栈不去，也迟早会被拉下台。

阮大铖起初以"清流自命"，与党内同人关系不错，尤其是魏大中、李应升、黄尊素这些进士同年。阮大铖日后对同乡薛寀自辩称：

---

① 参（清）李逊之《三朝野记》，见《续修四库全书》上海古籍出版社。

> 吾与孔时（魏大中）、仲达（李应升）厚，他人交构，至罹黑冤。[1]

据李逊之的回忆，阮大铖与魏大中、李应升关系都很好，因争吏垣之职的缘故，与魏大中有了矛盾。在阮大铖掌吏垣之后，阮大铖还曾邀黄尊素、魏大中等人赴席，"沥酒指天，誓同肝膈"。但酒犹未寒，席未坐暖，阮大铖已经与魏大中、左光斗决裂了。李应升特地致信阮大铖，信中以宋朝时程颐、苏轼一贯意见不合，然皆不受小人拉拢，同遭贬抑，并列名于"元祐党人碑"为例，为之居中调停。[2]

对东林党对待阮大铖的手段，很多人表示遗憾和不满。

归有光的曾孙、清初文学家归庄称：

> 阮（大铖）谓资应属己，而魏（大中）夺之，遂激而入邪人之党。……激成阮入彼党，未始非失计。盖阮实有可用之才，惜诸君子无使贪使诈之作用也。[3]

阮大铖的辞职，黄尊素看出是借机要向东林发难，力劝阮大铖留下。在写给阮大铖的信中，黄尊素劝其抛开个人恩怨，不要因此给小人挑拨的机会。[4] 据黄宗羲后来回忆：

> "阮大铖长吏垣，与桐城（左光斗）、嘉善（魏大中）不睦，借一去以发难。先生（黄尊素）挽大铖，使毋去，大铖意亦稍转，而无奈桐城之疏彼也。"

黄尊素的话，可能打动了阮大铖，但阮大铖失望地看到，朝中掌握大

---

① （明）陈贞慧《书事七则》之《防乱公揭本末》书后。
② （清）李逊之《三朝野记》卷二，第39页。
③ （清）归庄《归庄集》卷十"随笔二十四则"。
④ （明）顾沅选编《乾坤正气集·黄忠端公集》"止阮大铖祸始书"。

权的赵南星、高攀龙已经无法再信任他了，连老乡左光斗也倒向了另一边，也就心灰意冷了。

阮大铖的错误，是在错误的时间出现在错误的地点，这个"聪明"的脑瓜对时事的判断能力看来相当有限，屡屡犯下致命的错误。四月十八日，朝廷发文任命魏大中任吏科都给事中 [①]，"大铖疑光斗发其谋，恨甚" [②]。阮大铖回到家中还说："我便善归，看左某如何归耳。"

就在阮大铖辞朝之时，一份弹劾魏大中与左光斗的奏疏突然冒了出来，指责左、魏两人勾结内阁中书舍人汪文言，干乱朝政。"汪文言案"浮出水面，东林党在两度反复的"汪文言案"中溃不成军。

---

① （明）谈迁《国榷》卷八十六，第 5275 页。
② （清）钱澄之《藏山阁辑》。

第九章　汪文言案

一、叩马献策真相

阮大铖在左光斗的召唤下，乘兴而来，又在东林党的排挤下，败兴而去。在人前，阮大铖摆出一副受害者的面孔，"逢人泪下，挽之弗能"[1]，去意坚决。阮大铖辞官走后，李应升致信宽慰，认为阮与左、魏二人的矛盾是"人情挑伺之故"，希望阮大铖能够冷静思考：

> 天人不偶，遽见拂衣，人情挑伺之故，盍有甚难言之？……
> 年兄浩然不顾，既已留挽不得，无可奈何，惟愿静思深念，早回
> 人山之车，则天下事尚可为也。[2]

阮大铖离京之际又生瓜葛。有消息称，阮大铖在涿州碰到了奉命前来为碧霞元君进香的魏忠贤，阮大铖叩首马前，两人点燃麦秸，彻夜交谈。其间，阮大铖献"百官图"，向魏忠贤贡献了谋害东林人士的计策。魏忠

---

[1] （明）魏大中《藏密斋集》卷九"请罢斥以安愚分疏"。
[2] （明）李应升《落落斋集》卷六，第2页。

贤大喜，"按图杀诸君子，往往多用大铖之策"。①

这一事件，史称"叩马献策"。

时人对"叩马献策"的记载不尽相同。李逊之说，阮大铖献"百官图"后，又"燃香结拜傅櫆"，"借汪文言事，疏参大中与金院左光斗"。魏大中称魏忠贤到涿州为碧霞元君进香，阮大铖留在涿州，两人"燃秸相拜，作竟夜谈"。并称："（傅）櫆稿具而阮始辞朝。"盖指阮大铖辞职后，傅櫆随即上疏，借汪文言攻击魏大中及左光斗一事，含蓄地影射阮大铖染指其中。②杨涟六月初一疏劾魏忠贤时也提到，有人在涿州向魏忠贤叩马献策，借汪文言案，报复左光斗和魏大中。杨涟所指这人显然就是阮大铖。

"叩马献策"再次给了阮大铖很大的打击，为撇清与魏忠贤的瓜葛，日后他在南明弘光朝曾上《孤忠被陷之由疏》，针对此事辩解道：

> 铖与相国冯铨有文字交，归过涿州，一晤即行；而大中门客汪文言遂诬铖与铨以"叩马献策"。夫铖与铨在涿州，忠贤在深宫近侍，其马安得而叩之？

阮大铖声称，他在涿州见到的是翰林院的冯铨。针对魏大中的门客汪文言诬陷其与冯铨"叩马献策"，阮大铖称，当时他跟冯铨在涿州，而魏忠贤在京城皇宫，哪有什么机会叩其马首之前呢？

对阮大铖的这番辩解，后来顾炎武与文秉先后进行了反驳：

> 叩马献策，原指逆贤进香涿州之日，非指深宫近侍之日；大铖南归过涿州，正逆贤进香至涿州，万耳万目何可掩也！
>
> 大铖南归至涿州，适逆贤进香至涿，冯铨跪谒途次，万耳万目，胡可掩也！逆贤岂身不出宫禁，而以之辨叩马献策之为诬哉？

---

① （清）马其昶《左忠毅公年谱》卷一，第 4 页，《年谱丛刊》第五十六册，北京图书馆出版社。
② （清）李逊之《三朝野记》卷二，第 38 页；（明）魏大中《藏密斋集·自谱》，第 32 页。

事实是否正如阮大铖所辩称的，因没有时间上的交集，他没有在涿州见到魏忠贤；还是如东林党人所称，阮大铖在涿州叩于魏忠贤马前呢？

魏忠贤去涿州是为祭祀碧霞元君。碧霞元君即"东岳泰山天仙玉女碧霞元君"，俗称泰山娘娘，在当时北方民众心目中的地位很高，相当于南方的妈祖。明代北京碧霞元君信仰兴盛，城内及周边地区建有多座碧霞庙，大多与皇族有着密切的关系，涿州的碧霞元君庙就是在万历的母后、慈圣太后的直接干预下建成的。

太监刘若愚曾在《酌中志》中记载了魏忠贤涿州进香的经过。刘若愚称，宫里的人十分相信涿郡娘娘，每年都来这里进香。翰林院的冯铨是涿州人，进香的太监都认识他。魏忠贤进香时，冯铨跪于道次迎候，并献上了一份厚礼。刘若愚的记载中并没有提及阮大铖。

尽管阮大铖竭力争辩在涿州并没有可能见到魏忠贤，但根据史料推测，他们在涿州的时间是有交集的。三月十四日，阮大铖升任吏科都给事中，未满一月即辞职。那么，阮大铖辞职的时间应该在四月十四日前。魏大中四月十八日升任吏科都给事中，十九日给事中傅櫆就上本弹劾他。而魏大中称，傅櫆奏疏写好时，阮大铖刚刚辞职离京。因此，阮大铖离京的时间应该在四月十八日左右。京城离涿州一百四十里地，正常的话，第二天即可抵达。因此，阮大铖最迟四月十九日就已在涿州。[①] 而碧霞元君的诞辰是四月十八日，一般在此前后到涿州娘娘庙进香。[②] 故魏忠贤到涿州的时间也差不多在这个时间。

当然，这不足以成为阮大铖通阉的铁证。魏大中所称的"燃秸相拜，作竟夜谈"的说法不大可能是事实。涿州碧霞元君祠毕竟不是荒郊野寺，魏忠贤进香涿州的排场很大，堪比皇帝出巡，刘若愚称之为"警跸传呼，清尘垫道，人以为大驾出幸。及其归也，改驾四马，羽幢青盖，夹护还遮，

---

① 《明实录》未见关于此事的记载，因冯铨降清后任明史总裁官，为掩其丑迹，凭借职权方便，把《明实录》中记载有他丑史的这一部分偷走销毁了。

② 《酌中志》卷二十"饮食好尚纪略"，"四月"条。

俨然乘舆矣"。当时魏忠贤的仪仗随从冠盖如云，个个鲜衣怒马，浩荡疾驰如闪电，马蹄杂沓如雷鸣，一路驰过，烟尘蔽天。魏忠贤如在涿州接见阮大铖，不至于要点燃麦秸来作彻夜谈。

可以确认的是，在涿州叩于魏忠贤马首前的有翰林院的冯铨。据称，他置办了酒菜果品，"伏谒道旁"，"迎送供张之盛，倾动一时"，并献上了一柄价值两千两银子的珍珠幡幢。

冯铨也是晚明一大佞臣。

冯铨，年少貌美，又身居前途无量的翰林院，颇为时人羡慕。但冯铨在翰林院的日子却过得十分屈辱，在龙阳之风大盛的明代，貌好的冯铨居然被翰林院的同事看上了，"同馆颇狎之，左谕德缪昌期狎之尤甚"。

冯铨的父亲冯盛明为辽阳兵备，因不愿身处危地，告病乞休。走了没多久，后金军队大败明军，攻陷辽阳。有人弹劾他"因边患望风南奔"，皇帝下旨将其逮进了监狱。冯铨为解父难，求援于翰林院的同僚，并"曲事（缪）昌期倍至"，而"昌期每侮之众人中，铨大不堪，以此怀恨欲报"。这个文弱的青年救父无方，身体受了屈辱不说，最后其父仍被罢职，冯铨随父回涿州老家，由此与东林党交恶。[1]

投靠魏忠贤后，冯盛明被无罪释放，不久冯铨也官复原职。冯铨感激涕零，给魏忠贤上了两条计谋：一是极言"外廷不足畏"，二是启用廷杖来制服诸臣。崇祯初，魏忠贤伏诛，冯铨论赎为民。清顺治元年（1644），摄政王多尔衮征召冯铨，恢复其大学士职衔，协理机务。冯铨是顺康时重要的汉臣，一直活到了康熙十一年（1672），谥"文敏"，但随即又被剥夺了这个谥号。

正史野乘中关于阮大铖的记载，大多出自东林、复社人士之手，这些人对阮大铖均没有好感，难免有臆测、夸大之说。阮大铖为人"器量褊浅，几微得失见于颜面；急权势，善矜伐，悻悻然小丈夫也"[2]，再加上他与左

---

① 文秉《先拨志始》卷之上，第65页。
② （清）钱澄之《藏山阁辑》（台湾文献丛刊第225种）。

光斗、魏大中结怨在前，而左、魏二人又在次年为人陷害。种种行径，使很多人相信叩马献策的说法。到计六奇写作《明季北略》时，阮大铖通阉的丑闻又有了进一步的升级：

> 于是群小归附，阁臣魏广微认侄，顾秉谦、傅櫆、阮大铖……俱拜忠贤为父、客氏为母。忠贤听崔、傅、阮三人言，于镇抚司设五等刑具：夹椣棍杠敲……忠贤以左光斗、魏大中欲阻封荫，切恨之。阮大铖曰："此俱东林党，每事与公相忤。"崔、傅等遂谋一网打尽矣。①

计六奇称，阮大铖认魏忠贤为父、客氏为母，忠贤对他言听计从，阮大铖说："这些都是东林党人，每件事都与您作对。"于是，崔呈秀、傅櫆等人谋计将东林党一网打尽。

叩马献策虽是阮大铖通阉的一大罪状，但在崇祯朝处理阉党一案时，并没有发现阮大铖勾结阉党的确凿证据，最终阮大铖的罪名是"阴行赞导"。所谓"阴行"，也就是查无实据。

即使在舆论几乎一边倒的明末，还是有人为阮大铖抱不平，认为阮大铖并未通内。比如，李应升认为针对阮大铖的种种指责，认为"恐不关于圆海（阮大铖）"：

> 初以工垣之推，生圆海之疑，继以临川（傅櫆）之难，各致疑于圆海。弟虚中观之，……恐不关于圆海。圆海夫岂忍至此。②

夏完淳虽称阮大铖为"小人"，但对他阿附阉党之说，认为没有实指，是东林人士"持论太苛，酿成奇祸"，是"枉案"：

---

① （清）计六奇《明季北略》，第44页。
② （明）李应升《落落斋集》卷六，第4页。

圆海原有小人之才，且阿珰亦无实指，持论太苛，酿成奇祸，不可谓非君子之过，阮之阿珰，原为枉案。……杨（涟）、左（光斗）之通王安，（崔）呈秀之通忠贤，同为通内，遂犯君子之忌，若目以为阿珰，乌能免其反云乎。[①]

夏完淳指出，东林党的杨涟、左光斗结交太监王安，与崔呈秀结交魏忠贤一样，都是"通内"。阮大铖通魏忠贤并没有实质性的举动，东林党人持论苛刻，酿成奇祸。

对阮大铖"本末素悉"的钱澄之说，杨、左等人被害之后，"大铖方里居，虽对客不言，而眉间栩栩有伯仁由我[②]之意，其实非大铖所能为也"。后人往往抓住钱澄之的这句话，指责阮大铖害死了魏大中等人，却略去了后半句："其实非大铖所能为也"，欲以此揣测之语成众口铄金之词，实为莫须有之的手法。如果仅仅按诸如"伯仁由我"这种言行就要列入"逆案"，只怕当时朝中的大臣有一大半可以列入阉党了。

也有人认为，未找到阮大铖通阉的实据，是因为他工于心计。如《明史》称，阮大铖每次见过魏忠贤后，就设法拿回所投名刺，企图消除通阉的证据：

（阮大铖）事忠贤极谨，而阴虑其不足恃，每进谒，则厚贿忠贤阉人，还其刺。

---

① （明）夏完淳《续幸存录·南都杂志》，第 1667 页。

② 伯仁由我：典出《世说新语·尤悔》。原话为："我虽不杀伯仁，伯仁由我而死。"意思是，虽然没有直接杀人，但对于被杀的人，应负一定责任。晋元帝时，有个人名叫周顗，字伯仁的人，王敦不了解他为人如何，曾问王导："周顗是咱们的敌人还是朋友？"王导也不太了解，没有肯定答复，王敦就把他杀了。事后王导才知道，周顗曾经救过他的命。因为王敦起兵进攻首都，在元帝看来，当然是叛变的行为，身为丞相的王导，既是王敦的堂兄，怎能不被怀疑。幸亏周顗上书元帝，竭力替王导说话，才得不予追究。这件事王导当初并不知道，等他知道时，周顗已经被杀，因此他不禁大哭，十分悔恨地说道："我虽不杀伯仁，伯仁由我而死！"

顾诚在《南明史》中对此说进行了驳斥：

> 平心而论，东林——复社人士门户之见极深，他们把阮大铖打成逆案很难自圆其说，比如说他谒见魏忠贤后随即行贿给魏的门子赎出名刺，就是莫须有的罪状；说他在魏忠贤得势之时即辞职还家是早已看出魏忠贤必定垮台，更站不住脚。……总之，"阴行赞导"的罪名难以成立。阮大铖触霉头是在崇祯初出于投机得罪了东林党人。

我们倾向于认为阮大铖在涿州见过魏忠贤，但所谓"叩马献策"等实质性通阉行为极有可能是讹传。从阮大铖一年后短暂回归政坛，又再次辞官的经历看，他对"通内"的传闻颇不自安。可见，他应该不是魏忠贤的死党。东林党人及后来东林遗孤的屡屡相逼，使阮大铖走上了东林的对立面，最终成为屠杀东林、复社人士的一个刽子手。

吏垣之争的余波未息，在江西人的鼓噪下，这一任职事件开始脱离东林党的掌控。

二、江西人的愤怒

天启四年（1624）四月十九日，魏大中执掌吏科后的次日，江西临川人、刑科给事中傅櫆就上疏弹劾。这个题为《邪臣比昵匪人把持朝政，乞立赐处分以清隐忧》的奏本，指责左、魏二人貌丑心险，表里不一，道德有亏，并勾结中书舍人汪文言，干乱朝政。

傅櫆指责左光斗称：

> 宪臣左光斗，貌丑心险，色取行违，自命为血性男子，人亦视为聪明丈夫。然职久知起为匪类也，欲貌为君子而不能，欲不为小人而不得。

又说魏大中：

> 职添谏垣，不行驱除，而且助其（汪文言）资斧，自是脉络潜通，机锋并露，相与招摇部市，揽泊升迁。甚至小人以从邪为得计，君子亦以比匪为无伤。①

傅櫆为何在这个节骨眼上弹劾魏大中呢？《明史》称：阮大铖与左光斗、魏大中有矛盾，于是与江西人、给事中章允孺定计，让傅櫆出面弹劾中书舍人汪文言，并劾魏大中勾结汪文言，牟取私利。魏忠贤大喜，立下文言诏狱。

黄宗羲认为傅櫆结交了魏忠贤的养子，因害怕清议，铤而走险，借汪文言，弹劾左光斗与魏大中：

> 给事中傅櫆，故与逆奄养子傅应星称兄弟，私惧为清议所不容。挺险者乃道之以首功，借中书汪文言，以劾桐城（左光斗）、嘉善（魏大中），逆奄主之，以兴大狱。②

傅櫆不是魏忠贤的人是很明显的，因为此人曾与魏忠贤唱对台戏。此前，刑部尚书王纪上疏弹劾沈漼以及魏忠贤本人，后被阉党报复，被斥罢为民。当时，傅櫆为救王纪而上疏抗争，险些丢官。③ 天启四年（1624）六月，傅櫆也曾紧随杨涟疏劾魏忠贤。④ 如果傅櫆是阉党，很难想象会在魏忠贤最困难的时候再扔一块砖头。

傅櫆弹劾魏大中，是东林内部派系斗争的结果，东林党内原有江西一派，

---

① 《皇明通纪集要》卷五十四天启四年四月"刑科傅櫆奏"条，见《四库禁毁书丛刊》史部，北京出版社。
② （明）黄宗羲《黄宗羲全集》《明儒学案·东林学案四》。
③ 参见《明史》王纪、叶向高两传及《国榷》。
④ （清）谷应泰《明史纪事本末》，第1141页。

包括熊明遇、徐良彦、章允孺、傅櫆等人。有道是：“翰林多吉水，朝士半江西”，凭借出色的科举成绩，江西人一直是朝廷的一支重要力量。魏忠贤利用这一事件弹压东林党人。事情的起因还要从赵南星提拔邹维琏、左光斗、魏大中等人说起。

赵南星对于兵部员外郎邹维琏的提拔，本是吏部对官员任用的一次改革——在一个部门的重要岗位任用同省的两个人。本来按照规定，同一部门的重要官职不得一省任用两人，以免结党生弊。所以，在重要人事任命前，吏部须向其同省籍的在京言路官员做书面咨询，名曰“访单”，以示无私和对言路的尊重。这虽是一种不成文的惯例，但实际上已经被各省视为当然的权利。[①]

稽勋司已有一名江西籍官员吴羽文，赵南星认为稽勋司工作虽谈不上繁重，但却是文选和考功两司的人才储备，因此建议增加人手，他看中了清廉、能干的江西人邹维琏。由于事属破例，赵南星特地请示了皇帝，并得到批准：

> 吏部尚书赵南星上言：“吏部四司，惟稽勋司一人，余司皆二人，以稽勋事寡也。然今日之稽勋，皆储为文选、考功之用，宜就近推补司官，不拘资格，一省不妨二人……上从之。”[②]

赵南星百密一疏，自认为已经得到了皇上的认可，就不用再做“访单”功夫了。江西在京的官员觉得自己当然的权利被剥夺，以“弗得与闻为耻”，遂群起而攻击这一人事任命案，诬陷邹维琏以两千两银子结交中书舍人汪文言。邹维琏虽然与汪文言交好的左光斗是进士同年，但并不认识汪文言，不堪忍受这样的侮辱，便上疏请辞，并出言伤及江西老乡，吴羽文也不安于位，上疏求去。这样，矛盾就进一步激化了。

魏大中的任命案也让江西人充满醋意。魏大中深得赵南星的器重，不

---

① 《明史》卷二百三十五“列传一百二十三”；文秉《先拨志始》（卷之上），第53页。
② （清）谷应泰《明史纪事本末》卷六十六“东林党议”；（明）蒋平阶《东林始末》，第51页。

仅事事与他商量，又将吏科都给事中这个"肥缺"给了他。江西一派不能讨吏部尚书的欢心，私底下就转而怨恨邹维琏、左光斗和魏大中。此前，魏大中在礼科左给事中的任上，因为整顿滥恤之风，得罪了江西籍的巡抚刘一焜。江西籍的言路官员，群起而维护老乡的利益：

> 吏部尚书赵南星知其（魏大中）贤，事多咨访。朝士不能得南星意，率怨大中。而是时觝排东林者多屏废，方恨南星辈次骨。东林中，又各以地分左右。大中尝驳苏松巡抚王象恒恤典，山东人居言路者咸怒。及驳浙江巡抚刘一焜，江西人亦大怒。

在另外的两个人事任命案中，赵南星也得罪了江西人。此前，杨涟由佥都御史升为左副都御史后，江西人熊明遇、徐良彦都想当佥都御史，但赵南星让左光斗得到了这个职位。熊明遇、徐良彦、章允儒[①]等江西官员大怒，唆使傅櫆先以邹维琏任命案紊乱原有的规矩，参了赵南星一本。然后再弹劾结交汪文言的左光斗和魏大中：

> 兵部员外郎邹维琏廉而才，高邑（赵南星）器之，调为吏部……皆属破格，给事中傅櫆遂参高邑紊乱旧规，援引私人，高邑伸辩……櫆再疏，并参左光斗、魏大中，目为邪党……[②]

江西人的这种小人行径为时论不齿，黄尊素对此表示了强烈的不满，讥讽"西江名节之风，至是荡然矣！"[③]

刚刚履新吏部尚书不久的赵南星锐意澄清吏治，"径情直行，视政府蔑如也"，继续着他的东林人事布局，尽管有诸如江西派的反对，但似乎只

---

① 《明史》卷二百四十四："给事中章允儒，江西人也，性尤忮，嗾其同官傅櫆假汪文言发难。"
② （清）文秉《先拨志始》卷之上，第52页。
③ （明）黄尊素《黄忠端公集》卷六"说略"，第13页。

是党内的一点不同意见，并不值得挂怀。然而自首辅以下的官员"多不悦"，比如叶向高认为魏大中出任吏科都给事中是极不合适之举，假若魏大中不受吏科之命，就可以免遭阮大铖之毒噬。①

傅櫆向魏大中等人发难，说穿了是同乡情战胜了同志情，起初或许只是意气之争，但谁也没有料想天启四年（1624）的这个案子二度反复后酿成大狱，东林党经汪文言一案遭受重创。

谈迁在记述这一事件时，颇为感慨地说：

> 仕路如阱，端人刚士择地而蹈，矧敢轻其身于磷缁杂沓之场哉……议者甚（傅）櫆之险，钳网始构。②

钳网者，犹刑狱也。谈迁所说"钳网始构"四字言简意赅地点明了傅櫆发难事件的本质。

这就是汪文言案。

三、汪文言其人其事

汪文言，原名汪守泰，字士克，安徽歙县人。徽州是个出商人与谋士的地方，汪文言很是得了徽州人的灵气，为人仗义任侠、足智多谋，甚至有人将他比作"及时雨"宋江。他曾经当过徽州府歙县的一名门子、库吏。为了隐瞒这段影响前程的经历③，他将户籍改到江苏的金坛。

汪文言虽学问不深，但能量很大。按今天的说法，他是一个公关能手，或者说是社会活动家。这个聪明的小人物，注定不会在金坛这个小水潭终老。在这里，他结识了当时赋闲在家的东林党人于玉立，受其影响，汪文

---

① （清）文秉《先拨志始》卷之上，第54页；（清）全祖望《鲒埼亭集》卷二十九，第4页。
② （明）谈迁《国榷》卷八十六"天启四年四月乙巳"。
③ 衙役被视为贱役，按明代规定不能参加科举考试或者做官。

言的政治立场倾向东林。于玉立是万历十一年（1583）的进士，初授刑部主事，后调任员外郎，刘宗周曾称赞他为"国士"："东林顾宪成讲学处，高攀龙、刘永澄、姜士昌、刘元珍皆贤人，于玉立、丁元荐皆皎然不欺其志，有国士风。"[1] 于玉立为人刚直不阿，敢于直言。万历二十年（1592），于玉立"疏陈时政阙失，言陛下宠幸贵妃，宴逸无度，……数年以来，问安视膳、郊庙朝讲一切不行。至边烽四起祸乱成形，犹不足以动忧危之情"等。万历帝阅后大怒，革去了他的官职。[2]

后来，于玉立为谋求复职，派汪文言到北京打探消息、联络同党。万历四十一年底（1612）或四十二年（1613）初，汪文言来到北京。为方便行事，于玉立出钱为汪文言捐了一个监生的头衔。通过活动，汪文言成了太监王安的幕僚。

王安在宫中的地位很高。万历二十年（1592），王安成为皇长子朱常洛的伴读太监。当时郑贵妃谋立自己的儿子为皇太子，朱常洛的太子地位并不稳固，有时甚至身处危局，多赖王安保护。光宗即位后，即擢王安为司礼监秉笔太监。王安劝光宗重用东林党人杨涟、刘一燝等人，对光宗新政也施加了影响。光宗去世，熹宗即位，王安又协助天启帝将李选侍移出乾清宫。可见，王安是一位好太监。

作为王安在宫外的得力助手，在"移宫案"前后，汪文言奔走于王安与廷臣之间，在扶持光宗、熹宗登基过程中，为王安暗中出谋划策。在此后的丁巳京察中，东林党被排挤，齐、楚、浙三党内部矛盾也在扩大，王安、汪文言用奇策使三党陷于分裂，一起援助了东林党。汪文言使出了一套纵横术，在齐、楚、浙三党之间用间，弄得齐、楚两党与浙党疑神疑鬼，彼此猜忌，竟在内讧中被东林党人打得落花流水。

汪文言在这场党争中的作用，文秉称其为"玉成者"，可见是相当关键的人物：

---

[1] 钱海岳《南明史》卷三十，第 1550 页。
[2] 《明史·列传》第一百三十三。

丙丁之际，正人尽退而局中诸有力者亦渐相携贰。（汪）文言策之曰："浙人，主兵也。齐、楚，客兵也。成功之后，主欲逐客矣。然柄素在客未易，逐此可构也。"遂多方用间，齐、浙果大构，卒以两败，而楚乃归正。虽杨（涟）、左（光斗）主其谋，而先后奔走以玉成之者，文言也。[①]

王安被害后，汪文言监生的头衔被褫夺，并被赶出京城。汪避走扬州，后被逮入狱中，最终在东林党的救援下被从轻发落。由于汪文言的突出贡献，东林党对他赞不绝口，争相与其结交。东林要人韩爌、高攀龙、杨涟、左光斗、魏大中俱延之入幕。魏大中对汪文言尤为赞赏，称其为"义士"。首辅叶向高举荐他入仕，授予他一般进士才能担任的内阁中书一职。

由于汪文言曾经刻意隐瞒自己曾操"贱业"的经历，行事也不够端方，这些"污点"是一个明显的靶子。加上他身上固有的商人、谋士习气，时论对他的评价并不高。谈迁在写作《国榷》时，将汪文言视作东林的"祸始"，对魏大中等东林人士结交汪文言提出批评。作为专注明史的遗民，在痛思亡国根源后，谈迁对明末的党社运动基本持批判的态度：

（魏大中）一见汪文言奸情伪貌，遂相激赏，汲引同辈，来此纷纭。虽面目无愧，而追原祸始，要自有由。[②]

谈迁更称，汪文言擅长刺探阴私。每天早出晚归。夜里登权贵之门，那些权贵对他言无不从。在他最得志的时候，举朝震动，都以一见为荣。他被逮入诏狱后，严刑拷打也不招认。但魏忠贤已经伪造了供词，上面开列了所憎之人的名单。[③]

———————

① （清）文秉《先拨志始》（卷上二）。
② （明）谈迁《国榷》卷八十七，第 5309 页
③ （明）谈迁《国榷》卷八十六，第 5296 页。

谈迁这里所称的逮入诏狱，系指天启四年（1624）末的第二次汪文言案，汪文言最终死于此案。谈迁虽然不耻汪文言的所作所为，但仍然视其为"奇男子"。

汪文言案是魏忠贤大肆屠戮东林之先声。

四、魏忠贤亲自出马

傅櫆借汪文言弹劾左、魏的奏疏一上，天启帝并不在意，廷臣们互相攻击的折子他见得多了，傅櫆的理由也不见得有多充分，连"貌丑"竟也成了罪名，可见有些强词夺理。于是下旨将汪文言逮入锦衣卫诏狱鞫问，并要求争执各方"各修职业，毋角口"。

魏的党羽见到这份奏疏却喜出望外，魏忠贤与冯铨、霍维华、杨维垣等讨论了很久，认为只要拿下汪文言，让他自己咬出左、魏，然后再来治左、魏的罪，东林就不大好说话了。

左光斗、魏大中受到攻击，当然要自辩一番。左佥都御史左光斗矢口否认与汪文言有什么瓜葛，他说，我官已经做得很大了，不需要再扩大美誉度，凭什么要把汪文言当成心腹？为汪文言昭雪的，是前刑部尚书、前左都御史。将他任命为中书舍人的，是当今的首辅。左光斗称："我知道傅櫆的意思，他不愿看到考功司有邹维琏、文选司有程国祥、吏垣有魏大中，想把他们统统赶走，而我稍持清议，傅櫆就把我也一并罗织进来。"①

魏大中也上疏陈辩，理由与左光斗的辩词相似。魏大中说：

> 大都宵小之志最不便于铨院、吏垣有秉正疾邪、不可力挠、不可党劫之臣……坛坫之上，外有备内有援，而櫆之招权纳贿始得之矣。②

---

① 《皇明通纪集要》卷五十四天启四年四月"左佥都御史左光斗上言"条。
② （明）谈迁《国榷》卷八十六"天启四年四月丙午"。

由于傅櫆的矛头指向一大片，激起官员们的义愤，东林党人也纷纷具疏援救。次日，李应升上疏要求皇上明辨是非，河南道御史袁化中也上疏指责傅櫆"逞私逐贤"，使"举国将空"。

傅櫆见此计不成，又攻击魏大中抢了阮大铖科都的职位，于是吏科给事中甄淑、沈惟炳又替大中辩护，称其升职只是由序转升。傅櫆虽叫得起劲，但他身上也有一件麻烦事：他已经丁忧一个月了，却迟迟不肯回家守制，一时舆论纷纷，不久傅櫆只得离京而去。①

对于魏大中，熹宗做了一番安慰，下旨称"新擢首垣，不得轻诋"，并要求他："着即到任供职。"② 四月二十六日，魏大中到吏科赴任。

久未露面的魏忠贤亲自出马了。魏忠贤曾想借同宗的关系拉拢官员，其他魏姓的官员要么刻意阿附，要么故意回避，只有魏大中撕毁了魏忠贤的帖子③，而且多次在上疏中攻击他，因此对魏大中记恨在心。从涿州回来后，魏忠贤看到了魏大中到鸿胪寺报名面恩、升任吏科掌科的公文，当即大为光火。他原打算借汪文言案这一机会修理东林党，但魏大中却在这节骨眼上顺利踏上吏科掌科的位置，这让他无法忍受。

四月二十七日，魏大中突然接到圣旨的切责："互参未明，何得到任面恩？"④ 这一道圣旨引起满朝惊愕。官员履新时到鸿胪寺报名，并向皇帝进报名状，是例行的报到手续，皇帝根本没有必要在报名状上批任何意见的，更不用说推翻前面"着即到任供职"的旨意加以切责了。御史刘芳上疏反驳称，魏大中到任是皇上的命令，短短两天工夫，为何旨意就自相矛盾？⑤ 其实大家心里很清楚，这肯定是出自魏忠贤的矫旨。

---

① 《明熹宗实录》卷四十四。
② （明）魏大中《藏密斋集·自谱》，第 32 页。
③ 据《续表忠记·魏忠节公传》附记引《臣鉴录》："魏忠贤欲招仕籍魏姓者为宗谱。讳之者多避居弟侄行。惟魏给事大中毁其帖，以绝之。"又，（明）张岱《石匮书》卷一百九十四"魏大中列传"："魏忠贤与魏广微序谱，招大中。大中峻拒之。"
④ （明）魏大中《藏密斋集·自谱》，第 32 页。
⑤ （明）谈迁《国榷》卷八十六，第 5279 页。

这件事不久也成为杨涟弹劾魏忠贤的二十四条罪状之一：

> 魏大中遵旨莅任，忽传旨诘责。及大中回奏，台省交章，又再亵王言。毋论玩言官于股掌，而煌煌天语，朝夕纷更。

在杨涟看来，魏忠贤不仅打着皇帝的旗号推行自己的劣政，而且用自己的劣政往皇帝脸上抹黑，这是绝对不能容忍的。

在朝臣的压力下，魏忠贤只好同意魏大中赴职。四月三十日，又有圣旨下来，让大中"到任供职并免面恩"。①

魏大中虽然有惊无险接任掌科，但汪文言尚在诏狱中，东林对此如临大敌。叶向高上疏请求将汪文言移交给刑部审讯，把他弄到自己能控制的地方来，省得出麻烦，但没有成功。

东林人士认为，只要汪文言之狱不解决，那么杨涟、左光斗、魏大中仍难免会被牵扯进来。魏大中匆匆写了张纸，来黄尊素家，纸条上称"事急矣，勿杀义士"。当时，十五岁的黄宗羲正在北京父亲身边读书，魏大中将手书交给黄宗羲，由他转交黄尊素。黄尊素立即动身去找在锦衣卫北镇抚司供职的好友刘侨。刘侨是北镇抚司指挥使，案件审理正由他负责。黄尊素认为，保证大臣的安危更为重要，必要时甚至可以牺牲汪文言。黄尊素于是对刘侨说："文言不足惜，不可使缙绅祸由此起。"刘侨向黄尊素保证，汪文言的供词不会牵连东林诸公。在刘侨的帮助下，汪文言虽被革去了职务，领受了一百廷杖后赶出京城，但"狱词无所连，……牵及者获免"。②

作为对邹维琏、左光斗、魏大中的驰援，吏部尚书赵南星以递交辞呈的方式对由他主导的人事任命案引发的事端和汪文言的下狱提出了抗议。随后，首辅叶向高也以辞相要挟，说授予汪文言中书舍人的官职是他一人

---

① （明）魏大中《藏密斋集·自谱》，第32页。
② （明）黄尊素《乾坤正气集·黄忠端公集》"汪文言传"；（明）黄宗羲《南雷文定》卷十第18页"辩野史"；（清）赵翼《廿二史札记·明史》"汪文言之狱"条。

的主张 ①，要治罪就找他，《明史》中写道：

> 文言内阁办事，实臣具题。光斗等交文言事暧昧，臣用文言
> 显然。乞陛下止罪臣，而稍宽其他，以消缙绅之祸。②

熹宗下诏挽留，并在赵南星五月二十七日的辞呈上批示安慰："朕知道卿选任官员公正。既然邹维琏称职，左光斗、魏大中的心迹已白，都照旧供职，卿更不必在意。大臣凡事主持，有何嫌疑可避？以后再有挟私烦言阻挠选官任官的，卿便会同部院九卿，从公参处。"③

汪案风波，终于因魏大中和黄尊素的奔走以及首辅叶向高、吏部尚书赵南星以辞职相要挟而告一段落。魏忠贤没有穷追猛打，主要原因是"惮向高旧臣"，不敢深究。

经此一案，魏忠贤对自己辖下的北镇抚司指挥使刘侨十分恼怒。为完全控制镇抚司，天启四年（1624）五月初一，魏忠贤将刘侨撤职，改由心腹许显纯主持。④许显纯生性残酷，惯用严刑峻法，被称为"阎君"。正是这个活阎罗，后来在诏狱内害死了汪文言以及杨、左、魏等东林君子。

汪文言案旋起旋落，前后还不到十天时间，东林党人却感到了不祥的气息，"事虽获解，然正人势日危。"⑤魏忠贤集团在这个案件中虽然没有达成目的，但已经显露出其罗织罪名，打击东林的意图。

---

① 中书舍人，从七品，一般从举人中考选。明代绝大多数官员的选任均由吏部掌握，但中书舍人被视作内阁属官，由内阁直接选用。见颜文广《明代中书舍人制度考略》，《华南师范大学学报（社会科学版）》1999 年第六期。
② 《明史·列传》卷二百四十·第一百二十八。
③ （明）赵南星《赵忠义公文集》卷二十。
④ （明）谈迁《国榷》卷八十六，第 5278 页。
⑤ 《明史·列传》卷二百四十四·第一百三十二。

第十章 杨涟上疏

一、顾命大臣的全力一击

天启四年（1624）六月初的一个凌晨，清静了数天的午门外显得有些忙碌。天色才刚放亮，上百名官员如同往常一样静静地在此等候。与往常不同的是，这天的早朝气氛有些异样，官员们面面相觑，都是一副心事重重的样子。当曙光初露时，午门左右掖门打开，文武百官依次穿过内金水桥，在奉天门丹墀旁静待皇帝的驾临。俄顷，皇帝在奉天门升座，两旁的太监张开伞座，鸿胪寺的官员依旧用不紧不慢的庄严口吻，引导群臣行一跪三叩之礼。当群臣行完礼抬起头时，方才看清眼前令他们瞠目结舌的一幕：皇帝身边平添了数百衣内裹甲、手执金瓜的宦官护卫。

这是熹宗朝最重要的一次早朝，将决定着阉党与东林党的命运，甚至关系到大明王朝的命运。

四天前，左副都御史杨涟一份强有力的奏疏引燃了东林与阉党残酷斗争的导火线。

杨涟像

　　杨涟，字文孺，号大洪，湖广应山（今属湖北）人。他是万历三十五年（1607）的进士，初授常熟县令。在任期间，每遇东林讲会，他一定会赶到左近的无锡，与东林诸君子探讨性理之学。杨涟为人正直清廉，深得百姓拥戴。在朝廷几次考核中，他的政绩都名列第一，引起了吏部的重视，不久就由常熟知县任上擢升为户科给事中。过了几年，又转任兵科右给事中。

　　令杨涟声望鹊起的是在万历四十八年（1620）"红丸""移宫"两案前后的突出贡献。当时神宗已经病危，为太子顺利即位考虑，一般会安排太子入宫尝药侍膳，名义上是尽孝道，实则是巩固储君地位。朱常洛入宫却遭到郑贵妃的百般阻挠，身为兵科给事中的杨涟一面暗地下遣人晓谕东宫伴读王安，要他让太子"力请入侍，尝药视膳"，争取接近神宗的机会；一方面联合其他科道官员，敦促大学士方从哲率百官赴乾清宫问安，为太子造势。朱常洛即位后，杨涟又极力反对郑贵妃封皇太后的要求，逼郑贵妃搬出乾清宫。不久，朱常洛因女色过度并进红丸而病重，召见大臣托付后事，不过是七品右给事中的杨涟也在其列，临危顾命。

　　泰昌元年①（即万历四十八年，1620）九月初一凌晨，光宗驾崩。受光宗宠幸的太子养母李选侍，在乾清宫挟朱由校，要求通政使司每日将奏章交她阅过，再交嗣君看，实际上是想垂帘听政了。杨涟挺身而出，闯进乾清宫将朱由校从李选侍身边抢了出来，并逼李选侍移出乾清宫，使朝局得以安定。"移宫案"前后虽只六天，史称杨涟"须发尽白，帝亦数称忠臣"。

　　可见，杨涟在"红丸""移宫"两案中出力尤多，对光宗、熹宗的顺利即位立下很大功劳。民间称此事为杨涟抱太子登基，京剧《二进宫》演义的正是此事。

　　熹宗即位之初，为平息移宫风波，曾将"无人臣礼"的杨涟罢职，但次年杨涟就起复为礼科都给事中，旋擢太常寺少卿，天启三年（1623）十月升左佥都御史，天启四年（1624）春天，进为左副都御史。两年多时间，杨涟由七品骤升至三品，体现了熹宗对杨涟的充分信任。

────────────

① 明熹宗即位后，把万历四十八年八月之后的几个月改年号为泰昌元年。

五月下旬，因一件小事，熹宗对魏忠贤动了怒，令他出宫在私宅闭门思过。杨涟抓住这一时机，上疏攻击魏忠贤，疏云：

> 高皇帝（朱元璋）定令："内官不许干预外事，违者法无赦。"
> 圣明在上，却有肆无忌惮、浊乱朝常如东厂太监魏忠贤者。斗胆
> 列其罪状，为陛下言之……

杨涟列举了魏忠贤二十四大罪状，这些罪状归纳起来可以分为五个方面。

第一，超越职权，干预外廷政治。矫拟圣旨，以阻止孙慎行入阁，阻止周士朴升迁，侵犯言官封驳的权力，用立枷的酷刑杀害皇亲家人。

第二，迫害国本、移宫、红丸案中起正面作用的官员。例如刘一燝、周嘉谟这样的顾命大臣，还有主张追究红丸案责任的孙慎行、邹元标，在国本问题上有功绩的钟羽正、王纪。杀害对光宗新政有功的太监王安。矫旨责问刚上任的吏科都给事中魏大中。

第三，滥施刑罚。任意发驾贴（逮捕令），未经内阁同意，逮捕中书舍人汪文言，有造成党锢之碑的危险。与沈催勾结，在内廷进行军事操练，并于其中安植亲信。

第四，扰乱内廷，残害嫔妃。致死贵人，使裕妃自尽，杀害皇后之子。

第五，僭越违制。在乡里建起气派的牌坊，去涿州进香，排场甚至堪与皇帝匹敌，在皇帝面前有骑马而过的无礼举动，等等。

杨涟最后请求皇帝，"大奋雷霆，集大小文武勋戚，令刑部逐款严讯，以正国法，以快神人。奉圣夫人亦并令居外，以消隐忧"。

二、东林内部的反对声音

杨涟写好奏折后，本想六月初一早朝时直接呈给熹宗，使魏忠贤措手不及、无从应对。不巧的是，这天皇上传旨免朝。杨涟被迫迅速做出决断：

是等皇帝早朝时呈上？还是将奏疏投入会极门交给值班太监？杨涟认为，奏疏的内容在东林内部已经有一些人知道，如果走漏风声，将陷东林于极为被动的局面。如果投会极门，这个奏本将由值门太监送乾清宫的皇帝御前。这样处理的风险也很大，尤其是司礼监在魏忠贤控制下，并不能保证皇帝看到这份奏疏。[①]

在明代，各衙门以本衙门名义呈送的文件称为"题本"。题本由通政司送达宫中，其副本则送至给事中办事处——六科廊房抄写公布。京官以个人名义呈送的称为"奏本"。奏本所涉事项多数在呈奏者的本职之外，因属个人的批评或建议，所以事先不必通知自己的上级，也不必另备副本，由呈奏者送交会极门的值门太监，再由太监送乾清宫。奏本的内容，在皇帝批示并送交六科廊房抄写公布以前，别人是无从知悉的。在臣僚中引起震动的本章，往往是奏本。[②]

不过自魏忠贤专权以来，递进会极门的公文，很快就会送到魏忠贤手里，等于将奏疏直接给了魏忠贤。杨涟应当预料到了这样的结果，但他认为魏忠贤不敢擅自扣下这个折子。只要能让皇上看到这份奏疏，扳倒魏忠贤就有希望。

由于事关重大，杨涟在弹劾魏忠贤前曾事先征求了魏大中、左光斗、李应升、缪昌期等人的意见。对于由杨涟来发起这样严厉的弹劾，东林党内的意见并不统一。

东林内部有着小范围的磋商机制，一个主要地点就在山东道御史黄尊素家中，参加的对象包括杨涟、左光斗、魏大中等人。黄宗羲于天启三年（1623）入京侍读，也时常在侧，倾听大人们讨论时事。据《黄宗羲年谱》记载：

> 时逆奄窃政，党论方兴，杨忠烈涟、左忠毅光斗、魏忠节大

---

① 《明史》："先是，涟疏就欲早朝面奏。值次日免朝，恐再宿机泄，遂于会极门上之。"
② 黄云眉《明史考证》。

中诸公与忠端公（黄尊素）为同志，常夜过邸寓，屏左右，论时事，独公（黄宗羲）在侧，故得尽知朝局清浊之分。①

黄尊素像

黄宗羲曾生动地描述了这样的夜谈场景：

深夜蜡烛即将燃尽，光线忽明忽暗，睡眼惺忪的僮婢为突然爆出的烛花所惊，竟一头撞在屏风上，发出很大声响。聚首密谈的诸人停下话头，向这边望来。这时尚不曾安寝的黄宗羲母亲姚氏，挑帘而入，给大家端来了准备好的茶点和米酒……

魏大中与黄尊素往来更为频繁。黄宗羲回忆称：

余少侍先忠端公（黄尊素）于京邸，与魏忠节公对宇。忠节止一僮守宇，寒夜来过，尽牛油烛一条乃去。吾母出乳酒两盂饮之而已。②

魏忠节见过尤数，每过，必以小人阴谋相告，形之叹息。忠节去，太夫人迎谓曰："得无又有叹息事耶？"③

大致在天启三年（1623）末，魏大中离开寄居多年的僧舍，在黄尊素家对门租了一处住房。因魏家只有一个仆人，冬天不举火，寒夜难当，魏大中常常到黄尊素家夜话，并讨杯乳酒驱寒。每次与黄尊素密谈至深夜，点完一根

① （清）黄炳垕《黄宗羲年谱》卷上，第11页，北京图书馆藏珍本年谱丛刊第058册，北京图书馆出版社。

② 《黄宗羲全集》第十一册，第28页。

③ （明）黄宗羲《南雷文定·吾悔集》卷一"先妣姚太夫人事略"，第1页。

牛油烛方才离去，而话题不外乎君子小人之争，并常常为之叹息。

姚氏听得丈夫与魏大中相对叹息，就问："又有什么事让你们这样叹息？"并说："公等不能先事绸缪，涕泣何益？"姚氏虽为女流之辈，却有远见卓识，刘宗周、瞿式耜皆将其视作"女师"。[①]

五月底，两人秉烛夜话时，魏大中将杨涟意欲弹劾魏忠贤的消息告诉了黄尊素。魏大中对弹劾持积极态度，称赞杨涟此举将千古高名，并称："是余志也，杨公乃先我着鞭。"黄尊素沉吟良久，向魏大中道出他的忧虑："杨涟身为左副都御史，是都察院的第二人，且为先帝的顾命大臣。以杨涟这样的身份，向魏忠贤发起弹劾，虽然分量很大，但自古以来成功地剪除专权宦官，须有宦官内部力量的配合。汪直被黜，始于宦官戏子的影射；刘瑾伏诛，在于张永的深夜密保。现在杨涟有内应吗？万一扳不倒他，我们恐怕没活口了。"[②] 魏大中无法同意黄尊素的说法。

左光斗在私下询问缪昌期的意见时，缪昌期也表示了类似的担忧："此事非可轻言。夫击内者，只争呼吸间耳，一不中而国家随之。况今且内无张永，外无文襄，可几幸乎？"左光斗无言以对。[③]

与黄尊素一样，缪昌期也主张弹劾行动需要内外廷的配合。他也举了太监张永与大臣杨文襄（杨一清）内外配合扳倒太监刘瑾的例子。张永是明武宗时八位最有权势的宦官之一，与刘瑾有矛盾。安化王朱寘鐇反叛时，明武宗派杨一清平叛，张永作为杨一清的监军，配合杨一清俘获了朱寘鐇。借着这个战功，张永趁机向武宗深夜密报刘瑾的罪状，武宗命令张永带领禁军捉拿刘瑾，刘瑾最终被凌迟处死。

御史李应升在造访杨涟时，杨涟刚好在写这份奏疏。李应升虽不反对奏疏的内容，但认为杨涟上疏的时机与身份不合适："一击不中是铤而走险的做法，你是顾命大臣，岂可这样不计后果。我也是个言官，这个奏本还

---

①　（清）汪有典《前明忠义别传》卷六"黄忠端传"。

②　（明）黄尊素《说略》，（清）邹漪《启祯野乘》卷五，第13页。

③　（清）李逊之《三朝野记》卷上二，第43页，文秉《先揆志始》下。

是让我来做吧。"李应升回家立即写成十六大罪疏，但还没来得及上疏，杨涟奏本已经呈上去了。①

尽管党内有不少反对的意见，杨涟仍然决定上疏弹劾魏忠贤，他认为："此时不言，迫至逆谋已成，请剑何及？无使天下后世笑举朝无一人有男子气！"

黄尊素也曾发起过对客氏、魏忠贤的弹劾行动，为此差一点被廷杖，在大学士韩爌等人的奔走下，才以夺俸了事。②黄尊素基本同意杨涟的观点，认为"宪臣心乃台省诸臣之心，台省诸臣之心即通国孩稚妇女之心"③。但对疏中"宫嫔风影事"部分，则跌足叹道："此适贻之口实耳！"黄尊素认为，在皇帝的眼皮底下告发魏忠贤残害嫔妃，即使情况属实，皇帝也肯定不会承认因失察导致自己的嫔妃横死。④事件发展的结果也证实，魏忠贤正是抓住了这一条，挑动皇帝对杨涟的弹劾发起了反击。

实际上，杨涟对于对魏忠贤二十四大罪的指控基本来自邸报。杨涟在疏中称："凡此逆迹，皆得之邸报，与长安之共传共见，非出于风影意度者。"⑤况且，杨涟身为言路的官员，本身就被授予了"风闻奏事"的权力。换言之，言官在指控别人时，并不一定需要真凭实据，即使道听途说也是被允许的。

邸报是明朝政府的公务新闻纸。早先，地方长官在京师设邸，邸中传抄诏令、奏章等，以报于诸藩，故称邸报、邸抄或朝报等，是传知朝政文书和政治情报的新闻文抄。⑥邸报的内容除了皇帝的诏旨、官吏的任免、臣

---

① （清）李逊之《三朝野记》卷上二。

② 《黄忠端公文集》卷一。

③ 《明史·列传》卷二百四十四·第一百三十三。

④ （明）黄尊素《说略》。

⑤ （明）陈子龙《明经世文编》卷四百九十六，第5495页。

⑥ （明）沈德符《万历野获编》载有"巡抚及总兵官俱有提塘官在京师专司邸报"之纪录，邸报由提塘从六科抄出后，经过复制，再通过塘马和驿站传送到各省城，再复制分送与省城之一般官员，接着由府县人员或专门从事抄报活动的职业书手抄出，经驿传分送至府县长官。见沈德符《万历野获编》卷二十四，第452页；方汉奇《中国新闻事业通史》，第119—186、123—125页，中国人民大学出版社1992年版。

僚的奏章和战争情报外，也包括皇帝的起居。但正如黄尊素指出的，杨涟攻击魏忠贤残害嫔妃是极其不明智的。

这场由东林中最激烈的部分向魏忠贤发起的挑战，迅速在朝廷上引起了同仇敌忾的情绪。继杨涟上疏后，应者如潮，相继上疏弹劾魏忠贤的达百余人之多，包括左光斗、魏大中、袁化中、黄尊素等人。东林党人甚至几次打算在宫门外静跪请愿，由于种种原因才没有实行。①

以邸报为媒，杨涟等人的奏疏很快传到全国，争相传抄，一时洛阳纸贵。即使在被限制自由议论国事的国子监，学生也难掩兴奋，国子监祭酒、礼部右侍郎蔡毅中称："学校，天下公议从所出，臣正与诸生读'为君难'一书时，忽接杨涟劾魏忠贤之疏，全监师生千有余人，无不鼓掌称庆。"蔡毅中率千人师生联名上疏，对于魏忠贤作孽而由皇帝代为受过，"合监师生无不扪心愁叹不已"，他们请求皇上"憬然悟，赫然怒，雷震之威，加以三尺"，对魏忠贤依法制裁。在南京，杨涟的奏疏也是家抄户诵，时在南都的吴应箕写道："是时，忠义之气，鼓畅一时！"

在阉党中，一些人哀叹大势已去，竟有立即倒戈者，参奏起主子来了。如锦衣卫佥事陈居恭，被杨涟在奏疏中称其为魏忠贤"鼓舌摇唇者也"。在惊恐之中，陈居恭"亦惧于众议，具疏参珰"。②

在这样普遍狂热的情绪下，也有冷静注视事态发展的。高攀龙在给魏大中的信中表示了这样的担忧，认为"求之过甚"恐怕反而不好：

> 时事不敢以臆见渎听，大要以赵师（赵南星）作宰，门下辈作谏官。大洪（杨涟）诸贤在纪纲之地，不患不佳，但恐过求，其佳反乖步骤耳。③

① 参见（清）夏燮《明通鉴》，第802页；（明）沈国元《两朝从信录》卷二十三，第21页。

② 《明史》卷二百十六列传第一百四。三尺：指法律。古时把法律写在三尺长的竹简上，故称为"三尺法"，简称"三尺"；（明）吴应箕《留都见闻录》。

③ （明）高攀龙《高子遗书》卷八下，第67页，《四库全书》集部六。

杨涟疏上后，一时尚未及于祸。黄尊素此时暗示杨涟，要超越个人情怀的悲壮，早做计议，最好是主动请归，远离这是非之地，免得首当其冲，让阉党找到兴大狱的理由，遭受"身死名存"的不幸。他在写给杨涟的信中说：

> 从来奄宦之祸，小臣击之其害止于一身，大臣击之其害及于天下。……大臣击之不胜而身退，其祸缓，不胜而身不退，其祸亟。今言既不用，在朝何益。……身名俱全者，上也；身死名存者，次也。①

杨涟是个讲原则而不屑自保的人。他认为，既为顾命大臣，就不可以为苟全性命而远离朝堂。

千里之外，还有一个人的看法与黄尊素相似，那就是魏大中的长子魏学洢。魏学洢多次写信劝父亲早日辞官归里，在魏学洢看来，东林虽然"众正盈朝"，但没有内廷的支持，不过是无根之草，是难以成气候的。②

魏、杨未听劝言，终迁延于难。

三、皇上没有支持东林

各地奏疏如雪片般飞来，无不支持杨涟而将矛头指向魏忠贤。魏忠贤惊恐万分，求救于大学士韩爌，韩爌没有理他。

魏忠贤没有胆子私下扣押杨涟这份奏疏，只能想办法在皇帝面前蒙混过关。皇帝一般不会亲览奏疏，由司礼监的太监读给他听，这使得魏忠贤

---

① （明）黄尊素《黄忠端公集》卷六"说略"，第22页。
② （清）汪有典《前明忠义别传》卷十四"两魏合传（兄学洢、弟学濂）"："当甲子秋，忠节公掌吏垣，以激浊扬清为己任，天下仰望太平。伯子（魏学洢）独私忧之，叹曰："无根之草，其能久乎？物不可以终通天，殆蕴隆正人之毒而速之戚也！未几而祸作，人服其识。"

有足够的操作空间。于是，魏忠贤拉上同党司礼监掌印太监王体乾，叫上客氏，来到熹宗跟前，将杨涟的奏章掐头去尾、避重就轻，略述一遍。王体乾每读一条，客氏在旁边驳斥一条，魏忠贤则哭诉分辩一番，并假意要辞去东厂提督。

在王体乾、客氏的帮衬下，三人一唱二和，熹宗反而温言抚慰魏忠贤"闻言增惕、不一置辩、更见小心"，并命令魏广微拟旨处理。魏广微与魏忠贤附为同姓，因杨涟疏中有"门生宰相"之语，心里早已恨死，于是拟严旨切责杨涟"寻端沽直"：

> 朕自嗣位以来，日夕乾乾，谨守祖宗成法，惟恐失坠，凡事申明旧典，未敢过行。从前一切政事，皆朕亲裁，奚从旁落？至于中宫皇贵妃并裕妃事情，宫壸严密，况无指实，外廷何由透知？内言'毒害中宫暨贵妃皇子'等语，凭臆结祸，是欲屏逐左右，使朕孤立于上，岂是忠爱之心！杨涟被论回籍，超擢今日，自当尽职酬恩，何乃寻端沽直。本欲逐款严究，念时方多事，朝端不宜纷扰，姑置不论。以后大小各官，务要尽职，不得随声附和。有不遵的，国法具在，决不姑息。

从这道圣旨看，皇帝强调自己的大权并未旁落，对杨涟臆测宫闱秘辛极为不满，切责杨涟"寻端沽直"。除宫闱部分外，圣旨对杨涟所劾魏忠贤其他罪状只字不提。正如黄尊素担心的那样，魏忠贤在皇帝面前故意突出了杨涟关于宫闱秘事这部分内容，以引起皇帝的反感。

圣旨一下，舆论大哗，正直的官员悲愤莫名，弹劾魏忠贤的奏疏还是不断飞来。紧随杨涟之后，六月初七，魏大中也上了一疏，略云：

> 从古君侧之恶，非遽能祸人国也；有忠臣不恤其身之危以告之君，而君不信，乃始至于不可救。东厂太监魏忠贤擅威福、制生杀，杀王安以立威于内；逐刘一燝、周嘉谟、王纪等诸臣以立威于外；

一日而逮三皇亲之家人，立枷而毙，以立威于三宫；结奉圣夫人
客氏在皇上之左右，纵私人傅应星、陈居恭、傅继教等出入禁地、
交通外官，因以饵其所善而剪其所忌。人怨于下，天怒于上，舆
情不胜愤愤。……伏祈皇上纳宪臣之言，按忠贤之罪，籍其家以
佐辽；斥客氏就外，无令复入宫掖，滋其凶秽；下傅应星、陈居恭、
傅继教于狱，治其内外交通之罪，并勒法司严鞫傅养全之罪，根
究窝主，以自为宗社计。①

魏大中说，从古至今，皇帝身边有奸臣，不一定会祸国殃民。有忠臣不
惜身家性命劝谏皇帝，但皇帝不听，才至于不可救。在杨涟列举魏忠贤罪
行的基础上，大中进而指出，魏忠贤等人的飞扬跋扈、祸国殃民的根本原
因是因为皇上没有觉悟。魏大中说，杨涟上疏在先，奏疏"留中"不发；魏
忠贤辞职在后，皇上温旨慰留魏忠贤的圣旨倒已经下来了。过了一天，杨涟
的奏疏才发下，竟然怪罪他"寻端沽直"，这恐怕是魏忠贤的个人意思，皇
帝还没来得及亲览奏疏。

就杨涟疏中所列风闻的怀冲太子夭折、裕妃自尽、胡贵人猝死三事，
魏大中辩称，"皇上身为天子，而三宫列嫔尽寄性命于忠贤与客氏的喜怒，
危如朝露，大臣能不寒心？"若要人不知，除非己莫为，魏忠贤与客氏作恶
内廷的事，又瞒得了谁呢？魏大中主张治魏忠贤之罪，将客氏赶出宫去，并
追查傅应星、傅继教等人。

魏大中的这份奏疏呈上后，魏忠贤肯定恨得咬牙切齿。很快，魏大中
就收到了降级调外的传票，俄而又接到命令，要锦衣卫以"忤旨"的罪名拿
魏大中勘问。首辅叶向高听了直摇头："一刻两传，如何遵奉？"过了一会儿，
又有圣旨到，将魏大中罚俸而已。实际上，这是大学士韩爌出手相救的缘故，
韩爌将降级调外的旨意封还，重新拟定了罚俸的票拟，才保住了魏大中。

杨涟对圣旨的责备很不服气，准备早朝时面奏皇帝，要求当庭对质。

---

① 《明史·列传》卷二百四十四·第一百三十二。

杨涟的这个想法，没有很好地保密，"外廷遂喧传其说"，被东厂迅速侦知。魏忠贤听到这一消息，就寻找借口，一连三天不让皇帝上朝。第四天，终于传来熹宗在皇极门早朝的消息，于是便出现了早朝时数百武阉出现在朝堂上的惊人一幕。

当天，群臣朝拜完毕，鸿胪寺卿展自重就问杨涟："你准备何时面奏？以便我安排唱引。"一听杨涟要面奏，数百名武阉转过头来虎视眈眈地注视着杨涟。随即有太监出来宣布，"左班官员（文臣）一律不准奏事"：

> 忠贤诇知，遏帝不御朝者三日。及帝出，群阉数百人袠甲夹陛立，敕左班官不得奏事，涟乃止。①

在这种情况下，臣子也可以抗命强谏，但那需要相当的勇气。杨涟在这一刹那似乎没能鼓起勇气。史称他：

> 目慑气夺，曰："姑徐之。"于是，忠贤知外廷不足畏，遂肆毒焉。②

杨涟发起的扳倒魏忠贤的行动究竟有没有胜算？东林党人有着三个无法解决的障碍。第一，也是最根本的，东林党人无法左右皇帝的态度，缺少皇帝的支持；第二，在宦官内部没有争取到配合的力量；第三，没有取得内阁的支持，官僚内部意见分裂。几十上百名"君子"，以简单无效的政治斗争方式，对抗得到皇帝支持的宦官和"小人"组成的联合力量，是一场众寡悬殊的必败之争。

有史家认为，当时东林党与阉党势均力敌，而东林功败垂成，主要的原因是东林党人在紧要关头退缩，尤其是首辅叶向高心存侥幸，不肯出面借势一击，以致人心很快涣散。杨涟上疏后，不少人认为这是与魏忠贤决

---

① 《明史·列传》卷二百四十四·第一百三十二。诇：密告；侦察；探听。
② （清）文秉《先拨志始》卷上，第149页。

战的机会，纷纷劝说叶向高出手除掉魏忠贤，但叶向高不以为然："事且决裂，深以为非。"杨涟去见了叶向高，以争取他的支持。杨涟说："当今魏忠贤专权，国势衰落。您作为首辅大臣，应向皇上奏请，将魏忠贤杀皇子、嫔妃之事按大逆处分，以清君侧。如果现在不做这件事，贻祸将更大，国家置相又有何用？"但杨涟的这个激将法没有成功。

叶向高的门生缪昌期叫上一帮人，来到叶向高的家中，也劝老师向皇帝告发魏忠贤杀皇子、贵人、妃嫔的大罪，希望老师趁热打铁，一举扳倒魏忠贤。叶向高还是不愿意，只说自己已经老了，本打算以身报国，但如果皇上不听的话，连累你们这些人怎么办？

这方面，前朝首辅张居正就是个教训。张居正独揽大权，拉拢宦官冯保，《明史》称："居正固有才，其所以得委任专国柄者，由（冯）保为之左右也。"这是政治家的气度，既不对宦官奴颜婢膝，也不深恶痛绝，必置其死地而后快。但即使长袖善舞的张居正，也未摆脱悲剧命运，死后遭到皇帝清算，给后来的阁臣很大的教训，都不愿接纳宦官，一味揽权。

叶向高为人老成持重，外圆内方，处事不像杨涟等人那样激烈。论杀伐决断，叶向高比不上张居正；论虚与委蛇，又比不上后来的首辅申时行。天启元年（1621），叶向高再度出任内阁首辅时，对内廷和外廷这种剑拔弩张的争斗，尽量保持不偏不倚，对调解各派力量，保全善类，发挥了一定的作用。叶向高认为，廷臣可以攻击奸佞，但阁臣的主要责任是以商榷的态度来平衡朝廷上下，一味附和廷臣未见得是好事。他有意调和大臣与魏忠贤的关系。有一次，他对同僚说，魏忠贤对皇帝还是有功劳的，如一次飞鸟入宫，皇帝想爬梯子去抓，魏忠贤拉着皇帝的衣服不让他爬梯子。如果杨涟真的把魏忠贤拉下马，以后可能没有人会如此小心谨慎地伺候皇帝了。门生缪昌期刚好听到叶向高这番话，就毫不客气地说："谁为此言以欺老师，可斩也。"令叶向高十分难堪。[1]

抱着调和矛盾的想法，叶向高以内阁的名义上了一揭："陛下诚念忠贤，

---

[1]（清）文秉《先拨志始》卷之上，第149页。

当求所以保全之，莫若听其所请，且归私第，远势避嫌，以安中外之心，着忠贤亦安。"他希望皇帝出面，让魏忠贤放弃权力，退归私宅，体面地下台。但在魏忠贤看来，叶向高企图将自己罢职，十分恼怒。叶向高于是退缩了，称这个建议是门生缪昌期的意见。这话以讹传讹，渐渐变成杨涟的奏疏也是出自缪昌期的手笔，埋下了缪昌期日后罹难的种子。[①]

平心而论，叶向高的这个想法还是面对现实的。万历以来的多年党争，朝中官员两极分化，要么是"清流""君子"，要么是"小人""阉党"，只有王安那样能够与外廷配合的太监，东林才认可并与其合作。像魏忠贤这般充满权力欲望，与东林道德原则水火不容的，东林就一定要绝其望、断其根。而叶向高这样的中间派，既不疾恶如仇，也不混迹于"小人""阉党"之列，尽量协调与内廷的关系。比如明武宗时刘瑾专权，大学士李东阳因循隐忍，委屈从事，力谋匡救。应该说，对于刘瑾的乱政，李东阳弥缝其间，也多有补救，但不免有时屈从刘瑾，"气节之士多非之"，认为他晚节不保。这样的人往往左右失源，得不到各方的认同，对其作用的评价更是一个复杂的话题。

对于叶向高在这场党争中的作用，李逊之曾批评他的这种虚与委蛇的态度：[②]

> 逆珰用事，福清（叶向高）揭其才智，与之周旋，亦能挽回一二，迨杨公（涟）之言入，举朝望之主持，乃既不能得与内，又无以解于外，惟有一去以谢责而已。噫，身为元老，委蛇中立，而欲收无咎无誉之功，得乎哉！

更有甚者，认为叶向高的这种退缩的策略，开启了魏忠贤专权以及清流之祸："天启初政，叶文忠（向高）三朝元老，代总万机，委柄不收，权

---

① （清）文秉《先拨志始》卷之上，第149页。
② （明）李逊之《三朝野记》卷二。

归逆竖，遂启清流之祸。"①

如同一切政治暴发户一样，魏忠贤对虚荣表现出了一种近似疯狂的追求——出行则"辄坐文轩，羽幢青盖，四马若飞，铙鼓鸣镝之声，轰隐黄尘中。锦衣玉带靴裤握刀者，夹左右弛，厨传、优伶、百戏、舆隶相随属以万数"②；服则"或袯衣袄裤而金线蟒龙，或方补戎衣苍龙头角，较藩王止欠一爪，比御服仅让柘黄"③，以炫耀自己的威仪。他甚至心安理得地接受阁臣在票拟中将他与熹宗相提并论："朕与厂臣"。④在极端重视礼法的封建时代，这样毫不忌讳的僭越，常常会带来杀身之祸。魏忠贤以这种病态的方式，提醒芸芸众生注意他那一人之下、万人之上的身份。他也常常装腔作势卖弄自己的才干，对于怀疑他才能的官员，他恨之入骨。如御史周宗建的死，正是缘于嘲笑他"目不识丁"，魏忠贤的爪牙在严刑拷打周宗建的时候还厉声骂道："复能詈魏上公一丁不识乎！"⑤

东林党人要将阉党斩尽杀绝而后快，这不能不引起魏忠贤的警惕与报复，加上身边党羽的挑唆，魏忠贤决定大干一场：

> 初，朝臣争三案及辛亥、癸亥两京察与熊廷弼狱事，忠贤本无预。其党欲藉忠贤力倾诸正人，遂相率归忠贤，称义儿，且云："东林将害翁。"以故，忠贤欲甘心焉。⑥

在与阉党的斗争中，东林太过意气用事，这是历代士大夫在宦官问题上的通病。在他们心目中，宦官身有刀斧之残、位卑邀宠、诣谀媚主，对他们心生厌恶。这种道德上的鄙视、感情上的义愤，又加上自身自大轻敌、

---

① （明）林时对《荷牐丛谈》卷二"十六朝纶扉秉政纪"。
② 《明史》卷三百五十。
③ （明）刘若愚《酌中志》卷十，第55页。
④ 所谓"厂臣"即提督东厂的魏忠贤。
⑤ 《明史》卷二百四十五。
⑥ 《明史·阉党》。

缺乏政治斗争的手腕,在与阉党的斗争中,往往表现出无能。东林正气可敬,但行事毕竟太过刚愎,把一些游离分子都逼到了阉党那面。刚正不阿、独善其身,本无可厚非,但真正政治家的胸襟可以为了长远的目标而折节下人,可惜东林名流,大多也逃不脱书生臆见。

对"清流"遭受到的攻击和越来越激烈的党争,处于风口浪尖的魏大中萌生去意。但魏大中认识到,"大计"是大事,党内的形势严峻,自己重任在肩,现在不是一走了之的时候。九月十五日,他在写给钱继登的信中称:"计典见属,又时日已迫,不能遂其拂衣之图,怨于此多矣。缅念东篱,不胜伊郁。"[①] 他决心在吏科都给事中任上,率领六科的言官,以唐朝的谏议大夫阳城、宋朝的苏辙为榜样,激浊扬清,不惜粉身碎骨:

> 子由(苏辙)谓天下事非谏官不得尽言,……吾幸领袖诸垣,脱不取今日国家乱本一大扑减燎原之炎,长此安躬且甚,非朝廷专宠言官。[②]

---

① (明)魏大中《藏密斋集》卷二三,第2页
② (清)邹漪《启祯野乘》卷五,第13页。

第十一章 会推晋抚

一、斗争趋向白热化

杨涟上疏后，魏忠贤加快了报复东林人士的步伐。

工部屯田司郎中万燝继杨涟之后上疏攻击魏忠贤，揭露魏忠贤依权仗势，阻碍光宗陵寝的修建，称："间过香山碧云寺，见忠贤自营坟墓，其规制弘敞，拟于陵寝。前列生祠，又前建佛宇，璇题耀日，珠网悬星，费金钱几百万。为己坟墓则如此，为先帝陵寝则如彼，可胜诛哉！"万燝指责魏忠贤："性狡而贪，胆粗而大，口衔天宪，手握王爵。……一切爵赏生杀予夺之权，全不为皇上有，而尽为忠贤有。"在这份奏疏里，万燝将魏忠贤对庆陵工程的冷漠和对营建自己坟茔的热衷，放到一起来说，显得更加触目惊心，由于万燝本人曾任职皇陵工程，他的证词让魏忠贤难以抵赖。[①]

魏忠贤恼羞成怒，决定杀万燝立威，七月三日矫旨将万燝在午门外廷杖。万燝苦撑了四日，终于含愤而死。万燝死后，南北两京科道官员纷纷上疏，交章抨击魏忠贤，为万燝之死鸣不平。其中李应升的奏疏尤为催人泪下。他说，万燝死得太冤，"未报国恩，先填沟壑，六尺之孤绕膝，八旬之母倚闾，旅梓无归，游魂恋阙！"钱士升乡居在家，进士同年的冤死，让他悲愤不已，

---

① （明）沈国元《两朝从信录》卷二十二，第51页。

力为营护，破产助之，以是为东林所重。

为打击外廷的处处为难，魏忠贤决定听从魏广微的主意，要将首辅叶向高拉下马。但叶向高毕竟是元老重臣，不便轻易下手，只能旁敲侧击，迫使叶向高自己提出辞呈。很快，魏忠贤以叶向高的老乡 [①]、御史林汝翥无故鞭笞太监为名，放出风声准备将其捉拿并处以廷杖。林汝翥获悉后逃到城外，魏忠贤于是派人围住叶向高的宅院大肆搜捕。

明朝二百五十多年来，从未出现宦官围攻首辅之事。因杨涟之疏，叶向高自觉既不能与内廷争得一二，又无法向外廷交代，此番又遭此奇耻大辱，心灰意冷的叶向高接连上疏请辞："中官围阁臣第，二百年来所无，臣若不去，何颜见士大夫？"

七月初八，叶向高解职而去。

叶向高去后，东林党阵营缺少了稳健元老的维持，继任的韩爌、朱国桢不到数月也被解职。东林的崩溃已是迟早的事，而东林党犹在不断地攻击阉党，大有决一死战的架势。

八月初一，左都御史孙玮病故。在赵南星的主持下，大臣们推左副都御使杨涟接任，这个任命当然无法在魏忠贤那里获得通过。于是又推南京左都御史冯从吾，仍未获批。东林党人遂即推荐了刑部右侍郎高攀龙。因赵南星与高攀龙是师生关系，如果一个掌人事大权，一个掌监察大权，很可能被攻击为"任人唯亲"。高攀龙也自觉不安，竭力推辞。魏大中对高攀龙说："如今大家都在钻营，老师却要退后。您是大臣们廷推的，如果皇上不批准，我们也要继续争取，为天下争此一人。"八月初九廷推结果报告皇帝，初十获批复同意。这个任命有点蹊跷，肯定不会是魏忠贤的意见，或者来自熹宗本人的意见。天启后期，魏忠贤当权后，外人已很难揣摩大内发出的旨意到底是出于皇帝本人的意见还是魏忠贤的矫旨。

天启四年（1624）九月，高攀龙甫任，即发生了弹劾崔呈秀的事件。崔呈秀是万历四十一年（1613）进士，蓟州人，天启初年升御史，巡按淮安、

---

① 《启祯野乘》等史料称林汝翥为叶向高的外甥。

扬州，为人狡诈卑鄙。在巡按任上，因贪腐而声名狼藉。安徽霍邱知县郑延祚贪腐，崔呈秀以弹劾为名要挟他，郑延祚献金千两得免。知道崔呈秀贪财，郑延祚又拿出一千两银子，随即受到崔呈秀的举荐。于是，这个郑延祚就跑到京城来活动，还给魏大中送去了银两，被魏大中检举。崔呈秀于九月回朝，高攀龙就揭发了他贪污的情况，赵南星建议发配边关戍边。经内阁票拟，皇帝下旨革职，并责成淮阳地方官清查。

高攀龙劾崔呈秀贪墨的奏疏，出自御史李应升之手，崔呈秀连夜跑到李应升家里，长跪求解，李应升不为所动。崔呈秀走投无路，夜走魏忠贤所，叩头乞哀，称"攀龙、南星皆东林，挟私排陷"，乞为魏忠贤养子。当时，魏忠贤正为外廷缺少帮手而发愁，与崔呈秀恨相见晚，用为腹心。第二天就有"中旨"下来，免除了对崔呈秀的审查。

十月的时候，魏大中又上疏攻击大学士魏广微。

魏广微是北直隶南乐人，父亲魏允贞是万历中期的名臣，海瑞曾手书"直言第一"相赠。魏允贞与赵南星交情颇深，但他的儿子魏广微行事游走于正邪之间，为人阴狡，与东林交恶。为了修补与父执辈的关系，魏广微在入阁后，执晚辈礼拜见赵南星，但"三及其门"，"阍人辞而不见"。按说大学士以晚辈的身份求见，三往而赵南星不纳，是失礼的举动。赵南星还甚至对人扼腕长叹道："见泉（魏允贞）无子！"魏广微恼羞成怒："他人可拒，相公尊，不可拒也。"① 魏广微也曾经想要拉拢魏大中，提出要认他为兄，魏大中也没有答应。②

十月初一，朝廷在太庙举行颁历和祭祀仪式，天启帝朝服冠冕，亲临太庙，各班官员也毕恭毕敬，朝拜如仪。大学士魏广微没有到场，等仪式接近尾声时，魏广微才跟跄跑来。魏大中认为魏广微目无法纪，有意亵慢，就上疏斥责魏广微"不拜正朔"，他说：

---

① 《明史·阉党》。
② （清）计六奇《明季北略》，第59页。

广微执政重臣，何以傲然不拜正朔也？皇上于一日间行二大礼，颁朔不至，享庙则后至，其无礼于皇上，亦已甚矣！

在重视礼仪道德的明代，要认真算起来，这当然是可以治罪的。魏广微觉得魏大中是借题发挥，自己不过是迟到而已，可以说有失礼仪，但不至于上升到"不拜正朔"的高度。魏广微反驳称，有的言官有"风闻生事"的恶习，让人不能自安。

针对魏广微的辩诉，御史李应升站出来声援魏大中。他坚定地表示："弟率胸中所见，与廓园为同盟。"① 李应升在十月十一日的上疏中称，如果魏广微只是行礼动作上出错，才是有失礼仪，现在他是误了典礼，按照明律，朝仪失礼要笞四十，而祭享失礼要杖一百，何况这是皇帝颁布来年新历、祭祀太庙的重要典礼。李应升揶揄道："不知魏大人该领哪一条罪责呢？"

由于魏大中、李应升的上疏，魏广微被罚俸一年。魏忠贤见魏广微被人攻击，亦矫旨指责李应升"好生恣肆，不谙大体，本当重处，念系言官，姑从轻罚俸一年"。② 魏广微因此深恨大中、应升等人，就与魏忠贤密谋将这些人驱逐出朝。③

黄尊素不赞成魏大中攻击魏广微，他警告魏大中说，在小人得志、君子营垒不稳的时候，不要轻易攻击他们：

为君子者，亦量其力之可以有为。彼有可决之势，则正名以告天下，而小人危。若小人之势焰方张，君子之营垒不固，则君子小人之名无徒过为分别，使小人各怀廉耻之心，其祸可以少衰，所谓抽薪以止沸也。④

---

① （明）李应升《落落斋集》卷二，第17页。
② （明）李应升《落落斋集》卷五，第9页。
③ （清）谷应泰《明史纪事本末》。
④ （明）黄尊素《黄忠端公集》卷三"止魏廓园劾魏广微庙亨不至书"。

二、会推晋抚成垮台导火索

果然，很快魏广微就发起了报复，决定拿东林党方面推举谢应祥为山西巡抚一事，拿魏大中开刀。而这一报复行动，使得东林一败涂地。

时山西巡抚缺，吏部尚书赵南星认为太常寺卿谢应祥"沉静有为"，推选他以金都御史的身份巡抚山西。赵南星把这个想法告诉了吏部员外郎夏嘉遇。后者在途遇魏大中时，将这事告诉了他。因谢应祥曾任嘉善县令，魏大中"知其才守"，在朝廷会推山西巡抚时，就毫不避嫌地推荐了谢应祥。

谢应祥，万历二十九年至三十五年（1601—1607）任嘉善知县。[①] 今天，嘉善县城梅花庵吴镇墓前的石碑，就是明万历三十六年（1608）谢应祥所立，碑文为篆书："此画隐吴仲圭高士之墓"，上款"豫章谢应祥题"，下款"万历戊申岁立"。

在任期间，谢应祥恬淡无欲，平和持正，廉正爱民，官声很好，魏学渠曾称："凤皋（谢应祥）江右名家，来令鹤湖（嘉善之别称）。神君之断，慈母之仁，邑乘所载，班班可考。"[②] 邑志《名宦传》中说："先是，邑中赋役贫富不均，应祥乃立照田役法，豪右不能漏税，细民不至赔累，民德之。"[③] 对此，魏大中尤为称道："兹谢父母之德意，至今犹在人口矣。"[④]

谢应祥为国惜才，赏识魏大中的才华，多方鼓励。魏大中曾说，万历三十一年（1603）他县试得了第四，"时县令为安福谢公凤高（应祥），名虽稍亚，而意常在予"，可见魏大中对谢应祥一直心存感激。

为攻击魏大中，魏广微暗中指使心腹、御史陈九畴上疏劾奏谢应祥"昏耄不堪任事"，但魏大中因与其有师生之谊，托付文选侍郎夏嘉遇荐举，实在是公报私恩，应当免职。《明史》中称：

① （清）光绪《嘉善县志》。
② （清）嘉庆《嘉善县志》卷六，第29页。
③ （清）嘉庆《嘉善县志》卷十，第10页。鹤湖即嘉善。原县治后有鹤湖书院。
④ （明）魏大中《藏密斋集》卷十四"与吴旭如"，第13—14页。

> 御史陈九畴受（魏）广微指，言（谢）应祥尝知嘉善，大中
> 出其门，大中以师故，谋于文选郎（夏）嘉遇而用之，徇私当斥。

对陈九畴的捕风捉影，魏大中、夏嘉遇分别于十月初十上疏分辩。同日，谢应祥也上疏指责陈九畴"妄诬"。[①]吏部尚书赵南星看出魏忠贤是想要加罪魏大中、夏嘉遇，于是上疏救援，将责任揽到自己身上：

> （谢）应祥真清真恬，其推也，实发自臣南星之心，出自南星
> 之口，与大中、嘉遇无关，且大中品高如山，诬之曰"私门墙"；
> 嘉遇心清若水，诬之曰"徇情面"，将令君子不得同道为朋。[②]

魏忠贤、魏广微哪肯罢休。十月十二日即假传圣旨，说是魏大中欺侮皇上年幼，把持官员荐举之路，滥用职权，公报私恩，贬官三级、调外。为了表示公正，他们又假惺惺地以陈九畴、夏嘉遇互相攻讦，扰乱朝政，与魏大中同等处理：

> 陈九畴所参谢应祥与魏大中有师生之雅，紊乱朝政，事属徇私，
> 且去辅前以门墙招议。今魏大中欺朕幼冲，把持会推，敢以朝廷
> 封疆为师报德，好生恣肆可恶。及夏嘉遇、陈九畴奏揭纷嚣，互
> 生攻讦，成何政体？本当重处，姑从轻。魏大中、夏嘉遇、陈九
> 畴各降三级调外任用。[③]

在这则圣旨中，魏忠贤还矫旨批评吏部庇护，实属"阴谋结党"：

---

① 《甲乙记政录》，北京图书馆古籍珍本丛刊第九册第 5 页。
② （清）李逊之《三朝野记》卷二，第 58 页。
③ 《甲乙记政录》，北京图书馆古籍珍本丛刊第九册第 7 页。

> 你每部院大臣，奉旨看议，何必含糊委屈调停。以后还着遵
> 奉新谕一体申饬行，如有仍蹈前辙，明谋结党，淆乱国是，一并
> 重处！ ①

有明一代，臣子视自己的清誉甚于生命，不然就难以解释那些前赴后
继"汕君卖直"的官员了。如果皇帝下旨责备，臣子必须自请处分，一般是
提出辞呈，如果厚着脸皮不表态的话，会被人讥为"贪权恋栈"。一般情况
下皇帝会下温旨挽留，这也是一种惯例。官场历练时间长的，有哪个没有写
过辞职信呢。赵南星于天启四年（1624）二月起就不断上疏求去，如六月
三十，在杨涟攻击魏忠贤之后，皇帝还在赵南星的请辞报告上批示"敬慎恳
切，铨衡澄叙流品，赖卿秉公主持"，并要他"慎勿再陈"。②

辞职虽是一种以退为进的政治手腕，但在魏忠贤把持批红大权时，这
样的政治斗争手段就很不合时宜了。十月十四日，吏部尚书赵南星再次上《年
老智昏认罪求去疏》请辞，赵南星虽然自陈"年老智昏"，但还是将会推的
经过陈述了一遍，并再次为魏大中辩解了一番。十月十六日，魏忠贤趁机矫
旨应允：

> 览卿会推始末，御史初上参疏，当即出一言，各官何至纷扰。
> 奉旨会勘自不公忠，为人调弄。向日筵经时，朕亲见失仪，岂望
> 澄清吏治。既年老引咎求归，着回籍调理。③

高攀龙也上疏自劾，为魏大中辩解，并提出辞呈。高攀龙说：

> 应祥之推巡抚，出冢臣真见，以为他人遇缺千求，应祥恬静

---

① 同上。
② （明）赵南星《赵忠义公文集》卷二十，第 77 页。
③ 《甲乙记政录》，北京图书馆古籍珍本丛刊第九册第 8 页。

自守，欲以此奖劝恬士，故与夏嘉遇言之而特用。应祥会官推举，众论金同，已蒙皇上点用，不谓陈九畴，谓其昏耄、谓其图谋，乃以诬不要钱、不说事之吏科都给事中魏大中也。……今大中、嘉遇俱已降斥。部院被含糊偏比委曲调停之旨。……九畴疏中有"背公植党"之语，前代往往以"党"之一字空善类、倾人国，亦由当时大臣过激以速成其祸，今日何可别为激渎？然而臣之职失矣，官以谏为职而失其职，则皇上何取失职之臣为哉？伏乞即将臣罢斥，以为人臣不尽其职者之戒。①

高攀龙在这里辩称，陈九畴诬陷"不要钱、不说事"的魏大中，其实"误为人使，以欺皇上"。他提醒皇上，前代往往以"植党营私"为借口，来达到小人"空善类、倾人国"的目的。十月十七日，高攀龙也被放归，圣旨称：

总宪风纪重臣，自当秉公执法。卿既无欺，何又师生偏庇，不肯从公会看。又旨意内"冲幼"字样任情那改，大失敬，慎非欺而何？既求罢斥，着准回籍。②

对赵南星、高攀龙的罢归，《明史》说：

南星、攀龙极言谢应祥以人望推举，大中、夏嘉遇无私，九畴妄言不可听。忠贤大怒，矫旨黜大中、嘉遇，并黜九畴，而责南星等朋谋结党。南星遽引罪求去，忠贤复矫旨切责，放归。明日，攀龙亦引去。

---

① （明）高攀龙《高子遗书》"自请罢斥疏"。
② 《甲乙记政录》，北京图书馆古籍珍本丛刊第九册第 10 页。

一个组织部长，俗称"冢宰"；一个监察部长，俗称"总宪"。[①] 在明代，这是比一般阁臣位置还要显要的顶级高官。两日内就接连免去两个大臣，这是大明建国以来罕见的。

高攀龙被逐的次日，身处旋涡中心的谢应祥、邹维琏也辞官回家了。其后，接连为魏大中等打抱不平的官员受到了降级、调外的处分——吏科给事中沈惟炳上疏称，所谓"朋谋结党"，其实是小人祸国。沈惟炳被降级调外任。吏科给事中许誉卿接着上疏，称朝廷接连贬斥言官，以后还会有谁肯作"生庭之轶、伏篱之吠、立仗之鸣"，势必"结舌相戒，不敢深言，而天下事乃可虑也"。许誉卿被降一级调外任。吏部文选侍郎张光前说，面对这样的朝政局面，我如果暗中躲闪，缄默不语，那就是卖友、欺君，结果也被降调。[②]

赵南星去后，朝廷下令会推吏部尚书，会推结果是乔允升、冯从吾、汪应蛟三人。乔系刑部尚书，冯刚接任的左都御史，汪为户部尚书，此三人均是东林党人。恼怒的魏忠贤于十月二十四日矫旨切责：

> 吏部、都察院浊乱已久，大非祖宗设立初意，朕已屡谕更改，如何此次会推仍是赵南星拟用之私人！显是陈于廷、杨涟、左光斗钳制众正，抗旨徇私……都着革了职为民，仍追夺杨涟、左光斗诰命。[③]

这样，魏忠贤又捏造罪名，把杨涟和左光斗削职为民，并追夺诰命。

---

① 冢宰，明清吏部尚书的别称。《明史·卷七二》"职官志一"："（吏部）尚书掌天下官吏选授、封勋、考课之政令，以甄别人才，赞天子治。盖古冢宰之职，视五部为特重。"总宪，明清都察院左都御史的别称。御史台古称宪台，故称。

② （清）李逊之《三朝野记》卷二，第59页。

③ 《甲乙记政录》，北京图书馆古籍珍本丛刊第九册第14页。《明史》卷二百四十列传第一百四十二："魏忠贤逐吏部尚书赵南星，廷推允升代。忠贤以允升为南星党，并逐主议者，允升复移疾归。"

在魏忠贤的逼迫下，首辅韩爌也辞职了。

这样，在天启四年（1624）的十月至十一月间，赵南星、高攀龙、魏大中、杨涟、左光斗等先后去职，东林党遂在朝中失势，而原先辞职、罢归的魏忠贤亲信被大量起用，辞职、罢归的东林党人相继被削籍。天启四年（1624）岁末，连降三级调外的魏大中又被遣回原籍听勘。

因为魏大中推举了谢应祥一事，东林遭受了灭顶的损失。有论者以为，这是东林党人政治上幼稚的表现。毕竟只要赵南星和高攀龙还在冢宰和总宪的位置上，魏忠贤要想在外廷安插亲信还得大费周章，现在两人一去职，等于将大权拱手让给了魏忠贤。

其实，关于推举谢应祥的前后过程，魏大中心里很清楚。他在《自谱》中指出，当时谋求这个官位的人大有人在，如尹同皋、潘云翼想推举座师郭尚友，秦人想推举陕西惠元孺，齐人想推荐山东周衡台，而吏部推荐了曾在嘉善为官的谢应祥，正好被急欲抓他把柄的魏广微提供了口实。

黄尊素在《说略》中也称："晋抚缺，晋人尹同皋、潘云翼欲推其座师郭尚友。时魏廓园掌吏科，以此公惯送书帕，为言余曰：'书帕未足定人优劣，且今世界，馈遗公行，有以违俗为商；有以随俗为贤；有自己洁，而遗人不敢不厚；有自己浊，而遗人亦不肯过丰，其才品正邪，当另于书帕外论之'。"

山西人郭尚友惯送的"书帕"，原本是指书籍和用来覆盖书籍的巾帕。明代官场，往往以一书一帕作为馈赠的礼品。万历以后，官场日益腐化，公行贿赂，改用金银珠宝，明明是营私舞弊，却冠以"书帕"之雅号，无怪乎魏大中不能支持山西人郭尚友出任巡抚。

看到朝事如此，大中心意顿冷。他在《息游》一诗中写道：

一夜秋声万木寒，乾坤何处足弹冠。
时名尽向黄金起，世事都宜白眼看。
已自故人嗟落魄，更谁同病问加餐。
风尘伏枕衡门稳，行路于今转觉难。

第十二章　再兴大狱

一、罗织封疆大案

"啊！啊……"

深夜，一声声惨呼从一间深深的牢房里传了出来。忽明忽暗的松明照着一张狰狞的脸，使其显得更加凶残。地上，伏着一位满身血污的囚犯。

这里是北镇抚司诏狱。被严刑拷打的是汪文言，主审的正是被称为"活阎罗"的北镇抚司指挥使许显纯。

许显纯奉魏忠贤之命，要从汪文言的口中撬出杨、左、魏等收受熊廷弼贿赂的口供来，以找到杀人的借口。

汪文言已经在诏狱锻炼了两个多月，受尽了酷刑，但许显纯始终没有任何收获。这晚，许显纯等不及了，他急于想拿到可以给杨涟等人定罪的口供。

在一顿乱棍之后，许显纯揪住汪文言的头发，咬牙切齿地问："你招还是不招？"

备受酷刑之后，汪文言心知在劫难逃，他迎着许显纯的目光，嘲弄地看着他：

"吾口终不似汝心，任汝巧为之，我承焉可也！"[①]

---

① （清）谷应泰《明史纪事本末》，第 1147 页，中华书局 1977 年版。

"那么，你说说，杨涟收了熊廷弼多少银子？"

"这个世上，没有贪赃的杨大洪！"大洪，是杨涟的别字。汪文言的声音虽然微弱，却是那样的坚定。

"那么，左光斗与魏大中呢？"

"哈哈哈哈"，汪文言擦擦嘴角的鲜血，猛地站了起来："天乎！冤哉！以此蔑清廉之士，有死不承！"[1]

许显纯呆立半晌，徐徐出了牢房。

"你不要胡编乱造，否则我死了也要和你对质！"汪文言的声音在牢房里回荡着，这是他留在世上的最后一句话。

这就是第二次汪文言案。

自杨、左、魏等被逐出朝廷之后，魏忠贤处心积虑要将他们置于死地。魏忠贤本想以移宫罪处置杨涟和左光斗等人，欲让汪文言以"移宫罪"牵连杨、左等人，污蔑杨、左在处理李选侍移宫时无人臣礼。大理寺丞徐大化认为，单以移宫罪牵涉东林党，杀之难以服众，就献了一条毒计：

> 但坐移宫罪,则无赃可指,若坐纳杨镐、熊廷弼贿,则封疆事重,杀之有名。[2]

魏忠贤大喜，将杨、左、魏等人罗织进封疆大案，诬陷他们收受封疆大吏的贿赂，并为其开脱罪责。案件事关国家生死存亡，性质自然骤变，成为朝廷重案。被罗织进封疆案的东林人士计有赵南星、杨涟、左光斗、魏大中、缪昌期、邓渼、袁化中、惠世扬、毛士龙、邹维琏等十七人，魏忠贤党后来一一加以迫害。

这个所谓的行贿者，是指前辽东经略熊廷弼。

万历四十七年（1615），明军在辽东萨尔浒一战中遭受惨败，面对以破

---

[1] （清）谷应泰《明史纪事本末》，第1147页，中华书局1977年版。

[2] 《明史》卷三百六。

竹之势南下的满洲铁骑，朝廷一筹莫展。经廷议，皇帝决定擢升熊廷弼为兵部右侍郎兼右佥都御史，代杨镐出任辽东经略。熊廷弼屯兵筑城，一度将辽东局势扭转。《明史》上说：

> （熊廷弼）在辽数年，杜馈遗，核军实，按劾将吏，不姑息就事，风气大振。[①]

不久，熊廷弼因向朝廷报告辽东人刘国籍招募的兵士半数已经逃亡的事实，招致辽东军阀的反感而被弹劾，由袁应泰接替指挥。结果，天启元年（1621）三月，沈阳、辽阳相继沦陷，袁应泰自杀。

于是，朝廷不得不重新起用熊廷弼为辽东经略，但又任命王化贞为巡抚。经略与巡抚是辽东事务的两大官员，巡抚虽然没有经略的官衔高，但却是中央派出官员，不受经略辖制，王化贞主张主动出击，而熊廷弼主张坚守，酿成了"经抚不和"的局面。王化贞所驻广宁有兵十四万，而熊廷弼扼守的山海关只有五千兵卒，因此控制辽东军事的实际上是并不太懂军事的王化贞。起初，王化贞想利用投降后金的李永芳演一出反间计，不想部下游击孙得功突然叛变。广宁失守，王化贞匆匆弃城逃跑。此时，熊廷弼做出了一个错误的决定：全军撤回山海关，即完全放弃辽东！致使关外完全处于不设防的状态，许多城堡被毁，辽西的大量百姓被迫迁到关内。

熊廷弼、王化贞随即被下狱论死。熊廷弼为保命而四处求援，他的家人不知哪里听说了汪文言的名声，就托他疏通关节。汪文言与内廷联系上了，魏忠贤开出的价码是拿四万两银子来，熊可以免死。熊廷弼哪里拿得出这么多的银两来，魏忠贤"竹篮打水一场空"，且得知为此事穿针引线的正是他的对头汪文言，更是火冒三丈，于是决定老账新账一起算，熊廷弼、汪文言和东林诸人，他一个也不准备放过。

随即，魏忠贤命许显纯重新审问汪文言，让他招供杨涟等人收受熊廷

---

① 《明史》卷二五九。

弼贿赂的事。汪文言却抵死也不肯诬陷他的东林朋友。在严刑拷打后，汪文言对许显纯说："汝勿得妄书招辞，吾后当与诸人面质。"这句话一出口，魏忠贤认为必须要将汪文言灭口，才能拿到他想要的口供。这种手段叫"讨气绝"，也即死无对证。[①]《明季北略》中记载道：

> 初，显纯问文言过赃多少，文言宁死不扳。显纯无如之何，因采杨维垣、徐大化所奏诬本，云熊廷弼之缓狱，皆周朝瑞、黄龙光、顾大章受贿使然，并赵南星等十七人，皆汪文言居间通贿，紊乱朝政。本上，即将文言讨气绝，使无所证。显纯疏今日上，明日即传内旨，缇骑四出，逮杨涟等。[②]

汪文言，这个做过衙役、以其智谋游走于缙绅之间的小人物，帮助王安妥善处置了移宫案，为东林离间了三党，以布衣之身操控天下。他的行为处事的方式可能并不如东林清流那样端方，甚至据称当初他离开徽州衙门也是因为监守自盗，不免为时论诟病。但在生死之际，他毫不犹豫地选择了正义。

魏忠贤伪造了汪文言的供词，给他深恨的东林党人"敲定"受赃的数额：杨涟、左光斗坐赃白银二万两，魏大中坐赃三千，袁化中坐赃六千，周朝瑞坐赃一万，顾大章坐赃四万。天启五年（1625）三月，魏忠贤矫旨逮杨、左、魏等六人下狱。

这几个数字并非完全出自臆想，反映了各人与"封疆案"的距离。坐赃最多的顾大章与周朝瑞，是因为这两人都同情熊廷弼，并曾为熊廷弼辩护。封疆案发时，顾大章作为刑部员外郎参与审判，并曾为熊廷弼辩护。周朝瑞认为熊廷弼有军事才能，不如使其待罪守卫山海关为好。坐赃最少的是

---

① （明）黄尊素《乾坤正气集·黄忠端公集》"汪文言传"。
② （清）计六奇《明季北略》，第61页。

魏大中则是这六人中最坚决的。魏大中尽管同情熊廷弼[①]，但他坚持要追究北疆战败将领的罪责，如若说魏大中收受了熊廷弼的巨额贿赂，魏忠贤也觉得有点说不通，于是，给魏大中定的"赃款"数额最少。

魏大中在《朝审纪事》一文中为自己辩称："严旨似乎称我收受了杨镐、熊廷弼的贿赂，但自我初到工科就职以来，就一疏再疏三疏四疏，请求治这两人的罪，这些奏疏俱在御前，也俱在人耳。"

天启四年（1624）朝审熊廷弼后，刑部让参加会审的官员签署宽赦熊廷弼的意见。魏大中坚持不签，刑部尚书离座而起，走到大中跟前，问大中为何不签。魏大中说："尧曰：'宥之者三'，皋陶曰：'杀之者三'，尚书老先生应当做今日之皋陶。"[②] 魏大中要刑部做严于执法的皋陶。他说，如果刑部认为辽左失事诸人罪状确凿，因皇上发恩旨而从宽处理，那么一定要我签字也可以，现在封疆事急，讨论赦免不是时候。这次朝审，在魏大中的坚持下，没有达成宽赦熊廷弼的意见。随后，魏大中又联合兵科和刑科起草奏章，维持了熊廷弼死罪。

因此，对于魏忠贤诬陷魏大中收受熊廷弼贿赂，并为其宽解罪责的指控，很多人表示了极大的愤慨。刘宗周在听闻魏大中被逮后，认为他说，之前"小人"欲为萨尔浒之战的杨镐等人脱罪，魏大中力纠之，现在广宁陷落，大臣们又欲宽熊廷弼死罪，而魏大中力持之，并倡议言官上疏反驳，现在反以受贿来诬陷魏大中，真是"亘古以还，未有如廓园之冤者"。[③] 李逊之也称，当时督辅孙承宗等人疏请宥杨镐、熊廷弼等立功赎罪，而魏大中的立场是如此鲜明，但逆党竟然以受贿罪将他下狱，真是比岳飞的"莫须有"更冤。

崇祯初年，瞿式耜在为《藏密斋集》作序时感叹道：

---

① （明）魏大中《藏密斋集》卷十四，第29、30页，〈与房海客〉："经臣不得人，迨其（熊廷弼）与抚臣（王化贞）左也。而庙堂之上又明示以抚不得受经之节制，安得不败？"

② （明）魏大中《藏密斋集》卷十一，第35、36页。当尧治理天下的时候，皋陶被任命为法官。有一次，他将要以死刑处罚那些犯了罪的人。皋陶说，应该杀了他们，他多次重复这个的观点。然而尧却说应该宽宥他们，同样，尧也多次重复自己的观点。

③ （明）刘宗周《刘子全书》卷二十一，第89页。

其时王法固不可闻矣，独不畏鬼神在前乎？即如辽阳一案，观其书疏往返几数十见，未尝有一字假借经抚而坐此论死，千百年后读其书，有不拔剑而起舞者，岂人哉！①

魏大中是力持要正法杨镐、熊廷弼的，现在竟然诬陷他受了熊廷弼的贿赂，真是"欲加之罪，何患无辞？"

魏忠贤一方面对反对他的官员进行大规模的清洗，另一方面加紧扶植他的亲信。这段时间，朝廷的人事任免很不正常——天启四年（1624）内阁中的七位大学士，到下一年底，只剩下已投靠魏忠贤的礼部尚书顾秉谦一人。已老态龙钟的顾秉谦曾捋着长须对魏忠贤说："'本欲为儿，惜须已白'，我儿子做你的孙子吧。"一个位极人臣的阁臣居然要给魏忠贤当儿子。② 天启四年（1624）十月至六年（1626）末，在阉党篡权的两年多一点时间，六部及都察院的长官中竟有十六人被罢免，平均每年接近八人。作为比较，自嘉靖元年（1522）至天启三年（1623）的百年间，被罢免的六部及都察院长官平均每年仅为一点六人。

《明史》评论称，那些正直的官员就像枯木上的树叶，被人一摇，就纷纷飘落。③

二、魏大中就逮

东厂缇骑四处抓捕东林党人的时候，魏大中正在嘉善家中。天启五年（1625）正月二十二日，应嘉兴弟子高道淳④之请，魏大中为其所辑的《最乐编》

---

① （明）魏大中《藏密斋集》瞿式耜序，第2页。
② （明）李逊之《三朝野记》卷二，第70页。
③ 《明史·列传》第一九三。
④ 高道淳（1585—1657），字仲融，号采葭，嘉兴新丰镇高家埭人。少年时师从魏大中，得其言传身教，以恩贡例授南京光禄寺大官署署丞。

撰写序文。①

上一年七月，高道淳曾将书稿寄大中，并丐序于老师。魏大中复信中说："人所以不肯为善，以为善不乐，认苦趣是乐耳"，他称赞高道淳将古人为善的故事编为一册，不仅为古人开一番生面，更可持之教育子孙，在"不知不觉中拨动看书人良心"。魏大中答应"小暇当草数语，以附不朽"，并承诺"不敢负诺"。②

"为善最乐"，魏大中于是写道。嘉善县名的由来，即因此地"俗尚敦庞，少犯宪辟"而来。好友陈龙正一直致力于乡村赈济活动，其稍后发起的同善会，是中国前近代民间慈善组织的重要代表。对于"善"的理解，魏大中自有一番感慨，他说："善在心证，在六经、小学、近思录、朱子节要，其阶梯也。程、朱以还，薛河汾切实而粹精矣。"随后，他笔锋一转，更称："自非举世非之不顾，刀锯鼎镬在前弗慑，则其赴善也弗勇。"魏大中超越了对"善"的一般意义上的理解，除了圣贤的所述外，为善有时甚至需要不惧"刀锯鼎镬在前"的勇气，这正是他可以超越个人荣辱与生死的动力。

由《自谱》及其往来书信可知，新年之后，魏大中一边从容地安排家事，一边着手整理他的文稿、奏疏。从断断续续得到的邸报中，他得知汪文言已经再次入狱，且被罗织于封疆大案中，自知难以幸免。二月二十二日，他致信在京的缪昌期，信中简述了自己的近况，表达了对同党的关切和对时局进一步恶化的担忧：

> 策蹇出都，固晓其不自不肖而止。顾盲风妒雨，逐令金谷名花，瓣瓣委泥泞，亦非所图也，且累新缘不生。目下为次豚了姻事，徐理残编。人怒未歇，我罪实深，得一日闲、半日闲，总不敢问。

---

① 《最乐编》初刻于崇祯元年，清嘉庆年间，抚院布政使袁秉直于庚申（1800）为其作序。序中曰："明季嘉兴采菽高氏，系嘉善魏廓园（即魏大中）先生高弟，辑有《最乐编》五卷。廓园序而行之吾郡，许穆堂侍御重加甄综，厘为六卷，一镌于吴门，再镌于都下。秉直信服是编，以为检身治心之要。"见（明）魏大中《藏密斋集》"杂著"，第9页。
② （明）魏大中《藏密斋集》卷二三"答高明叔"。

此中朝报断烂 ① 有闻，翼密教之。织珰之中，吾丈有所受之乎？
自起而相难乎？风林固无宁翼，原不敢期。冥冥之飞，遂足息弋，
人之慕也。

"风林固无宁翼"，魏大中清醒地认识到，魏忠贤对东林的打击，绝不
会就此罢休。事实上，逮捕东林杨涟、左光斗、魏大中、袁化中、周朝瑞、
顾大章六人的旨意三月二十七日即已发出。四月十一日，魏大中匆匆为次子
魏学濂完婚，配故浙江解元、嘉善陈山毓之女，是为陈龙正之兄长。婚前，
他还特地致信陈龙正和陈山毓的两个儿子，缅叙两家故交之情。②

逮捕东林党人的旨意刊载于邸报之上，缇骑南下的速度，与邸报传发
的速度基本同步。在南京，魏大中的进士同年瞿式耜、魏浣初接获邸报后，
随即赶往嘉善。四月二十日，魏大中从邸报知道获罪的消息。次日，嘉兴府
差官来到嘉善，当天就要解送魏大中去嘉兴。③

魏大中受诬陷被抓的消息一传开，整个县城都沸腾了。四方百姓自发
前来送别，泣送者盈道，以至于街衢不能容趾，送行的人数竟达上万之众，
纷纷为这位两袖清风的大老爷鸣不平。瞿式耜描述了百姓送别的场景：

> 逮之日，微臣与南京吏部主事魏浣初往送之，见阖邑哭声震天，
> 捶胸踊地，黄童白叟，无不皆然！④

明代的嘉善县城人口不过万余。除去妇女与幼童，几乎满城的百姓都
前来为魏大中送行。百姓缘何如此爱戴魏大中？不仅是因为魏大中疾恶如
仇的品格，更是因为他深深同情家乡父老，为百姓利益竭力奔走的缘故。

早年，魏大中一家因徭役而倾家荡产。当官以后，魏大中未忘童年的

---

① 断烂：残缺不全。
② （明）魏大中《藏密斋集》卷二十四"与陈发交""与陈鸣迁兄弟"，第15页。
③ （明）魏大中《魏忠节遗著》刘履芬抄本，国家图书馆藏。
④ 《瞿式耜集》，第13页。

惨痛记忆，特地致信当时嘉善县令吴旭如（道昌）①，希望他能体恤民情，关注徭役的公平。魏大中指出，"连阡广陌者拥厚赀"的富户将田地以诡寄他人等方式逃避税负，将徭役的沉重负担压在平民百姓头上，使得无立锥之地的贫者要卖妻鬻子，以致非逃亡不能免。魏大中对这种坑害百姓的做法深恶痛绝。

嘉善沉重的税负，突出表现在漕粮上。魏大中曾经感慨道："敝邑在东南中，赋尤独重。幅员才二百里，而漕粟至八万有奇。"当时天下漕粮总额为四百万石，而嘉善以疆土面积万分之一的弹丸之地，竟承担了全国百分之二的漕粮。

天启三年（1623），魏大中告假回乡时，父老乡亲向他反映贪官、污吏、里长以及漕运的奸军勒索的情形。

明代的漕运是在军队的控制下建立漕河运输体系，将南方的粮食运往北方。虽说自隋炀帝起就已经开凿了大运河，但北方粮食的供给不能完全依托于这个变幻无常的河道系统。于是，历代以来，漕运成为一项艰巨的任务，多达一万两千艘船只往来于运河之上。同时，漕运更是朝廷财政收入的重要组成部分。

永乐十三年迁都北京的初期，百姓要把承担的粮食交由军队接收后再进一步向北方转运，即为"支运"。②明孝宗弘治七年（1494），漕运总兵官陈瑄上奏建议解除百姓长途奔波运输之苦，改由官军来运输。朝廷规定在正常税额之外征收额外费用，用以补助运输的花费和损失，即为"兑运"。③因漕运的损耗相当惊人，这种新政策并没有给民众带来多大的好处：

---

① （明）魏大中《藏密斋集》卷十四"与吴旭如"，第13—14页。

② 参《明史》卷七十九，第2页；《大明会典》卷二十七，第778页。

③ 参《明史》卷七十九，第3页：江南民运粮诸仓，往返几一年，误农业。令民运至淮安瓜洲，兑与卫所，官军运载至北，给予路费耗米，则军民两便，是为兑运。另，《大明会典》卷二十七，第779页；（美）黄仁宇《明代的漕运》，第68页，新星出版社2005年版。

> 兑运法正耗，米百石加九石八斗。而此一百九石八斗者，至
> 都止交卸七十余石。盖每百石有三十七石之赢矣。

如此巨大的损耗，除了运输效率的低下，便是漕军的中饱私囊。这还
不足数，漕运军官往往以米色不净等为借口，在每百石加九石八斗的基础
上，以米色不纯净以及芦席、木板等材料损耗等为借口，再行加额。

百姓反映的就是这个额外的加派。当时嘉善县令康味澹是邹元标的学
生，与魏大中的私交很好。魏大中于是建议康味澹将九石八斗以外的一切
无名之费，一概免去。康味澹表示将按照兑运法的规定，只支付每百石九
石八斗的定额。魏大中对此感到十分高兴，六月十七日，在写给周宗文、钱
士升的信中，对县令康味澹能坚持按旧规处理漕运表示支持：

> 昨开兑①。康父母持漕规甚坚。闻此喜，剧连饮数杯，不觉至
> 醉。倘有私增耗米，教军为虐者，以打搅仓场之罪罪之，吾乡之
> 永利也。②

但嘉善本是一块大肥肉，漕军岂能坐视既得利益拱手让出，两方僵持
不下。魏大中深知漕运陋习无法毕其功于一役，他在六月二十日再次致信周
宗文，表达了这种担忧：

> 行百里者半九十，掘井亦几于九仞矣。倘于漕规小溢而借昔
> 年澜倒③以自宽，犹五十步之走也，不可为永例。颇有为申文之说
> 者，闻章鲁齐在华亭且未事而先以漕规申也。弟不谙为令，幸年

---

① 开兑：开始支付。
② （明）魏大中《藏密斋集》卷十六，第22页，"与周开鸿、钱御冷"。
③ 澜倒：狂澜既倒。比喻正气沦没。

兄熟计为佐一筹。斯亦吾辈为父母、为桑梓一时矣。[①]

次日，魏大中又致信嘉兴知府。信中称，全国的漕粮总共四百万石[②]，但弹丸之地的嘉善竟然要八万四千余石。凛凛的漕规就已经可以让嘉善人倾家荡产了，可是押运漕粮的官军为其奸利，以种种理由层层加码，致使漕粮额度年年递增，不知要到什么时候才有终止。魏大中称，嘉善县令康味澹亲自监督粮食入仓，并要求民众再三簸扬，令漕军无从挑剔。但漕军无视"颗珠粒玉"的粮食，无视小民在"赤暑喘汗饥劬[③]"，贪心无厌，百计勒索，一连十来天未能与县里达成一致。

在给嘉兴知府的信中，魏大中希望知府大人能发挥影响力，使漕军接受漕规：

> 夫天下未有祖宗之法不守，听其弱肉强食，而曰："调军民于平者。"某等城居目击其事，砚邑父母持法之意已坚，伏恳老公祖特颁钧示，令领运官旗当即遵法领受漕规，不坏漕期，不误军国之至计也。[④]

漕军也十分不满，向上司告状，谎称嘉善的米色滥恶，因此拒绝收米[⑤]，除非嘉善在每百石粮九石八斗的基础上，加派银五钱，此即向嘉善索要四百余两银子。在漕军看来，这点银子并不算什么，但魏大中看到的却是长远，他不愿意这些加额成为家乡百姓永久的负担，也不希望使之成为开层层加码的恶例。他连续写信给道台熊雨亭和知府连在冶。在给连在冶

---

① （明）魏大中《藏密斋集》卷十六，第24页，"与周开鸿"。
② 明代的漕运总额为八百万石，但光靠水路漕运只能完成四百万石，余者用钱币缴纳。1472年，成化帝发布上谕，规定运往北京的漕粮永久固定在四百万石。
③ 劬：过分劳苦。
④ （明）魏大中《藏密斋集》卷十六，第23页，"与陈圣苞方旦心两公祖"。
⑤ （明）魏大中《藏密斋集》卷十六，第25页，"与熊雨亭"。

的信中，魏大中的措辞已相当不客气，摆出一副公事公办的架势，信末一句，已近于威胁了——魏大中此时任户科右给事中，监督漕粮正是他的职权范围：

> 外议藉藉有每百于额外另加五钱之说，是善邑当加四百余金也。生以为老公祖必不破漕规而瘠民以奉军。不敢信缘昨已奉教：米恶则易、米缺则补，必不在溢额也，故愈不信。所以琐琐奉□者，以钱粮敞垣职掌，亦得与闻耳。[①]

当年冬，以廉能著称的王洽以右佥都御史巡抚浙江。在魏大中和王洽的努力下，次年浙江的漕税被大大减轻了，全省一年可留数十万石粮。嘉善一举减征漕粮三万三千七百二十一石，同时豁免漕粮项下板木、芦席等费用。这恐怕是嘉善有史以来赋税减征幅度最大的一次了。[②] 天启四年，嘉善遭遇大洪水，但正是由于魏大中先前的努力，米价平稳，百姓都对他万分的感恩戴德。

魏大中严于律己，其私德在嘉善有口皆碑。魏大中中举后的十余年，仍以设馆教书糊口为生，从不巴结官员。登进士后，无论在行人司还是在科道，从没拿过人家一分好处。官至吏科都给事中，魏大中一家仍租住陋巷中几椽破屋内，家中一贫如洗，不过是依靠几亩田地和一张日夜不停歇的织机维持生计。瞿式耜称，魏大中与小民的关系如同家人父子：

> 若大中，何如人也？大中为孝廉十余年，足迹不一至郡县之门，设馆糊口，欣然自足。自成进士以至受职行人，擢选谏职，从未尝受人一钱。官至吏掌垣，犹贷屋以居，无一椽一瓦。邑中豪强

---

① （明）魏大中《藏密斋集》卷十六，第 25 页，"与连在冶"。
② （清）嘉庆《嘉善县志》卷九，第 8 页。

与缙绅家，凛然畏如严师，而独与间里小民如家人父子。[①]

现在传来魏大中因收受三千两银子的贿赂而要被抓到京城去的消息，为了筹措"完赃"的银两，魏家已经典当了几乎所有值钱的东西，百姓听闻后更加悲不可抑，甚至有提议全县摊赔"赃银"的。

徐石麒、钱士升、陈龙正等倡议为魏大中捐钱，多方奔走营救，破产相助，里老、士绅也纷纷解囊为魏大中完纳，义助数百两银子。如丁洪夏，中天启元年（1621）副榜，"竭蹶称贷以赠"；魏廷荐，尾槛车，周旋艰险，差一点为锦衣卫抓捕，后因患病提前返回嘉善；蒋芬，珰祸作，魏大中被诬赃数千金，捐资代纳。[②]

最令人动容的是魏大中的旧邻刘启先。刘启先洒泪请从，更姓名，混杂于童仆中，出入诏狱，照顾魏大中，安慰魏学洢，与魏家共患难。县志称："斯时，虽平日之知交亲好，无不望望然去之，唯恐不速，而启先独与此事相始终云。"

清代黄安涛[③]曾写有《刘义士赞并序》，认为刘启先与周顺昌的好友朱完天一样，虽非魏家亲人或仆人，但义助之举，值得大书特书，并且应当与救援天启忠臣的其他义士一样，配享忠节祠，接受后人祭奠：

> 明天启乙丑，我里魏忠节公遭阉祸被逮，公子学洢尾槛车北行。及入镇抚司狱追赃，有躬输金之役者，公旧邻刘启先也。先是缇骑至，洒涕请从，遂更姓名杂诸僮中，入狱伺候，周旋艰难，与此事相始终。

---

① 《瞿式耜称》，第13页。
② （清）光绪《嘉善县志》；（清）抱阳生《甲申朝小纪·三编·卷六》"徐宝摩小纪"，第584页。
③ 黄安涛，字宁舆、凝舆，号霁青。浙江嘉善人。嘉庆十四年己巳，二甲一名进士，散馆授编修。嘉庆廿一年，任贵州主考官。官至广东潮州知府等。工诗文，著有《诗娱室全集》《息耕斋诗集》等。

当天的天气十分怪异，暴雨裹挟着冰雹从天而降，狂风拔起了树木。邑志将这一异常天气记录了下来：

（天启）五年（1625）乙丑夏四月二十八日，雨雹大作，风吼水立，拔木覆屋，竟日怒号。①

魏大中与家人、亲友、乡亲道别后，笑语如常，神色不变，带着铺盖卷从县城北门登舟。②魏学洢、魏学濂牵衣大哭，要随父亲一起赴京，魏大中安慰道："不须哭，自古云：'生死由命'，为臣死忠，为子死孝，亦分内事，哭亦枉然。"③并称："覆巢之下岂有完卵，父子一起死有什么用！"不让儿子去京城。

魏大中的朋友都前来送他启程。钱士升与陈龙正一直送魏大中至苏州。瞿式耜、魏浣初、海盐陈梁等人，则"千里相随"。才及束发之年的沈蔚（后来做了魏学濂的老师），是魏学洙的朋友。这天，他躲在谷仓之旁，目送魏大中离去。沈蔚并不认识魏大中，只听到"笑声彻于舟"，身旁的人告诉他："这就是魏公的笑声啊。"这给沈蔚留下了深刻印象，深悔没有前去安慰这位可敬的长者。

顾艾、王屋好为诗词，两人各作诗相送，随护千里。顾艾更以一阕长歌《魏廓园都谏被逮》记录魏大中被逮和百姓送行的感人场面④：

我发未燥闻公名，私淑于时凤仰止。宽衣大袖以布为，孤耿知为天下士。七载孝廉无所资，饘粥星星藉皋比。进贤冠著才十

---

① （清）康熙《嘉善县志》卷十二，第39页，并见（明）钱士升《赐余堂集》卷二，第16页；《续表忠记》卷二"魏忠节公传"，第37页，（清）邹漪《启祯野乘》卷五，第13页；（清）朱彝尊《钦定四库全书·明诗宗》卷七十二，第1页。
② （明）钱士升《赐余堂集》卷二，第15页。
③ （清）计六奇《明季北略》，第59页
④ （清）雍正戈鸣歧等《嘉善县志》卷十二，第16、17页；《槜李诗系》卷二六。

年，危言危行直如矢。至今萍梗无定居，图书几束同转徙。哀哉
失守先人庐，三迁随母为邻里。两家贵贱隔天渊，一样蓬门对秋
水。耳边隐隐闻咿唔，公子挑灯课青史。窗前札札机杼鸣，夫人
织素颓垣里。含饴未得弄文孙，蓦地从天下严旨。赫赫天王自圣
明，草莽何人敢猜疑。万人拥哭动地来，塞满街衢不容趾。夫子
拂衣刚启行，一路追随纷若蚁。长跪听诏何从容，枷锁风吹动兰
芷。虓然[①]缇骑如虎狼，见此伤心涕泫泫。低眉翻作柔软音，可见
人心尤不死。我之热泪不轻弹，此番屑屑竟不已。不为夫子一身
悲，夫子致身应若此。最伤不自我后先，国步斯频日其否。滔滔
皆是等流泉，沦胥以亡孰为砥。吉凶此去未可知，拟将气运卜夫子。
可怜一寸地上语，九万何由达天耳！

送行的百姓、官员纷纷落泪，甚至东厂锦衣卫也感动得涕泪涟涟！
因此缇骑开读圣旨时，虽"万人拥哭""街衢不容趾"，但未引起百姓的
哗动。而缇骑一年后在吴县抓捕周顺昌开读圣旨时，发生了史称"开读
之变"的平民暴动，当场打死跋扈的厂卫一名，五位平民为此付出生命。
在抓捕黄尊素时，惊慌的厂卫也因百姓的不平，惊慌失措，丢失了公文。

时任嘉兴知府詹应鹏是魏大中的同科进士，与嘉善县衙的官员在路边
为大中饯行，与其挥泪而别。詹应鹏还向朝廷上报魏大中的"完赃"情况，
不过里老代完银若干，士大夫代完银若干，魏大中书剑卖质银若干而已。
瞿式耜日后在谈及此事时称："当魏珰虐焰熏天，耳目布满之日，假如大中
不真贤，岂能号召士民为之还赃？假如大中不真贫真苦至于此极，官府又哪
敢如此向上报告？"[②]

五月一日，舟过吴县，辞官归里的周顺昌出城慰问，与大中盘桓三日。
周顺昌戟手骂魏忠贤不绝口，旁人劝他小心祸从口出，周却对缇骑说："回

---

① 虓然：猛兽怒吼。亦形容人的嚣张或暴怒。
② 《瞿式耜集》，第 13 页，上海古籍出版社 1981 年版。

去告诉魏忠贤，吴下有不怕死的男儿，故吏部周顺昌是也。"① 见大中挂念两岁的长孙允枏，周顺昌将季女许配给允枏，安慰魏大中说：

> 大丈夫视死如归，幸勿为儿女牵怀。使千秋而下，知有继杨椒山而起魏某，亦不负读书一场。所可恨者，（杨）椒山为权相所害，公为权珰所害……然而忠臣无二道，止行其所志可也。

临别时，周顺昌说：

> 适联姻语，小弟决不食言。周顺昌是个好男子，老先生自可放心。②

魏大中走后，周顺昌又暗地里派人护送魏学洢进京，并写信给孙奇逢、鹿善继等，请他们营救大中。③

清初剧作家李玉曾以周顺昌事迹以及苏州民变为蓝本创作了传奇《清忠谱》，被誉为苏州派现实主义风格代表剧作。吴伟业在《清忠谱》序中称，先朝有国二百八十余年，其间阉人三次祸国：前有王振、刘瑾的专恣，后有魏忠贤窃权而国家遂亡。……逆案既布，以周顺昌事迹填词、作传奇者凡数家。李玉所作《清忠谱》最晚出，……而事俱按实，……虽云填词，目之信史可也。④

《清忠谱》第五折，展现的正是魏、周缔姻的故事，其中写道：

> 【莺啼序】……［生］廓园兄，今日事势如此，小弟既不能为刺侠累之聂政，又不能为藏张俭之孔融，负愧古人多矣！倘或仁

---

① （清）谷应泰《明史纪事本末》；（清）邹漪《启祯野乘》卷五，第15页。
② （清）计六奇《明季北略》，第56页。
③ （明）张岱《石匮书》卷一百九十四"魏大中列传"。
④ 《古本戏曲丛刊·一笠庵汇编清忠谱》"卷首"。

兄有甚未了心事，弟当一力任之。[末]小弟也没甚心事，只是前日被逮之时，举家惊惶无措，弟以大义晓之，尽皆掩泪听命。独有小孙允枬，牵衣痛哭，昼夜不已，因此两日登以来，还觉耳畔呵。

【黄莺儿】隐隐作啼声，几回头，错唤名。吁！对兄说不得这样话，一发不是了！情牵儿女非骨鲠。[生]令孙几岁了？[末]小孙年方十三。①[生]曾卜姻否？[末摇手介]咳！那里还作此想。覆巢已成，破卵可矜，小弟死后呵，哀哀谁把红丝订！[生]小弟恰有一女，年纪却也相当，今日即以奉配。一来文章声气，重新百世婚姻，二来患难死生，依旧一家骨肉。小弟主意已决，吾兄也不必见拒了。这姻亲，不烦柯斧，何必卜年庚。[末]阿呀，蓼洲兄哪。

【簇玉林】蒙尊命，恐累卿。小弟身在难途，乏荆钗，当鹊屏。[生]小弟方才说过的了，只须"道义"二字，便为聘仪，何待寒修，何烦礼物！丈夫一语如九鼎，堪作氤氲证。[末]如此说，义不容辞了。亲家请上，小弟有一拜！[生]小弟也有一拜！[合]绾同心，中流砥柱，须不是泛泛缔姻盟。[净]咦，咦，咦！好大胆，唠唠叨叨，只管讲了去。[丑]好笑得紧，他是个钦犯，怎么与他联姻结党？[净]厂爷知道，不是当耍的。[生]咦！狗头，谁要你多管！你回去，就说与那阉狗知道，我周顺昌，不是怕死的人。

同样这一件事，在阉党的笔下，却成了另一个故事。因魏、周联姻传至京城，惹魏忠贤不满，阉党御史倪文焕为讨好魏忠贤，就上疏攻击周顺昌：

> 周顺昌与大中结党倾朱。汪文言廷杖南还，扁舟与顺昌会于姑苏门外。近日，又邀大中过姑苏，为十日饮。大中以孙托顺昌，以女许焉。至于给假回日，坐三大船，资货充盈，压沉一舟，狼

藉河干，白镪暴露，通人掩口。①

倪文焕说，周顺昌给假南归，坐了三条大船，船上财物太多，压沉了一条船，白银散落在河边，路过的人都吃惊地捂住嘴巴。这样的说法，比傅櫆攻击大中"貌陋"更加滑稽，为了增加戏剧性，倪文焕又拉上了汪文言。李逊之就此评价称，当时阉党攻击东林都是这样不顾事理，恣意造谣："自古未有贪财至压沉一舟者。当时宵小肆口横诋，不顾事理，大约如此，不特文焕此疏也，余不能尽载，姑记此，以见一斑云。"②

五月六日，魏大中让次子魏学濂回家准备"行纳采礼"③，并遣魏学洢先行赶赴无锡见高攀龙。魏学濂与父亲、兄长洒泪而别。

高攀龙赶到平望镇（今属苏州市吴江区）迎候魏大中，并送至高桥（今属无锡市惠山区），再三叮嘱大中不要辱没人臣的节操，并开导大中，要放松身心，放下担子，坦然接受命运的安排。大中将老师的话一一记下，此即《高桥别语》，全文如下：

> 乙丑被逮，以午日（四月二十九）抵锡山。厥明，景翁先生叙别于高桥之浒，申以诲言，谆谆亹亹，爰次其略，用比韦弦。
>
> 雨露霜雪，总是造物玉成，至意须善承受。
>
> 富贵、贫贱、穷通、得丧诸境，禅家云："一切惟识性中，无此等境。"
>
> 患难中容易透性，患难中一切万缘都断。
>
> 临深渊、履薄冰，禅家过独木桥，并著不得第二念。

---

① 李玉在此剧中称允柟十三岁，与实际情况不符。魏允柟在题识周顺昌子周茂兰的血疏时称："方先生伏阙上疏时，年仅二十四，余始五岁。"周茂兰上血疏为父鸣冤是在天启元年（1628），故天启五年（1625）魏大中就逮时，允柟应为两岁。

② （清）李逊之《三朝野记》卷三，第16—18页。

③ 纳采礼是一种自嘉靖末年兴起的一种结婚礼仪，类似于聘礼。其过程为：选吉日，告先祖，买仪礼，送至女方家，制定婚册。

陆子静减担法，减之又减，担子自渐轻却。

尝夜半腹痛，痛不可支，起来觉此心精明，痛亦随止。寻偃息痛，复如初，仍起坐达旦，不药而愈。又一日，在镇江齿痛，亦以静坐愈。

一禅子见峨冠伟衣裳者，接之颇倨。曰："我南岳神也，能生杀人。"禅子曰："我见汝无异众生，我见我无异汝，无我相人相，诸相便是太虚，能生杀人，能生杀太虚否？"峨冠伟衣裳者拜，受戒而去。

五月七日过常州，进士同年、知府曾樱前来送别，不禁潸然泪下。大中安慰他说，臣子死于王家，是男儿常事罢了。曾樱拿出一百两官俸，托人转送大中，魏大中坚持不受。他说："就像孀居数十年的寡妇，垂死中偶动一念，便属失节。曾子临死'簣华而皖'，不敢不更换啊。"[1]

"簣华而皖"是《礼记》中的故事。曾子卧病，弟子和儿子在旁服侍，家童失口称赞曾子身下的席子光滑，家人连忙制止，曾子神志尚清醒，说："这是大夫才能使用的席子，马上换掉。"儿子劝道，您重病在身，还是天亮之后再说吧。曾子说："君子爱人是遵循道德标准的，而小人爱人则是无原则的宽容。"家人无奈换掉这张席子，曾子安稳地躺下不久就去世了。魏大中用这个典故，表明了自己一定要坚守晚节的心节。

李应升已被贬官，卧病在家，无法前来送行。他写信安慰魏大中："霜雪阳春，努力前行"，并遣人在途问候，拿出银两为大中行途打点。[2]李应升还在写给称赞顺昌在"珰祸方深、攒眉有罪"的形势下"救焚拯溺、义重生死"，企盼能有"慈悲大力点化丈六金身，以消此劫"。[3]

一路上，魏大中除了与昔日旧友话别以外，潜心写他的《自谱》，并整理了他的诗文，为自己的诗集、杂著作序。

---

① 《瞿式耜集》，第13页；《钦定四库全书·东林列传》卷三，第10页。
② （明）李应升《落落斋集》卷三，第29页。
③ （明）李应升《落落斋集》卷三，第35页。

魏大中也对自己的为人处世进行了反思，他在五月十日于京口给魏学洙的信中，督促他勤奋读书，早明义理，同时也告诫他要仁厚处世，不要过于尖刻，要以他为戒：

> 只是读书，并无他事。读书才明义理。义理明，然后可以处患难；义理明，然后可以处饥冻；义理明，然后可以事父兄师友；义理明才文理通，通文理，然后可以训书糊口。不要悠悠过日也。
>
> 汝不幸未成立便处患难，当早以成人自待，莫闲戏过日。存心只是仁厚，带一毫尖巧刻薄不得。带一毫尖巧刻薄便是无福人。我平日无他罪过，只是口头说话待人不忠厚，无益于世道，惹人伤心之怨耳，汝当以我为戒。

五月二十，途经河南睢阳时，风雨大作，雷电交加。魏大中看到，阶下的葵花虽然被风雨摧残倒地，但雨过天晴之后，在阳光的照耀下，又昂然抬起了头，这种不屈的品格令他深为感动，并深信漫漫长夜终将迎来旭日东升。感慨万千的魏大中赋诗一首以明志：

> 乙丑夏五二十日，宿睢阳。雷雨彻宵，砌葵俱仆。晓霁，葵起有翘然向阳之意，感而赋此。

诗曰：

> 只此生来一寸丹，风风雨雨任摧残。
> 倾心不信天长夜，霁晓团团仔细看。

五天后，宿睢阳奉圣禅院。魏大中立即想起，天启元年（1621）在回京的途中，他也曾经在此借宿。四年前，他还是皇帝的使臣；四年后，他成了朝廷的罪人。奉圣院有一棵古银杏，大可五六围，枝叶扶苏，连寺僧也不知植于何代。四年前，魏大中是春二月来这里的，银杏树还没有透出新绿。而这次已是暮春时分，遮天蔽日的枝叶使整个院落都是绿意。两次住奉圣院，魏大中写下了两首咏银杏的诗，是两种天壤之别的心境。

其一（天启元年作）：

> 古驿西头寺，停轩感物华。灵根何日长，老意着天奢。
> 笑客来乘传，招僧与住家。深山又深处，知尔更烟霞。

其二（天启五年作）：

> 题墨当年愧碧纱，重过今日冀生华。
> 天心如此谁人料，臣罪伊何愿敢奢。
> 果不鉴临唯有死，纵然归去已无家。
> 能垂勺露宽于海，好好朝霞于暮霞。

魏大中一路从容行来，一路回顾自己的生平，手编《自谱》和疏草、文草、诗草。他在五月十五写给吴志远的信中称，高攀龙说他"神情暇逸、气色开明"，路上遇到的故旧说他比以前胖了，但生死之际，不敢不自勉，以免日后无颜面对知己：

> 独恐结缨易箦之秋，倘有作而致之之意，死而不恬。无以对
> 知己，则大教所勖，此用功者不敢不自勉也。高先生别后致书，
> 谓不肖神情暇逸、气色开明。昨道中遇一旧识，谓较前晤迤肥。
> 此或小异于俗人乎？生死未期，总在千秋矣！①

---

① （明）魏大中《藏密斋集》卷二三，第47页。结缨：系好帽带，后用以表示从容就死。"易箦"：病危将死。勖：同勖，勉励。迤：乃。

魏学洢则明白父亲此去，恐怕是凶多吉少：

> 先君闻难后，扬扬欢笑如畴昔，而一出于真；洢等悲忧填膺，睹颜色辄也欢笑，不复知大厄之在后也。

六月十二日，槛车到达良乡（今北京房山县）。当日，他提笔在《自谱》的封面上写道："甲子十月见放，欲省所为四十九年之非……"，沉吟片刻，他将这一行字涂去，重新在扉页上写道"皆在轿中偶忆，笔画添注恐惧难认；此稿当第当藏耳，且莫以示人；此谱间架小定，然事多未详；详略缓急俱未定当；字既难看，目前不必看，我幸得至刑部狱当更定耳。"[1] 写毕，魏大中将《自谱》手稿交仆人转给先期抵京的魏学洢，并叮嘱儿子不要来看他。次日，魏大中入都，收押在锦衣卫东司房，随即便下诏狱。

此前一个月左右的五月十八日还发生了一个重要事件：熹宗在客氏、魏忠贤的陪伴下祭祀方泽坛后到西苑游玩，泛舟太液池，不想风起舟覆，天启帝与两个小太监一齐落水，皇帝被救了上来，两个太监淹死了。五月的北京还颇凉，加上惊吓，熹宗身体再也没有恢复元气，朝政更无暇过问了。[2] 有诗为证：

> 琉璃波面浴轻凫，艇子飞来若画图。
> 认著君王亲荡桨，满堤红粉笑相呼。
> 风掠轻舟雾不开，锦鳞吹裂采帆摧。
> 须臾一片欢声动，捧出真龙水面来。[3]

---

[1] 刘履芬在校阅魏大中《自谱》手稿时，注意到了魏大中涂去的这些文字。
[2] （明）谈迁《国榷》卷八十七，第5304页。
[3] （明）陈琮《西苑》。

三、诏狱严刑拷打

洪武十五年(1382),朱元璋设立锦衣卫,并配备了专门的法庭和监狱,即镇抚司和诏狱。镇抚司有南司、北司之分,南司负责审讯,北司负责诏狱。诏狱专门关押锦衣卫和东厂、西厂抓来的犯人,以及皇帝交由审讯的犯人。这里的犯人由皇帝和厂卫直接处置,即使举朝都知道是冤枉的,"三法司"——刑部、大理寺、都察院不能过问,不敢为其雪冤。《明世宗实录》说:

> 国家置三法司以理刑狱,其后乃有锦衣卫镇抚司专理诏狱,缉访于罗织之门,锻炼于诏狱之手,裁决于内降之旨,而三法司几于虚设矣。

诏狱有十八层地狱之称。沈德符在《万历野获编》描述了其可怖情形:牢房低矮入地,墙厚达数尺,即使高呼,隔壁也不能闻其声。送入牢房的每件物品,均要经过数道检查。囚犯在寒冬只能吃冷食、披冷衲。家属不允许探视,只有拷问的时候,才能在公堂上遥相望见。诏狱中更设有十八般刑具,无不一一加诸囚犯之身。[1]

有明一代,入诏狱与死亡间几乎可以划上一个等号,所谓"魂飞汤火,惨毒难言。苟得一送法司,便不啻天堂之乐矣"。明代在诏狱待死最久的,要数万历十年(1582)入狱的临江知府钱若赓了,三十七年的诏狱锻炼,使他"脓血淋漓,四肢臃肿,疮毒满身,更患脚瘤,步立俱废。耳既无闻,目既无见,手不能运,足不能行,喉中尚稍有气,谓之未死,实与死一间耳!"[2] 顾大章是"六君子"中最后遇难的,他曾从诏狱转入刑部大狱受审,

---

[1] (明)沈德符《万历野获编》"禁卫·镇抚司刑具"条。

[2] (清)全祖望《鲒埼亭集》卷六"明直隶宁国知府玉尘钱公神道表",万有文库第二集,第80页。

当听说要再次将其投入诏狱时，顾大章连夜自缢而死。[①]

诏狱的惨毒由此可见一斑。

万历末年，神宗懒政，刑罚弛纵，诏狱至生青草。魏忠贤提督东厂后，任用田尔耕掌厂卫，许显纯掌镇抚司，"罗织锻炼，严刑惨酷"，厂卫之毒遂流遍天下。

天启五年（1625）逮入诏狱的六位东林党人中，杨涟、左光斗、周朝瑞、袁化中、顾大章都是万历三十五年（1607）的进士，只有魏大中是万历四十四年（1616）的进士。与杨、左、魏三人一样，周、袁、顾三人也是讨阉的先锋。

周朝瑞，字思永，山东临清人。天启元年（1621）升礼科左给事中。天启三年（1623）八月，大学士沈㴐勾结魏忠贤等，以内操为名，在宫内进行军事训练。周朝瑞与给事中惠世扬、御史左光斗一起上疏劾奏，斥责大学士沈㴐，说他与奸人为伍，揭发其贿结魏忠贤、客氏等人的事实，并牵涉阉党徐大化，因此成为阉党仇视的对象。

袁化中，字民谐，山东武定州（今山东惠民县一带）人。初授地方官，泰昌元年（1620）升为御史。天启元年二月，袁化中上书论述时政"八事"："宫禁渐弛、言路渐轻、法纪渐替、贿赂渐章、边疆渐坏、职掌渐失、宦官渐盛、人心渐离"，皆切中时弊。又与杨涟等上书弹劾魏忠贤，揭发崔呈秀贪污，魏党大恨。

顾大章，字伯钦，江苏常熟人。初授泉州推官，天启元年（1621）任刑部员外郎署山东司事。刑部尚书王纪弹劾阉党徐大化，又上疏攻击客氏，魏党疑王纪疏出顾大章手，魏党恨之，借故将其罢归。天启五年（1625）顾大章起复，出任礼部郎中、陕西按察使，阉党因假汪文言狱连及顾大章，将其逮下镇抚司拷掠，坐赃四万。

关于魏大中等六君子在诏狱中受难的情形，方苞在《左忠毅公逸事》这篇脍炙人口的文章里，记载了史可法在诏狱中亲眼所见左光斗受刑的情

---

① （明）文秉《先拨志始》卷之下。

形。此外，《碧血录》^①中的《天人合征纪实》，为后世留下了一份珍贵的史料。这份《天人合征纪实》为"燕客"所写。文后所附的《燕客传略》中称：

> "燕客"不知何许人也，亦不详其姓氏，客于燕，故曰"燕客"。

根据这篇传略，我们大致可以知道，著者"燕客"系假托之名，为人有侠义之心。天启五年（1625）春，"燕客"因听说北地盛产美酒，且多慷慨之士，就负笈往游。途中听说"六君子"的事情，慨然走燕都，住在诏狱附近，穿上胥吏的衣服，混迹其间，并得以进入北镇抚，看到了"六君子"受难的经过。

"燕客"频频出入诏狱，将提审了几次、用了哪些刑等细节都一一记录下来，尤其是杨、左诸君子毫无保留地信任他，将关系自己及家族生死安危的遗言遗札都交给了他。由此可见，"燕客"绝非等闲之人。

另有《诏狱惨言》一文存世，署名同为"燕客"。书后附有抄录者"野臣"的评语，认为这个版本比《天人合征纪实》更早：

> 旧抄《诏狱惨言》一卷，记明熹宗时"六君子"之祸，与《碧血录》中《天人合征》少有异同，此殆其初本也。署曰"燕客具草"而不著姓氏。

清代虞山（今江苏常熟）张海鹏曾刊刻《诏狱惨言》抄本，并对"燕客"的真实身份进行了考证。经查阅郡志，张海鹏发现顾大章有个兄弟叫顾大武，曾去京城照料诏狱中的顾大章。^②顾大章是"六君子"中最后一个死难

---

① 《碧血录》为明末黄煜所编。书中收集了天启年间，杨涟、左光斗、魏大中等东林要人被以魏忠贤为首的阉党冤杀的史实，包括他们的就逮诗，狱中的血书、绝笔、自谱、自叙以及时人记述这一惨祸的经过等等。

② 《东林同难录》也有相似记载。顾大章共有两位兄长，五个弟弟，其中季弟顾大武："庠生，随难京中。"

的，燕客的记载也是相随至顾大章身死。如果说"燕客"是"六君子"的某个亲属，那必定是顾大武。史料记载称顾大武熟读《易》，好观天象。而《诏狱惨言》中正好记载了这样一个细节：孟秋下旬四日鼓后（黄昏），"燕客"见白气如匹布，称"六君子"行将就难。张海鹏认为，《诏狱惨言》中描写顾大章的情节最为详细，推测"燕客"就是顾大章的兄弟顾大武。

我们对照《碧血录·天人合征》与《诏狱惨言》两文，最大的差异在于如下一段：

> 袁（化中）、周（朝瑞）二公以为珰深恨杨（涟）公，杨死，余犹可望免累，迫顾（大章）公劝之速绝以舒祸。顾正色曰："人故有主张，且死生之际，岂朋友所宜劝。诸兄必相强不已，弟当先绞颈以谢！"嗣后，乃不复言。[①]

这段文字称，袁化中、周朝瑞想让顾大章劝杨涟自行了断，以求保全其他人，遭到顾大章的严词拒绝。《天人合征》一文删去这段文字的用意是显然的，但这也为顾大武就是《诏狱惨言》作者又提供了一个证据——只有与顾大章关系特别的人，才会不惜用这样一个例子来反衬顾大章的形象。

根据魏学洢的记载，魏大中六月十三日到京，起先被关押在锦衣卫东司房，六月十六日午间进镇抚司。六月二十六日杨涟入诏狱。周、袁、顾三人因在京中，故一个月前就进了诏狱。起先，北镇抚司指挥使许显纯还假惺惺地上疏建议杨涟等六人宜交法司追赃，魏忠贤矫旨称，这些是封疆案重犯，纳贿招权，罪恶滔天，命令许显纯在诏狱追赃。[②]

六月二十七日，打问的旨意就下来了。六月二十八日，许显纯升堂，对六人严刑拷问，每人被各打四十棍，拶、敲一百下，夹棍敲五十，又打十四棍。

所谓拶，即用绳子穿六根长一尺多、直径四五分的杨木棍，套在手

---

① 《诏狱惨言》，第8页。
② （明）谈迁《国榷》卷八十七，第5306页。

指上，称作挵刑。每次受刑时，将手指套在挵中，提起绳的两头，用棍敲杨木棍，敲的次数愈多，小木棍收得愈紧。

所谓夹，是用夹棍夹犯人的腿骨。夹棍由三根一样长的木棍组成，明清时俗称"三木"，一端用铁条固定，另一端用绳索串联，用刑时把夹棍竖放在地上，把犯人的两条小腿夹在里面，两人向两边拉绳，把夹棍收紧，犯人被夹，疼入骨髓，然后还要用木棍敲夹棍，谓之"敲"。

这两种刑罚太过惨毒，在清代被明令限用。

据《明通鉴》记载，"六君子"下狱后，盼望自己的官司能转法司审理，只要不在诏狱被拷掠至死，就还有一线生机。瞿式耜在《特表忠清疏》中也称，"六君子"刚入诏狱时，魏忠贤派人对左光斗说："如果你们不争辩，就让你们活命。"因此，左光斗曾与众人商量：

> 彼杀我有二法：因我不承而酷刑以毙之，一也；夜半令狱卒潜杀之，二也。承则下法司，或者有见天之日。

左光斗告诫其他人说："我们留着命，以后还可以为朝廷用，白白死了有什么用？"因此，刑讯审问时，大家都不辩一词，默认收受了熊廷弼的贿赂。没想六人"认罪"后，七月初一，魏忠贤即矫旨称，六人受贿是实，而且都已招供，命令仍在诏狱中严刑追赃。[1]

残酷的"追比"从七月初四开始，五日一追比。追比也叫比较，就是追赃。每次追比，必须要交出若干银两，否则就大刑伺候。七月初四第一次追比，"六君子"伛偻着身体，一步一瘸从牢房中出来，脸色发黑，衣服上染满脓血。刘启先冒充家仆，将筹来的三十两银子送了进去。这天没有用刑。

刘启先一出诏狱，给魏学洢带来了一个好消息：这个案子派赃一共有四万两银子，但我们魏大人是最少的，还是三千两，而且听说银子不必一

---

[1] （清）夏燮《明通鉴》，第 2214 页。

次交清，可以陆续送进去。

每到追比的那天凌晨，各家的家属、仆人就拿着银两等候在诏狱大门内。许显纯到后，狱卒让各家自报缴纳多少赃银，然后升堂，押犯人在厅前跪伏，各家次第交赃。

每次审讯，魏忠贤都派太监坐在堂上记录，如果太监不到，许显纯就不敢审问。起先，许显纯还允许家仆在犯人身边说话，后来就不许家仆靠近，必须与犯人隔开一丈，且不准用方言交谈。

诏狱严刑拷打的消息传出去后，吏部尚书崔景荣去找魏广微，请他设法解救。① 魏广微也有些坐不住，无奈上疏相救。这令魏忠贤大为恼火。魏广微害怕了，连忙解释称是崔景荣的意思，结果"六君子"非但没转到法司，崔景荣又遭削夺。魏广微顿失魏忠贤欢心，不久魏忠贤就找了个借口赶他回家了。魏广微日后没有逃脱追责。崇祯初，魏广微定入逆案，被处以遣戍，死后又被削籍。

魏忠贤对许显纯的严刑拷打并不满意，先后以两道圣旨切责，并降了他一级官职。在魏忠贤的威逼下，许显纯追比越来越严厉。七月初九，魏大中交银五十两，除袁化中外五人，各打十棍。七月十三日，许显纯辞色严厉，严令每五日送银四百两，否则痛打。魏大中交银一百两。这一天，各人又被毒打三十棍。受杖后，诸君子已经股肉俱腐，只能用布包裹一下，稍微涂一点药。刑后，杨涟叫来家人，说："你们都回去吧，好生服侍太奶奶，叫各位相公再也不要读书了。"

为给父亲筹措足够的银两，魏学洢奔波在良乡、定兴和京城之间，阅尽世态炎凉。自父亲罹祸以来，魏学洢"遍告亲知，百无一应，推诿迁延，备极诈狙"。毕竟，在逆党气焰方炽之际，整个社会环境是重足而立、道路以目，官员"一经削夺，门无敢谒，郊无敢饯者，虽师生之谊，亦荡然扫绝"。魏大

---

① 《明史·列传》卷二百五十六，第一百四十四："又移书魏广微，劝其申救杨涟、左光斗。广微不得已，为具揭。寻以景荣书为征，曰：'景荣教我也。'于是御史倪文焕、门克新先后劾景荣阴护东林，媚奸邪而邀后福。得旨，削夺为民。"

中昔日的同僚、故旧，大多迫于魏忠贤的淫威，不敢出面，见魏学洢如见瘟神，唯恐避之不及。魏学洢称："开口告人非难，无人可告之为难也；屈膝拜人非难，无人可拜之为难也。父亲的故旧，除一二人外，都视我如疫鬼。扣门问之，往往差人从门缝中推脱称：'白天人家眼睛都看着呢，明日可晚上来。'至期再去，看门的则厉声呵斥道："都睡熟了，还来搅乱啊？明日可早来。'黑夜匍匐，心惴惴唯恐死于逻卒之手，数次前往却不得一见。即使侥幸见到了，不过是皱着眉头告诫我说：'要小心啊。'我难道是等待这句没用的叮嘱的吗？"

"世事纷纷不可诘，孤忠耿耿徒离忧。国人争愤柙中兕，之子却怜堂下牛。黄发廿年浪引领，青山万古仍含羞。弹章三上累胆落，夙志不遂差堪酬。"此诗是魏学洢在京时所写，以诗代书，表达营救无门的自责和悲愤。诗中"堂下牛"，语出《孟子》，梁惠王见堂下之牛将被宰杀而可怜。而身处绝境的魏学洢却还比不上一头瑟瑟发抖的堂下待宰的牛，惶怖绝望、万念俱灰。

第十三章　范阳三烈

一、挚友密谋奔走山海关

魏大中等人在狱中遭受严刑拷打，狱外的地下救援行动正在紧张进行中。救援左、魏等人的，是他们在直隶的好友鹿善继、孙奇逢以及他们的家人、亲友与学生。其中，孙奇逢、鹿正（鹿善继父）、张果中（孙奇逢弟子）因不畏艰险，义助左、魏等君子，史称"范阳三烈"。

关于"范阳三烈"的故事，文秉《先拨志始》、刘若愚《酌中志余》、黄煜《碧血录》、吴应箕《熹朝忠节死臣列传》、蒋平阶《东林始末》、谷应泰《明史纪事本末魏忠贤乱政》以及孙奇逢的《乙丙纪事》①都有记载。《清史稿》在《孙奇逢传》中说：

> 天启时，逆阉魏忠贤窃朝柄，左光斗、魏大中、周顺昌以珰祸被逮。（孙）奇逢、（鹿）善继故与三人友善。是时，善继以主事赞大学士孙承宗军事。奇逢上书承宗，责以大义，请急疏救。承宗欲假入觐面陈，谋未就而光斗等已死厂狱。逆阉诬坐光斗等赃钜万，严追家属。奇逢与善继之父鹿正、新城张果中集士民醵

---

① 乙丙，即天启五年（乙丑年）、天启六年（丙寅年）。

金代输。光斗等卒赖以归骨，世所传"范阳三烈士"也。

在赴京途中，魏学洢已将父亲被逮的消息遍告父亲在京的朋友，并携父亲两封手书，拜见直隶容城（今河北容城）的孙奇逢。

魏大中的这两封信分别写给孙奇逢和鹿化麟（鹿善继子）。信的内容，从孙奇逢《乙丙纪事》的记载看，"大要谓覆巢之下无完卵"，应是魏大中托付孙奇逢等人照顾魏学洢的。信中，魏大中也希望孙奇逢、鹿善继施加影响，请督师山海关的孙承宗出面施以援手。左光斗也托人分别致信孙奇逢与鹿化麟，提出求援于孙承宗的想法："二君道义之雅，须得一人亲诣关门。"当时，鹿善继正与孙承宗驻守山海关。

护送魏学洢到京的周顺昌家人，也带来了周顺昌写给鹿善继的信。周顺昌在信中赞叹魏大中的节操，以救援魏大中一事相托，恳请鹿善继与孙奇逢庇护道孤援绝的魏学洢，并请他们曲用苦心于权贵当事者与锦衣卫处，让魏大中能生还里门。信中略云："世事如此，使人百感交集，以魏大中的苦节，亦竟不免于难。魏大中被逮之日，上万嘉善士民号泣于道，冤愤之气，令缇骑都为之感动。魏家清贫，幸赖嘉善士绅筹集数百两银子，才得以上路。今其长子魏学洢随父来京，有缇萦上书之志，其父怜其文弱，且道孤援绝，要依仗先生为之庇护，更厚望于孙奇逢兄。两位兄长皆以千古自期，必能让魏年侄不致流离失所，令魏年兄得生入里门。"周顺昌并以"一身作客如张俭，四海何人是孔融"的诗句，对鹿善继和孙奇逢寄予厚望。①

在给周顺昌的复信中，孙奇逢写道："魏年侄已到，读你的信，令人心惨神伤。鹿善继从孙承宗居山海关已久，鹿太公下榻相留，为之心血俱呕，

---

① （明）孙奇逢《乙丙纪事》，第1页。缇萦，即淳于缇萦，西汉名医淳于意的女儿，为其救父而向文帝上书，汉文帝因为她的陈情，不仅免除了其父的处罚，而且将肉刑废除。张俭（115—158），东汉名士。延熹年间，宦官侯览残虐百姓，张俭起而弹劾之。侯怒，诬其结党。张俭不得不逃亡，望门投止，大家知道张俭是正人君子，纷纷冒生命危险去保护他。孔融（153—208），东汉末学者，世称孔北海。性好宾客，因抨议时政，遭曹操猜忌，被杀。醵金：集资、凑钱。

谅必不会让魏学洢成为当世之孔融。我受魏大中深知，有可效力之处，哪敢顾及自身安危。目前我们的图谋，已俱在鹿太公给你的信中。总之，成与不成，尚难逆料，而我此心断不敢有负。"

因鹿善继正驻守山海关，孙奇逢以鹿善继父鹿太公的名义给周顺昌回信，其略云：

> ……不佞即老而迂拙，每念此，不知几废食也。自缇骑南驰，知己之悲，填胸难释。日与孙启泰（奇逢）兄弟求所以为诸君子地，已纠同志十余人，上书司马相公，盖因任丘公为相国姻好，而任丘正用事。目今麟孙（鹿化麟）与启美（孙奇彦）、于度（张果中），尚在关门未回也。奉圣之母，闻亦有言求解于奉圣（即熹宗乳母客氏）。广西道某亦云，此事此时，难于显诤。调护图维，凡具血性，谅有同心。况诸君子功在社稷，天心祚国，断不至于狼藉。①

在这封书信中，孙奇逢借鹿太公的名义分析了救援的形势。首先是争取兵部尚书、以东阁大学士身份经略山海关的孙承宗出手相援，并告诉周顺昌已遣鹿化麟、孙奇彦、张果中奔走山海关求援。其次称，正在劝说左、魏等人接受客氏母亲（住定兴）出面缓颊，尽管诸君子可能不屑，但就客氏与魏忠贤的关系而言，还是值得一试的，想来朝中的官员对此也会理解。魏学洢有缇萦之志，自是孝子用情，但为安全起见，需要随机应变，不能草率行事。

众人最大的希望，都寄托在正驻守山海关的兵部尚书兼东阁大学士孙承宗身上。

孙承宗（1563—1638），字稚绳，号恺阳，保定高阳县南街村人（今属河北省）。他早年沉沦科场，做了多年的塾师。万历三十三年（1605），孙承宗连捷成进士，中榜眼，入翰林院。明熹宗即位后，孙承宗以左庶子充日

---

① 《孙奇逢集》中册，第689页，中州古籍出版社2003年版。

讲官。朱由校虽然贪玩，但对这位老师十分敬重，"眷注特殷"，称他为"吾师"。这样，年近花甲的孙承宗，凭借"帝师"的身份，迅速步入权力的中心。天启二年（1622）孙承宗临危受命，以兵部尚书兼东阁大学士的身份督理山海关及蓟辽、天津、登莱各处军务。①

孙承宗像

孙承宗被称为大明"辽东三杰"之一，是明末抵抗后金的重要人物，"二十年名将，咸出高阳之门"，在督师山海关的四年里，前后修复大城九、堡四十五，练兵十一万……拓地四百里，开屯五千顷，再次系统地建设辽东防御体系，稳定了屡战屡败的军心和民心。②对这个曾制造巨大麻烦的大明官员，清朝统治者及史官给予了高度评价——《明史》为两千多大明文武大臣立传，但其余的人——哪怕是张居正，均是几个人的传合作一卷，唯有孙承宗一人的传记单独列为一卷，孙承宗在清朝眼中的地位可见一斑。

在孙承宗督学易州时，与孙奇逢相识，引为知交。孙承宗曾写有长诗《赠孙孝廉启泰》（君家兄弟两执亲丧倚墓门而居者六载，诗以赠之），对孙奇逢的孝节表示赞赏。③孙承宗也曾为鹿善继的《认真草》题序。由此可见，孙承宗与孙、鹿二人交情颇好。

孙承宗虽非东林党人，但因其政治态度，不免被贴上东林标签。对于这样一位手握重兵、深受熹宗敬重的大学士，魏忠贤也颇为忌惮，正是救援"六君子"的最好人选。况且孙承宗主要僚属中，鹿善继、孙元化、茅元

---

① 《明熹宗实录》卷十七，第18页。
② 《明史·列传》第一百三十八；（明）钱谦益《牧斋初学集》卷五十"太常寺少卿管光禄寺丞事赠大理寺卿赐谥鹿公墓志铭"，上海古籍出版社1985年版。
③ （明）孙承宗《高阳集》诗卷之二。

仪等均与孙奇逢、魏大中等人相善。

孙奇逢于是奋笔疾书，致函孙承宗，申以大义。孙奇逢的这封信写得十分动人，堪称书信名篇：

> 昨闻缇骑南驰，逮及左浮丘（光斗）、魏廓园（大中）两君子，某等未尝不废食而叹也。夫两君子清风大节，必不染指，以庇罪人，此何待言？独以善类之宗，功臣之首，横被奇冤，自非有胸无心，谁不扼腕？维桑与梓，固浮丘旧履地也，遗爱在人，不止门墙之士，兴歌黄鸟，能不慨然？
>
> 昔卢次楩，一莽男子耳。谢茂秦以眇布衣，为行哭于燕市，曰："诸君子不生为卢生地，乃从千载下，哀湘而吊贾乎？"李献吉在狱，何仲默致书杨邃庵，求为引手。康德涵义急同调，至不自爱其名。浮丘、廓园之品，固当直踞献吉，何次楩敢望？恨某等一介书生，无能哭诉，尚负惭于茂秦。阁下功德前无邃庵，怜才扶世之感，谅亦有激于中，稍一斡旋，且有出德涵上者。况诸君子以道义臭味之雅，受知于阁下最深且久，阁下岂无意乎？又闻任邱公力可以为德涵，倘阁下以此事属之，当必有济。某等伏在草莽，何知世事？但知己之悲，填胸难释，故敢投诚于阁下，惟阁下听焉。①

孙奇逢在信中称，听说缇骑南驰，逮捕左、魏二君子，听说这个消息，我们何尝不废食而叹也。两君子清风大节，哪会庇护罪人？以善类之宗，功

---

① 《孙奇逢集》中册，第686—687页;(明) 孙奇逢《乙丙纪事》，第2页。黄鸟:见《诗经·秦风·黄鸟》。秦穆公死时，令奄息、仲行、鍼虎三臣陪葬，国人哀痛。诗中有"如可赎兮，人百其身"句，意谓愿以一百人赎其一命。谢茂秦，即谢榛（1495—1575），明"后七子"之一。李献吉，即李梦阳（1473—1530），明"前七子"领袖。康海（1454—1530），弘治十五年（1502）状元，明"前七子"之一。何仲默，即何景明（1483—1521），弘治十五年（1502）进士，"前七子"之一，与李梦阳并称文坛。杨邃庵，即杨一清（1454—1530），成化八年（1472）进士，官至尚书，两次入阁，著名文学家。

臣之首，竟被蒙以奇冤，谁能不扼腕叹息！左光斗尤其有恩于桑梓，不能再让人有"黄鸟"之叹。

随即，孙奇逢笔锋一转，在信中讲了谢榛、康海、何仲默等人救友故事。他说，嘉靖时，卢柟冒犯县令，县令借故将其判处死刑，谢榛入京师，遍拜诸贵人，泣诉其冤，卢柟最终得以平反出狱。正德时，李梦阳因反对宦官刘瑾被逮入诏狱。为营救李梦阳，何仲默致书杨一清，请求救援，而康海甚至不惜自己的名声，前去拜见刘瑾，李梦阳才得以获释。孙奇逢进而称，阁下也谅必有感于中，只要您出手，稍一斡旋，就能出康海之上，救援两位君子。

同时，孙奇逢也致信鹿善继，请他出面做孙承宗的工作，略云：

> 弟辈投相公（孙承宗）一启，极知言轻无益，但愤闷无聊之怀，不能已已。亲丈至诚动物，从来无做不成之事，幸一留意，便是生机。①

鹿化麟与孙奇逢之弟孙奇彦、学生张果中三人急奔山海关，持孙奇逢手书呈孙承宗，并报鹿善继。

二、孙督师功败垂成

孙承宗与魏忠贤的关系此时已经很紧张了。

天启三年（1623）二月，魏忠贤借口为皇上了解边关的情报，派太监刘朝率领四十五人，持甲杖、弓矢、白银、布匹来到山海关，名义上是犒赏将士，实质是插手军事，拉拢孙承宗。魏忠贤认为，孙承宗是皇帝的老师，深受皇帝信任，想与他搭上关系。孙承宗却连一句话都不想跟这些太监说，他上疏皇帝，劝阻太监来边关："太监观兵，自古有戒。将领士卒只顾着逢迎

---

① 《孙奇逢集》中册，第687页。

这些太监，必然放松边防。如果这一批来的人无法阻止，那么也应下不为例。"魏忠贤由此怀恨孙承宗。

天启四年（1624）十一月，在杨涟、赵南星、高攀龙等东林党人纷纷被魏忠贤逐出朝廷的时候，孙承宗决定施以援手。他称：皇上还年轻，被奸人掌握，奏疏未必亲览，即使亲览也未必知道究竟。我要面见皇上，向皇上进忠言，向他讲清奸邪蒙蔽的情况，万一皇上感悟，我死也无憾。[①]

孙承宗出手救援东林党人的史料记载，却有两种不同的说法。如《明史》在孙承宗本传中称：

> 会忠贤逐杨涟、赵南星、高攀龙等，承宗方西巡蓟、昌。念抗疏帝未必亲览，往在讲筵，每奏对辄有入，乃请以贺圣寿入朝面奏机宜，欲因是论其罪。

《明史》在鹿善继本传中又称：

> 先是，杨、左之狱起，魏大中子学洢、左光斗弟光明，先后投鹿太公家。太公客之，与所善义士容城孙奇逢谋，持书走关门，告其难于承宗。承宗、善继谋借巡视蓟门，请入觐。

《明史》在这两处应该是在讲述同一个事件，但所记载的事件起因、发生时间均不同。前者"会忠贤逐杨涟、赵南星、高攀龙等"，系天启四年（1624）因"会推晋抚"事件，赵南星、高攀龙、魏大中等东林党人下野之际；后者"先是，杨、左之狱起"，是天启五年，杨、左、魏"六君子"狱发之时。

方苞认为，孙承宗出手救援东林党人是在孙奇逢致信之后，即天启五年（1625）六七月间。他在《孙征君传》中称：

---

① （明）钱谦益《初学集》（中）卷四十七，第1195页。

方是时，孙承宗以大学士兼兵部尚书经略蓟、辽，奇逢之友归安茅元仪及鹿正之子善继皆在幕府。奇逢密上书承宗，承宗以军事疏请入见。

即使作为事件的亲历者，孙奇逢的记载同样存在矛盾之处。孙奇逢在《乙丙纪事》中指出，孙承宗的救援行动发生在天启五年，即鹿化麟与孙奇彦投书山海关之后不久：

孙承宗天启四年十一月觐见皇帝的奏疏，国家图书馆藏

> 化麟、奇彦抵关。善继与阁部日夕谋所以脱诸君子之难。后以巡视蓟门一带，请觐君面议方略，此亦其意中一事也。

而孙奇逢在《高阳太傅孙文正公年谱》中的记载，则称孙承宗觐见皇帝是在天启四年的下半年，目的是为了救援东林党人，救援的过程同样惊心动魄。

按照明代的法令，镇边大将因手握重兵，无诏令不得擅离边关。孙承宗唯恐自己的行动被皇帝误解，便借西巡蓟昌的机会，取道都门，以万寿节贺寿为由，觐见天启帝，面奏进兵机宜，更欲论魏忠贤迫害东林正人之罪，当面救援东林诸君子。在动身前，孙承宗还特地请示皇帝：

> 臣奉违天颜三年，当此普天嵩呼①之日，不胜瞻恋。今阅历蓟边，去京数十里，拟于（十一月）十二日入都门，十三日早朝，十四日与同贺万寿，另日面奏机宜，与文武各官商榷可否？事毕

---

① 臣下祝颂帝王，高呼万岁，谓之"嵩呼"。

回任。^①

　　魏广微得知这个消息，马上通报魏忠贤，称孙承宗拥官兵数万进京，兵部侍郎李邦华为内应，而主谋者就是与左、魏诸君子友善的鹿善继。魏忠贤闻讯惊惧万分，据说他当时绕着皇帝的御座哭泣，谎称孙承宗要带兵进京"清君侧"。即使皇帝再信得过孙承宗，边疆重臣突然拥兵进京的举动不能不引起熹宗的警惕。天启帝于十月十一日召开御前会议，令次辅顾秉谦拟旨，严令孙承宗返回山海关。兵部立即差人飞马发出上谕，令孙承宗"马首速东，亟还山海"：

　　　　督师辅臣孙承宗既膺重任，驻守榆关，一身所系，宗室安危。兹览所奏，知远探已至盖州……且以朕寿为名欲入，亦随班申贺……无旨而擅离信地，非祖宗法度所容……即马上差人传谕枢辅马首速东，亟还山海……或真有密计，何妨便宜封进以闻，朕志以灭奴为期，必不从中牵制。^②

　　这道上谕，可谓恩威并施，一方面警告孙承宗："无旨擅离信地，非祖宗法度所宥。"另一方面，安抚孙承宗：假如真有要事相商，可以封函上奏，不会牵制孙在山海关的事务。

　　当天午夜，魏忠贤又令开大明门，召兵部尚书入内，命令他以三道飞骑，严阻孙承宗进入京师。魏忠贤甚至命令守护京城九门的太监，"孙阁老若入齐化门，即锁绑进来"。十一日，孙承宗抵达通州，次日便接此措辞异常激烈的上谕，乃知事已不可为，当即返回山海关。魏忠贤并不放心，还派人侦察，见到孙承宗未带一兵一卒，只带了鹿善继往返，才顿觉松了一口气，但仍唆使崔呈秀、徐大化、李蕃等人连章弹劾孙奇逢。遭此挫折，

① 《孙承宗年谱》卷三，北京图书馆珍藏本年谱丛刊第 055 册，第 290—294 页。
② 《甲乙记政录》，第 19 页，北京图书馆古籍珍本丛刊第九册。

孙承宗心灰意冷，他在具疏向皇帝辩解一番后，回山海关后便杜门不出，再三请求辞职。[①]

从孙承宗给皇帝的上揭来看，孙承宗明确表示进京的日期是在万寿节前。考熹宗的生辰，当在十一月十四日[②]。孙奇逢的《高阳太傅孙文正公年谱》写于崇祯十五年（1642），而《乙丙纪事》写在顺治十二年（1655）前后。也许是随着岁月流逝，孙奇逢的记忆有误。故笔者倾向于认为《乙丙纪事》《清史稿·孙奇逢传》的记载有误。也即，孙承宗确曾救援过东林党人，但那次意欲面君陈情的行动是在天启四年（1624）的十一月。

孙承宗幕僚孙元化的《督师纪略》及蔡鼎的《孙高阳前后督师略跋》，更明确了孙承宗进京救援东林君子的时间。孙元化称：

> 时魏忠贤已横，逐冢宰赵南星、总宪高攀龙、副宪杨涟、金宪左光斗、吏都魏大中等矣。公以荷主恩深，必当有言，而群臣章疏久为忠贤所格，明主可与忠言，亦必面告，乃因东巡。

蔡鼎于天启四年（1624）秋从山海关入京师，住左光斗家，此时，左光斗已自知不免珰祸。十一月，蔡鼎返山海关，意欲与孙承宗密商斡旋之策。蔡鼎称，到关次日，孙承宗即与鹿善继以西巡为名面圣救援。[③]

至于天启五年（1625）夏，孙承宗在接到孙奇逢的信后，有没有采取行动，《孙承宗年谱》上说，天启五年（1625）魏广微欲杀杨、左诸君子以雪愤。为防止孙承宗插手，放出谣言称："杨涟等人以骡车运数十万两银子往山海关，贿赂孙承宗，要他上疏相救。"有人将魏广微的话转告孙承

---

① 以上参《孙承宗年谱》卷三，北京图书馆珍藏本年谱丛刊第 055 册，第 290—294 页。《明史·列传》第一百三十八；（明）孙奇逢等《高阳太傅孙文正公年谱》卷三，第 24 页；余三乐《明末党争中的孙承宗》（《史学集刊》1989 年第 2 期）；（明）钱谦益《初学集》（中）卷四十七"特进光禄大夫左柱国少师兼太子太师兵部尚书中极殿大学士孙公行状"。

② 万历三十三年十一月，神宗以元孙生，昭告天下。见《明史》卷二十二。

③ （明）蔡鼎《孙高阳前后督师略跋》，《中国野史集成》卷二八，第 458—460 页，巴蜀出版社。

宗，孙承宗尚未有行动，即发生了吏部尚书崔景荣等人，迫魏广微上疏建议将杨涟等人送交法司审判，并指责北镇抚司只顾追赃、刑讯逼供的事件。魏忠贤大为恼火，称："看来运往山海关的银子现在是转到魏广微那里去了。"一身冷汗的魏广微随即辞官而去。[①]

据蔡鼎的记载，天启五年（1625），蔡鼎曾力劝孙承宗在"珰烈方张"的时刻，不如告退，但孙承宗没有听。孙承宗要蔡鼎以天象的变化，来预测杨、左等人的命运。蔡鼎称，杨、左二公恐怕不免于祸，两人不禁相对泣下。[②]可见，失去皇帝的支持，孙承宗也未必有扭转乾坤的能力。当年十月，魏忠贤攻击孙承宗"虽娴于兵，而方略疏焉"，将其去职。孙承宗幕下徐光启、孙元化、茅元仪、袁崇焕、鹿善继也相继去职。

在杨、左、魏等遇难后，孙承宗万分悲愤，赋《三十五忠诗》。他在诗前小序中写道："（杨涟）初以弹珰疏罢，抵范阳，则手书移予，倦倦为天下计。既逮抵京，则要人欲并杀予，曰杨、左辈将以某'清君侧'。"由此看来，所谓孙承宗"清君侧"的传闻，在杨涟被逮的天启五年（1625）确实还有过一次。

对于死难的东林志士，孙承宗称，"东林饶善士，予敢附东林"。并评价道："盖自宫府盘互，而忠死者藉藉。死不同要于死忠也，魂一变成虹血，三年藏碧，惨矣，烈矣！"[③]对魏大中，孙承宗认为是"报国贤臣"，他说，"起初，魏大中弹劾王德完，言语有些出格，我稍疑之，但魏大中并不怪罪。自魏大中入掌吏垣，而予即赴边塞。魏大中以疏劾权臣而祸起。其家清如水，其生平刚强坚毅有谋略却死于权臣，天下闻而哀之。"并赋诗曰：

圣朝初愿治，特起驳流铨。报国贤臣颂，怀清秋水篇。

天方薄上善，人亦向中涓。矫矫匡时略，逢时一怆然。

---

① （明）孙奇逢等《高阳太傅孙文正公年谱》卷三，第 27 页；《明史·阉党》；《孙承宗年谱》卷三，北京图书馆珍藏本年谱丛刊第 055 册，第 290—294 页。

② （明）蔡鼎《孙高阳前后督师略跋》，《中国野史集成》卷二八，第 459 页。

③ （明）孙承宗《高阳集》卷三。

三、鹿太公冒暑筹银

左光斗被解至新城白沟镇，自知有死无生，神情自若，对孙奇逢说："当事者定欲死杨大洪。大洪死，我辈岂能独生？"孙奇逢深知事态的严重，不由想起被严嵩杀害的杨继盛，道："自古皆有死，惟椒山得其所。"

客氏之弟、定兴人客光先因"素不礼于士君子"，颇为尴尬，屡屡对身边的人说："被逮诸老，一时名贤，我若婉转其中，庶几有济。"客光先愿意从中斡旋，出面帮助东林诸君子。客氏的老母也放出话，想让其女儿说说情。孙奇逢于是向左光斗提起这事，左光斗鄙夷地说："可向妇人女子求活耶？殊非丈夫。"

左光斗过白沟的第二天，魏大中的槛车也接踵而至。白沟是孙奇逢弟子张果中的家乡。但此时张果中正执孙奇逢手书奔走山海关未返，而孙奇逢因与先期到达的魏学洢有事外出，也不在白沟。魏大中由此错过了与孙奇逢最后一次相见的机会。

魏学洢起先落脚于白沟，在鹿善继的父亲鹿太公安排下，魏学洢、左光斗的八弟左光明又来到江村，住江村余草堂。万历末年，魏大中造访鹿善继时，就曾住在这里，并与鹿善继、孙奇逢等一起留下诗赋。魏学洢手录父亲当年墨迹，藏之箧中，对鹿太公说："我们父子前后两次住在这里，可谓有缘。但前一次大家的心情是平和愉悦的，这次却是悲伤凄惨的。你们做我父亲的东道容易，做我的东道有点难。这次父亲万一能够幸免，一定邀请你们来我家乡，我们父子要驾舟迎接太公，带你们游遍吴越的山川风景，以报答我们父子两次投靠的恩情。"[1]

定兴江村离京城较远，不方便打探消息，魏学洢易名为金子陶，留一仆在良乡，另遣一仆与孙奇逢的二兄孙奇遇住在京城牛俊臣家，早出晚归探视消息。综合史料记载来看，除了鹿太公家外，魏学洢还曾落脚白沟张果中家、固安县贾三槐家、定兴县许显达家、潘茂先家，以便于出入京城。

---

① 张显清编《孙奇逢集》（中），第 660 页。

尽管魏大中在京的朋友大都采取回避的态度，但仍有不少朋友冒死伸出援手。黄尊素全力照应魏学洢，"饮之、食之、卵之、翼之……凡所经营厝办，悉倚集于给谏（黄尊素）"，而次年黄尊素被魏忠贤杀害，祸端实起于此。[1] 刘宗周本已奉使在身，特地缓行以居停魏学洢，倾囊中银两为魏学洢应急，然后又变卖家产得数百辆银子给魏学洢交赃完纳。兵部职方主事孙元化与鹿善继同驻山海关，他的儿子孙和斗收留魏学洢。大中死后，孙和斗还"尽斥衣物"，为魏学洢筹措回家的路费。[2] 令人感叹的是，收留魏学洢的，甚至包括了许显纯在定兴的亲戚许显达。许显纯在诏狱折磨魏大中，但他堂弟许显达却让魏学洢藏匿于家中。[3]

既然求援于孙承宗那条路走不通，魏大中的朋友们觉得只能靠"完赃"来一搏侥幸了。魏大中家园萧条，孙奇逢、鹿善继也都是清贫之家，无法拿出更多的银两。鹿太公不顾年老体弱，在炎炎烈日下，骑着毛驴，与张果中一起，带着魏学洢，奔走二百里外，筹集银两。

燕赵之地，本有不少侠义之士。此番为救援左、魏诸君子，声息所通，各处俱有相助者，其慨然豪气，数百年而下，读来仍令人热血沸腾！

孙奇逢的弟子张果中家住白沟，交通方便，因此诸家子弟如左公弟左光明、魏公子学洢、周公友朱祖文，必先往来于此，诸家行李也必先安顿在张果中家中。张果中奔山海关，走京城，与魏学洢同患难，被称为"范阳三烈"之一，钱谦益后来赠之以诗，"夕阳亭下频留客，广柳车中每贮人"说的就是这件事。孙奇逢对这个弟子十分赏识，称其为"三十年来大河以北万不可少之人"，并称张果中曾受知于魏大中和左光斗，二君之所以看重张

[1] 朱长祚《玉镜新谭》；姚希孟《魏孝子卷跋》。
[2] 孙致弥诗《感旧示魏禹平（即魏坤，魏大中曾孙）》："寒灯无焰醉醟腾，独对遗编感慨增。复壁人曾藏北海，墓门剑许葬延陵。全家大节存忠孝，三世深交历废兴。郭隗台荒荆棘里，茫茫怅触恨难胜。"诗后自注："魏忠节公被逮，子敬先生从行。先中丞（孙元化）独匿之邸舍。及忠节卒，先公（孙和斗）尽斥衣物，佐其归装。延陵许剑，乃与子敬札中语也。"见（清）沈德潜《清诗别裁集》卷三二。魏学洢得以藏匿孙元化家，应该是鹿善继的关系。
[3] 张显清编《孙奇逢集》（下），第887页；陈铉《鹿忠节公年谱》卷上"天启六年丙寅"。

果中，"皆以气谊，不独在文艺"。张果中是孙奇逢最重要的弟子之一，被后世誉为"苏门三贤"。[①]

孙奇逢的仲兄孙奇遇"伴学洢入都，而苦心极虑，不寐者数昼夜"。孙奇逢的四弟孙奇彦"送范质公（范景文）之义助"，归至卢沟桥，遭河水泛涨，附近的居民一夜皆葬鱼腹中，孙奇彦也几不免，"绝粒步行，道途阻溺"。王拱极，是个穷困的书生，听说诸秀才为魏大中等筹集银两，"为之质衣，并其妻子簪珥，共得十金以助"。鹿太公的侄子鹿善言，卖了家里的猪，给了魏学洢五两银子，还生怕银子的成色不足，特地又加了两分银两。王永吉出银百两，杨光夔出银五十两，杜濂、崔庚、范士楫等数人亦各数金，其余三金二金者，不下数十人。

鹿太公一共为魏学洢筹集了三百余两，多的捐百金，少的数十青蚨，连许显纯的堂弟许显达也拿出了五十两银子。孙奇逢感叹道："义者寡财，财者寡义，从古已然，又何憾于今之世哉！"

鹿太公和范阳高义之士的举动，让魏学洢万分感动，他说："独范阳长者高倡醵金之议，深乡酷穷之士，素不通名者，莫不典衣鬻物以相和。"[②]鹿太公"典衣鬻产，而毫无转念。至对学洢诸人之哽咽，而为之废食废寝，枯形伤神"。

鹿太公为魏大中等人奔走完纳的举动，已为道路哄传，亲友恐被殃及，纷纷劝阻鹿太公。况且，魏忠贤的亲信李朝钦，其家就与太公比邻，而江村道上，左、魏的亲友仆人络绎于途，旦夕之祸，实不可测。鹿太公却坦然自如："左、魏二公，与我的儿子素称道义交。现在有难来投，如果我畏避，不仅我这把老骨头为人不齿，我儿子更何以立于天地间？"[③]

天启五年的这场救援活动，使魏、鹿、孙三家结下了累世的友情，其后人直至清后期仍交往不断。

---

① （明）孙奇逢《夏峰先生集》，第 641 页。
② （明）孙奇逢《夏峰先生集》，第 641 页。
③ （明）魏大中《藏密斋集·自谱》；魏学洢《与潘茂庄书》。

顺治十五年（1658），鹿善继之子鹿化麟请沧州画家戴明说作北海亭图，以纪念鹿家及孙奇逢、张果中等人义助左光斗、魏大中、周顺昌往事。画名加"乾坤"二字，北海亭因此又称乾坤北海亭。

此画在鹿家代代相传。至鹿善继七世孙鹿丕宗（清军机大臣鹿传霖之父）手中时，鹿丕宗一直随身携带。在贵州都匀遇到清代大诗人郑珍时，鹿丕宗向其详述北海亭掌故，并请郑珍在画上题诗作序。郑珍当即在《题北海亭图》一长诗中称赞"范阳三烈士"的义举，其中写道：

> 黄芝蓁地茄花明，十狗五彪恣纵横。
>
> 地轰天鸣覆乾清，北海亭子乃孤撑。
>
> ……
>
> 举幡慷慨孙夏峰，赤帻从之张果中。
>
> 策蹇掀髯去匆匆，酿金无乃鹿太公。[①]

康熙十八年（1679），鹿迈祖任吏科都给事中，周顺昌玄孙来访，与其谈起一百多年前诸君子子弟相聚北海亭的往事。后来，鹿迈祖调任漕督时，魏大中五世孙魏正镐贻书来访，并携忠节公暨孝烈先生遗像。鹿迈祖为魏大中、魏学洢父子写下像赞。[②]

鹿丕宗之父鹿荃清乾隆五十三年（1788）任浙江粮道时，专程赴嘉善拜祭魏忠节祠。看到祠堂破败，已为民家所占，鹿荃感慨万分，捐出银两以倍价赎回，并倡议嘉兴知府郑交泰及所属七县县令捐俸重修。鹿荃还撰写了《重修忠节公祠堂记》，并勒石记之。鹿荃在文中回忆了魏大中的事迹，祖辈鹿善继、孙奇逢与魏大中的交往经历，以及魏学洢奔走营救父亲、魏学濂刺血为父鸣冤，并得到他家相助的经过。而这些前朝往事，一直在鹿

---

① （清）郑珍《巢经巢诗集》卷八，第1页，诗《题北海亭图》。

② （清）鹿迈祖《魏忠节公暨孝烈先生遗像赞》，见（清）张培仁修 杨晨纂 光绪《定兴县志》卷二十四，第14、15页。

家代代相传，鹿荃自小便铭记在心。①

杨涟、左光斗、魏大中、周顺昌、鹿善继手迹及孙奇逢、魏学濂题额及跋语，一直在鹿氏家族珍藏，同治十三年（1874）十月，清代藏书家黄彭年执教保定莲池书院时尚见这些书札，并感慨："魏忠节之死也，学濂殉孝，世竟称之。"

四、杨左魏毕命诏狱

在诏狱中，"六君子"仍在遭受毒刑拷打。

七月十三，受了三十棍后，魏大中"股肉俱腐"，只能以帛"急缠其上"。魏大中本来就瘦弱，长途跋涉的劳顿未消，入狱后便是严刑拷打。他不喜血肉之食，每日传单子要家人送的，不过是"杂菜一把，扁豆荚少许，苹果数个"，很快身子就挺不住了。

七月十七日，魏学濂向刘启先提出，由他进诏狱交银两，好借机见父亲一面。刘启先怕魏学濂被人暗害，没有同意，只是让学濂在外等消息。追比时，许显纯勒令六人今后必须每次"纳赃"四百两银子，未及此数者则受全刑拷打。这天，魏家交银一百两，魏大中没有被拷打。刘启先进诏狱探望魏大中。魏大中对他说：

> 惫极矣，未刑时，茎茎毫孔俱疼，殆不能支，姑毋令吾儿知也。

刘启先告诉大中，魏学濂想进来看看他，魏大中大惊失色，深恐儿子为东厂特务发现。

七月十九日，尽管交了一百六十两银子，却又是一顿严刑拷打，一如刚入狱时全刑。受刑后，魏大中"两足直挺如死蛙"，腿无法屈伸了。刑毕，魏大中呼家人至身前，交代他们为自己准备后事：

---

① （清）光绪《嘉善县志》卷七，第18、19页。

吾十五日巳后，闻谷食之气则呕，每日只饮寒水一器，苹果半只而已。命想在旦夕，速为吾具棺，然家甚贫，无能得稍美者，差足掩骼可也。①

七月二十一日，交银两百五十两，又被打三十棍。二十四日，杨、左、魏又受全刑。

连续的受刑，魏大中早已指断胫裂、体无完肤，正如后来魏学洢描述的：“棍子交叠所打之处，皮肉起先结为黑丁，又陷为一道道深坎，敷上的药不两天又被棍棒揭去，棍棍打在伤口上，皮肉坏死，长出蛆虫，碗大的腐肉从身上掉下……”

二十四日刑毕，许显纯下令将杨、左、魏三人单独收监。顾大武听到这个消息，忙问狱卒原因。狱卒叹道：“今晚各位大老爷当有壁挺者。”壁挺是方言，就是死。②

二十四日行刑前，刘启先入狱探视，魏大中已经不能跪起。刘启先膝行来到大中身旁，为他整理额头垂覆的头帕，拉好背上的衣服，驱赶叮在腐肉上的蚊蝇。刘启先与魏大中之间有如下对话：

“安乎？”

“病甚！”

“强进粥乎？”

“勿言，勿言，促我儿逸去。”

刘启先不禁痛哭失声。当日行刑时，起初刘启先还能听到魏大中发出痛苦的声音，渐渐就听不到了。刑毕，刘启先看到许显纯叫两个管事进去，良久方才出来，然后听说杨、左、魏被移到后面的监房去了。

---

① （明）黄煜编《碧血录·天人合征纪实》，第158页。
② 参（明）钱士升《续表忠记》卷二，第37页。

第二天，顾大武就得到杨、左、魏三人为狱卒叶文仲杀害的消息。事实上，杨、左、魏三人同于二十四日夜去世，许显纯深恐一夜毙三命引起反弹，故报杨、左以二十五日亡故，而魏于二十六日亡。

据记载，在最后行刑的时候，许显纯以铜锤猛击杨涟的胸膛，致其肋骨寸断，又命人用大铁钉楔入杨涟头部，杨涟当场殒命，死后还用装满泥土的口袋压在他身上。是日，"白气如匹布，长数百丈，起尾箕间、贯紫宫、掩天枢"①，连老天也在为三人鸣不平。

"卒之夜，虹贯斗星，灼灼如火光"②，让人不禁想起五十年前左光斗、魏大中出生时火光满屋的情景。

七月二十六日，魏学洢才得知父亲去世的消息。此时正值酷暑，连日雷雨交加，而领尸的旨意迟至三十日才发下，大中的尸体在运出牢狱时，"骸涨而黑，面与鼻平"，酷刑的痕迹也得以稍加掩盖。魏学洢在《自谱》的最后记曰：

> 偕杨、左从牢穴出，骸涨而黑，爰爰有露落。忧急，并秽褥卷之入棺，无论饭含弗及，并不得凭身一恸也。于乎痛哉！八月初九日，不孝男学洢谨识。③

每杀死一名东林党人，"活阎罗"许显纯就剔下喉骨交给魏忠贤。④野史的记载更加耸人听闻，称魏忠贤将喉骨"炙灰下酒"，冷笑道："诸公别来无恙，还能上书否？"在消灭言官的肉身后，魏忠贤继续消灭令他最生

---

① （清）黄煜《碧血录》（下）"天人合征纪实"。尾箕，尾宿和箕宿的并称，是二十八星宿中的两个。紫宫，即紫微宫，星名，古代认为系天帝之座。天枢，又名北斗一，北斗七星之首。

② （清）邹漪《启祯野乘·卷五》，第4页。另据《明季北略》"左光斗"条："卒之夜，长虹亘天，里中星陨，光灼灼，大如斗"，第62页。

③ （明）魏大中《自谱》。

④ （清）文秉《先拨志始》卷之下，第4页："每一公死，显纯即剔喉骨用小盒封固，送逆贤示信。"见《先秦——清末中国野史集成》卷三十，第666页。

畏的器官——喉骨，魏忠贤愚蠢地认为，说出那些让他胆战心惊的话的，仅仅是言官喉部那片小小的骨头。

夏坚勇在《东林悲风》一文中就此评论道：

> 就因为它生在仁人志士的身躯上，它能把思想变成声音，能提意见，发牢骚，有时还要骂人。喉骨可憎，它太意气用事，一张口便大声疾呼，危言耸听，散布不同政见；喉骨可恶，它太能言善辩，一出声便慷慨纵横，凿凿有据，不顾社会效果；喉骨亦可怕，它有时甚至会闹出伏阙槌鼓、宫门请愿那样的轩然大波，让当权者蹀躞内廷，握着钢刀咬碎了银牙。

身在定兴的孙奇逢、鹿太公还不知道魏大中的死讯，救援行动还在继续。定兴县令拿出百两银子托人带给孙奇逢，孙急付人北上，但听闻魏大中死于杖下，魏学洢已经扶柩归去。

"六君子"死难后，人神共怒。《碧血录》记载了两桩奇异的事情：

天启五年六月间，诏狱土地庙前的树干上生了一株黄芝，日夜慢慢长大，等到"六君子"到齐后，突然光彩远映。大家聚拢一看，这株黄芝刚好六瓣。有人说，这是吉兆啊，顾大章却说："灵芝本来是祥瑞之物，但生在诏狱，应该是不祥之兆。"东林党人郑鄤曾为此赋《黄芝歌》。

"六君子"罹难的次年，"七君子"又系狱遭受严刑拷打的时候，京城发生了一件亘古未有的巨大灾变。天启六年（1626）五月初六，北京城西南角的王恭厂一带，发生了一次巨大的爆炸。《邸报》称：

> 天启丙寅五月初六日巳时，天色皎洁，忽有声如吼，从东北方渐至京城西南角，灰气涌起，屋宇动荡。须臾，大震一声，天崩地塌，昏黑如夜，万室平沉。东自顺城门大街（今宣武门内大街），北至刑部街（今西长安街），西及平则门（今阜成门）南，长三四里，周围十三里，尽为齑粉，屋以数万计，人以万计。

爆炸中心王恭厂一带受灾最为严重，瓦砾像雨点一样从空中倾泻而下，百姓死伤者数以万计，令人触目惊心。紫禁城外正在修缮围墙的三千工匠尽数跌下脚手架，乾清宫大殿皇驾所居之东暖阁，窗格扇震落二处，打伤内官二人。当时，天启帝正在乾清宫用早膳，突然大殿摇晃起来，便不顾一切地往交泰殿奔去，大殿的一角放着一张大桌子，皇帝连忙钻到桌子底下。皇贵妃任娘娘于天启五年（1625）十月初一日所生皇第三子，受惊后遂薨逝。

王恭厂是京师的火药库，但从历史记载看，火药爆炸并不能解释此次灾变。也许，连天公也在为东林的君子鸣不平。

天启五年后，魏忠贤终于掌握了朝政大权。闰六月，浙江巡抚请建魏忠贤生祠，经皇帝同意，自是建祠几遍天下。七月，毁邹元标等创办的首善书屋，周顺昌遭削籍；八月诏毁东林书院等各地书院，斩熊廷弼于西市，并传首九边。翌年正月，修《三朝要典》，原本铁定的"三案"也被魏忠贤翻案，成为进一步清理东林的张本。

天启六年（1626），魏忠贤又兴大狱，借苏杭织造太监李实以"欺君蔑旨"一疏，参诬诸臣。魏忠贤矫旨，要将高攀龙、周顺昌、李应升、黄尊素、缪昌期、周宗建等逮下诏狱。

周顺昌闻得魏大中死难，提笔致信高攀龙，称："朝事至此，真汉唐宋未有之党祸也。吾辈一身不足计，惟目睹六君子之惨毒，直使人肝肠摧裂，不复有处世之想。"他在写给好友朱完天的信中又说："廓翁（魏大中）事已付之一痛矣。翁兄生死交情，眼中未见其两感极，容面时悉之。筑室将成，弟已作避世计，知亦有道者之所深许也。"[1] 但信发出仅数天之后，逮捕他的缇骑已到了苏州。

天启六年（1626）三月，缇骑抓捕周顺昌时，数万民众赶来为他请命，旗尉仗势欺人，众人不堪忍受，当场打死一名厂卫。事后，官府大肆搜捕暴动市民，颜佩韦等五人挺身投案，英勇就义。次年，苏州民众将五人合

---

[1] （明）周顺昌《余烬集》"与高景逸总宪书""与朱完天文学书"。

葬在城外虎丘山前的山塘河大堤上，称为"五人之墓"。复社首领张溥于崇祯元年（1628）写下著名的《五人墓碑记》，张溥在文中感叹道：

> 嗟夫！大阉之乱，缙绅而能不易其志者，四海之大，有几人欤？而五人生于编伍之间，素不闻诗书之训，激昂大义，蹈死之顾，亦曷故哉？且矫诏纷出，钩党之捕遍于天下，卒以吾郡之发愤一击，不敢复有株治。大阉亦逡巡畏义，非常之谋，难于猝发。待圣人之出而投缳道路，不可谓非五人之力也！

高攀龙得知缇骑前来，入书斋写一札交给儿子，然后遣儿子出去。过了一会儿，听书斋中久无动静，家人推门而入，一灯荧然而已。找至水池畔，发现高攀龙北向端坐水中，以湿纸蒙口鼻，已窒息而死。其遗笔写道："臣虽削夺，旧属大臣。大臣受辱，则辱国矣！谨北向叩头，效屈平之遗则，君恩未报，愿待来生。"[①]

抓捕黄尊素的缇骑所乘之船被百姓击沉，厂卫惊慌逃命，抓捕的公文也丢失了，连抓捕的勇气也没了。黄尊素听到这个消息，为避免连累百姓，也自投官府。

---

① （清）汪有典《史外》。

第十四章　孤儿雪冤

一、魏学洢生平事略

魏学洢（1596—1625），字子敬，是明代忠臣孝子的杰出代表。在父亲生还无望时，魏学洢曾经想以骇人的举动为父亲鸣冤：击鼓讼冤、自刎阙下。但念万里孤魂，徒死无益，且无人为父亲收尸骨，魏学洢才扶椟南归，不久亡故。[①]

魏学洢从小就十分懂事、孝顺父母。十岁时，魏学洢上学途中被人挤下桥，摔断了腿，此时母亲钱氏正大病之中，邻居将他背回家时，他焦急地对父亲说："当一意医母，慎勿又医我。"接骨后，魏学洢仰卧床榻数十日，除了睡梦中微有呻吟声外，平时装出一副毫无苦痛的样子，以读陶渊明诗自娱。等到可以起床时，魏大中才发现，书稿已经被咬牙忍痛的儿子攥成了纸屑！[②]

魏大中称赞这个儿子有"至性"。万历四十三年（1615），魏大中上京赶考时，魏学洢送至京口，因思念父亲，写下了《怀思赋》。父子俩还用"杨柳青青渡水人"为韵，分别写下一组七绝唱和，寄托思念之情。

---

① （明）钱士升《赐余堂集》卷二，第 16 页。
② （明）魏大中《藏密斋集·自谱》，第 18、19 页。

魏学洢从小跟从父亲一起读书，父子两人曾在慈云寺读书，效范仲淹故事，断齑画粥，笃学不辍。他与父亲不光父子情深，还成为教学相长的师友。魏学洢禀赋聪颖，善文尤工赋。他七岁就能写诗，魏大中写下《洢儿能诗却赋》诗一首：

> 惯是贫多事，生儿又赋诗。未堪供客眼，聊以慰吾私。
> 每念有穷日，仍疑无始时。青山应好在，何地许从师？

华亭名儒陈继儒看到魏学洢的文章也大为赞赏，并与他结为忘年交。魏学洢著有《茅檐集》八卷存《四库全书》，《虞初新志》中所收《核舟记》一文还入选中学语文教材。

魏学洢志向远大，他在《闲居赋》序中说：

> 余自解识字，即志四方，年既二十，亦云壮矣。乃足迹不能遍千里，而又客处以为常。夫古人闭门读书，则有仲舒遨游山川，则有子长悠悠闲居，余何为者也？[①]

魏学洢研习理学，渔猎千古，对"义、利、贞、邪"，如同黑白之分那样，分辨得清清楚楚。"每遇古人奇节，辄掀髯起舞；触羞耻事，则裂眦唾骂，断断不休"。他对时局的认识十分清醒，"其渊识沈机，辄济大中所不及"。[②]

天启四年（1624）的秋天，魏大中执掌吏科以后，以清浊扬清为己任，但魏学洢却预见到了不详的端倪，他写信给父亲，劝其早日辞官归里：

> 无根之花，其能久乎？物不可以终通天，殆蕴隆正人之毒，而速

---

① （明）魏学洢《茅檐集》卷一，第14页。
② （明）杨坤等《东林同难录·魏学洢传》。

之憾也。①

在杨涟上疏后，魏学洢得知情况后曾经表示：

> 大衅既开，南北司讹言如沸。怵内者曰："早朝将面奏。"怵外者曰："宫中事将面鞫。"颇闻面奏之罪名，惊驾则立擒杨公。方踟蹰不轻发，而内已惧之。一日早朝，群衷甲以出，气息怫然。甘露之变在旦夕，而一时冢宰所推，次辅所拟，内有唯唯相奉以求成，故诸君子姑缓之。乡使持之益急，必面鞫。苟面鞫，皇上必袒内不袒外。外弱也，必将起大狱，外强也，或急致兵。缙绅固因之涂炭，宫禁也因之动摇。追咎者又未必不撼诸君子之过激也。②

魏学洢指出，即使当时杨涟能在朝堂上与魏忠贤面质，皇帝也一定是袒护魏忠贤的。如果外廷弱，则魏忠贤必定起大狱报复；如果外廷强，或爆发干戈之变。因此大臣遭难是不可避免的，魏学洢为诸君子的过激行动表示遗憾。这段文字被谈迁收入《国榷》中。谈迁是赞同魏学洢的这种看法的，并认为东林党人的见识尚不及在野的一名生员。

如何对付魏党，魏学洢的《猛虎行》一诗可见他的主张：③

> 北山有猛虎，不牝亦不牡。哀哀无辜人，吞噬十而九。
> 猛虎且勿道，虱乃伏其尻。壮士困颠踬，虱喙纷相扰。
> 为语行路人，且复忍此虱。扑虱误警虎，灭影无苦术。
> 虎头置短枕，虎头罩尘埃。猛虎有死日，虱乎何有哉！
> 朝窥北山头，猛虎死耶非？暮窥北山脚，猛虎死耶非？

---

① （明）魏大中《藏密斋集》。
② （明）谈迁《国榷》卷八十六，第5288页。
③ （清）朱彝尊《静志居诗话》卷十九，第1页。

猎户不见至，虎尾日鲜肥。虎尾偶一掉，虮虱尻间窍。

不难想见，魏学洢诗中那头不雌不雄的"北山猛虎"就是魏忠贤，而虮虱子就是魏忠贤的党羽。魏学洢提出要韬光养晦，不要"扑虮警虎"的见解，在党祸方炽之际还是十分有见地的。

魏氏后人很多以孝节著称。如魏学洢妻严氏，学洢死时，严氏年方二十七岁，"截发毁容，终身蔬食，事婆婆钱氏甚孝"。钱氏死后，她坦然道：夫为忠臣，儿为孝子，媳为节妇，吾何憾矣！[①]清乾隆年间，乡人为其在罗桁桥畔建坊以旌表之。

大中幼子魏学洙，字子闻，因侍母纯孝，世称其为"小孝子"。但魏学洙自幼体弱，因侍母心力交瘁，年二十七即不幸早亡。县志称：

学洙侍母钱至孝，患难中得母欢心。勤敏博学，试辄冠军，邑令重之。……会文柳洲，同人以远大期之。年二十七，侍母疾，心力交瘁。母愈，洙竟以是殒。

二、数因交困学洢身死

关于魏学洢的死因，一直以来认为是"哀毁过度"，邑志说：

父下狱，忽以毙闻，匍匐扶榇归里，见母痛绝仆地，迹不入中间，日夜伏草啼号。家人间进粥糜，辄以手挥去，曰："诏狱中安得有此。"且不燃火，曰："父暗狱殒也。"泪尽继之以血，遂病而死。[②]

魏学洢扶着父亲的灵柩返回故乡时，家乡父老正设醮为魏大中祈福，

---

① （清）嘉庆《嘉善县志》卷一七，第20页。
② （清）光绪《嘉善县志》卷二十一，第6页。

家人也都翘首盼望魏大中平安出狱的消息，但等来的却是天大的噩耗。兄弟母子相见，"焦府寸裂"。"侍生父往，竟侍死父还"，魏学洢日夜恸哭，家人进米粥、夜里点起蜡烛，辄称父亲在诏狱哪有这些？魏学濂称其兄长"号啕至于死"。①

相关文献对魏学洢的死因记载如出一辙，均认为是哀毁过度而死。姚希孟称："子敬扶丧归，朝夕哀号擗踊，长至前馈奠搏颡②，一恸呕血数升而卒。"③朱彝尊称："朝夕擗踊，未尝一入寝室，泪尽唇焦，……历数旬哀毁死矣。"④《明通鉴》称："学洢恸哭几绝，扶榇归，晨夕号泣，水浆不入口，遂死。"⑤瞿式耜则称，魏大中的死状十分惨烈，尸体也被残暴对待，学洢于病中得知，遂一恸而绝：

> 大中受殊刑未死，狱吏以藁席卷其肢体，倒竖于地，如是三日，启而视之，大中目睛犹毅毅如转轮。既死，魏贼令狱卒投其尸以喂狗……比学洢扶柩而归，犹未知大中之死状，至病中忽然闻知，一号而绝。⑥

钱士升在为魏学洢的《茅檐集》作序时，也持这一说法，并认为魏学洢甘愿殉父而死：

> 父存则不独死，父死则不独生，子敬之志也。⑦

---

① （明）魏学濂《痛陈家难疏》。
② 擗踊：捶胸顿足；搏颡：叩头。
③ （明）姚希孟《棘门集》卷八，第33页。
④ （清）朱彝尊《静志居诗话》卷十九，第1页。
⑤ （清）夏燮《明通鉴》，第2214页。
⑥ （明）瞿式耜《瞿式耜集》卷一，第13页。
⑦ （明）钱士升《赐余堂集》卷二，第17页。

这些记载很少提及"范阳三烈"及其他友人奔走营护的情节，这一方面是当时的恐怖形势下不便公开，后人在书写历史时，也特意淡化营救情节，而更加突出魏学洢的孝节。清代"四库"馆臣在为《茅檐集》编写《四库总目提要》时，提出了不同的看法：

> ……学洢微服变姓名，匿定兴鹿善继家，万计营救不得。枢归之后，竟以毁卒。世称忠臣孝子萃于一门。事迹附见《明史·大中传》。诸书所载，亦大概相近。然学洢尚有老母，而为无益之死，或颇疑其过中。

"四库"馆臣认为，学洢家中尚有老母，这样伤逝而殒，忘记父亲"寡母谁侍？幼弟谁教？"的嘱托，是"无益之死"。因此，要么是魏学洢过于执着于父亲的冤死，要么是其他人没有洞悉魏学洢的真正死因。"四库"馆臣认为，魏学洢写给潘茂先与父老乡亲的两封信可以说明，他本人即将被抓入浙狱，难逃一死：

> 今观集中《与潘茂庄书》[①] 曰："追比方始，洢将就浙狱矣。"又《辞里中父老书》曰："目今公差来捉，旦夕将死。家门倾覆，无复可言。"

《四库总目提要》提到的《与潘茂庄书》，也称《将赴浙狱遗友人书》[②]。2004 年出版的《中国古代书信选》一书，将《与潘茂庄书》与王安石的《答司马谏议书》等历代书信名篇一起编入。

潘茂庄，疑为潘茂先之误。《婺源县志》有潘文华传记。"茂先"是潘

---

① （明）魏学洢《茅檐集》卷八，第 11 页。原题下附注："淮安舟次"，推测该信写于魏学洢扶榇归里途径淮安时。潘茂庄，未详。
② （明）黄煜《碧血录》，第 98 页。

民国江峰青纂《重修婺源县志》中潘文华的传记

文华的字，且潘文华并无叫"茂庄"的兄弟。潘文华父亲潘祥，曾在京任御史。潘茂先与魏大中的交往，与海盐陈梁类似，他们父亲都是言官，他们也都随父亲入京侍读，因此与魏大中结识。潘茂先来京后，从东林的赵南星、邹元标、高攀龙、杨涟、左光斗等人"考经质难"，且与魏大中的关系尤好。《藏密斋集》录有魏大中与潘茂先的两通书信。天启珰祸起后，被逮诸公的亲属都变姓名一同来京，潘茂先毅然收留并给予帮助。魏学洢扶榇回乡后，给潘茂先写了这封信，痛陈父亲遭受的迫害，感叹世道的不公，并向潘茂先透露了自己因追比将入狱的信息。

崇祯十三年（1640），魏学洙曾作一诗吊潘茂先，并称："闻潘茂先已作故人，海内失一有才有胆奇男子矣，作此志痛。"可知，潘于崇祯十三年前亡故。

魏大中死后，朝廷继续追缴"赃款"，无奈之下，魏家"倾家以偿"，家中"服物"变卖一空，甚至包括碗筷菜刀。珰祸惨烈，故人亲友为免受牵连，躲闪回避也在所难免，年仅十八岁的魏学濂奔走于亲属故友之间，费尽口舌，才有"二三交好"出手相助。时任县令林先春力为周旋[1]，里中父老助以钱粮，但仍远不能完赃。可见，当时魏家为了应付追比，已经到了倾家荡产的绝境，家人糊口度日，而魏大中、魏学洢的棺木暴于荒野数年，无法入葬。[2]

天启遭遇珰祸的家庭大多面临这样的绝境。杨涟一家卖尽家产充公，还不及一千两银子。其母亲与妻子无家可归，住在城墙谯楼上，两个

---

[1] 林先春后擢给事中，以丁忧归。此前，林先春因逮治犯忤逆罪的嘉善人顾朝衡。顾怀恨在心，至京城告发林先春援助大中完赃，林先春为魏党迫害，"家居聚徒讲学，布衣蔬食，年八十余乃卒。"见《闽县乡土志》，第14页。

[2] （明）魏学濂《痛陈家难疏》。（明）刘肃之、曹尔坊《启祯条款》卷四下，第35页。

儿子"乞食以养"，惨不忍睹。直到天启七年（1627）的十一月，魏忠贤身败名裂后，朝廷才下旨免除天启逮死诸臣的赃款，并释放其家属。[①] 魏学洢因此感叹："廉吏可为而不可为，为谓犹妻子贫困已耳！今则枉刑坐贿，罪延其孥。清白吏子孙，其受祸有十百于墨吏者。"

魏学洙写有《集焦四十章》，诗句虽未脱稚气，仍可看出不少是影射自家生活的，其中一首称：

长子入牢狱，妇馈母还哭。霜降风裂肌，老人泪交颐。[②]

学洙此诗或是当时实际情形，即魏学洢确实曾入浙狱。因此，"四库"馆臣指出，魏学洢的真正死因是"积瘁于前，积痛于后"，又因阉党的追赃迫害，"数者交迫，乃无生理"，并对钱士升的说法进行了反驳："钱士升等作序，惟欲以殒身殉父称之，遂讳其追逮之事，浅之乎知学洢矣。"

崇祯二年（1629），东林后人编撰《东林同难录》。到雍正六年（1728），缪昌期的后人缪敬持补辑并重新刊刻，魏大中、杨涟、李应升、周顺昌等东林后人又重新参与了校勘，因此该书记载应比较可靠。书中指出了魏学洢的确切死期以及死因：魏学洢天启五年（1625）九月扶柩返回嘉善，于十一月二十一日卒。

直至天启六年（1626）二月，官府还在提审魏家家属追赃。完赃后，嘉善县令即上报魏大中长子魏学洢死于追比，以期消除魏忠贤的怒气："丙寅二月，提家属追赃，本年报完，县令特报长子死于监比，以解珰怒。"[③]

综合史料，我们认为，魏学洢一方面哀痛父亲的死难；另一方面，从天启五年春天随父槛车入京，到九月扶榇南归，身体本已严重透支，回家后又要变卖家产、遍求亲故，以应付朝廷追比。因无法筹集足够的银两，

---

① （清）夏燮《明通鉴》，第816页。
② （明）魏学洙《素水居遗稿》，见明钱继章《人琴集》卷七，第4页。
③ （明）杨坤等《东林同难录》，第5页。

魏学㳒仍面临入狱的威胁。数因交迫，魏学㳒才不幸身故，如仅以"哀毁"称之，实不足以描述魏家当时的困状。

三、崇祯翦除魏珰势力

熹宗于天启七年（1627）八月二十二日申时宾天。光宗共出七子，除长子朱由校、五子朱由检外，其余五子均夭折。[①] 朱由校也没有留下子嗣。天启二年（1622），熹宗封朱由检为信王，并让翰林院官员们悉心调教。临终前十天，他还拉着朱由检的手说："吾弟当为尧舜。"从这些事情看来，朱由校一个长兄应该做的事情，一点也没有耽误。[②]

朱由检的生母为贤妃刘氏，卒于万历四十二年（1614）。朱由检自幼为"东李"李选侍抚育长大。"东李"与"西李"截然不同，为人持正不阿，故朱由检自幼便形成了良好的秉性。

天启七年（1627）八月二十四日，朱由检即位，是为崇祯帝。为免遭客氏、魏忠贤的谋害，朱由检在为天启帝守灵时，吃的是从家里带来的干粮，也不敢喝宫里的水。朱由检的小心谨慎，无疑给魏忠贤敲响了警钟。

由于当时魏党遍布中外，宫内还有万余武阉。故登基之初，朱由检颇事韬晦，以示无为。魏忠贤屡屡投石问路，朱由检只是静观其变，稳住魏忠贤。魏忠贤请辞东厂，朱由检不许，反加慰勉，并赐宁国公魏良卿（忠贤侄）、安平伯魏翼鹏（忠贤侄孙）等铁券，以安其心。天启七年（1627）十月，登莱巡抚孙国桢疏报宜川之捷，朱由检仍称"功在厂臣"。

朱由检不动声色地消除魏忠贤的爪牙，打击其气焰。他客客气气地把

① （清）张廷玉等《明史》卷一百二十"诸王传"。

② 某日，熹宗在皇后宫中，见书桌上有书一函，便问皇后看何书，皇后答曰："《赵高传》"，熹宗听后默然。魏忠贤得知后，以为皇后以赵高影射自己，遂诬告熹宗张皇后之父张国纪谋立信王朱由检，借机废后，但王体乾竭力阻止："主上凡事愦愦，独与兄弟夫妇间不薄。"魏忠贤遂打消了此念。参（清）李逊之《三朝野记》（卷下）"天启朝纪事"；（清）计六奇《明季北略》"魏忠贤怒张后"；《明史》卷一百一十四"后妃传"。

客氏送出了宫。江西巡抚杨邦宪上疏称颂魏忠贤"厂臣功德巍巍",请建生祠。朱由检且阅且笑,不置可否。魏忠贤具疏辞免,称:"微臣久抱建祠之愧。"朱由检顺水推舟:"建祠祝厘,自是舆论之公;厂臣有功不居,更见劳谦之美。准辞免,以成雅志。"至此,停各地为魏忠贤建生祠的举动。

为了试探朱由检的真实意图,魏忠贤故意让其表侄杨维垣参劾魏党"五虎"之首的兵部尚书崔呈秀"丁忧夺情"之举。对此,朱由检只淡淡表示:"不要苛求。"

到十月下旬,第一份专攻魏忠贤的奏疏被送到了崇祯帝面前,作者是工部主事陆澄源。他斥责魏忠贤广结私党、居功自傲、乱建生祠,并弹劾崔呈秀。朱由检将陆澄源训斥一顿:"陆澄源新进小臣,如何出位妄言?姑不究。"当然,"姑不究"背后的潜台词是很有深意的。

崔呈秀因舆情所逼,不得具疏回籍守制,圣旨居然照准。就这样,朱由检翦除了魏忠贤的兵权。不久,崔呈秀被削职为民、追夺诰命。

两天后,兵部主事钱元悫上疏弹劾魏忠贤,将魏忠贤比作王莽、董卓、赵高一类的奸雄,请求皇帝革去其一切职务。朱由检如法炮制:"钱元悫小臣,如何又来多言?姑不究。"

又隔了一天,一份更有分量的奏本出现了。上奏的是浙江海盐的贡生钱嘉徵,他于天启元年(1621)中顺天副榜,充贡留在北京。这本题为《奏为请清宫府制禁以肃中兴之治以培三百年士气事》的奏疏称:

> 虎狼食人,徒手亦当搏之,举朝不言,而草莽言之,以为忠臣义士倡,虽死何憾!……伏乞独断于心,敕下法司,将魏忠贤明正典刑,以雪天下之愤,以彰正始之法。

这份奏疏纵横恣肆、鞭辟入里,揭发魏忠贤"并帝"[①]"蔑后""弄

---

① "并帝"指魏忠贤威福自恣,出入警跸,被爪牙们遮道拜伏,高呼"九千岁",俨然与皇帝并列。

兵""无二祖列宗""克削藩封"等十大罪状。按照明代的制度,平民百姓与官员可以评议朝政,唯独不允许生员公开议论国是。[①] 朱由检借着这个机会,又放出话来:"魏忠贤事体,朕心自有独断,青矜书生,不谙规矩,姑饶这遭。"

魏忠贤听闻后不胜惊恐,哭诉于朱由检。朱由检也不客气,当即让内侍将钱嘉徵的奏疏念给魏忠贤听。皇帝的这种态度令魏忠贤震恐丧胆、哀泣跪恳,并以重金赂司礼监太监徐应元,乞请代为缓颊。

魏忠贤见情形不对,上疏称病,朱由检让他在私宅调理,让他留下了司礼监和东厂的印信。魏忠贤一出宫,朱由检即检阅内操。上万武阉操练完毕,便有旨让他们到兵部领赏,领完赏却命令他们不要回宫了。就这样,朱由检轻易解除了宫内的最大隐患。

次日早朝,准魏忠贤疏辞公侯伯爵,收其诰命田宅。至此,魏忠贤的失败已成定局,当年谄附不肯后人的附庸,也多交章攻其党羽崔呈秀、田尔耕、许显纯、倪文焕等,并涉魏忠贤。朱由检密询宫中,参阅奏章,详察其罪,于是下旨:"崔呈秀着九卿会勘。魏忠贤降小火者,着内官刘应选、郑康升押往凤阳看守皇陵,籍其家。"

这是天启七年(1627)十一月初一日的事。

就这样,当初以"火者"身份入宫的魏忠贤,在享受了黄粱一梦般的大富大贵后,又降为"火者",被发配到凤阳守墓,与当年处置严嵩的手法如出一辙。

魏忠贤被谪出都,携珍宝四十大车,马千匹,拥卫士八百人以行。通政使杨绍震劾其"在途中拥兵自重"。朱由检览疏震怒,初四日谕兵部:"着锦衣卫即差的官旗前去扭解,押往彼处(凤阳)交割明白。"

死党李永贞得知朱由检的谕旨后,连夜派心腹李朝钦飞骑向魏忠贤密报。李朝钦在一个名叫新店的地方追上了魏忠贤一行。当晚,一行人到达河北阜城投宿,魏忠贤与李朝钦两人举杯痛饮。据说,两人酒至酣处,忽

---

① 《明史·选举志》称:"一切军民利病,工农商贾皆可言之,唯生员不可建言;生员听师讲说,毋恃己长,妄行辩难。"

听窗外有人唱起一首小曲《挂枝儿》，略云：

> 城楼上，鼓四敲，星移斗转。思量起，当日里，蟒玉朝天。如今别龙楼，辞凤阁，凄凄孤馆。鸡声茅店月，月影草桥烟。真个目断长途也，一望一回远。
>
> 闹嚷嚷，人催起，五更天气。正寒冬，风凛冽，霜拂征衣。更何人，效殷勤，寒温彼此。随行的是寒月影，吆喝的是马声嘶。似这般荒凉也，真个不如死！

据说，这支小曲是京师一位姓白的书生所作。魏忠贤、李朝钦在房中喝酒，这位书生在外厢房彻夜吟唱，魏忠贤听罢无限感慨，万念俱灰，彷徨半夜，投缳自尽。

这天是天启七年十一月初六。魏忠贤的尸身最初被草草埋葬在阜城，后来又被挖出来处以凌迟之刑，头颅还被割下来挂在高竿上示众。

四、东林孤儿入京申冤

崇祯元年（1628），逆首已除，东林冤案仍未平反。夏四月，朝廷追恤邹元标、高攀龙、杨涟、左光斗、冯从吾、缪昌期、魏大中、周朝瑞、周宗建、黄尊素、李应升、袁化中、周顺昌、万燝、顾大章等诸君子，各给赠荫。但除杨涟外，其余各人并未给予谥号、赐葬。

六月初二，瞿式耜上疏称，杨涟、魏大中、周顺昌三人"屋漏盟心，纯乎君父。家如悬磬，节比秋霜。诏狱之际，开千古廷尉所未有之刑；毕命之时，受千古忠臣所未经之痛"，称赞三人为"清中之清，忠中之忠"，请求皇帝"特加旌表，于赠官荫谥之外，总勅赐一祠，仍给匾额，俾三臣生前为第一清忠之品，死后亦邀第一褒恤之恩"。

六月初六，崇祯帝阅罢奏疏，下旨："这本说杨涟、魏大中、周顺昌之死最惨，宜全给荫谥、建祠、赐额，着该部议覆。又说逆珰七年中，厂卫毙死多命，大干天和，良是。即着顺天府于祈雨坛侧共为一祭，以慰幽魂。该部知道。"①

这场平反运动，也是由东林孤儿共同推动的。东林孤儿纷纷进京申冤，推动冤案彻底平反，追查迫害东林君子的阉党残余，朝野为之震动。

正月，十九岁的黄宗羲"袖长锥、草疏，入都讼冤"。抵京之时，魏忠贤、崔呈秀等已被罢斥身死。黄宗羲上疏谢恩，因见阉党余孽尚未全部扫除，遂上疏请诛逆党曹钦程、李实等人，刑部得旨后究问。五月，刑部会审许显纯、崔应元等人，黄宗羲怀藏利锥，登堂作证。在公堂上，黄宗羲取锥猛刺许显纯，将他刺得遍体流血，又猛击崔应元胸部，拔其须发祭奠父亲的亡灵。② 六月十三，许显纯伏诛。黄宗羲又与周朝瑞的儿子周延祚等一起，将诏狱中迫害父亲及东林诸公的狱卒颜紫、叶文仲③ 活活打死，出了胸中一口恶气。④

黄宗羲入京讼冤、打死仇人的行为轰动了京城，在当时被朝野理解，无人追究黄宗羲的责任，黄宗羲由此声名大振：

> 当是时，先生义勇勃发，自分一死冲仇人胸……会审之日，观者无不裂眦变容。当是时，姚江黄孝子之名震天下。事定还里，

① 《瞿式耜集》，第12—15页。

② （清）黄嗣文《南雷学案》卷一"本传"，《黄宗羲年谱》卷上，第12、13页。

③ 关于颜紫、叶文仲的名字，据黄宗羲《海外恸哭记》《黄宗羲年谱·卷上》、黄百家《先遗献文孝公梨洲府君行略》、全祖望《梨洲先生神道碑文》、江藩《黄宗羲》等文均作叶咨、颜文仲，而邵廷采《遗献黄文孝先生传》作颜咨、叶文仲，温睿临《黄宗羲》作颜紫、叶文仲。《碧血录》称，诏狱中最毒的狱卒为叶文仲、颜紫。温睿临，康熙四十四年（1705）举人，熟稔南明史料，与《明史》修撰者万斯同有交，并撰有《南疆逸史》，其说似乎更为有据。故径改为颜紫、叶文仲。

④ （明）黄宗羲《海外恸哭记·思旧录》："周延祚，字长生，吴江忠毅公之长子。戊辰，余年十九，出学入京师，于世故茫然。时李实、李永贞、刘若愚、许显纯、崔应元、曹钦程皆逮到入狱，会审对簿。长生练达，凡事左提右挈；因以长锥锥彼仇人，血流被体。狱卒颜咨、叶文仲，诸公皆被其毒手。余与长生，登时捶死。己卯，余至其家。壬午，与之同试北场。乙巳，余馆石门，意欲扁舟话旧而不果行，仅以长笺致之，长生未答而逝。"

四方名士无不停舟黄竹浦，愿交孝子者。①

四五月间②，年仅十一岁③的李应升之子李逊之进京，上疏请求朝廷优恤其父，得到皇帝的恩准。自此，崇祯帝不仅为冤案平反，并对冤案当事人及家属给予优抚。据李逊之自叙：

先忠毅（李应升）与忠介公（周顺昌）同蒙珰难。崇祯初元同蒙恩恤，因草疏陈情，请以新赠官阶封及父母者，实自逊之一疏始。④

其后⑤，时年二十四岁的周顺昌长子周茂兰"匍匐三千里"刺血上疏，请杀倪文焕、戮毛一鹭尸，为父报仇。起初，周茂兰刺血拟定奏疏，称："臣父忤珰惨死，皆由倪文焕谋之于内、毛一鹭因而谋之于外。杀人抵死，律有明条，而倪文焕有鼎湖劝进⑥之说，毛一鹭亦曾建祠媚珰，为祖法所不赦。伏乞陛下下旨将倪文焕即刻处决，已故毛一鹭也要处以褫戮。"

当时，周茂兰住在姚希孟家中，原本打算将此疏直接呈上。姚希孟退朝回家，问周茂兰："明日上奏的奏疏是否已经脱稿？"周茂兰将血疏呈上，姚希孟见纸上血痕斑驳，于是肃容盥手后，才捧读起来，但阅后却愀然不语。周茂兰问其故，姚希孟说："你是少年未谙事，心中悲愤，所以率臆写来，但疏中'鼎湖劝进'等语，非臣子所宜言。万一皇上当面诘问，你何

---

① （清）邵廷采《遗献黄文孝先生传》。

② 据《明史·庄烈帝纪》，"赠恤冤陷诸臣"在三月二十四日，李逊之上疏既在"崇祯初元同蒙恩恤"后，因而或为四五月间。

③ （明）黄煜《碧血录》附录之"周端孝先生血书贴黄册·李逊之跋"称："时逊之方年幼，学少佩兄十有三岁。"周茂兰是年二十四岁，则李逊之为十一岁。

④ （明）黄煜《碧血录》附录之〈周端孝先生血书贴黄册·李逊之跋〉。

⑤ 倪文焕名列"钦定逆案"中"结交近侍"，秋后处决。因而周茂兰上疏必在秋前。

⑥ 鼎湖，传说黄帝乘龙升天处，指帝王的崩逝。《史记·封禅书》："黄帝采首山铜，铸鼎于荆山下。鼎既成，有龙垂胡髯迎黄帝，黄帝上骑，……后世因名其处曰鼎湖。"故鼎湖劝进，有待皇帝死后取而代之之意。

以作答呢？"周茂兰说："我再重新写一份吧。"姚希孟说："改倒是容易，但这是血疏。"周茂兰毅然称，只要能为父亲雪冤，我又怎会在惜自己这一点鲜血呢。当即刺舌取血，重新改定。

血疏呈上后，"天子览奏泣下，正文焕罪，一鹭以死免科。而公（周顺昌）得进爵易名，赠三世官"。①

周茂兰草拟的第一封血疏原稿被保留下来。三十年后，周茂兰自跋于其后，此后陆续在其上题跋的有黄宗羲、归庄（归有光孙）、李逊之、缪敬持（缪昌期孙）、魏允枏（魏大中孙）等东林后人，更有朱彝尊、钱大昕等名人，共计六十四人，直至晚清仍题跋频频，跨越了两百多年。②

血疏讼冤的三十七年后，黄宗羲题跋于其上。此时，他与周茂兰两人均已两鬓见白，相对感慨万千：

> 此时余方十九岁，佩兄方二十四岁，两人相期所以报君父者，正未有量。岂料今日相对，霜鬃雪鬓，家国破碎，泫然者久之。③

魏允枏曾两度题跋。允枏称："方先生（周茂兰）伏阙上疏时，年仅二十四，余始五岁。"顺治十八年（1661），魏允枏见到血疏时，已是讼冤后的三十五年，血疏上"血光泪痕，宛然若新"。又十八年后，康熙十八年（1679）三月八日，魏允枏再次见到血疏时，"已装潢成帙"。时光荏苒，恍然如梦，时年周茂兰七十有五，而当年两岁与周顺昌女缔姻的魏允枏也已五十六岁了。

五、魏氏父子沉冤得雪

崇祯元年（1628）秋，魏学濂"行乞入都"，进京告御状。父冤虽已

---

① （明）黄煜《碧血录》附录之"周端孝先生血书贴黄册·自跋及魏禧跋"。
② 同前注。
③ 同前注。

昭雪，并给予谥号、赐葬，但魏家的眼中钉阮大铖、傅櫆等仍然逍遥法外。魏学濂此行的目的就是要扳倒这些仇人。

自天启四年（1624）被东林党人赶下台后，阮大铖于天启五年（1625）底重新被起用为太常寺少卿。此次阮大铖在职时间同样短暂,仅七十天光景。《明熹宗实录》于天启五年（1625）十二月记载："太常寺添注少卿阮大铖,备陈孤臣去国始末与去后诬株连,以质公论。"可见,尽管当时东林已经垮台,朝中公道仍在, 通阉、陷害君子的黑锅,仍旧使阮大铖不安于位。

天启七年（1627）八月,阮大铖又差点进京。这次是阉党倪文焕的保荐。不过,阮大铖还没来得及动身,就传来熹宗于八月二十二日驾崩的消息。阮大铖深感时局动荡,未敢赴任。

崇祯元年（1628）,不甘寂寞的阮大铖再次来到京城。他认为时机成熟,处心积虑写了两份奏疏, 一份攻击魏忠贤, 另一份同时攻击阉党和东林,托好友阉党杨维垣审时度势, 呈上其中一篇。杨维垣此时正与翰林院编修倪元璐论战,便选了能帮自己忙的《合计七年通内神奸疏》呈上。①

阮大铖这份奏疏回顾了从泰昌元年（1621）到天启七年（1627）间的党争过程, 抓住崇祯帝十分憎恶的朝臣与太监勾结之事大做文章。他称,魏忠贤的这一套行径都是从东林那里学来的, 东林和阉党一样坏。他还指名攻击了汪文言、杨涟、左光斗、魏大中等直接和自己有利害关系的人。

然而,阮大铖这份奏疏经六科廊房抄发后,立即引起了东林人士的反扑。此时,曾被贬逐的许多东林党人已开始奉诏起复,而阉党余孽力图保住自己的前程,纷纷上疏竭力反对追究凶手,反对起复东林党人。东林诸公自然寄希望于借崇祯帝之力东山再起, 在这个关键时刻,阮大铖却指控东林与魏忠贤均是通内乱国的党争派系。若崇祯帝听信阮大铖的话,非但大批在野东林人士起复之望就此断绝,就是在朝的孑遗者亦处于随时获罪的境地,东林党孜孜以求重掌大局的愿望就会就此葬送。因此, 东林诸君对杨维垣、阮大铖之切齿,犹过于阉党,由此种下了东林党人对阮大铖念念不忘,

---

① 《明史·阉党》。

十数年来一直对其进行狠狠打击的根源。不久就有人弹劾阮大铖，说他"比拟不伦，党邪害正"。

崇祯元年十月，魏学濂两次刺血草疏讼父冤，称"家难较诸臣备惨"，指称是阮大铖、傅櫆等人陷害了父亲。崇祯帝拿着魏学濂的血疏，"览之泪下"，赞叹"伊（洢）濂之义，生死同揆"，于是下旨："览奏魏大中惨死情状，殊恻朕心。魏学洢殉孝捐躯，不愧忠后。会葬配祭，听从所请，昭朕孝治天下之意。该部知道。"因魏学濂大胆上疏为父兄平反，"世目学濂为奇男子"。[①]

十月二十九，崇祯帝下诏追抚魏大中，全文如下：

> 奉天承运皇帝，制曰：
>
> 夫光岳[②]凝翁，是生忠义之臣；天地晦蒙，弥表艰贞之节。故刘陶[③]殒贞北寺，杨震[④]殉烈西亭，并以祸极一时，声流千载。尔原任吏科都给事中魏大中，其生有自，视死如归，原其至清绝尘，大刚制物，可以贪绳蝉蚓，肉视虎狼。故累百知一鹗[⑤]之可尊，嫉邪如神羊[⑥]之必触。爰自辒轩[⑦]之使，陟于琐闱[⑧]之班，涛[⑨]历清垣，旋臻天掖，锐心平治，极论兴衰，节足相宣，夔睢[⑩]坐刖。时

---

① 见《崇祯实录》卷一"十月"条；《乾坤正气集》。
② 光岳，三光五岳，指天地。
③ 刘陶，东汉谏议大夫，因向汉灵帝劝谏宦官祸国之害，被宦官诬陷，下狱而死。
④ 杨震，东汉人，为官清廉，刚正不阿，遭宦官诬陷罢官，在遣归途中含恨死去。
⑤ 鹗，俗称"鱼鹰"，比喻有才能的人。
⑥ 神羊，獬豸的别称。
⑦ 辒轩：轻车，使臣的代称。
⑧ 琐闱，镂刻连琐图案的宫中小门，指代朝廷。
⑨ 涛，同"荐"，再；屡次，接连。
⑩ 夔睢，即魑魅魍魉。此处指奸臣小人。

谓司隶阳球①之既陟，此辈安容。假使铜鞮伯华②而无死，天下其定，而会以相分公媪。③当蔡京、童贯之时，士亢君宗，开窦武、陈蕃之祸④。惟尔坛帷逾峻，尤为缯缴⑤所先，贝锦⑥一成，雉罗⑦遂及。诏求钩党，狱署同文，膺、滂⑧碎首于黄门，乔、固⑨暴尸于城北。三光黯没，海水群飞，当此之时，亦云极矣！

今者世灰大涤，天宇重晶。朕是用章阐幽忠，崇敷显秩。雷震一夕，已踣元佑之碑；解泽重泉，大表比干之墓。特追赠尔为通议大夫太常寺卿。锡之诰命，以尔臣忠，章为子孝，泹、濂之义，生死同揆。弥奇卞壶⑩、伫章鲍昱⑪。呜呼，位于箕尾，识归天傅说之星，炳彼丹青，宝入地苌弘⑫之血。

---

① 阳球，东汉汉灵帝刘宏时任司隶校尉，监察京师百官和三辅，为人奸猾纵恣，后送洛阳狱，诛死，妻、子徙边。

② 铜鞮，复姓。典出《孔子家语》卷三·贤君第十三：孔子闲处，喟然而叹曰："向使铜鞮伯华无死，则天下其有定矣。"子路曰："由愿闻其人也。"子曰："其幼也敏而好学，其壮也有勇而不屈，其老也有道而能下人，有此三者，以定天下也，何难乎哉！"

③ 指蔡京、童贯。蔡京为太师，赐印文曰"公相之印"，因自称"公相"。童贯亦官至太师，都人谓之"媪相"。

④ 陈蕃之祸，即党锢之祸。东汉桓帝、灵帝时，士大夫对宦官乱政的现象不满，与宦官发生党争的事件。事件因宦官以"党人"罪名禁锢士人终身而得名，前后共发生过两次，伤汉朝根本，为黄巾之乱和汉朝的最终灭亡埋下伏笔。

⑤ 缯缴，即矰缴。猎取飞鸟的射具，比喻陷害他人的手段。

⑥ 贝锦：喻诬陷他人、罗织成罪的谗言。

⑦ 雉罗：牢狱。

⑧ 膺滂：东汉李膺、范滂的并称。两人均因党锢被害。

⑨ 乔固：东汉李固、杜乔的并称，为权臣梁冀所害。

⑩ 卞壶（281—328），字望之。东晋大臣。太宁三年（325）辅助成帝执掌朝政，封为右将军加给事中尚书令。咸和三年（328）苏峻反，卞壶率军保卫京城，力战死。

⑪ 鲍昱，字文泉，约当王莽更始二年（10年）生，卒于汉章帝刘炟建初六年（81年）。鲍昱历光武、明帝、章帝三朝，位至司徒、太尉，是东汉初年著名的奉法守正、注重实绩的官员。

⑫ 苌弘：亦作"苌宏"。人名。字叔，又称苌叔。苌弘被周人杀死，传说死后三年，其血化为碧玉。

这篇诰命，以优美的骈文写就，出自礼部尚书倪元璐手笔。魏大中身后，终于得到朝廷高度肯定，并获赠为通议大夫、太常寺卿，谥忠节[①]，赐以祭葬。魏学洢配祭附葬，诏旌为孝子，乡人私谥"孝烈"。在县城中敕建忠孝祠特祀，后又于祠前沿街建"忠臣孝子"牌坊，邑人称为魏家祠堂、魏家牌楼，原址即今县城中山路影剧院附近。

由于此前孤儿纷纷以血疏申冤，崇祯帝下诏请停血疏。尽管阮大铖的罪状查无实据，但崇祯帝便很快降旨："阮大铖前后反复，阴阳闪烁，着冠带闲住去！"

在崇祯帝的不断过问下，《钦定逆案》名单终于公布，列名的阉党分子二百余人被论罪。阮大铖因为媚珰查无实据，仅按对魏忠贤"颂美赞导"罪，列入"结交近侍又次等"，即第五等罪名，按律坐徒三年，纳赎为民，永不叙用。于是，刚起用为光禄卿的阮大铖，以"阴行赞导"的嫌疑，论赎徒为民，终崇祯一朝，均废斥在野。

崇祯元年（1628）深秋，在杨涟、左光斗、魏大中等"六君子"蒙冤被害后的两年后，一群披麻戴孝的少年来到了北镇抚司诏狱中门，为惨死的父辈设祭招魂。一洗父辈冤屈的东林孤儿共推魏学濂为首，写下祭文，祭奠于诏狱中门。魏学濂读祭文未竟，已是哽咽难言，孤儿们莫不狂哭，四旁围观众人也纷纷落泪。祭文称：

> 维崇祯二年（1629）岁次，己巳四月己巳朔越九日乙未，不孝孤子缪虚白、袁勋、周茂兰、左国柱、周命宁、魏学濂、周彦升等，因今皇上登基，优恤死事，赐荫祭葬，或更赐祠赐谥，孤等上疏陈情，亦并蒙嘉纳，孤等始得各持酒一樽、饭一盂、香一柱、纸一束，同造镇抚司前，并为杨之易等具祭而哀告曰：
>
> 此地何地，乃人子在此哭父？天乎！痛哉！孤等于府君未殁不能救，既殁不能殉，即有时痛不欲生，然亦究竟不能死，自羞

---

① 根据谥法，危身奉上为"忠"，好廉克己为"节"。

自恨，无正颜对吾府君冥冥中，而向每过此，足不能前，含泪悲想，以为此门之内便是明心堂，吾府君受拶受夹受棍于此，堂之旁便当是狱，吾府君血流肉烂，蝇嘬蛆攒，锁头凌虐，从此摺杀于此。又转出此衙之后，则见牢穴扃于秽污之中。尔时，孤等虽习于不孝，总无计顽此心矣。天乎！痛哉！今日所以相率哭祭，又非为下招归来也，忠魂义魂，早随二祖列宗在帝左右。而孤等一腔积血，呜咽未洒，圣恩浩荡，使孤悲从痛中生，抑又泣从感下。灵爽不昧，当知诸孤不孝，亦尝来此哭祭。而三年之内，并哭不敢，今得而来此，又为谁之深恩？府君其识之矣。

天乎！痛哉！尚飨。①

东林孤儿的哭声惊动宫廷，崇祯帝为之洒泪："忠臣孤子，甚悯朕怀。"年轻的东林孤儿，给人们留下了又勇又孝的深刻印象。

六年后的崇祯七年（1634）十二月，朝廷会葬魏大中。一时名贤云集，参与会葬的有千人之众。当时的魏家"室无完器，门无赀石"，但魏学濂从容应对，"布置闲通，不露贫狭"。②在县城最为繁华的县前大街，为魏大中、魏学洢父子建起了忠节祠和忠孝牌坊。

此次会葬，魏家特请名儒刘宗周为大中题写神位。刘宗周与魏大中是砥砺性命之友，据《年谱》记载："先生生平为道交者，惟周宁宇、高景逸、丁长孺、刘静之、魏廓园五人而已。"刘宗周撰文哭道：

煌煌大明，而且申学禁。学禁伊何？东林射的。二十年来，飞矢孔亟。一朝发难，忠谏骈首。诏狱株连，积尸如阜。惟公之品，冰寒玉洁。壁立千仞，轰轰烈烈。蚤游梁溪，与闻正学。守学之贞，信道之卓。以此事亲，以此事君，以此事师，以及化人。戮力同心，

① （清）金日升《颂天胪笔》卷二十。
② （明）黄宗羲《翰林院庶吉士子一魏先生墓志铭》。

以补衮职；以此忤权，以中谗贼。以进以退，以荣以辱，以生以死，惟此学鹄。是学非学，请折诸圣；是道非道，请卜诸命。致命遂志，如此而已。

吴志远、陈龙正都是魏学濂的姻亲，于是借会葬的机会，请刘宗周在墓室之旁讲学，魏学濂、黄宗羲也在旁聆听。魏学濂、黄宗羲得此之便，成为刘宗周的门生。[1]

复社盟主张溥写来祭文，略云：

呜呼！先生居官六年，家徒四壁，而卒坐赃三千余以死。……凡为此以杀先生者，深知先生之无罪与先生之贫也。……然先生既没，其风不改。子敬死，复有子一、子闻，志操学问皆如其兄。……先生身当患难，志在澄清，排击大奸，趋死不顾。……古之忠臣义士，放逐流离，殒身社稷者，皆繇是也，何独疑于今日哉。

陈龙正为会葬写下祭词，公祭魏忠节公及长公子魏学洢[2]，并写下《祭魏忠节公》一文，感叹魏大中居官多年，甚至身处要津，到头来家里一贫如洗，家人吃糠咽菜。[3]文中还回忆两人"癸卯、甲辰间，出入联榻，风雨悬灯，相与搜剔经史"的情谊，读来令人动容。

棺暴荒野近十年的魏大中、魏学洢得以入土为安，沉冤终于得雪。

---

[1] （明）刘宗周《刘子全书》卷四十；（明）黄宗羲《翰林院庶吉士子一魏先生墓志铭》。
[2] （明）陈龙正《几亭全书》卷五十八，第19—21页。
[3] （明）陈龙正《几亭全书》卷五十八，第14、15页。

第十五章　忠节遗声

一、魏大中著述概论

魏大中名下著作主要是《藏密斋集》一种，全本二十五卷，通行的则为二十四卷本，首次刊刻于崇祯年间。卷一为自谱，卷二至卷九为奏疏，卷十为诗集，卷十一至十三为杂著，卷十四至二十三为书牍，卷二十四为启（同为书信的一种），卷二十五为制艺（也称时艺、制义，即八股文）。魏大中的自编年谱为我们了解其生平提供了主要线索，而其奏疏、诗、杂著、书札，则为我们深入了解魏大中提供了极为珍贵的资料。

《藏密斋集》所收书牍计十一卷、六百六十一封书札。其中魏大中从政后期的书信大多数保存了下来。魏大中称，天启辛酉（天启元年，1621）以前，"生平书牍不存"，壬戌（天启二年，1622）后，其书牍"存者十之九"。他的书信鲜见客套或附庸风雅的，大多数论及政事，他善于通过书信与同僚交流，以阐明自己的见解和主张，正如他自己评价其书牍"论学者，梦语也""论文者，微有解焉"，而"其论时事，则一腔热血，遍洒神州赤县"，这些书信为我们了解晚明政治提供了极为宝贵的第一手材料。

魏大中的勤政，可从其书信中管窥一二。以天启二年十一月初六日为例，这一天他写了十六封信。这些书信有勉励同僚的："消长之关，在今计典，幸偕众正，努力努力！"；有自勉的："弟高卧广宁门外僧寮中，便旷然如在尘外，恍然觉时事之可为，而自恨其意气不精进而自失"；有揭露工部买铁案营私舞弊的；有给赵南星表明心迹的："大中樗橛无足比数，不自意翁台掖而进之，若以孺子为可教也"；有为朝廷正人进用而欣喜的："高阳（孙承宗）以枢宰督师，高邑（赵南星）以凤望升朝""言路有人，票拟得当，国家之福"。

《藏密斋集》收魏大中天启元年（1621）至天启四年（1624）之间的奏疏四十篇，不足其全部奏疏的三成，那些"漫然不足存者""讳不当存者"，魏大中没有将其收入集中。

《藏密斋集》收诗作一卷。魏大中诗学杜工部，他为人虽有些刻板，但"颇留心风雅"，年轻时在课蒙之暇，常写一些诗歌。[1] 魏大中称："丙申间（万历二十四年，1596），绳墨于制义而肆意于诗。"所谓绳墨，是指循规蹈矩的八股文的做法，时年二十二岁的魏大中更愿意通过诗歌来抒发自己的情感。但我们无缘见识魏大中青年时期的诗作——他的诗稿不幸连遭两劫：万历三十年冬（1602），诗稿遭窃；万历四十四年（1616）再遭劫难。这年他刚刚出仕，寄居僧寺，将借来的二十五两银子与诗文一起放在箱子里，不幸为贼所偷。这个小偷拿走了银子，烧毁了所有的诗书文稿，并把箱子扔在街角。[2]

魏氏家族在词风大盛的明清之际，是柳洲词派的一支重要力量[3]。但与其子侄辈相比，魏大中的存世词作仅见《柳洲词选》的四阕《临江仙》。清代吴衡照在《莲子居词话》"补明词"一条，引用了黄尊素的一阕《临江仙》，并感叹道："此与魏忠节《临江词》，同为寸玑残璧。"[4] 魏大中这阕《临江仙·钱塘怀古》颇有雄浑之气，也被选入《明词综》《明词选》：

---

[1]　见（清）朱彝尊《静志居诗话》卷十七，第512页。

[2]　（明）魏大中《藏密斋集》卷十·诗草序。

[3]　《全清词》（顺康卷）收录了为数众多的柳州词人的作品，其中魏氏家族的词作亦可谓洋洋大观。

[4]　（清）吴衡照《莲子居词话》，中华古典精华文库电子版，第73页。

埋没钱塘歌吹里，当年却是皇都。赵家轻掷与强胡。江山如许大，不用一钱沽。

只有岳王泉下血，至今泛作西湖。可怜故事眼中无。但共侬醉后，囊句付奚奴。①

王士祯在《倚声初集》中对这首词给予"想见血性"的评语。因入清后涉语忌，改"赵家轻掷与强胡"为"赵家轻失此雄图"。②

魏大中另有《魏大中遗著》一册抄本存世，现藏国家图书馆。该书收录了魏大中被逮以后的文字，包括《自谱》、绝命书（也称《临危遗书》）、《被逮日记》以及他手定的诗、疏、书稿的自序，除《绝命书》《被逮日记》外，同见于《藏密斋集》。因该抄本经藏书家刘履芬、莫友芝、潘钟瑞对照魏大中手稿进行仔细校勘，借此可以了解到魏大中《自谱》的手稿原文。上海图书馆藏明崇祯刻本的《藏密斋集》，也曾为刘履芬等收藏，刘氏同样对集中《自谱》部分进行了校勘。

在《魏大中遗著》抄本书首，刘履芬写道：

独山莫子偲友芝从沪上购得魏忠节尺牍抄本，是拜经楼旧藏。己巳（同治八年，1869）秋，同在江苏书局，会予借得忠节手迹，手录副本以示子偲，互加订正。适又购得忠节所著《藏密斋集》二十四卷，内《自谱》一卷，均依稿本付梓，误者不过一二，唯《遗训》及《被逮日记》两种不入刊，不解其故。己巳十月廿有四日，取刊本覆校并记。江山刘履芬。

其中《被逮日记》后，刘履芬又记曰："是岁九月，长洲潘钟瑞亦借录一通，并将稿本、清本及泖生此本统校之，互有订正处，加注眉上并记。""同

---

① 《全明词》，第1395页，中华书局2004年版。
② 吴熊和《吴熊和词学论集》"柳洲词选和柳洲词派"，第386页，杭州大学出版社1999年版。

治己巳（同治八年，1869）秋日，从海盐陈孝廉德大处借墨本录，八月初一日竟。江山刘履芬记。"

在明崇祯刻本的《藏密斋集》之《自谱》《诗草序》等篇，刘履芬在边栏处也均有细笔校注。其首云："此自谱一卷及疏草序、诗草序、杂著序、书牍序四篇盖以刘履芬（泖生）录真迹稿本校退，泖生假真迹来复校。"书后又注曰："旧本卷二十四《启》后尚有制艺一卷，魏浣初 ①、□□□二序及自序，文廿七篇，为廿五卷，合序凡六十六纸。"

从这些校注、跋语可以知道，《自谱》等手稿至少在晚清尚存于世。《藏密斋集》入清后曾遭禁毁，在文字禁渐渐宽松的清中后期重新刊印。道光二十八年（1848），苏州顾湘舟所刊行《乾坤正气集》，收录了政论、杂著为主的七卷本《藏密斋集》，而稍早的嘉庆年间重新刊印二十四卷本的《藏密斋集》。由于兵燹等原因，到晚清，魏大中的著述已相当罕见。《槜李遗书·魏廓园先生书牍》序言称：

> 《明史·艺文志》载魏大中《藏密斋集》二十五卷、其子学泗《茅檐集》八卷。四库著录仅学泗集，而不见《藏密斋》。此二册（指魏廓园书牍）书尺亦非其全，必有若干篇入集者。集不可见，是二册益足珍矣。

《槜李遗书》系嘉善孙福清 ② 所辑，刊刻于光绪四年（1878），收录了魏大中的二册书牍。由序文可知，作为晚清嘉善政坛、文坛一名有影响力的人物，孙福清仅于清同治六年（1867）十月在沪上搜集到两册魏大中书牍的抄本。此抄本当有四册，据晚清藏书家莫友芝称，幸存的两册为藏书家吴骞的拜经楼所藏。莫友芝甚至认为《藏密斋集》

---

① 魏浣初，字仲雪，万历四十四年丙辰科进士，魏大中知交。
② 孙福清，字补璇，号稼亭，嘉善人。清咸丰元年（1851）举人，历任教习，山东惠民、泽县、商河、蓬莱等知县，两充同考官。光绪七年（1881）回籍。辑《槜李遗书》等二十八种，著《望云仙馆诗钞》。

已经失传。①

清末嘉善举人陆炳琦在《平川棹歌》中咏道："忠节家声信不虚，手抄藏密有传书。词章金石分流派，尚说冬心与石路。"诗后注云：

> 予嗣祖母魏忠节远孙。忠节有藏密斋稿，闻而未睹。……石路先生名正錡，工诗，忠节遗裔也。②

陆炳琦提到的魏正錡，是魏大中的五代孙。可知到晚清，即使在魏氏家族内，《藏密斋集》也已"闻而未睹"。

除了魏大中的遗著外，魏大中的小像似乎也没很好保留下来。20 世纪 90 年代新编的《嘉善县志》录有其一幅身着官服的画像③，甚是模糊，唯一依稀可辨的相貌特征是清瘦。自明清以来，不少人对着魏氏父子的画像写下一篇篇纪念他们的文章，但所谓的题遗像或者像赞，并未对魏大中的容貌着墨。魏大中应该长得并不入眼，傅櫆曾攻击他"貌陋"，加上他儿时曾出过天花，脸上也极有可能留下疤痕。④康熙壬申秋七月，曹尔坊子曹鉴伦曾以一札记魏大中、魏学洢父子遗像事。据其记载，魏氏父子遗像失于明末兵燹，"魏家求之三十年"，最终在魏学洢孙魏儒照的努力下，得之于吴门陈氏。这幅遗像恐怕后来也未能流传下来。所幸尚有魏大中遗像摹本存世，使我们能对本书传主的容貌终于有一个清晰的了解。该像为庄敬骥摹本。这应是最接近魏大中容貌神情的一幅画像了。⑤

---

① 莫友芝在《郘亭知见传本书目》卷十"魏忠节公尺牍四册"条中称："大忠著有《藏密斋稿》二十五卷，见《明史·艺文志》，今已无传。此物旧抄四册，是吴骞拜经楼物。同治丁卯冬收之沪上。"

② （清）陆炳琦《平川棹歌》，录自《嘉善文史资料第七辑·嘉善县乡土风情诗汇编（下）》，第 228 页，1992 年版。

③ 《嘉善县志》，上海三联书店 1995 年版。

④ （明）魏大中《自谱》"十年壬午八岁"条："是年始出痘。"

⑤ 庄敬骥，嘉兴庄一拂之父庄益三。庄益三、庄一拂父子倾心完成《嘉兴历代先贤像传》，收入西汉至民国以来的嘉兴先贤 200 余位，有肖像，有小传，而"画像小传皆有出处"。

魏孔时先生遗像（庄敬骥摹）

二、魏大中《绝命书》略考

国图《魏忠节遗著》收录的魏大中《绝命书》和《被逮日记》两文不见于《藏密斋集》。

《被逮日记》记载简略，每日仅数言或十数言，故未收入《藏密斋集》也属正常。作为魏大中最后遗笔的《绝命书》未见其文集收录，不能不说是一件蹊跷的事。无论是魏学洢还是魏学濂，都没有提及过父亲这一份遗书的存在。入清修编的康熙《嘉善县志》，收录了魏大中的两篇奏疏及魏学濂的两份血疏，却未见《绝命书》的踪影。黄煜编辑的《碧血录》，是天启珰祸死难者的遗作集，包括各人的就逮诗、绝笔、血书、遗书等，但魏氏名下，除了他的《自谱》外，仅魏学洢的《将赴浙狱遗友人书》，似乎各家都不知道魏大中有这样一份遗书的存在。直到清光绪年间，《绝命书》才不知从何渠道被收入县志中。①

这份《绝命书》，前无抬头，后无落款，遗书最后一句："从我于患难者，另着眼看，闻张登时露宿也……"，可知这份《绝命书》应当未最终完成。

《绝命书》为纸本，原为五页，收藏者将其装裱为卷，纵高约十九厘米，横长近两米八十。从收藏印鉴与题跋看，我们大体可以知道《绝命书》的收藏与流传过程：清顺治年间《绝命书》为浙江会稽人张学曾所有，至康熙时为江苏兴化王熹儒所收。这两人均为书画鉴藏家，并在藏品上留下了收藏章。《绝命书》上还有三段跋语。其一为清道光、咸丰时期江苏吴县的经学者宿宋翔凤所跋。咸丰八年（1858），八十高龄的宋翔凤写下长篇跋语，并在装

---

① （清）光绪《嘉善县志》卷三十二，第16页。

《绝命书》（局部）①

裱的每一处接缝上钤上斋号"浮溪"。第二位题跋者是康有为。根据署款，可知为民国八年（1918）。当时，康有为联想起自己光绪戊戌年（1898）八月给老母及门人留《绝命书》一事，称赞魏大中"忠孝一门"。同年，近代书法家李瑞清为《绝命书》题写篆额"明魏忠节公绝命书"。最后一个题跋者是清末权臣、曾任直隶总督及北洋大臣的陈夔龙，题款时年八十五岁，可知其时为 1940 年。1952 年，国家文物局从民间获得此遗书，拨付中国历史博物馆收藏。

魏大中的《绝命书》可以让我们感触英雄离别前真实的内心世界。历史记载展现的是魏大中刚毅的一面，《绝命书》则留给我们魏大中作为家长、丈夫、父亲温情的一面：

> 我不负国然负家。大爷未曾改葬，亲娘未曾合葬，大姊、二姊未葬，三姊未曾照顾得他；奶奶害了他一生，洄儿害尔半世，又要害尔后半世。汝母汝弟俱累汝，我冤我债俱累汝。破巢必毁卵，慎之慎之，藏行灭迹可也。……我害了一家人，我害了一家人，怨我罢了，不要思我……

遗书以这种颇有点英雄末路的自怨自艾开头。在九年的官宦生涯中，

---

① 本图录自《中国通史》第四卷，第 48 页。

魏大中难以顾上家庭，甚至在经济上也谈不上对家人的照顾。深明大义的妻子对此毫无微词，一肩挑起家庭的重担，从未停止过操劳，数十年"织素如故"。魏大中意识到，以其获罪之身，势必给家里带来更为深重的灾难。这种深深的歉疚感折磨着他，使他在最后一刻难以释怀。

为避免祸及子孙，魏大中在《绝命书》中要求他们"慎之戒之"，称自己的遭遇是自己"戾气所招，绝不与人事"。同时，又以家长的身份，要求子孙"读书，……明义理，通古今、达事变，长穷困，处患难"，读书"佣经以糊其口，非为要做官也"，嘱咐家人"患难相守，纵饿死须做一堆"。

遗书中，魏大中准确地预见了自己死后的情形："倘有不测，当日具本，四日而始得旨；旨下，又须差御史相验，验后始出尸，早亦是六日矣……尸出狱必腐烂而化为异物矣，七零八落，尸骸不全。"他仔细交代了自己死后的棺木、殓法。

遗书的最后，交代家人要善待沈高、张登、羔候、鸿裴、龙潜、张仁、顾仁等仆人，并称赞邻居刘契（启）先为"异姓骨肉"，要家人"厚之如至亲"。

在《绝命书》中，魏大中提到"次儿妇居我家十日矣"。天启五年（1625）四月十一日，魏大中为学濂完婚的，四月二十四日被逮。可见，这份《绝命书》在魏大中被逮前就开始写了。从行文看，《绝命书》是为了交代身后事。魏大中在写这份遗书的时候，一定曾想方设法交给家人。但天启五年（1625）七月二十四日，刘启先在最后一次见到魏大中时，魏大中没能将此书交付，或者遗书此前已经托付其他人，但在狱卒的眼目下，魏大中无法明说。

我们猜测，魏大中未及时将遗书交予家人的原因如下：

其一，魏大中在被逮之时虽有必死之志，但无必死之心。魏大中在《自谱》首页题注中表示，等到了刑部大狱，还要继续修改《自谱》。可见，他自认为在法司的审理下，还是有一线生机。他与左光斗等人假意集体认罪，便是自保的一种策略。《绝命诗》是交代身后事，不到最后关头，魏大中并不愿意让家人知道这封遗书的存在。在身受毒刑后，魏大中未及将遗书最后完成并交付家人，这可能是他始料未及的。

其二，诏狱环境残酷，遗言转交存在很大困难。据《碧血录》记载，杨涟有一血书遗言，凡二百八十字，藏于枕内，本来期待家人整理遗物时发现，但却被狱内第二号酷吏颜紫搜获。颜紫也被血书感动得号哭不已，称："异日者，吾执此赎死。"魏忠贤得到这份血书后就将它烧了。幸运的是，狱中有一珠商，将其抄录下来，才使得杨涟的遗言得以流传下来。六君子的不少遗文是通过顾大武带出来的，但其中未包括魏大中的这份遗书。在魏大中感觉来日无多的情况下，可能将此书托付给了一位可以信任的朋友，比如与魏大中关系友好的锦衣卫王涴民。魏学洢曾经提到，父亲系狱时，一日魏家仆人遇到了王涴民。王涴民得知魏学洢住在良乡，于是设法与其相见，魏学洢托王涴民代为奔走。按照王涴民的身份，进入诏狱探视还是有可能的。当然，魏大中是否真的将遗书交给了王涴民，已无从查考。鉴于当时恐怖的政治气氛，这位拿到遗书的朋友对此讳莫如深，密而不发。魏大中暴毙于狱后，魏学洢旋即扶棺南归，这个人也一直没有机缘交付遗书。

《绝命书》原件现珍藏于中国历史博物馆，被确定为国家一级文物。

魏学濂研究

第一章　才学卓冠

一、魏塘人文蔚起

嘉善一称柳洲，其名因嘉善熙宁门外的柳洲亭而来。柳洲亭，旧名刘公墩，历代多有修葺。万历二十六年（1598），知县余心纯沿堤植柳，建真武殿、文昌阁及环碧堂，此处遂成嘉善城外一处胜景。

与这样的人文胜景相对应，明末的嘉善，经济繁荣，也迎来文化发展的黄金时期。时人赵维寰称嘉兴府所属七个县中："独武塘地气最灵，所生人物颇多奇杰。"[1] 明清易代之际，嘉善文人队伍空前壮大，《柳洲诗集》在凡例中称：

> 我里人文蔚起，莫盛于丁丑、戊寅[2] 间，切磨道谊，敦尚古学，则"柳洲八子"实首功焉。中变兵灾，风雅不废。[3]

---

① （明）赵维寰《雪庐焚余稿》续卷一，第6页。

② "丁丑""戊寅"，即崇祯十年（1637）、十一年（1638）。

③ 顺治十六年（1659），陈增新、蒋瑑、曹鉴平、李炜、李炳、魏允枏、魏允枚八人合辑《柳洲诗集》十卷刊行；（清）光绪《嘉善县志·卷十九》〈宦业〉，第16页；（清）沈季友。

崇祯年间,魏塘钱继振、郁之章、魏学濂、吴亮中、魏学洙、魏学渠、曹尔堪、蒋玉立,每月在柳洲亭会文。[①] 时任嘉善县令的李陈玉题其堂曰:"八子会文处",并作《魏里八子序》[②]:

> 魏里有八子。魏学濂、学洙、学渠,子桓、子建、子丹也。伯仲雄长,有古邺遗风。濂俊而艳,洙奇而锐,渠都而雅。若钱继振则在伯叔间。子由俊杰或过其兄,子瞻流动或长其弟也。鸣珂佩玉,珊珊其来者,钟鼓帷帐,不移而具,则郁之章有焉。少年美致,举止不胜衣,单花吐艳,二女匿笑,则蒋玉立、吴亮中。其文大雅,霏沸槛泉,正侧俱清。昔之论昌黎韩子,文尚古澹,诗名奇奥,若出两手者,曹尔堪填词香艳,撝文庄朴,意甚不苟,几几乎似之。八子者,匪独魏里之才,皆天下之士也。

魏学渠作于顺治十六年(1659)的《柳洲诗集序》称:

> 我里僻处越西,提封[③] 最狭,而尚节义,工文章,海内颇以小邹鲁[④] 相推许。岁丁丑(崇祯十年)、戊寅(崇祯十一年)间,余兄弟盟八人于柳洲,讲经艺治事之学,以其暇为诗古文辞。

崇祯十年(1637)前后,丁宾、袁黄、吴志远等前一辈的魏塘文人相继谢世,新生代的文人正在成长之中。"柳洲八子"中,魏家占了三席。魏学洙聪慧过人,曾与学濂一起入复社,忠节被逮时,训学洙有"只是读书"数语,魏学洙即以名其斋,魏学洙的《素水居遗稿》为其诗、词遗稿,文辞清新,充满意趣。魏学渠是顺治五年举人,授成都府推官,后升刑部主事、

---

① (清) 孙默《十五家词》卷八、卷九"南溪词"。
② (清) 光绪《嘉善县志》卷三二。
③ 提封:犹版图,疆域。
④ 邹:孟子故乡;鲁:孔子故乡。后以"邹鲁"指文化昌盛之地,礼仪之邦。

湖广提学，荐博学鸿词，是柳洲词派的重要代表人物，有《青城词》存世。①

其余五人中，曹尔堪，字子顾，号顾庵，会元曹勋之子，顺治九年（1652）进士，为柳洲词坛盟主，与宋琬、王士祯等并称"海内八大家"；钱继振，字尔玉，号冰心，钱继登的胞弟；吴亮中，字寅仲，号易庵，是魏塘理学泰斗吴志远的儿子，顺治九年（1652）进士；蒋玉立，字亭彦，少从复社张溥游，顺治十一年（1654）拔贡，在清初京城文坛颇为活跃；郁之章，顺治六年（1649）登进士，康熙十六年（1677），参与县志纂修。②

魏学濂、曹尔堪、吴亮中、郁之章日后都登进士，魏学渠、蒋玉立也以博学鸿词出仕或拔贡，可见李陈玉指出的，"柳洲八子"实际上"匪独魏里之才，皆天下之士也"，并不为过誉。

在"柳洲八子"中，最有才气的，要数魏学濂。

二、天下慕重的魏才子

天启珰祸使得魏氏家破人亡。在父兄同一年过世、家中不堪追比，四壁萧条的境地下，年仅十八岁的魏学濂携幼弟魏学洙支撑残破的家园。

魏学濂（1608—1644），字子一，别号内斋（一作容斋），魏大中次子。与相貌平平的父亲不同，魏学濂长得英俊潇洒，相貌堂堂。李陈玉称其"俊而艳"③。明末四公子之一的冒辟疆也称赞他"秀挺清奇，不可一世"。④

在父忠子孝的光环下，魏学濂是时人倾慕的对象。县志称他"外弥诸艰，内综庶务，事寡母，抚幼弟及兄孤子，咸尽其道""豁达，多大略，性至孝。感忠节诏狱之惨，终身布衣，无重味。母病，割臂肉和药以进，乃

---

① 金一平《柳洲词派中魏氏家族词人新考》；（清）光绪《嘉善县志》卷二十二，第16、17页；（清）文德翼《求是堂文集》卷十七"祭魏友庄先生文"，第47、48页。
② 《郁氏家乘》。
③ （清）光绪《嘉善县志》。
④ （明）冒襄《同人集》卷九，第3页，见《四库全书存目丛刊》集部第385册，齐鲁出版社1996年影印。

瘿然，未尝为人言也"。魏学濂疾恶如仇，"谈及义烈事迹，辄为流涕。在家闭门扫轨，非公事不与闻"。崇祯四年（1631），陈龙正仿效高攀龙的做法，在嘉善组建同善会时，便邀请魏学濂作为共同发起人，希望借其名望，增加同善会的影响力。魏学濂积极参与同善会的工作，"值荒岁，倡议出粟，减价平粜，赖以存活甚众。又为道殣给椟。暑月，躬至贫乏及疾者家慰问之，不以为惮也"。

在嘉善地方上，魏学濂是行隆纯孝之人，因此在重要的地方事务中，也屡屡看到他的身影。崇祯十年除夕夜，嘉善年已八十的陆时显妻陈氏无疾而终。陈氏十八岁嫁陆时显，婚后二十八日，陆时显就到邯郸曲周县做漆匠，久而不返。兄往寻弟，亦不返。家贫无子，陈氏以纺织赡养婆婆和嫂子。对这个节妇之死，地方官员十分重视，县令李陈玉立石并撰写《墓表》，会元曹勋撰《墓铭》，魏学濂书《事略》，并由魏学濂书丹，王屋题篆额，由邑人沈枻、魏学濂发起，筹措银两，在西塘福源宫旁建孤贞墓和陆节妇碑亭。这显然是借助了魏学濂在孝节方面的影响力和号召力。

作为忠臣孝子的孑遗者，时人对魏学濂寄予了很高的期许。在嘉善，安排了王屋、顾艾、沈蔚①等人，陪伴并督促他读书。而魏学濂本人也是勤奋刻苦，潜心钻研。

魏学濂的才学是多方面的，除了制艺之外，于各种经世致用的实学也尽心钻研，对兵书、战策、农政、天官、治河、城守、律吕、盐铁等学问，无不讲求，更寻访剑客奇侠，"与之习射角艺，不尽其能不止"。《明季北略》中称学濂："益究心天文、地理、兵农、礼乐、刑律之要，冀一旦得效驰驱，为报塞地。"魏学濂曾经在王君重处学习兵法，曾研究筑城之术，也曾从张歧然（秀初）学习音律，对于水利也有涉猎，比如魏学濂认为，要使漕河不至于淤塞，就要保持河道的畅通，以水冲沙。②

---

① 沈蔚，字仲涵，诸生，刻苦标胜，以蒙庄李长吉自负，著兵法、历法等书。

② （清）光绪《嘉善县志》卷廿五，第14页。薄珏，字子珏，昆山人，诸生。明万历间尝游嘉善，魏学濂师事之；（明）方以智《物理小识》；（明）黄宗羲《南雷文定》前集一"张仁庵古本大学说序"；（清）贺长龄《皇朝经世文编》卷四十七，姚文然"舟行日记"节录。

时人对魏学濂评价甚高。姚希孟认为东林后代中，魏学濂"才最美"；吕留良称"天下皆咸慕重之"；黄宗羲对魏学濂的多才多艺十分佩服："子一多艺，能为古文，字工章草，画有元人笔法。学兵法于王君重、学律吕于薄子珏 ，一时名骤起。"并称，他所敬畏的天下名士，只有方以智、沈士柱、魏学濂以及胞弟黄宗会四人。高宇泰也称："学濂席先人之誉、禀通越之姿，娴文博艺，海内人望归之，如霜刃之新发硎也。"① 台湾作家高阳在《明末四公子》一书中，将魏学濂与冒辟疆、方以智一起称为"明末三大才子"。②

魏学濂《荷花鹭鸶图》，上海博物馆藏

在绘画上，雍正《嘉善县志》列举了本邑四位明代书画名家，魏学濂名列其中。方以智称，曾见"魏子一于扇上水墨为人写真，一一逼肖，故是神颖"，称赞他的书画"直逼唐宋……一时盛名，无出其右"。陶梁在《红豆树馆书画记》中认为，魏学濂的画世不多见，画风简劲，颇有南宋山水画家马远的笔意。《好古堂书画记》称其"绘事亦妙乃尔。遂为六法家增重"。江南著名藏书楼——过云楼曾收藏魏学濂仿宋元八家册。藏主顾文彬认为，元代论画有士气之说，所重者为意境和气韵，而魏学濂是两百年来集其大成者："志在复古，故与文敏（赵孟頫）心源（张璪）良良相通，又其笔端有宋贤之秋丽而去其滞，有元贤之苍雅而去其率，精链古厚，足为胜国末

---

① （明）姚希孟《文远集》卷十六，第24页；（清）吕留良《吕晚村先生文集》卷六，第23页；（清）高宇泰《雪交亭正气录》。

② 高阳《明要四公子》，华夏出版社2007年版。

造大家。"①

魏学濂的书法也得到时人的高度赞赏。陈龙正称其"书法直逼晋唐"。天启四年（1624），僧性贤招募陈继儒、钱士升、文震孟、李日华、董其昌等十方名家书写《金刚经》，魏学濂也名列其中。书毕全部勒石，并在嘉善景德寺前殿东南建幡经室庋藏，碑拓传流，为士人珍藏。②

魏学濂所仿写的颜真卿字，几可乱真。颜真卿《争座位帖》传世摹刻甚多，魏学濂所临宋拓本与米芾的临本并称于世，为时人奉为至宝。③这幅《争座位帖》后来勒石嵌梅花庵壁间，与元代大画家吴镇草书《心经》同列。清代书画家、藏书家唐翰曾于咸丰五年乙卯（1855）题跋魏学濂《争座位帖》拓本，称：道光丁酉（1837）十月曾在魏塘买到此拓本，"纸新墨古，精采独异。质之好石家，咸谓魏忠节公子学濂所摹即祖是本"，并回忆自己幼时曾与父亲拜谒梅花和尚墓，尚见此石刻。

魏学濂在诗词上的成就也颇高，在词风大盛的崇祯之际，是柳洲词坛较有影响的词人。沈雄引《柳塘词话》中谈到柳洲词人的百家"虞美人"大唱和，认为写得最好的是魏学濂："柳洲诸公寄情于虞美人曲者不下百家，而魏学濂为最。其词悲，其心苦矣"，其词曰：

> 君王羞见江东死。何事侬来此。最悲亭长古人风。载得一船红泪过江东，江东父老深怜我。栽我千千朵。至今留取好容颜。为问重瞳却复得谁看。④

---

① （清）陶梁《红豆树馆书画记》卷六，第67、68页；（清）陆心源《穰梨馆过眼录》卷三十，第17页；（清）顾文彬《过云楼书画记》画五，第28、29页。（明）方以智《物理小识》；（明）方以智《印章考》；（清）姚际恒《好古堂书画记》卷下；《戈志》卷二十一页。

② （清）光绪《嘉善县志》卷六，第51页。

③ （清）杨宾《大瓢偶笔》卷四"论颜真卿书"：僧以牧云：报国寺僧有旧拓争坐位帖，甚刻画而非襄衣褙。余曰：崇祯间嘉善魏子一命工马士鲤翻刻一本，可以乱真，得无是乎？阅之果然。

④ （清）沈雄《古今词话》卷下，第28页。

可以说，魏学濂是才貌双全，再加上忠孝世家的光环，他被寄予了无限的期望，而生活也正在向他展示无限的希望、无限的可能。黄宗羲在为胞弟黄宗会所撰的墓志铭《前乡进士泽望黄君塘志》[①] 中称：

> 天启忠臣之家，其后人多有贤者，而两浙之黄、魏为最著。魏忠节公三子，子敬死孝，子一、子闻文誉甚盛。忠端公五子，二人尚幼，不肖与晦木（黄宗炎）、泽望名亦落人口。当时，考官之入棘闱者，皆欲得此两家之后人出其门下。

黄宗羲认为，天启忠臣后代中，以黄家与魏家的几个儿子最为出名。由于他们显而易见的前程，科举考官都以得他们做弟子为荣：

> 丙子，李映碧搜（黄）泽望而不得；乙卯，陈卧子（子龙）搜晦木（黄宗炎）而不得；不肖入南闱而搜者在北，入北闱则搜者在南；得之者仅子一耳。

崇祯年间，魏学濂与朱国望等被举荐为贤良方正。[②]崇祯八年（1635）冬，魏学濂与黄宗羲一同拔贡入南京国子监。崇祯十五年（1642），魏学濂在南京中举，座师为海宁王太冲[③]，次年连捷登进士榜，遂即又被选为庶吉士。以魏学濂的才学和身世背景，他日后必可以入翰林，平步青云。在一些人眼里，年轻的魏学濂已是海内众望所归的"储相"。

---

① 《黄宗羲全集》卷十，第292、293页。乡进士，即举人。
② （清）光绪《嘉善县志》卷二十二，行谊上，第12页。
③ （清）魏嶸、袞珽，康熙《钱塘县志》卷二十人物（忠节），第6页："（王太冲）移南国子监司业……所得多奇士，如卢象观、魏学濂……"。

第二章　南都风云

一、结社运动兴起

东林的时代已经过去，虽然崇祯帝为诸多东林党人一一平反，但从内心来讲，他对于东林党并无特殊的好感，对官员的派系斗争厌恶至极，下诏停止所有的争论。他的内阁中后来也没有再出现东林倾向明显的面孔。在十七年的御宇过程中，他时时警惕着党争的再起。

东林失去了众多重要的领导者，但影响仍在继续，这就是被称为"小东林"的复社的兴起。东林以顾泾阳的讲学起步，走书院挺进政治核心的道路，而复社以"古学复兴"为口号，通过在野的力量，也对朝政起到了不可低估的作用力。

复社的领导人之一，即后来被选为庶吉士的张溥。

张溥（1602—1641），字天如，江苏太仓人。崇祯二年（1629），复社召开了第一次大会——尹山大会。在这次大会上，张溥提出了复社的宗旨。他说：

> 学不殖将落，毋蹈匪彝，毋读非圣书，毋违老成人，毋矜厥长，
> 毋以辩言乱政，毋干进丧乃身。嗣今以往，犯者，小用谏，大则

复勿与。世教衰，兹其复起，名社曰复，共昌诸。①

张溥建立这样的文学社团，打出了"复兴古学""务为有用"的旗号。他将学问归结为经、史、古、今四个部分，认为通过把握六经的要义，今人应当向古人的"性情"复归，重新将古人经典的著述，复原为"当整一身、理国家"的先贤制度。所谓的"经"，应当明王道、立政体；所谓"史"，应当明王道，探寻历史变迁的原因；所谓"古"，是指先代实行的制度；所谓"今"，即由此论及今天的政治制度。

光凭这种"尊经复古"的理想，尚不足以将四方名士聚拢起来。建立文社的最初目的是为了应对科举考试，尤其是探讨如何写好制义（八股文），这样儒生可以通过一起学习经义、揣摩风气，以投合阅卷官的喜好。因此，文社能否出名，关键还是看社友能否顺利地进学、中举、成进士。②崇祯三年（1630）乡试，复社同人中举者有数十人之众，如杨廷枢、张溥、吴伟业、吴昌时、陈子龙等，声誉一时高涨。受此鼓舞，复社在金陵召开了第二次大会。崇祯四年（1631）的会试，张溥等七名复社成员登第。张溥门人吴伟业会试第一得"会元"，廷试第二，得榜眼，皇帝钦赐归娶，一时被视为无上荣耀。张溥本人被选为庶吉士，"天下争传其文"。这大大增强了复社的号召力，一时士子争相以入复社为荣。到崇祯五年（1632）第三次大会——虎丘大会召开时，已是盛况空前。

文社也脱离不了学术与政治间的游走。崇祯四年（1631），周延儒出任内阁首辅。为笼络学子，周延儒破例出任以往应由次辅担任的会试主考官，中式举子均成为周延儒的门生，引起次辅温体仁的不满。崇祯六年（1633），温体仁在这场政局争斗中取得一个回合的胜利，周延儒下台。

温体仁对于打击和排挤东林人士不遗余力，钱谦益、钱龙锡、文震孟、郑鄤都被整肃出局。复社虽陷于政治争斗，其斗争的对象已不是阉党残余，

---

① （明）张采《庶常天如张公行状》，见《知畏堂文存》卷八。
② 谢国桢《明清之际党社运动考》第七章。

主要还是温体仁辈。而复社唯一一次与阉党残余的争斗，魏学濂和他复社的友人深陷其中，对晚明政局产生了重大的影响。

根据《复社纪略》所录的两千多名复社名单，浙江人为数不少，其中最多便是嘉善县，计二十五人。这里，来自钱士升家族的最多，有钱继章、钱棻、钱继振、钱继禧以及钱格，魏学濂、魏学洙兄弟也名列其中。据参加金陵大会的黄宗羲回忆，魏氏兄弟并没有参加崇祯二年（1629）与崇祯三年（1630）的尹山、金陵大会，但魏学濂一直与东林后人保持密切交往，这些人当中许多同入复社。

二、桃叶渡东林孤儿大会

魏学濂加入复社，并数度赴南京乡试，其间与冒辟疆、方以智、侯朝宗、李雯等结识。他们交往的场所，很多是在桃叶渡冒辟疆寓所。

桃叶渡为南京古渡，为金陵四十八景之一，位于最繁华的中心区——十里秦淮与古青溪水道合流处。这里河网交汇，东临城墙，往南是城内最大的私家园林——东园，西南不远便是江南贡院、孔庙和学宫，西北则是涉利桥与淮青桥，秦淮河在其西北面由东北往西南划过，将其与繁荣的街市隔开，大有闹中取静的意趣。今渡口处尚立有"桃叶渡碑"，建有"桃叶渡亭"。清人张通之在《桃叶临渡》中写道：

> 桃根桃叶皆王妾，此渡名惟桃叶留。
>
> 同是偏房犹侧重，秦臣无怪一穰侯。

诗中桃叶、桃根姊妹，同为东晋大书法家王献之的小妾。相传王献之曾在此迎接桃叶，并作《桃叶歌》。崇祯年间，桃叶渡畔，上演的仍旧是儿女情长的故事。如皋名士冒襄与"秦淮八绝"之一董小宛的一段恋情，就在这里展开。

冒襄（1611—1693），字辟疆，号巢民，泰州如皋（今江苏如皋）人。

冒氏在如皋为豪富之家，祖父冒梦龄官至云南宁州知州，父亲冒起宗为崇祯元年（1628）进士，后官至山东按察司副使督理七省漕储。冒辟疆以长孙得祖父冒梦龄欢心，自幼便被祖父接在身边。在慈爱与严厉的祖父的教导下，冒辟疆很早便开始学业。据说冒辟疆年少即聪颖异常，十岁能诗。天启三年（1623），祖父因不满朝政，拂衣北归。是年，十四岁的冒辟疆集诗稿为《香俪园偶存》，寄董其昌、陈继儒求序。董其昌认为冒襄的诗作"才情笔力，已是名家上乘"，今后这人必定能"点缀盛明一代诗文之景运"。崇祯五年（1625），十五岁的冒辟疆以一等第一名入学成为县廪生。

冒家为忽必烈第九子脱欢之后，冒辟疆血液里流淌着豪爽任侠的因子，有燕赵之风，常置酒会友，人谓其"姿仪天出，神清彻肤"，被誉为明末"四公子"之一。[①] 冒辟疆钟情于南京，尤其是画舫凌波、桨声灯影里的秦淮河。

与冒辟疆把臂同游的文人雅士，包括晚明才子、几社的中坚，如吴应箕（次尾）、侯方域（朝宗）、方以智（密之）、陈贞慧（定生）、李雯（舒章）等人。冒辟疆的这些朋友，也是魏学濂的朋友。魏学濂虽不大参加冒辟疆们的宴饮欢会，但平日的交往并不少。如侯方域与李香君的爱情故事，被孔尚任写入《桃花扇》，成就了千古佳话。而当初成就李香君声名的，却有魏学濂的一份功劳。余怀有诗赠李香君：

> 生小倾城是李香，怀中婀娜袖中藏。
> 何缘十二巫峰女，梦里偏来见楚王。

---

① 胡介趾《侯朝宗公子传》："方明季启祯之间，逆阉魏忠贤徒党与正人君子各立门户，而一时才俊雄杰之士身不在位，奋然为天下持大义有四公子其人。四公子者桐城方密之以智、如皋冒辟疆襄、宜兴陈定生贞慧与商丘侯朝宗方域。而侯公子尤以文章著。"参（明）侯方域《壮悔堂文集》卷首。

魏学濂将诗书于粉壁，贵竹（今属贵州贵阳）画家杨龙友[1]写崇兰诡石于左偏，时人称为诗书画"三绝"。由是，李香君之名盛于南曲，四方才士，争一识面以为荣。[2]

冒辟疆在科举场上屡屡遭挫，崇祯三年（1630）以后的几次乡试都没有中举。崇祯九年（1636），冒辟疆第三次赴南京乡试。乡试之年，有近两万考生云集于此，虽山河飘摇，金陵仍是一派繁华景象。此时的冒辟疆已是名噪一时，因家境颇裕，冒辟疆便以百金在桃叶渡租了一套靠河的房子，"前后厅堂楼阁凡九，食客日百人"，一时高朋满座。

就在这一年，冒辟疆结识了前来南京乡试的魏学濂。

崇祯八年（1635）冬，魏学濂与黄宗羲一起拔贡入南京国子监。崇祯九年（1636）秋，魏学濂赴金陵乡试。这年，东林遗孤以荫送国子监的，也一同来金陵参加乡试。

魏家的死对头阮大铖此时正住在南京。阮大铖被斥后一直在安徽怀宁居住。崇祯五年（1632），阮大铖成立中江社，招募钱澄之（即钱秉镫）等文人加入。文社甫立，方以智从南京回乡，劝钱秉镫不要盲目依附身为阉党的阮大铖："吴下与朝廷的局势相表里，凡阉党皆已被摒弃，我辈为何要奉阮大铖为盟主，何不早与他切割？"崇祯六年（1633）的乡试，阮大铖门下的弟子成绩普遍不佳，大致在这年底，中江社解散。[3]

因湖广、河南等地农民起义军四起，巨室、士绅纷纷南渡避难。崇祯七年（1634），阮大铖避难来到金陵，在库司坊买下一处宅第，并花费上万两银子构筑"石巢园"。园内叠石堆山，幽深曲折，移步换景，曲尽造园之奥妙。阮大铖又在园中蓄家班，教优伶排演他写的传奇。

阮大铖被魏学濂以血疏扳倒，名列钦定逆案，本已是打入另册不得翻

---

① 杨文骢（1596—1646）字龙友，贵州人，流寓金陵。万历四十七年（1619）举人，崇祯七年（1634）选为华亭教谕，博学好古，善画山水，为"画中九友"之一，在明末清初画坛中占主导地位。

② （明）余怀《板桥杂记》。

③ （清）钱揖禄《先公田间府君年谱》，第24、35页。

身的人物,但阮大铖身在南都,依然蠢蠢欲动,整日招纳游侠,谈兵论剑,希望朝廷以"边才"重新将其招录。因其诗文戏曲俱佳,一时南都文人,甚至复社中人也与其交往,极为热络者也不乏其人。因此,阮大铖尽管身列逆案,气焰颇盛,颇闻其将一雪血疏之仇。孤身"茕茕就试"的魏学濂为免遭不测,在江苏金坛举人杨良弼的庇护下,避居在其马禄街的寓所。

八月初一,冒辟疆与海盐陈梁,金坛张明弼、吕兆龙,漳浦刘履丁在秦淮河边的顾楼结盟。座中这个陈梁,字则梁,嘉兴海盐盐官人,正是魏大中、魏学洢、魏学濂父子的朋友。

陈梁早年与魏大中多有交往。他是给事中陈所学的小儿子,年少时随父游学京师。魏大中曾倾力资助会试落榜的陈梁治装南归,并在万历四十八年(1620)十二月为其《苋园集》作序 [1],称其"好读异书,读异书,更索异解"。两人时有书信往来,从魏大中《答陈则梁》一札中,"见儿辈与则梁交,非徒人间酒肉声气而已者,故效其狂愚亦望有以教也"等语可以看出,陈梁与魏学洢、魏学濂也早有交往,而魏大中也不以陈梁狂放的性格为悖,期望则梁成为儿辈的师友。天启五年(1625)春,魏大中被逮之时,陈梁"裹粮从之,预为经理其后事。大中死,赃无所偿,子学洢且就狱。(陈)梁代为乞贷知交输纳,海内诵义"。可见,陈梁与魏家也是知己之交、患难之交。

在顾楼与冒辟疆歃血为盟的时候,陈梁郑重地向冒辟疆介绍魏学濂:

> 吾郡魏子一忠孝才人,吾弟不可不交。

冒辟疆与东林也颇有渊源。冒辟疆两岁时,随祖父冒梦龄赴任江西会昌知县。此时,正值邹元标闲居在家讲学之时,邹元标十分喜爱冒梦龄的可

---

[1] (明)魏大中《藏密斋集》(杂著),第9页。钱士升亦曾为《苋园集》作序。

爱小孙子，冒辟疆因此得"南皋邹公器赏"。^①尽管冒辟疆尚年幼，但这段经历日后必定为长辈反复提及，使他终身难忘。冒辟疆的父亲冒起宗在任京官期间，与东林之姚希孟、文震孟、倪元璐莫逆。辟疆的从兄冒坦然在《得全堂宴集记》中说："（冒起宗）居垣，辄诵杨（涟）左（光斗）诸公，一时人士景行行止，至复社诸君子咸愿为执鞭而忻慕焉。"由家族的这种经历，不难推知冒辟疆对东林的好感。

于是，冒辟疆欣然前往马禄街拜访魏学濂。通名刺后，杨良弼因安顿魏学濂在家，处事格外小心，便细询来者到底是何人，所为何来。冒辟疆始称因陈梁推荐，前来拜会魏学濂。杨良弼知是陈梁所荐，方释然一笑，呼魏学濂出来相见。这是魏学濂与冒辟疆的首次会面。魏学濂给冒辟疆的第一印象是"秀挺清奇，不可一世"。两个少年才俊，不禁惺惺相惜。

冒辟疆盛情邀魏学濂同往桃叶渡居住。他对魏学濂说，我在桃叶渡的寓所很大，每天有百十来人在此欢聚，四方同人俱在南京，"怀宁（阮大铖）即刚狠，安能肆害？"根本用不着回避阮大铖。

杨良弼与魏学濂感觉冒辟疆所言不假，于是一起搬了过去，与冒辟疆比邻而居。很快三场试毕，阮大铖果然没有轻举妄动。

崇祯九年（1636）的这次乡试，东林孤儿几乎毕集金陵。父辈的恩仇仍是维系这些年轻人强烈的感情纽带。黄宗羲后来在为顾玉书所写的墓志铭中回忆了这段不同寻常的友情，称：

> 烈皇登基，其孤子皆讼冤阙下。叙其爵里年齿为《同难录》。甲乙相传为兄弟，所以通知两父之志，不比同年生之萍梗相植也。^②

黄宗羲称，在京讼冤期间，东林孤儿各序年齿，共入名册，以彼此父

① （明）冒襄《同人集》韩菼《冒潜孝先生墓志铭》。潜孝：冒襄私谥。韩菼（1637—1704），字元少，别号慕庐，长洲人（今苏州）。康熙十二年（1673）状元，官至礼部尚书兼翰林院掌院学士。
② 《黄宗羲全集》卷十，"顾麟生墓志铭"。

亲遗志相激励，成为超越血缘之上的结盟弟兄。黄宗羲与魏学濂尤其是通家之好，黄宗羲自幼受魏大中教诲，在珰祸之后，学濂视宗羲如亲生兄弟，"过相规、善相劝，盖不异同胞也"。①

因共同的遭遇，这些兄弟般的东林孤儿在崇祯元年（1628）曾立下誓约，约定再次相会。

于是，魏学濂于八月十八观涛日，借冒辟疆在南都的寓所，大会东林孤儿。一时少年英豪齐聚，先后抵达南京的有：江阴缪昌期子缪虚白（采室）、吴县周顺昌子周茂兰（子洁）、周茂藻（子佩），桐城左光斗子左国柱（子正）、左国棅（子直）、左国林（子忠）、左国材（子厚），吴江周宗建子周延祚（长生）、常熟顾大章子顾麟生（玉书），无锡高攀龙孙高永清，余姚黄尊素子黄宗羲。东林孤儿中，除杨涟之子在江西外，余者几乎毕至。参加聚会的还有湖广巡抚方孔炤之子方以智以及冒辟疆、陈梁等。②

在这次聚会时，魏学濂向众人出示先人的血衣及其以鲜血所写的《孝经》。③方以智回想起曾夜过魏塘，在魏学濂的带领下，拜谒忠节牌坊和忠节祠的经历，遂命笔为血书孝经题辞，文中盛赞魏学濂的孝节④：

> 子一居陋巷，衣粗衣，食枿茹苦，……子一有父风，不务为世俗事，闭门读书，靡所不究，将出有为于天下，以报国家。子一者，可无愧孝经矣。子敬从于前、子一白于后，此所以有魏氏父子也。

众人唏嘘之余，同口大骂阮大铖。魏学濂感激冒辟疆的鼎力相助，即

---

① （明）黄宗羲《海外恸哭记·思旧录》。

② （明）冒襄《同人集》卷五，第24页，陈梁《大会同难兄弟于辟疆寓馆纪事》。陈梁长歌结句云："只恨杨家少一人"，盖应山杨忠烈公子在楚不至。

③ 据《江蔚云回忆录》之八十二，嘉善书法家江蔚云曾藏有魏学濂《血疏孝经》，称"子一曾以此册带至南京，邀其共难兄弟共观，页中并复有方以智、陈则梁、薄钰、冒襄等题句"。

④ （明）方以智《浮山文集前编》卷二，第34页。

席仿大痴^①画于扇，并题赠云：

> 丙子观涛日，不肖濂欲大会同难兄弟，同人皆咋舌，难其税止。辟疆即假荫后廛，诗酒淋漓，团圆竟日。因画层峰数朵赠之，谓峨峨淡峻，有类于其人也。^②

陈梁、方密之与冒辟疆各以一阕长歌纪其事。其中，陈梁在其长歌中回忆了当日送魏大中至吴县，目睹魏、周联姻，而后魏学濂上血书为父兄申冤，名重海内的经过。东林的其他孤儿或题诗留赠，或有以书法留数行者，一时均大为快慰，但阮大铖听说此事后，心里却暗恨不已。^③

少年英雄聚首之际，话题自然转到他们共同的敌人阮大铖身上。由于阮气焰颇张，东林少年们便想到了阻止阮大铖的复活。两年之后，这群少年再次在金陵聚首时，《留都防乱公揭》便在这种情况下诞生了。

三、留都防乱公揭始末

复社倡导经世致用，其主张与东林相似，因此被称为"小东林"，但与东林孜孜不倦地争"三案"、反阉党、去小人不同，复社深入参与晚明党争的，似乎只有发生在崇祯十一年（1638）由《留都防乱公揭》发起的驱阮运动一案，这是复社与阉党斗争的重大事件，影响晚明政治至深至巨。这个事件后来成为孔尚任《桃花扇》的重要关目，一直以来受到明史研究者的关注，被称为"研究南明史的基础"。^④

魏学濂主持的东林孤儿桃叶渡大会虽起了驱逐阮大铖的念头，不过托

---

① 大痴，即元代画家黄公望。
② （明）魏学濂《题画赠辟疆》，（明）冒襄《同人集》卷三，第74页。
③ （明）冒襄《同人集》卷九：余有以诗赠者，一时同人，咸大快余此举，而怀宁饮恨矣。
④ 邱荣裕《晚明复社发布〈留都防乱公揭〉始末及其影响》，《台湾师范大学历史学报》1987年第15期。

之空言，并未有实际行动。① 直到崇祯十一年（1638）夏天，才由复社真正付诸实施。

崇祯十一年（1638）夏六月，复社吴应箕东游梁溪，拜访顾宪成之子顾杲，在他家住了两个月，其间陈贞慧自荆溪过访，向两人出示了南京太学生沈寿民所写《劾杨嗣昌夺情疏》。② 沈寿民弹劾杨嗣昌的目的，是为声援东林党人的反阉斗争，疏中还提到："而阮大铖妄画条陈，犹鼓煽于丰芑。"③

由于温体仁对打击东林人士不遗余力，崇祯十年（1637）六月，钱谦益通过关系，说服司礼监秉笔太监曹化淳出手相助，使崇祯帝认识到，表面上指责东林结党的温体仁，私下也在搞结党营私那一套。八月一日，温体仁请辞。

温体仁致仕后，朝廷开始会推阁员，东林党人对黄道周入阁抱有极大希望，称："（黄）公得政，所挽回者大。"但最终入阁的是杨嗣昌，令东林大失所望。杨嗣昌入阁后，黄道周等人即借"夺情"一事上疏，沈寿民的上疏即其中之一。④

基于对阉党与东林之间势力消长的分析，复社很容易将杨嗣昌入阁与阮大铖的表现联系起来。阮大铖在南京没有悠闲地寓公，他关注时局，结交权贵，"联络南北附珰失职诸人，劫持当道且招纳游侠，为谈兵说剑，觊以边才召"，积极扩大自己的影响，"阴輂金巨万于京师，谋复用"。他蠢蠢欲动，招摇张扬，"思结纳后进，以延时誉，蓄声伎，日置酒高会，附风雅者多归焉"，并到处宣扬："吾将翻案矣，吾将起用矣。"⑤

联想到两年前魏学濂血书《孝经》引起的同仇敌忾之情，吴应箕认为驱逐阮大铖的时机已到，于是跟顾杲、陈贞慧商量。顾宪成之子顾杲在士

---

① （清）夏燮《忠节吴次尾先生年谱》崇祯九年丙子条。
② （清）夏燮《忠节吴次尾先生年谱》崇祯十一年戊寅条；（清）全祖望《黎洲先生神道碑文》。
③ （明）沈寿民《姑山遗集》卷一，清康熙有本堂刻本。丰芑：指国家奠基之地南京。
④ 辛德勇《记南明刻本（西曹秋思）一并发黄道周弹劾杨嗣昌事件之覆》，《燕京学报辑刊》2005 年 18 期。
⑤ 黄云眉《明史考证》，第 2115 页。

林中有很高的号召力，决定挺身而出，发起一份驱逐阮大铖的公揭，"不惜斧锧，为南都除此大憝"。当晚，吴应箕即于"灯下随削笔一稿"，交顾杲、陈贞慧两人商议。

故此，轰动南京的《留都防乱公揭》出台的起因可以归结为两条：一是继两年前桃叶渡东林后人大会后，复社欲为魏学濂雪仇、驱逐阮大铖；二是复社预防阉党势力的重新崛起。

这篇草拟的檄文，被分头寄往六地的复社成员，如昆山的张玮，金坛的周镳，云间的陈子龙，吴门的杨廷枢，浙江的魏学濂，上江的左国柱、左国棅、左国材兄弟以及方以智共计十一人，征求各人意见，并得到大部分人的赞同。[①]

关于驱阮的必要性，当时也并非没有争议，焦点在于阮大铖是否存在重翻逆案的事实以及他的政治能量是否可以忽略不计。周镳、陈子龙对《公揭》极为赞赏，认为这是"仁勇之事"，唯独杨廷枢表示反对。他称，"以铖不燃之灰，无俟众溺，如吾乡逐顾秉谦、吕纯如故事。在乡攻一乡，此辈窘无所托足矣"。杨廷枢认为，阮大铖已是"不燃之灰"，根本不值得这样大动干戈。

顾杲、吴应箕则认为，逆案虽定，但缙绅仍与阮大铖结交，为之驱使；士子仍从之游，为之招引，因而"不得不辨"。周镳、顾杲等人与杨廷枢反复辩论，故《公揭》没有立即刊发。[②]不久事情泄露。阮大铖得知后，便误认为周镳在主谋其事，写信向周镳求情。周镳不予理会，当着送信人的面将信烧掉。

崇祯十二年（1639），复社人士趁着乡试的机会，在冒辟疆淮清桥桃叶渡河房，召开金陵大会。到会者除叙弟昆之谊外，东林孤儿更齐声痛骂阮大铖，并正式发布《留都防乱公揭》声讨阮大铖，执意要把这一撮"不燃之

---

① （明）冒囊《同人集》"往昔行"跋；谢国桢《明清之际党社运动考》，第174页。
② （明）陈贞慧《书事七则》"防乱公揭本末"；（明）吴应箕《楼山堂集》卷十五，清粤雅堂丛书本。

灰"赶到风吹不到的角落里去。

公揭中列名响应者共计一百四十三位。顾杲居其首，为东林子弟之代表。次以黄宗羲、魏学濂等天启被难诸家之代表，缙绅则推礼部周镳为首，其下则有杨廷枢、左国材、陈贞慧、吴易、杨良弼、左国棅、魏学洙、李雯、文乘、周茂兰、陈子龙、侯岐曾、冒辟疆、顾梦麟、钱继振、陈名夏等人，共同声讨阮大铖的罪行。

《公揭》凡一千二百六十八字。主要告示公众，阮大铖为逆案中人，不知闭门思过，反倒招求同类，播扬飞语，使人心惶惑。此外，又自称能通内外，使人畏而从之，在留都这样的祖宗根本重地，日聚无赖，招纳亡命，若不先行驱逐，恐其成为国患。

虽然《公揭》中指责阮大铖勾结农民军恐非事实，但大多数问题并非捕风捉影。由于距离钦定逆案相隔时间已久，对阉党之祸的记忆有所淡薄，加之朝廷连用与阉党关系密切之人，故一些阉党余孽积极图谋复出。而南京的士大夫，甚至东林、复社中的一些重要人物，不仅没有引起足够的警惕，反而多与之"争寄腹心"，足见士人对阉党本质的模糊认识。如阮大铖在南京结交的杨斗枢、霍维华、吕益轩等人，俱身列逆案。而东林党人或亲东林的人士如范景文、叶灿、王铎等也都与其有交游或唱和。对阮大铖的声讨，是对阉党势力的警惕和痛打落水狗的做法，是在野清流保持舆论强势，关注时事之举。

《公揭》的发布，揭开了当时并不广为南京士人所周知的阮大铖作为"逆案"成员的身份，剥下其面具："揭发，而南中始鳃鳃知有'逆案'二字，争嗫嚅出恚语日：'逆某逆某'，士大夫之索鲜廉者，亦裹足与绝，铖气愈沮心愈恨。"① 可见，《公揭》对阮大铖打击巨大，令其十分沮丧，激起了他对复社的刻骨仇恨。针对《公揭》，他也自出一揭《酬讹琐言》与之相抗衡。阮大铖还命"心腹之党收买檄文"，然而结果却适得其反，"愈收而其布愈广"。

---

① （明）陈贞慧《书事七则》。

　　《留都防乱公揭》是复社干预政治、介入党争的最高峰，标志着继张溥、张采、吴伟业等之后，新生力量开始主盟复社。复社后期领袖吴应箕、黄宗羲及后世所称的"晚明四公子"——陈贞慧、侯方域、方以智、冒辟疆，正是在组织、领导这次活动中开始走向领袖地位的。谢国桢先生对此曾说："张溥等在尹山、虎丘三次的大会，是复社的本根，侯方域、吴应箕在金陵的草《防乱公揭》是复社的分局。因天如死了之后，复社里没有相当的领袖，所以有复社分局的出现。"[①]

　　后世对《留都防乱公揭》也给予了很多正面的肯定。全祖望在《梨洲先生神道碑》中评论说："庄烈帝十七年中善政，莫大于坚持逆案之定力。而太学清议，亦足以寒奸人之胆，使人主闻之，其防闲愈固，则是揭之功，不为不巨。"[②] 梁启超则激赏于冒辟疆等人排击阉党余孽阮大铖的浩然之气，将其与法国政治家牟拉巴、日本革新党人中山忠光相提并论：

　　　　《留都防乱》一揭，越岁将三百年，生气凛凛，尚塞于天壤。其以视法之牟拉巴、日之中山忠光，虽异地不同时，其浩然之气，辉映若旦暮……

　　当然，也有不少人以为复社持论太苛，最终逼良为娼。陈寅恪先生在《柳如是别传》中，有一节专门论及阮大铖，其论亦颇中肯。其中称："东林少年似亦持之太急，杜绝其悔改自新之路，竟以'防乱'为盲，遂酿成仇怨报复之举动，国事大局，益不可收拾矣。"[③]

　　历史学家柴德赓先生的第一篇史学论文就是关于《留都防乱公揭》的。在这篇写于1931年的《明季留都防乱事迹考·上》论文中，柴德赓先生对联名刊播《公揭》的一百四十余人的事迹进行了考证，并认为："明季党

---

①　谢国桢《明清之际党社运动考》，第 152 页。
②　（清）全祖望《鲒埼亭集》卷十一。
③　陈寅恪《柳如是别传》，上海古籍出版社 1980 年版，第 843 页。

争，……复社之所表现者，留都防乱一揭是已。……然在当时，则士流一言，社会风从。况揭私攻短，人之常情，而又事足以激众怒，辞足以证罪案。"他认为复社刊播《公揭》，"各有其不得已，势不能两存，则两亡耳，正不必以后人眼光计划当世事而曲直之也"，可见他主张放在历史的背景下看待此事。①

　　自《留都防乱公揭》发布公讨之后，阮大铖曾竭力想与复社搞好关系，托王将军重金拉拢侯方域，并出钱让杨文骢天天请李香君和侯方域出游，一面撮合侯、李情缘，一面试图请侯方域居中周旋，为自己说几句好话，结果为侯方域所拒。于是，阮大铖避入牛首山，杜门谢客。这期间，他独与马士英往来，同病相惜。

　　但很快，复社又给了阮大铖一个机会。

　　崇祯后期，复社诸君中缺乏具足够资历的人选来担纲朝政，决定押宝资历和声望都不成问题的前大学士周延儒，推荐其复出。为了帮助周延儒重新掌握权力，复社以入股的方式筹措了六万两银子，买通皇帝身边的宦官曹化淳，由此人向皇帝建议周延儒复出。这六万两银子中，侯方域的父亲侯恂出资一万两，阮大铖和冯铨出于政治投机也各出资一万两。

　　周延儒赴京前，张溥和他有过一次交谈，希望周延儒到任后履行协议，抓好救时之策，并任命复社骨干出任要职。在扬州为周延儒饯行时，阮大铖送上一份厚礼，请周延儒为其洗雪旧案。对于阮大铖在自己复出中起的作用，周延儒心知肚明，但他知道复社不会听任阮大铖复活，作为对阮大铖投资的补偿，他答应阮大铖推荐一个好友作为督抚人选，日后再由此人来转荐阮。阮大铖即以马士英为托。

　　周延儒抵京出任内阁首辅，实行了起复、蠲逋、清狱、薄赋四大政策，但他做了一件遗祸无穷的事，就是把阮大铖推荐的马士英起复为兵部右侍郎兼右佥都御史、总督庐凤等处军务。周延儒不会想到，他已提前为南明弘光朝埋下了覆灭的祸根。

----

① 柴德赓《明季留都防乱事迹考》（上）。

不到数月，马士英奉特旨起复，成为执掌兵权的一镇诸侯，为甲申之变后拥立弘光帝，攫取朝政大权奠定了基础。马士英掌权之后，全力引荐阮大铖进入权力中心。甲申四月弘光帝即位，六月便数度召见阮大铖，即使在朝廷内东林、复社的连章交劾下，弘光帝仍以江防责任重大，而阮素称知兵为借口，八月底将其"添注兵部侍郎，巡阅江防"。阮大铖一旦掌权，即开始对东林后人和复社同人的疯狂报复。

四、骂座风波添新恨

崇祯十五年（1642）的秋闱开始了，魏学濂再次赴南都乡试。这年，侄儿魏允枏年已弱冠，以萌入南京国子监，故随叔父一同应试。

头场试毕，已是深夜。魏学濂与冒辟疆交卷后相逢于贡院的至公堂。两人把臂坐于贡院的明远楼攀谈。魏学濂称："我觉得今科一定能高中。你考得如何？"冒辟疆还是有点信心不足，只是称已经竭力而为了。两人不觉聊至东方既白。魏学濂拉着冒辟疆的手，送他回桃叶寓所，嘱咐他好好休息，准备再战二、三场考试。两人互道寒暄，正要作别，忽见一妙龄女郎携妆奁被褥走了进来。

自父兄罹难以来，魏学濂衣不锦绣，食不兼味，不看戏、不狎妓。及见女子进冒辟疆寓所，不由脸色一变，转身就走。进来的这个女子叫董小宛。

崇祯十二年（1639），冒辟疆在苏州半塘初识董小宛。次年，冒辟疆又便道访半塘，但董小宛"远游于黄山白岳[①]间"，冒辟疆失望而返。崇祯十四年（1641）正月六日，冒辟疆再赴半塘探访小宛，此时小宛尚留滞黄山。

董小宛此去时间长达三年。其间，冒辟疆结识了陈圆圆，并与陈圆圆订下"嫁娶之约"。可惜公子无缘，等冒辟疆到吴门准备议婚时，陈圆圆已

---

① 白岳即齐云山，位于安徽省休宁县，古称白岳，与黄山南北相望，素有"黄山白岳甲江南"之誉。

在十日前被皇亲田弘遇掳走，从此陈圆圆在明末战火中颠沛流离，开始了她起伏跌宕、牵动着国家政局的一生。

正当冒辟疆因陈圆圆被掳而痛悔不已时，却在苏州虎丘与董小宛再度不期而遇。原来田弘遇等派人来苏州采办佳丽时，她也差点被劫掠而走，母亲惊惧而死。故一见冒辟疆，董小宛执意以身相从。在冒的婉拒下，两人相约来年乡试在金陵相聚。

崇祯十五年（1642）乡试之时，董小宛未在苏州等到冒辟疆的音讯，竟不顾风浪盗贼之险，只身从苏州追至南京。不想途中遇盗，小舟藏芦苇丛中三日得免。偏巧船舵又坏，无法航行，舟中断食三日，方才艰难抵达南京。董小宛怕打扰冒辟疆考试，一直等到头场试毕，才于中秋日早晨到桃叶寓馆与冒辟疆相见。

乡试头场甫毕，董小宛猝然而至，正好碰到从桃叶寓馆出来的魏学濂。魏学濂疑冒辟疆招妓，于是气冲冲地跑到陈梁处诉说。陈梁听说后也很生气，两人去札责问。冒辟疆安顿好董小宛，急忙赶去解释，向魏、陈二人讲述他和小宛相恋的经过，并讲述了董小宛的一路艰辛。

魏学濂听后，方释前疑，于是肃衣冠向董小宛作揖请罪，并当场铺纸作《美人画》，题诗于上云："某不避盗贼风波之险而从辟疆，殊为可敬，破例作画，系之以诗。"

李子建、刘履丁、吴应箕、李雯等人听说此事，均被董小宛的胆识和真情打动，于是提议召集社友为小宛摆酒洗尘。中秋之夜，他们在刘履丁寓居的秦淮桃叶水阁聚集了三十余社友，并请董小宛在旧院的好姐妹顾媚、李湘真作陪。为给酒宴助兴，这帮人凑集"白金一斤"，招阮大铖的家班前来演戏。不巧阮大铖因临时安排家宴，推脱不来。于是，冒辟疆等再次遣仆前去阮宅鼓噪，阮大铖无奈，只得遣仆役数人，持名帖带全班前来演戏，名帖上称："不知有佳节高会，已撤家宴，命伶人不敢领赏，竭力奏技"，并讨好冒辟疆称："先君昔掌南考功，曾订交，明早即来躬候。"冒辟疆回帖称，"我们试毕在此饮酒欢聚，哪管是谁家的戏班，这里也不是我的宅邸，何劳你来拜访！"

魏学濂自父兄死后，一向"不衣帛兼味，不观剧见女郎"，因此本来不准备前去赴宴，何况酒席上演的又是阮大铖的戏。不想这天李雯考试出场后，方才发现策中有误，急拉魏学濂重回考场见外监场的萧伯玉先生。萧先生传语提调金楚畹："毋以小误致几社李雯不得作今榜元魁。"金楚畹又将这个话带给了阅卷的考官。得到考官周全，魏学濂与李雯十分高兴，不觉携手前来赴宴。

而这一场宴饮，因为魏学濂的出席，发生了复社骨干冒辟疆等三十余人，招阮大铖家乐班子演出《燕子笺》传奇并痛骂阮大铖的事件。这固然使复社同人继《留都防乱公揭》后，又一次扬眉吐气，但也激化了复社与阉党余孽间之矛盾，为后来南明弘光朝的内讧、清人迅速进入江南，埋下又一粒种子。这场中秋"骂座"风波是崇祯末年重要历史事件之一。

崇祯十一年（1638）《留都防乱公揭》出后，阮大铖被迫从南京城西南隅的石巢园移居城南牛首山的祖堂寺，闭门谢客，以吟诗、写作剧本自娱，并"以新声高会隐结江湖豪侠士"。在安徽怀宁时就曾创作了传奇《春灯谜》，在南京又写下了《燕子笺》《牟尼合》《双金榜》等剧本，合称《石巢传奇四种》流传至今。阮大铖才思敏捷，有着突出的戏剧创作天才，"目数行下，一过不忘。无论经史子集、神仙佛道诸鸿章巨简，即琐谈杂志、方言小说、词曲传奇，无不荟聚而掇拾之"。他又非常勤奋，每晚与人饮酒后，客倦罢去，始"挑灯作传奇，达旦不寐以为常"[①]，而且其艺术成就不凡，"本本出色，脚脚出色，出出出色，句句出色，字字出色""镞镞能新，不落窠臼"。

阮大铖的戏剧创作，既是填补自己仕途不顺而产生的心灵空虚，也意欲借其影响伺机东山再起。崇祯年间，南京特有的激烈党争气氛、歌舞升平的文化氛围，以及作者有意识地将创作活动当作实现自己政治追求的工具等现实因素，也为其戏剧创作提供了最为直接的契机和可能。多次看过阮大铖家班演出的张岱认为，"阮圆海家优讲关目，讲情理，讲筋节，与他班孟浪不同。然其所打院本，又皆主人自制，笔笔勾勒，苦心尽出，与他

---

① 《安徽通志列传》卷一"刘城沈寿民蒋姬允传"；(清) 王世贞《池北偶谈》卷十一"阮怀宁"。

鲁莽者又不同。"阮大铖家优之所以与其他孟浪班、鲁莽班不同,就在于其主人悉心指导。家班既为主人服务,也为他人服务。对阮大铖家班而言,后者更显重要。只要是南京城内士大夫特别是复社文人所需,阮大铖的家班随叫随到。

《燕子笺》描写的是唐代扶风书生霍都梁偕友鲜于佶入京应试,寓旧交名妓华行云家温习功课。霍都梁将自己与华行云的容貌画入《听莺扑蝶图》,送裱装。正巧,礼部尚书郦安道之女郦飞云,也将吴道子《观音图》令仆送裱。不料裱婆失误,两家误取。郦飞云见图中男子身旁的女子容貌像自己,心动不已,因题诗红笺。笺被燕子衔去,坠于曲江畔,被霍都梁拾得,即和其韵。会试中,鲜于佶贿科场吏,窃霍都梁试卷为己卷。

榜未发时,安史之乱发生,郦尚书从驾往蜀。鲜于佶放出流言,称霍都梁买通试官。霍都梁惧逃出京后,改名卞无忌,为天雄节度使贾南仲幕僚,讨伐安禄山。郦飞云逃难途中与母走失,被贾南仲军士收得,贾认作义女。卞无忌以军功升参谋,贾以郦飞云妻之,得知当初画像与燕子笺事原委,无限欢喜。郦母道遇落难的华行云,认为己女。乱定放榜时,鲜于佶中得状元,华行云偶见鲜于佶试卷生疑,告知郦尚书。郦尚书召试鲜于佶,鲜于佶钻狗洞逃去。霍都梁复得状元,娶华行云为妻。

冒辟疆后来在《梅影庵忆语》记录了中秋夜当晚与复社同人观看《燕子笺》的情形:

> 秦淮中秋日,四方同社诸友,感姬为余不辞盗贼风波之险,间关相从,因置酒桃叶水阁。时在座为眉楼顾夫人、寒秀斋李夫人,皆与姬为至戚,美其属余,咸来相庆。是日新演《燕子笺》,曲尽情颜,至霍、华离合处,姬泣下,顾、李亦泣下。一时才子佳人,楼台烟水,新声明月,俱足千古。至今思之,不异游仙枕上梦幻也。

张明弼《冒姬董小宛传》也称:

中秋夜，篠姬与辟疆于河旁，演怀宁新剧《燕子笺》。时秦淮

女郎满座，皆激扬叹美，以姬得所归，为之喜极泪下。

阮家班的演出美轮美奂。当演到霍生与行户人家出身的华行云悲欢离合的情节时，此情此景与董小宛历尽磨难，终于与冒辟疆团聚何其相似！满座秦淮女郎既感叹又羡慕，"以姬（董小宛）得所归，为之喜极泪下"。[①]此时此刻，才子佳人，楼台烟水，新声明月，如梦似幻，仿佛只剩下刻骨铭心的情爱，以及《燕子笺》感人的艺术力量。

但实际情形却非完全如此。清初著名戏剧家孔尚任《桃花扇》"侦戏"一出，即是从冒辟疆、魏学濂等人中秋夜观剧一事而来。

这一出戏写崇祯癸未（1643）三月，复社名士陈贞慧派人持帖向阮大铖借戏班观赏《燕子笺》，而大铖则派遣家人暗中窥探众人观剧后的反应。家人回话称，这些人观剧时不断"点头听，击节赏，停杯看"，称赞作者"真才子，笔不凡。论文采，天仙吏，谪人间。好教执牛耳，主骚坛"；而当说到作者为人时，则痛骂他对魏阉"呼亲父，称干子，忝羞惭，也不过仗人势，狗一般"。令人诧异的是，这一"骂座"事件，与《梅影庵忆语》中所记载的中秋赏剧，竟是同一件事。

《桃花扇》以明末南明小朝廷苟安南京为大背景，描写了落第书生侯方域与青楼名妓李香君的爱情悲剧。该剧一经上演，就轰动朝野，名播江湖。孔尚任在《桃花扇·凡例》里说："朝政得失，文人聚散，皆确考时地，全无假借。至于儿女钟情，宾客解嘲，虽稍有点染，亦非子虚乌有之比。"[②]《桃花扇》忠于客观史实的精神，在明清传奇中，除《清忠谱》外，是没有可以和它比拟的。孔尚任在《桃花扇·考据》中列出了这一出戏的来源，即吴伟业写给冒辟疆的寿序：

---

① （清）张明弼《冒姬董小宛传》。
② （清）孔尚任《桃花扇》，人民文学出版社 1995 年版。

> 阳羡陈定生，归德侯朝宗，与辟疆为三人，皆贵公子……有
> 皖人（即阮大铖），故阉党也，流寓南中，通宾客、畜声伎，欲以
> 气力倾东南，知诸君子唾弃之也；乞好谒以输平生，未有间。会
> 三人者，置酒鸡鸣棣（鸡鸣寺），欲召其家善歌者，歌主所制新词，
> 则大喜曰："此诸君子欲善我也。"而侦客云何？见诸君箕踞而嬉，
> 听其曲，时亦称善；夜将半，酒酣，辄众中大骂曰："若珰儿媪子，
> 乃欲以词家自赎乎？"引满浮白，拊掌狂笑，达旦不休。①

可见，当晚召阮家班时，阮大铖还十分高兴，认为这是缓和与复社诸人矛盾的好机会，怎料众人观剧之时，痛骂其为客、魏余党，讥讽其写剧自赎，一边狂饮，一边抚掌笑骂。"骂座风波"亦见于陈维崧、宋荦、汪琬、董文友等人的记载，但都非事件亲历者，因此不免有道听途说之处，如吴伟业称当晚乃侯方域、陈贞慧、冒辟疆三人在鸡鸣寺观剧，显然与事实不符。

康熙十八年（1679），因吴伟业、陈维崧的记载有误，且"此文祭酒（吴伟业）集中盛传"，冒辟疆特地指出侯方域、陈贞慧、方以智均未参与"骂座"，而魏学濂才是骂座事件的实际发起者：

> 演剧妙极，每折极赞歌者，交口痛骂作者，诸人和子一声罪，
> 丑诋至极，达旦不休。伶人与长须归，泣告怀宁。

"骂座"并非观剧初衷，当晚在座的多为《燕子笺》的剧情所打动，而魏学濂心头翻涌的却是国恨家仇，边看戏饮酒，便痛骂害死父兄的剧作者阮大铖。座上冒辟疆、李雯、李标等人，都是魏学濂的好友，且大都不屑阮大铖的为人，于是齐声附和魏学濂的"骂座"。于是，在激赏作品的同时又痛骂作者，这一史上绝无仅有的奇特场面便出现了。

---

① （清）吴伟业《梅村文集》"冒辟疆五十寿序"。

　　复社人士常常以讥讽、嘲笑阮大铖为乐，因此这样的场景很多人也是见怪不怪。根据黄宗羲的记载，崇祯末年，陈贞慧、吴应箕、侯方域、冒辟疆与黄宗羲等人，"无日不连舆接席，酒酣耳热，多咀嚼大铖以为笑乐"。[①]《桃花扇》第五出写癸未（崇祯十六年，1643）三月，柳敬亭以"软壶子"谐音"阮胡子"，引起一片哄笑；第十四出写甲申（崇祯十七年，1644）四月，门人向史可法禀告"裤子裆里阮"求见，都真实地再现了"多咀嚼大铖以为笑乐"的史实。壬午（崇祯十五年，1642）中秋的观剧骂座，也大体上属于同样的性质。这一事件后来直接导致了"甲申党狱"的扩大化，许多文人因参与了这次观剧"骂座"而惨遭阮大铖迫害。

---

① （明）黄宗羲《陈定生先生墓志铭》。

第三章　西学东渐

一、实学兴盛与西学东渐

"另外的一批传教士前往嘉兴市所属的嘉善县区。该区距离这个省会（杭州）大约10公里的路程。这段路程可以通过迷人的水路到达，途中经过许多弯曲、穿梭的河流，它们把周围的大地切成许多小块儿。嘉善的城墙特别牢固，还有许多固定的堡垒、码头。城外是一条护城河，它犹如一条壕沟环绕着这座城市。城内也有许多小河流水，人们驾着小船就可以到达各家各户，这特别便利于贸易往来。市内河上架有一座座桥梁，那可都是仔细敲打出来的石头砌起来的。这座城市更以其居民的聪明能干而出名。"[①]

这段关于明代嘉善生动形象的描绘，出自耶稣会修士——葡萄牙神父何大化（Antoine de Gouvea，1592—1677）1641年给梵蒂冈的一份报告。何大化神父本人并未到过嘉善，这里他转述了一位来自瑞士的年轻传教士Nicolaus Fiva神父（中国名：徐日升，字左恒）在嘉善的见闻。徐日升神父

---

① 许文敏《徐日升——中瑞历史上的第一名使者》。嘉善与杭州相距约100公里，原文写作10公里，应为笔误。

不仅是嘉善天主教的开拓者，也被瑞士政府确认为中瑞两国交往的第一位使者。

崇祯十三年（1640）春，在魏学濂的邀请下，耶稣会士徐日升神父来到嘉善开教。在这座迷人的水乡城市，魏学濂协助徐日升神父发展了一百五十三名教徒，其中相当一部分是他的学生。

这一年，距离天主教耶稣会被罗马教皇确认刚好过去一个世纪。天主教耶稣会（The Society of Jesus）是西班牙人伊格纳修·罗耀拉（Ignacio de Loyola，1491—1556）在巴黎创立的。1540年，该修会正式纳入教廷管理的修会中。耶稣会培养出的人才除传教外，也活跃于政界与知识分子阶层，著名的如莫里哀、笛卡儿、孟德斯鸠、伽利略，它在教会的地位和在欧洲的影响力迅速上升，势力渗透到各国宫廷和上层社会。[①]

耶稣会教士来远东传教，除了大航海时代创造的必要条件外，另一重要因素是席卷大半个欧洲的宗教改革运动使得天主教式微。为打破困局，罗马教廷通过培养一批学养深厚的传教士向外传教，以拓展天主教地域。梁启超先生说：

> 罗马旧教在欧洲大受打击，于是有所谓"耶稣会"者起，想从旧教内部改革振作。他的计划是要传教海外，中国及美洲实为其最主要之目的地。于是利玛窦、庞迪我、熊三拔、龙华民、邓玉函、阳玛诺、罗雅谷、艾儒略、汤若望等，自万历末年到天启、崇祯间先后入中国。[②]

晚明重踏实的学风，为西学在中国的传播提供了坚实的土壤。耶稣会饱学之士以渊博学识和动人风采，对东方文化产生了深刻的影响。由传教士输入的天文、历算、地理、火炮之学，大大开阔了知识界的学术视野，

---

① 百度百科，耶稣会词条。
② 梁启超《中国近三百年学术史》，第9页，东方出版社2004年版。

徐光启等学者将其视为"泰西实学"加以吸纳，对实学思潮的兴起到起了推波助澜的作用。正如梁启超先生在《中国近三百年学术史》一书中所说的，《徐霞客游记》的实地考察之学，《天工开物》"成务在人"的科学观，"一洗明人不读书的空谈，而且比清人专读书的实谈还胜几筹，……学者厌蹈空喜踏实的精神，确已渐现了"。①

黄一农先生在《两头蛇——明末清初的第一代天主教徒》一书中称，"在万历朝至天启初年的进士和考官中，已知对西学、西教抱持友善态度者，要远超拒斥之人，而他们中名列东林党的尤多，包含邹元标、叶向高、魏大中、钱士升、鹿善继、孙承宗、曹于汴、曾樱、崔景荣、郑鄤、韩爌……"。黄一农先生这里开列的名单，多是魏学濂的父执辈，他们或对西学、西教持友好的态度，或与教中人士有密切往来。万历丙辰科的进士同年中，瞿式耜、曾樱、阮大铖、袁中道、方孔炤（方以智父）等都与奉教人士有所往来。黄一农先生认为，"东林党之所以结纳天主教，不仅因他们都与阉党为敌，更因彼此在思想上的共性：同对提倡虚无的佛教以及空谈心性的王学末流不满，且都重视开物成务、经世致用之学；尤其，东林学者和奉教士人大多相信天主教的思想本质与儒家大同小异，因此加以肯定和认同"。②

对于东西方文化之间的这种相契，正如魏学渠（1617—1690？）③后来所说的：

> 四海内外，同此天，则同此心，亦同此教也。

---

① 梁启超《中国近三百年学术史》，第 7、8 页。

② 参黄一农《两头蛇·明末清初的第一代天主教徒》，第 218 页，上海古籍出版社 2006 年版。

③ 关于魏学渠的生卒，据钱澄之《魏洲来诗序》："予因忆庶常公初赴公车时，……是时子存年才二十七，予年三十有二……。"可知钱澄之年长魏学渠五岁，而据方苞《田间先生墓表》，钱澄之生于万历四十年（1612），则魏学渠生年应为明万历四十五年（1617）。至于卒年，据钱澄之康熙二十九年（1690）《武塘哭魏子存回，晚泊梵受庵感忆俍公因寄同尘禅师》一诗，可知魏学渠在该年辞世。

二、魏学渠对西教的态度

耶稣会士能够克服东西文化之间的巨大鸿沟，得益于利玛窦以来传教士"合儒""补儒""易佛"的传教策略，他们研习中文，钻研儒家经典，学习中国的礼仪规范，引用儒家经典来阐述"天"道，为天主教在中国的传播寻求文化上的依托。

《天儒印》是一个很好的例子。《天儒印》作者系天主教方济会的西班牙传教士利安当（Antonio de Santa Maria Caballero，1602—1669）。关于该书的宗旨，可从书名管窥一二，将《天儒印》的拉丁文书名译回中文则是"天主教义与中国四书之对照"。全书的四个部分，分别冠以《大学》《中庸》《论语》《孟子》新解，文中每段以四书章句开头，然后用天主教的教理来印证，"或肯定之，或附会之，或补充之"。可见，《天儒印》是一部"适应儒家之作"，即借助对四书的解释来阐发天主教教义。[1]

魏学渠曾为此书作序，署名"康熙甲辰夏闰浙嘉善魏学渠敬题"，时年为康熙三年（1664）闰六月。魏学渠在《天儒印》序中谈了三个观点："西学儒学互为表里""世人不识西学儒学之旨""《天儒印》发扬《四书》之义"。他指出，西教实质上与"孔孟之指相表里"，称："孔孟复生，断必以正学崇之。"并称："使诸先生生中国，犹夫'濂、洛、关、闽'诸大儒之能翼圣教也；使濂、洛、关、闽诸大儒出西土，犹夫诸西先生之能阐天教也。"在魏学渠看来，中西文化之间与其说存在隔阂，还不如说是因为地理的缘故，人类的心智与理性是相通的，这是对《天儒印》一书的比较准确的概括。[2]至于魏学渠本人是否受洗入教，尚未找到确凿的证据。[3]

---

[1] 郑安德《明末清初耶稣会思想文献汇编》第二卷第十五册《天儒印》，北京大学宗教研究所；陈义海《万里东来，来相印证——"天儒印"研究》，Intercultural Communication Studies XI: 3, 2002，第 177 页。

[2] 陈义海《万里东来，来相印证——"天儒印"研究》，第 177、181 页。

[3] 崔维孝在《明清时期方济各会与耶稣会在华传教客体对比分析》中认为，利安当并没有能够将魏学渠"转变成天主教徒"，见《历史档案》2007 年第 2 期。

　　魏学渠对宗教的态度颇为开放。他自幼与处庵和尚 [1] 同砚，后来"时至颐浩寺（位于青浦金泽镇，处庵驻锡处）相唱和"，并为寺中观音殿题写楹联："山名天竺，西方就在眼前，百千里接踵朝山，海内更无香火比；佛号观音，南摩时闻耳畔，亿万众同声念佛，世间毕竟善人多。"魏学渠还曾购唐代贯休和尚所绘罗汉图十六轴赠嘉善景德讲寺。[2] 康熙二十二年（1683），魏学渠前往姑苏天平山白云古寺拜访仁山大师时，应仁山所请，为其《金刚三昧经通宗记》作序，并署名"堪忍学人魏学渠"。序中称："要使宗教融通，自然圆顿立至。"[3] 可见，魏学渠不仅与方外人士频频交往，对佛理的了解也较为深入。

　　魏学渠以天启忠臣魏大中的侄儿身份，顺治五年（1648）即出仕清朝，为士林诟病。康熙十八年（1679）在"己未词科"中，魏学渠被荐举为博学鸿儒，更为时人侧目。[4] 在江南人士誓守名节的抵制气氛中，宗教或是魏学渠舒缓"降清"压力的汤药。在文学上，魏学渠主张苏东坡"嬉笑怒骂，皆成文章"，文体宽松；在宗教上，他也因"无可无不可"的态度，对不同信仰兼容并蓄。[5]

　　魏学渠《天儒印》序中，谈及了魏学濂与西教士交游的情况："余发未燥时，窃见先庶尝从诸西先生游，谈理测数殚精极微，盖其学与孔孟之指相表里，非高域外之论，以警世骇俗云尔。"[6] 魏学渠与西教的联系，极有可能来自长其九岁的堂兄魏学濂的影响。

----

① 处庵，法号行如，字子山，号处庵，自洞庭华严寺移锡主颐浩寺，著有《子山语录》。

② （清）光绪《嘉善县志》卷二二，第16、17页。

③ （清）释寂震《金刚三昧经通宗记》。

④ 康熙十八年己未（1679）诏启"博学鸿词"科，全国被荐举者共一百八十三人，康熙帝在保和殿御试，录取博学鸿儒五十人。

⑤ 官丹丹《钱澄之中后期交游考》，淮南师范学院学报，2010年第二期，第26页；李天纲《明清江南士大夫的宗教生活》，复旦大学宗教学系主任。

⑥ 方豪《中国天主教史人物传》中册，第110页，中华书局据香港公教真理学会、台中光启出版社1970年9月初版影印。方豪在书中将"先庶尝"误认为魏大中，实际上应该是中进士后又考选庶吉士的魏学濂。（原文将"先庶常"写作"先庶尝"，应是避明光宗朱常洛之名讳）。

在崇祯十三年（1640）瑞士神父徐日升来嘉善开教时，魏学渠已经二十三岁，早过了"发未燥"年纪。因此，魏学濂应在此前便与西洋教士有较多来往。据黄一农先生的考证，魏学濂奉教之事，仅略见于时人彭孙贻的《流寇志》和谈迁的《国榷》中，不过"学濂与山西解元韩霖同事天主教"一语而已。

三、魏学濂的西学渊源

如前所述，魏大中的同僚好友中，很多人与西教有较深渊源，比如孙元化[①]、叶向高、钱士升、熊明遇等人，魏学濂接触天主教，便深受其影响。

孙元化系徐光启的学生，是明清之际著名的天主教徒，圣名依纳爵（Ignacio），西洋火炮专家，是中国近代"师夷长技"的先驱者。天启二年（1622），孙元化落第，在徐光启的举荐下，入孙承宗幕（孙承宗与徐光启为进士同年），获授赞画军需一职，与鹿善继共事。天启珰祸时，孙元化、孙和斗父子或受鹿善继嘱托，曾鼎力援助魏学洢，孙元化因此于天启七年（1627）被处以"冠带闲住"。后来，他的孙子孙致弥曾以一诗赠魏禹平（魏坤），感叹魏、孙两家三世交情。诗称：

> 寒灯无焰醉薋腾，独对遗编感慨增。
> 复壁人曾藏北海，墓门剑许挂延陵。
> 全家大节存忠孝，三世深交历废兴。
> 郭隗台荒荆棘里，茫茫枨触恨难胜。

诗后自注："魏忠节公被逮，子敬先生从行。先中丞（孙元化）独匿

[①] 孙元化，字初阳，号火东，是江苏宝山高桥镇（现属上海）人，西洋"红夷大炮"的制造和使用专家，曾撰有《泰西算要》《几何用法》《几何体论》《西学杂著》等著作。

之邸舍。及忠节卒，先公（孙和斗）尽斥衣物，佐其归装。延陵许剑①，乃与子敬札中语也。忠节公父子忠孝，中丞公子身仗义，三世交情合并写来，遂觉生气满纸。"②

大学士叶向高对西学也颇有好感。天启四年（1624）夏秋间，叶向高致仕归里，途经杭州时，应邀为杨廷筠新著《西学十戒初解》作序，称西学"余向亦习之""其学以敬天为主，以苦身守戒为行，大率与吾儒同"。③在杨廷筠的引荐下，叶向高在杭州与意大利传教士艾儒略（Giulio Aleni，1582—1631）会晤，因钦服其学识，遂延其入闽开教。天启七年（1627），两人再度在福州晤面，后艾儒略将其与叶向高两天的谈话记录编为《三山论学纪》，并于书首附叶向高《赠思及艾先生诗》。④

魏学濂的家乡也不乏亲教的人士。钱士升与陈龙正，是魏学濂在家乡对其影响最大的父执辈。两人对西学都有一定的了解，但态度并不一致。钱士升对西学颇为认同，曾称天主教"足为吾儒补亡"。⑤孙元化在所撰《几何用法》序言中，记载了钱士升向其求教几何学的事：

> 庚申（万历四十八年），武水钱御冰先生忘年势而下询。当署孜孜，以欲为此书拂尘蠹者，而余检匣中原草，已乌有，聊复追而志之。⑥

序中"武水钱御冰"，显系嘉善钱士升（字御冷，原文误作御冰），武水为嘉善县治魏塘别称。由此序看出，钱士升对西方几何学颇感兴趣，年过

---

① "延陵许剑"，乃指春秋时吴国公子季札（分封于延陵）北上出使，途中拜见徐国国君。徐君喜爱季札的宝剑，因使未竣，季札未将宝剑相赠。等季札回来，徐君已死，季札于是就解下宝剑，挂在其墓旁的树上才离去。
② （清）沈德潜《清诗别裁集》三十二卷。
③ （明）叶向高《西学十诫初解》，见《苍霞余草》卷五，第22页。
④ 三山即福州。思及，是艾儒略的字。
⑤ 孟儒望《天学略义》，第26页。
⑥ 方豪《中国天主教史人物传》，中册，第234—235页。

四旬，还向孙元化讨教几何知识。因钱士升身为状元、翰林学士，不耻下问，令举人出仕的孙元化印象颇深。在钱士升的家族中，也有对西学深有研究者，如其侄子钱栴撰有《城守筹略》，该书杂纂当时兵书而成，文中屡见西学造诣深厚的王徵、徐光启的论述。钱栴的亲家、华亭嘉善籍进士夏允彝，也曾接触西学，著有《西洋算法》一卷。①

致力于晚明乡村赈济活动的陈龙正，出于对民瘼的关注，使得他对不事耕织的佛、道两家均无好感，对天主教的评价更在佛教之下："佛，西方圣人；天主教之精者，不过西方之巧人耳！"

魏学濂与西学的最初接触，可能源于他在嘉善的一位老师——薄珏。薄珏这个人，历史对其记载很少。②最为详细的记载来自邹漪的《薄文学传》。由传记可知，薄珏，字子珏，江苏吴县人，曾流寓嘉善，学籍在嘉兴，并成为嘉兴的秀才，即邹漪所称的"薄文学"。邹漪为薄珏作传，是因为他身有"异术"。崇祯八年③（1635），流寇侵犯安庆。二月，巡抚张国维（1595—1646）礼聘薄珏入城制造铜炮，以御流寇。薄珏当时制造的铜炮，"炮药发三十里，铁丸过处，三军糜烂，而发后无声"，薄珏还为这些铜炮安装千里镜，"镜筒两端嵌玻璃，望四五十里外如咫尺也"，"以侦贼之远近"。

这段记载被认为是世界上将望远镜用于火炮的最早记录。④薄珏制造望远镜的记载，曾经引起汉学家、科学史专家李约瑟⑤的注意，他在《江苏的光学技艺家》一文中指出，"当薄珏还年轻时，中国文化已经有了伽利

---

① 黄一农《两头蛇·明末清初的第一代天主教徒》，第116、117页。

② 关于薄珏的生平，可见于邹漪《启祯野乘》，第247—250页；民国《吴县志·卷第七十五下·列传艺术二》，第4页；光绪《嘉善县志》卷二十五，第14页；乾隆《元和县志》卷二·人物，第11—12页。

③ 邹漪在《启祯野乘·薄文学传》中认为薄珏铸造铜炮是崇祯四年，据《明史·张国维传》以及张岱《石匮书后集·张国维传》，俱为崇祯八年。

④ 王锦光、洪震寰《中国光学史》，第160页，湖南教育出版社1986年版。

⑤ 李约瑟（Joseph Terence Montgomery Needham, 1900—1995），英国近代生物化学家、科学技术史专家，其所著《中国的科学与文明》（即《中国科学技术史》）对现代中西文化交流影响深远。李约瑟关于中国科技停滞的思考，即著名的"李约瑟难题"，引发了世界各界关注和讨论。

略天文学的相当多的传播，以及西方光学知识的相当少的传播。遗憾的是，关于薄珏或者孙云球[①] 什么时候接触过耶稣会士这一点，至今没有任何证据"，"望远镜的发明开始看起来越来越像在近代以前很少有的一种现象，即一种概念一旦'流行'，许多人几乎同时取得成就。……确实极其可能在1550 至 1610 年间，至少有六个人利用双凹以及双凸透镜进行过二重透镜状组合，并得到了远离物体的惊人的放大效应。如果承认这点，那么薄珏本人是这些人之中的一个的可能性就是非常有理由的"。[②]

李约瑟认为，薄珏并没有接触太多西方光学知识的机会。王士平等在《薄珏及其"千里镜"》一文对李约瑟的研究进行了回应，指出薄珏的望远镜系独立完成，且是开普勒式的而不是伽利略式的[③]，认为"薄珏是开普勒望远镜的独立发明家"。[④]纪建勋在《我国制造望远镜第一人薄珏及其与西学关系之考辩》一文也认为，薄珏是中国制造望远镜的第一人。

据说薄珏博闻强记，读书一过，便能倒背如流，跟他谈"世俗语"，"唯唯不能答"，而一说起"五行变化"则娓娓道来。薄珏的科学成就远不止于火炮和望远镜，他曾自制浑天仪、水铳、地雷、地弩等，甚至风传称他能制造"灵动如生"的"木童"，可开闭门户、端茶奉客。尽管以现在的眼光看来，三十里的火炮射程以及"端茶奉客"的"木童"明显有夸大嫌疑，但至少说明时人对其神秘莫测本事充满敬服。邹漪虽称薄珏"其学奥博"，但对其师承却"不知何所传"。

从薄珏的经历来看，我们怀疑其学术传自吴县的朱隺。薄珏与朱隺一起合作校正的《交食历指》七卷，为汤若望、龙华民、罗雅谷等教士所订

---

① 孙云球，明末光学仪器制造家，字文玉，或字泗滨，江苏吴江县人。
② 见李约瑟《江苏的光学技艺家》，载潘吉星主编《李约瑟文集》，辽宁科学技术出版社1986 年版。
③ 伽利略望远镜使用凸透镜做物镜，和使用凹透镜的目镜，影像是正立的，但视野受到限制，有球面像差和色差，适眼距也不佳；开普勒望远镜改善了伽利略的设计，使用一个凸透镜作为目镜，可以有较大的视野和更大的适眼距，但是看见的影像是倒转的。
④ 王士平等《薄珏及其"千里镜"》，《中国科技史料》1997 年第 3 期。

的《崇祯历书》第四十二至四十八册。[①]《崇祯历书》编写历时五年，全书共一百三十卷，分为五大部分。第一部分《法原》，包括了哥白尼、弟谷、开普勒和伽利略的天文学、光学方面的著作。其余《法数》《法算》《法器》《会同基本书目》等部分，介绍天文学的计算系统和数学知识、天文仪器以及中西各种度量单位的换算表。《崇祯历书》被认为是介绍西方天文学知识的著作中影响最大的，由徐光启等中国科学家共同参与。[②]

薄珏勤于著述，归于其名下的作品为数不少，有《格物论》百卷、《半豹论》百卷、《浑天仪图说》《浑盖通宪图说》《简平仪图说》《窥筒定中星图说》《日晷各地不同论》等，在天文算术方面，"海外亦重其名"，除《荧惑守心论》外，其余作品均已失传。

薄珏或是第一个较为系统地向魏学濂介绍西学知识的人。在崇祯初年，薄珏、魏学濂就与西洋教士有交往活动，这正是魏学渠"发未燥"的时候。魏学濂与薄珏是亦师亦友的关系，魏学濂在他那里学习"律吕"及"佐王之学"。所谓"佐王之学"，很可能是指西方火器、城防、天文历算等实学。《西湖志》记载了薄珏与魏学濂、陈梁等在杭州名医张遂辰湖馆赏乐饮酒的交游活动。[③]魏学濂、薄珏、黄宗羲还同入张歧然在杭州创立的读书社。黄宗羲也曾记录了崇祯六年（1633）至七年（1634）间与魏学濂、薄珏一起向张歧然学习音律的往事："薄子珏、魏子一，取余杭竹管肉好停匀者，断之为十二律及四清声，制作精妙。武塘魏子一、吴门薄子珏方讲此学，见之推服。"[④]崇祯九年（1636），薄珏一度以逆案系狱，幸赖魏学濂的救助得免。尽管薄珏一度被举荐于朝，但并未受到重用。明清鼎革后，他隐遁于嘉兴一带，"萧然蓬户"，生活困顿，唯一的女儿死后也要依赖朋友的接

---

① 荣新江《明末西方日晷的制作及其相关典籍在中国的流播》，载《中外关系史：新史料与新问题》，第360、361页；纪建勋《我国制造望远镜第一人薄珏及其与西学关系之考辨》，《史林》2013年第一期，第82页。

② 张西平《跟随利玛窦到中国》，第66、67页，五州传播出版社2006年版。

③ 不题撰人《西湖志》卷十八。

④ （明）黄宗羲《南雷文约》卷二。

济才得以安葬,薄珏最后也"卒以贫死"。①

魏学濂在南京最亲密的朋友,如方以智、冒辟疆、陈梁等,均与耶稣会意大利神父毕方济(Francois Sambiasi,字今梁,1582—1648)有频繁的接触。毕方济是明末传教士中与士大夫交游较广者,方豪认为:"吾尝谓(毕)方济为初来教士第一奇人,虽利玛窦、汤若望亦有所不及,观其与冒辟疆之关系可知也。"②

冒辟疆在《影梅庵忆语》中记载了毕方济(今梁)送其西洋薄纱一事。董小宛将其制成纱裙,与冒辟疆一同在镇江金山踏春,山中数千游人争睹,以为神仙伴侣:

> 壬午(崇祯十五年,1641)清和晦日(四月二十九日),姬(小宛)送余至北固山下。时西先生毕今梁寄余夏西洋布一端,薄如蝉纱,洁比雪艳。以退红为里,为姬制轻纱,不减张丽华桂宫霓裳也。偕登金山,时四五龙舟冲波激荡而上,山中游人数千,尾余二人,指为神仙。绕山而行,凡我两人所止,则龙舟争赴,回环数匝不去。

崇祯七年(1634)至崇祯十二年(1639),方以智流寓南京时,与毕方济"相从问学且赠诗"。③ 在此期间,方以智对西学产生了浓厚的兴趣,他欣赏西方的拼音文字,主张汉字拼音化,以及创建世界统一的语言:"依音韵变化,仿西方文,列汉字成字母,撰成《旋韵图》。"④ 方以智西学色彩浓厚的《通雅》与《物理小识》等著作也大部分完成于此时。《物理小识》中的西学内容,绝大多数是抄录和转述耶稣会士的中文著作,⑤ 其中记载了魏学濂筑城之法:"敌台宜筑三角,附城如菱芰,两腋皆有小门可出,而

---

① (清)邹漪《启祯野乘》"薄文学传"。
② 方豪《中国天主教史人物传》。
③ 罗炽《方以智评传》(附录)"方以智年表",南京大学出版社2006年版。
④ (明)黄宗羲《南雷文约》卷一,第20页。
⑤ 张西平《跟随利玛窦去中国》,第42页。

外炮不能攻也。城址砌石，上即以土筑之，砲子入土，便陷不出。"① 这里，魏学濂描述的显然是被称为棱堡② 的筑城之术。

毕方济本人精于火炮的攻防之术。天启元年（1621）三月，明军在辽东战场失利，四月十九日，光禄寺少卿李之藻上"制胜务须西铳疏"，主张调运西铳，募集澳门铳师，并召阳玛诺（Manuel Dias，1574—1659）、毕方济进京，协助传习炮术。③ 崇祯十三年（1640），魏学濂曾为孟儒望的《天学略义》校正，参与本书的还有阳玛诺、毕方济、徐日升，这或者能证明魏学濂与毕方济在南京就有不少交往。

陈梁是魏学濂南京诸友中唯一有记载确定为入教者。陈梁奉教的时间可能早于万历四十八年（1620）。该年四月，陈梁与唐宜之一同拜访老师——海盐秀才朱元正。朱元正是个虔诚的佛教徒，力劝陈梁弃西教而信佛："（唐）宜之向曾与汝书，劝子舍利西泰之学而学佛。此是好话，可切切听之。"④《密云怡禅师语录》〈偈复陈则梁问道书〉一文，则更明确地指出陈梁为教中人士："（天启）五年（1625）乙丑，师六十岁……偈复陈则梁问道书，陈盖奉天主教者，中多泰西利玛窦语，师为答之最详。"⑤

黄宗羲的西学造诣也很深。据其自述，从庚午（崇祯三年，1630）至辛巳（崇祯十四年，1641），以及庚寅（顺治七年，1650）三月，他曾数度将南京黄居中千顷堂的藏书、钱谦益绛云楼的藏书翻阅殆遍，其中包括利玛窦、汤若望、艾儒略、庞迪我、阳玛诺等耶稣会士与徐光启、李之藻等著译的多部西学著作。⑥ 黄宗羲在研读《崇祯历书》等西学书籍后，认为该书"关系一代之制作"，建议将其编写过程写入《明史·历志》。黄

---

① （明）方以智《物理小识》卷八，光绪十年宁静堂刻本。
② 棱堡是堡垒的一种，其实质就是把城塞从一个凸多边形变成一个凹多边形，这样的改进，使得无论进攻城堡的任何一点，都会使攻击方暴露给超过一个的棱堡面（通常是2—3个），防守方可以使用交叉火力进行多重打击。棱堡最早可能由意大利人于16世纪发明。
③ （明）徐光启《徐光启集》重民辑校，第179—181页。
④ （清）周克复《法华经持验纪·卷下》"明海盐朱元正"。
⑤ 《乾隆藏》第154册"密云怡禅师语录"。
⑥ （明）黄宗羲《天一阁藏书记》《思旧录·黄居中》。

宗羲还藏有西教士馈赠的龙尾砚和汤若望所赠的日晷，可见他与西教士也有直接的接触。[①] 黄宗羲写有西洋历算著作七种：《西历假如》《新推交食法》《时宪历法解》《句股图说》《开方命算》《测圆要义》《割圆八线解》等，现仅存《西历假如》一卷。黄宗羲撰于康熙元年（1662）的政治社会思想代表作《明夷待访录》，全面描绘了他设计的理想社会蓝图，其中主张将历算、测量、火器、水利等涉及科学技术的专门学问，列入国家选拔人才的范围，并奖励研究发明者。

但是，黄宗羲对天主教义则坚决拒斥。黄宗羲年逾八十所著《破邪论》中的上帝篇，对社会上流行的四种上帝说一一做了批判，其中称："为天主之教者，抑佛而崇天是已，乃立天主之像记其事，实则以人鬼当之，并上帝而抹杀之矣。此等邪说虽止于君子，然其所由来者未尝非儒者开其端也。"可见，黄宗羲虽然乐于接受西方科学，但是拒绝了天主教义。[②]

魏学濂、黄宗羲敬重的刘宗周，则是竭力反对西学西教的。崇祯十五年（1642）八月，朝廷在军事上陷于困局，崇祯帝有意使用西洋大炮保卫关内城池，遭到刘宗周的反对："不恃人而恃器，国威所以愈顿也。汤若望唱邪说以乱大道，已不容于尧舜之世，今又作为奇巧以惑君心，其罪愈无可逭。"[③]崇祯帝对此感到不满，曰："火器乃中国长技，汤若望不过命其监制，何必深求"，并"命宗周退"。[④]

尽管刘宗周本人坚拒西学，但他的学生中却有不少推崇西学的。龚缨晏认为，明清之际，浙东出现了以朱宗元为代表的一些天主教徒。在刘宗周的弟子中，至少有一个人可以确认为天主教徒，他就是张能信；还有一个

---

① 黄宗羲曾以一诗记载了西士所赠龙尾砚的得而复失、失而复得情况。（《南雷诗文集附录·交游尺牍》）。黄宗羲所得汤若望馈赠之日晷，见全祖望《明司天汤若望日晷歌》。歌名下自注"得之南雷黄氏"。〔（清）全祖望《鲒埼亭诗集》卷二，《四部丛刊》本〕

② 徐海松《黄宗羲与西学》，见黄时鉴编《东西交流论坛》，上海文艺出版社1998年版。

③ （明）黄宗羲《子刘子行状》。

④ （清）计六奇《明季北略》卷十八。

对天主教至少表示欣赏的人，他就是魏学濂。① 朱宗元是继"三柱石"之后较早信奉天主教的中国士人之一，也是明末为数不多的深慕笃信天主教的奉教士人之一。方豪曾对他有过相当高的评价："夫朱子之功绩，若以视徐、李、杨三杰，则固瞠乎后矣；然亦超乎流俗，有所述造，要不能等闲视之。"朱宗元、张能信、魏学濂这几个人不仅关系密切，而且与孟儒望等欧洲来华传教士也交往频繁，多次为来华传教士的著作润色、作序、校书。张能信多次为朱宗元撰写序文或参与校订，由序文落款为"社弟""同学"等称呼可见，朱宗元与张能信的交情相当深厚。②

崇祯十一年（1638）至崇祯十六年（1643），利类思、阳玛诺、徐日升、孟儒望等西洋教士与朱宗元、张能信、魏学濂的交往，可以简述如下：

崇祯十一年初（1638），徐日升自澳门被派往南京，为的是帮助毕方济神父，并在南京学习中文。当年底，徐日升被派往杭州。同一年，朱宗元在杭州经利类思受洗入教。随后，朱宗元与张能信合著《破迷论》，这是朱宗元关于天主教的第一本著作。同年，朱宗元邀利类思来鄞县传教。崇祯十二年（1639），朱宗元受业于阳玛诺。崇祯十三年（1640），孟儒望至鄞县传教，朱宗元与之交游，协助孟儒望传教、著书。崇祯十三年（1640）春，徐日升应魏学濂邀请前往嘉善开教。同一年，朱宗元、魏学濂与阳玛诺、毕方济、徐日升同订、校正孟儒望的《天学略义》，该书后于崇祯十五年（1642）刊刻。同年夏，随孟儒望拜访张能信于玫园。③ 明亡前的一年（1643），孟儒望的《炤迷四镜》在宁波刊行，张能信以耶稣会士的身份与朱宗元共同参与修订工作。同年，魏学濂中进士。

黄一农先生认为，当时耶稣会对中文书籍的刊行相当谨严，除需三名教士"仝订"外，还需获得在华教区值会会长的准许，教理类书籍的校阅

---

① 龚缨晏《明清之际的浙东学人与西学》，《浙江大学学报(人文社会科学版)》第 36 卷第 3 期，2006 年 5 月，第 63、64 页。
② 闻黎琴《朱宗元思想研究》，浙江大学 2007 年硕士学位论文，第 11 页。
③ 胡金平《论朱宗元对原罪的解释——兼其生平述考》，首都师范大学硕士学位论文，第 17 页。

和润饰工作关系甚大，不太可能让一位教外人士参与，因此，黄一农推测魏学濂很可能在崇祯十五年（1642）《天学略义》刊行之前就已经入教。

四、瑞士传教士徐日升来华经历 [①]

从目前可查资料看，瑞士人到中国可以追溯到明朝末期，来自弗里堡的 Nicolaus Fiva 加入欧洲人从十六世纪末期经澳门进入中国的热潮中，并于 1638 年抵达南京，成为目前认为的第一个到达中国的瑞士人。

瑞士洛桑的 GM Schmutz 在其论文《The best intentions of Nicolaus Fiva Two letters 1635，1637》以及德国波恩东亚研究院教授许文敏在《徐日升——中瑞历史上的第一名使者》两文中，对瑞士耶稣会神父 Nicolaus Fiva 进行了考证。这两篇论文通过对 Nicolaus Fiva 在前往中国传教期间写给耶稣会学院校长的两封信（1635 年 1 月 21 日写于葡萄牙科英布拉、1637 年 1 月 1 日写于中国澳门），以及耶稣会历史学家三十年后写的一份报告，勾勒出中瑞历史上第一位使者前往中国的传奇经历。

Nicolaus Fiva，即徐日升，瑞士人，1609 年 8 月出生于瑞士小城弗莱堡。这个处在基督新教包围的城市，顽强地坚守着天主教的宗教传统。当时天主教正积极致力于向南美洲、远东等地区传教，弗里堡的氛围也是如此。1622 年，13 岁的 Fiva 进入弗莱堡当地的教会名校——Saint Michel College（圣米歇尔学院），并在那里学习了六年。[②]

在结束圣米歇尔学院的学业后，Fiva 于 1628 年 3 月 20 日在德国 Landsberg am Lech 加入了耶稣会，成为一位见习神父，开始接受为成为传教士而进行的教育。其间，他学习了数学、神学和意大利、西班牙、葡萄牙三种语言，并渐渐成长为数学家，尤其擅长算法和制图。

---

① 本节内容部分参考自 GM Schmutz《The best intentions of Nicolaus Fiva Two letters 1635，1637》以及许文敏在《徐日升——中瑞历史上的第一名使者》，不一一加注。

② 维基百科法语版，http://fr.wikipedia.org/wiki/Nicolas_Fiva。

Fiva 对于东方有着特殊的感情，所以很早就以神学人员的身份加入了耶稣会东方传教士团。由于当时去东亚传教只能经过葡萄牙，在结束了耶稣会的学习之后，Fiva 来到葡萄牙里斯本。在这里，Fiva 与三十二名耶稣会修士结成了一个团队，由意大利那不勒斯的神父马施蒂理（Marcell Mastrilli）率领，于 1635 年 4 月 13 日乘船从科英布拉（Coimbra，葡萄牙）出发，前往印度半岛的"东方罗马"——果阿（Goa）。①

与当年马可波罗远行中国时不同，17 世纪欧洲人走的是水路，此时苏伊士运河尚未修筑，故欧洲的航船需要绕经非洲大陆的好望角，经印度洋，才能最终抵达亚洲大陆。

海上并不平静，时常卷起滔天巨浪，还有海盗横行，西班牙、葡萄牙、荷兰等国的船只不停地掀起争斗，Fiva 耳畔响起震耳欲聋的隆隆炮声，子弹贴着他的头皮飞过。在这种严酷的环境中，许多从欧洲出发的教士都葬身海底，或被埋葬在去往远东的路上。1581 至 1712 年间，有 249 名耶稣会修士到达中国，但由于路途遥远、条件艰苦，死在途中的也有 127 人。

这艘远洋船舶既可将 Fiva 载到最终目的地，完成耶稣交给他的任务，也可以直接将他送到上帝身边。幸运的是，除两名神父落入荷兰人之手外，其余人皆幸免于难。在海上漂泊将近一年后，Fiva 踏上了亚洲大陆。在耶稣会位于果阿的高级神学院，Fiva 正式成为一名神父。1636 年，他从果阿被派往澳门，并于 11 月抵达，徐日升这个中文名可能就是那时取的。

徐日升在澳门大约停留了一年，继续学习神学、数学和外语。由于中国当时对天主教友好和开放的态度以及观察员神父李玛诺（Emmanuel Diaz 1559—1639）的推荐，他选择去了中国。1638 年初，他与同船来的万密克神父一起被派往南京，协助毕方济神父。他们一边学习汉语，一边参与天主教团体的工作。毕方济得以抽身到临近的城市去传教，发展与建立新的教会团体。

1638 年底，徐日升神父受命前往杭州，协助年近八旬、已经传教五十

---

① 宋婷《第一位进入中国的瑞士人》，载于瑞士资讯（swissinfo.ch）。

年的郭居静神父（Lfizaro Catfino，1560—1640）。徐日升神父以极大的热情投入了传教事业。据 1636 年的耶稣会人事评估报告记载 [1]，徐日升神父"具有特别出色的传教天赋"，可他的健康情况却只能算"一般"。

尽管徐日升神父在耶稣会中国传教团的时间比较短，甚至只是短暂的昙花一现，但却结下了一个丰硕之果：在距离杭州不远的嘉善创立了一个新的天主教团体。一位稍后活跃在这里的耶稣会修士——葡萄牙神父何大化（Antoine de Gouvea，1592—1677）在 1641 年的年度报告中就徐日升神父的传教工作向罗马教皇做了一个完整报告，原文今天可见于何大化的《远方亚洲》。[2] 在这份珍贵的报告中，有着魏学濂奉教的经过和东方传教士团在嘉善传教的记载。

何大化在报告中称，魏学濂"通过一个基督徒朋友而结识了天主教信仰"，并阅读了天主教的书籍，便受了洗，其教名 Jiulius。这个教名，与"学濂"的中文吴语方言发音相近，也与罗马教皇儒略二世（1443—1513）相同。

作为"一个以其知识、道德品质以及好名声而在本省受欢迎的人"，对于魏学濂的奉教，耶稣会东方传教士团极为重视，因为"这样的智者都能如此的倾心于天主教，那么追随其后入教绝不会有错"。

崇祯十三年（1640）春天，魏学濂发出邀请，在杭州的徐日升神父和修士郭玛诺（Emmanuel Gomez，1602—1644）一起来到这里。魏学濂为他们到来举行了热烈的欢迎仪式，并安排他们住在自己讲学的县学中，"学府中有漂亮的大厅、花园和池塘"。徐日升神父除了感叹嘉善的繁荣，也称赞"这里的文化事业正处在繁荣昌盛时期，许多秀才、状元和文人名士都出自这座城市，其中包括现在最著名的阁老"。当时，嘉善人对欧洲的风俗习惯和基督教很好奇，徐日升神父丰富的数学和地理知识，无疑也帮助他在当地赢得了一定的信誉。

---

[1]　耶稣会传教团规定，各省负责人每三年对下属传教士做一次全面评估，作为人事档案直接送交罗马，以便据此对耶稣会士的升迁进行确定。

[2]　何大化的《远方亚洲》原为稿本，目前所知只有三件存世。1995 年，葡萄牙里斯本东方基金会整理出版了第 1 部分第 1 卷，2001 年又出版了第 1 部分第 2 至 6 卷。

在嘉善期间，魏学濂还带领远道而来的耶稣会士参加县里重要的文学集会活动。在徐日升眼中，这样的学会，或者说读书会，与欧洲的学会类似，"他们每年聚会四次……就那些好的、有伦理道德和社会价值的书籍进行研讨"。学会的成员几乎都是告老还乡的高级官吏和文人墨客，每三个月选一次主席，主席的一个职责是开展募捐衣物活动。徐日升神父注意到，"捐赠的数量有一个不许超越的固定上限，主席将这些捐赠衣物人的姓名、地址、数量都登记在册，并把这些衣物分发给本县和周围的穷人、孤儿。每届任期满时把名单抄写出来，说明怎么运作的，收了哪些钱物，怎么散发的。这种做法相当准确、可信，就像收银处的会计做账那样。"

徐日升神父无意中描绘了嘉善同善会的会讲及募捐活动场景，而陈龙正与魏学濂、丁宾、钱士升等，正是同善会的发起人。据陈龙正的记载，同善会每季举行一次会讲，内容一般是劝人为善的教化宣传，时间定在二月、五月、八月、十一月的十五日。每次会讲均开展募捐活动，募集银两和衣物，且设定募捐金额的上限。因此，徐日升神父来嘉善的时间应在当年的五月中旬。

魏学濂在县学的一个大厅设立圣坛。第二天，徐日升神父就开始施洗礼。洗礼一共持续了十天，接受洗礼的人都由魏学濂帮助挑选，一共一百五十三人，其中包括二十名生员。受洗者对加入天主教表现出极大的热情，而"魏学濂比他们更加兴奋。他参加所有的弥撒，并且为洗礼者捧着圣水，担任所有领洗者的教父，并以此而成了天主教国外传教团世俗助手中的名人"。

在魏学濂的引荐下，徐日升神父拜访了当地的名人，包括告老还乡的钱士升和当地的官员。"钱士升热情地接待了他们，邀请他们一起进餐。第二天，阁老即刻回访他们，并且告诉他们，他对任何有助于他们传教的事情都愿意尽力帮助。"

徐日升神父与郭玛诺修士随后返回杭州。这一年，耶稣会传教士徐日升神父被上帝召回，长眠于杭州卫匡国公墓。

第四章　晚死之辨①

一、明末风云与乱世出仕

崇祯十六年（1643），即魏学濂南京中举次年，又是会试之年。国家的局势已岌岌可危，"中土被兵摧毁，无一完州"，兵戎遍地、公车道梗，很多举子放弃赴京赶考，或者遇战乱中途回家，朝廷将会试推迟至秋天举行。所幸，江南到山东一路尚算通畅，魏学濂决定北上赶考。

大致这年夏天的时候，一帮嘉兴府举子在炎炎烈日下，"长裾短夹"，会聚河南卫辉县（今卫辉市）苏门后继续北上。这些举子，有来自盐官的、平湖的，还有嘉兴的，魏学濂、郁之章两位嘉善人也同在其列。②

一路上，举子们互相比较艺文，互相勉励。读书人聚首，无非饮酒作诗、高谈阔论。席间，有称舞文弄墨为自娱自乐的；也有称"文为国华、行为世泽"，愿以文章品行为天下表率的；更有以为文章不足以为天下驱乱的。他们都不会知道，这是大明王朝最后一次科举考试了。

在兵荒马乱的这一年，嘉善再次取得了优异的科举成绩。八月二十七日，会榜发出，一榜凡四百人，会元陈名夏。与二十七年前的万历四十四

---

① 本节内容部分引文来自苏濆《惕斋见闻录》，不一一加注。
② （清）吴蕃昌《祗欠庵集》卷二，第5、6页。

年（1616）钱士升榜一样，嘉善中式者又有五人：徐远、魏学濂、孙圣兰、沈泓和钱默。九月十四日殿试，稍后举行的进士考选，魏学濂成为庶吉士，入翰林院接受高级文官的培训。这已是九月中旬，离次年三月闯军攻陷京城还有半年时间。

崇祯十六年（1643）年底，攻占西安的李自成挥戈向东，发出"嗟尔明朝，大数已尽"的檄文。次年元旦，李自成称王，国号大顺，正式与明朝分庭抗礼。随即李自成的大军兵分两路，向东进发。李自成亲率的一路军，沿路尽歼明朝在宣府、大同的精锐部队。正月二十六，京城派出了最后一支出征的军队，由大学士李建泰"代帝出征"。这支由地痞、无赖和市井游闲组成的乌合之众毫无取胜之心，还没出河北之境，就只剩五百多人。京城局势危在旦夕。

或许还有一个办法可以避免大明王朝遭受灭亡的命运，那就是放弃北京，到南京建立临时政府，毕竟凭长江沿线的十几万大军，扼守天险，维持半壁江山还是可能的，南宋就是一个例子。南迁意味着放弃宗庙陵寝，放弃京城的黎民百姓，这样的建议皇帝说不出口，须由大臣主动提出。翰林院左中允李明睿于是上疏称，流寇逼近京师，已经是生死存亡的危急时刻，只有南迁才能缓解当前的危机，建立中兴大业。崇祯帝将这份奏疏交内阁讨论，遭到首辅陈演的反对，并授意兵科给事中光时亨出面驳斥李明睿。二月二十七日的御前会议上，又有人提出由太子或他的两个弟弟"监抚南京"的折中方案，这样即使京城遭遇不测，还有一个合法的嗣君继续统领天下。这个主意差点实现，按照《国榷》的说法，当时太子连行李都收拾好了，随时等着南下。又是光时亨出面劝阻称：皇上要重演唐肃宗灵武即位的故事吗？这个典故是说，安史之乱起，玄宗西逃，至德元年（756）七月，李亨在灵武即位，尊玄宗为太上皇。光时亨用这个故事含蓄地对皇帝发出警告。生性猜忌的崇祯顿改前意，愤怒地指责廷臣们："诸臣平日所言若何？今国家至此，无一忠臣义士为朝廷分忧，而谋乃若此！夫国君死社稷，乃古今之正，朕志已定，毋复多言。"

崇祯帝无奈地接受了"死守京城"的现实。皇帝一方面坚定地表示要与京城共存亡，另一方面将阻止南迁的首辅陈演罢免。朱由检对陈演说了一句意味深长的话："朕不要做，先生偏要做；朕要做，先生偏不要做。"皇帝与内阁之间无法调和的隔阂已无法通过频频换相来解决，继任的首辅魏藻德仍旧对南迁不置可否，以沉默表示否定。《明季北略》就此感慨道："当（李）自成逾秦入晋，势如破竹，惟南迁一策或可稍延岁月。而光时亨以为邪说，其事遂寝，天下恨之……"时隔不久，通往南方的道路被蜂起的盗匪和义军阻断，此时的朱由检即便想走也走不成了。

与"出征"和"南迁"同时讨论的，还有"勤王"的计划。假如没有一支强有力的军队，京城的陷落将不可避免。崇祯十七年正月十九日，皇帝在权衡再三后，提出征调辽东总兵吴三桂入关的想法，要阁部大臣做出决定。吴三桂入关，意味着放弃关外的大片河山，阁部大臣不愿意承担骂名，更担心一旦战事扭转，皇帝回头追究关外山河沦陷的责任，均主张先由皇帝自己决定是否放弃宁远，然后再讨论是否征调吴三桂。皇帝与大臣多次磋商，都未达成一致意见。忍无可忍的朱由检于三月初四下旨加封吴三桂、左良玉、唐通、黄得功等将领。初六便发出谕旨，放弃宁远，征调吴三桂、刘泽清、唐通等部率兵"勤王"。

在"南迁"或太子"监抚南京"以及"勤王"问题上，魏学濂是竭力支持并积极推动的。闯军破秦、晋之后，魏学濂与吴尔埙、曹成德等人日夜涕泣，谋划保卫京师的计划。阁臣、工部尚书范景文是魏大中、鹿善继、孙奇逢的共同好友，为促成皇帝早定计谋，于是建议皇帝召见魏学濂，时间当在崇祯十七年二月。对于一个新科进士来说，这是"不世之遇"，魏学濂在皇帝召对时畅所欲言，力请东宫或定王、永王往镇南京，建议召集畿辅的义士勤王，并推荐"晓畅兵事，且习于山左、右豪杰"的翰林院编修陈名夏出都城，号召义士勤王。魏学濂的建议"最为称旨"，崇祯帝称赞魏学濂"才可以用"。受此鼓励，魏学濂更加努力地想找出一条破敌救国的奇计。

但时局已经不再给皇帝和魏学濂机会了。

"勤王"的旨意发出后，只有唐通率八千兵马赶来。山东总兵刘泽清拒绝征调。吴三桂的关东铁骑三月上旬从宁远启程，因关外民众害怕遭受清军的蹂躏，纷纷扶老携幼随军南迁，军民人数达五十万之多，行军速度大受影响，十六日才进入山海关。二十日，大军赶到丰润县（现属唐山市）时，李自成的农民军已在前一天攻入北京。吴三桂接报，仰天长叹，只好折返山海关。①

大明王朝终于走到了末路。三月十九日子时，朱由检在煤山自缢，留下一份遗诏：

> 朕凉德藐躬，上干天咎，致逆贼直逼京师，皆诸臣误朕。朕死，无面目见祖宗，自去冠冕，以发覆面，任贼分裂，无伤百姓一人。

有明一代，按照《明史》的说法，从洪武元年开始，至崇祯十七年止，凡十六主，历十二世，共二百七十七年。

二、"死节"或"失节"的争辨

"甲申之变"后魏学濂的遭遇，尽管一些记载有意讳言，但包括《明史》在内，认为他随即接受了大顺政权的委任。对于他归顺新政权的原因，以及最后"自缢而死"的缘由，各家众说纷纭，有说他"义旅失约，失望而死"，有说他"一时堕误，知愧而死"，也有称他其实未死，只不过是"诈死南归"。

魏学濂身负忠孝世家的光环，社会对其期许也远超常人。时人对于魏学濂投靠新朝的举动，夹杂国破家亡的愤怒，很难平心静气地加以评论，对其死因的记载南辕北辙，难免有夸大或失真之处。除已佚的专记魏学濂归顺事迹《降臣异态》一书外，苏渊的《惕斋见闻录》与魏允枚辑录的《忠孝实纪》是记载甲申之后魏学濂行迹最为详尽的，但两书在魏学濂"死节"还是"失节"问题上争执不下。

《惕斋见闻录》的作者苏渊，字眉涵，号惕庵，嘉定名士苏渊的从弟，

---

① 以上参《明史》、樊树志《明史讲稿》（中华书局 2012 年版）《哈佛中国史》。

是当地有名的诗人。据朱则杰、李杨《清初江南地区诗社考》引王欣夫的《蛾术轩书跋》称："右《惕斋见闻录》一卷，清苏溉撰……《县志·艺文》载溉所著书，有《申酉闻见录》《惕庵稿》二种，今此书名《惕斋见闻录》，因记崇祯甲申(崇祯十七年，1644)至乙酉(顺治二年，1645)间事，故又名《申酉闻见录》。"[①] 至于苏溉从何种渠道得知魏学濂的最后出处，则未曾交代。

由于魏学濂降闯并"自缢"的传闻在明亡之际引发极大争议，魏家为辩解学濂的忠孝，将相关诗文信函整理成《忠孝实纪》一书。据黄一农先生在其专著中称，该书目前似乎仅见于日本东京的内阁文库，"凡三十七叶，半叶九行，行二十字，四周单边，单鱼尾"。黄一农先生并称：

> 《忠孝实纪》前有王崇简之序，……惟因内阁文库本中亦记有顺治九年（1652）事，知此应为递刻本，又因其版心上分别出现"卷之■忠纪""卷之■■■""卷之■附录"等文字，有些页码亦因内容改动而被涂黑，疑此书原或不只一卷。

笔者幸获嘉善金身强先生以庋藏《忠孝实纪》见示。该本疑为海内孤本，与黄一农先生所称内阁文库本稍有异同，全书六十一页，半叶九行，行二十字，四周单边，单鱼尾，前无王崇简所撰序文（该序可见于王崇简《青箱堂文集》），未见"甲申八月朱曾省的《与马培原掌科书》"一通书信，增加了沈蔚的《终坚录》、黄宗羲撰《墓志铭》及学濂《后藏密斋集·卷之一》，且编排的顺序也有所不同。开篇即《绝笔》，其后为《书牍》四通、同邑沈蔚辑论的《终坚录》，再后是黄宗羲所撰《墓志铭》以及朱国望的《上徐虞求冢宰书》、通学生员曹尔坊的《表殉难之苦心、白忠臣之后死呈》、合邑居民俞汝谋等的《孤臣殉节已明，珉庶公心未泯，恳察舆情，扶持直道，详申各宪，鼎白忠魂呈》、顺治十年左右的《嘉兴府嘉善县公移》、曹尔坊的《邑

---

① 朱则杰、李杨（浙江大学 传媒与国际文化学院）《清初江南地区诗社考—— 以陈瑚"确庵文稿"为基本线索》，载《苏州大学学报》，哲学与社会科学版，2012，33（1）。

乘小传》、会稽陶履卓的《记略》、陈龙正《与刘念台先生书》、海昌祝渊《与陈几亭先生书》及《与允枚书》。最后收录了魏学濂所撰《后藏密斋集·卷之一》，包括崇祯元年为父兄鸣冤的三份血疏。①

与日本内阁文库本相同，该书版心处同样有"卷之■忠纪""卷之■■■""卷之■附录"等文字。而《翰林院庶吉士子一魏先生墓志铭》一文则无版心文字，半叶九行，行十九字，可知也是后来递刻增补。书末的《后藏密斋集·卷之一》为半页十二行，行二十一字。因《后藏密斋集》入清即遭禁毁，刊刻时间未详，而黄宗羲康熙二十一年（1682）为魏学濂撰写墓志铭，可知此本《忠孝实纪》编撰至少应在康熙二十一年之后。

黄一农先生对《忠孝实纪》各篇撰文者进行了考证：

> 曹尔坊《邑乘小传》的内容，亦收在顺治七年成书的《启祯条款》中，而曹氏即该书主要的编纂者之一。康熙十六年重修《嘉善县志》时，凡涉及天启四年至崇祯十七年的记事，即以《启祯条款》为据。而此传也与崇祯十七年冬邹漪所撰的《启祯野乘·魏庶常传》大致相同，仅末附之《论》各抒己见。

由于曹尔坊之兄曹尔堪与魏学濂同列"柳洲八子"，且魏大中曾师事曹尔坊祖父曹穆，尔坊之父曹勋更与魏大中情同手足，两家又是通家之好，故黄一农先生认为，"《启祯野乘》的传文原或为替学濂辩护最力的尔坊所主笔，此故，文中连篇称颂学濂，将其形容成'行隆忠孝'之人，而邹漪不过受托替学濂装演罢了"。黄一农先生并称：

> 陶履卓与魏学濂同为崇祯十六年进士，陶氏与祝渊在离京南逃时曾与学濂话别，而《记略》乃为甲申八月陶氏在江西章江听

---

① 魏学濂前两份血疏为时人所周知，亦为（清）光绪《嘉善县志》所收，唯最后一份《请按逆臣之罪以伸祖法疏》，目前似乎仅见于该书。

闻学濂自杀时所撰。

　　……此外，该书中还收有题为祝渊、陈龙正和刘宗周所撰的信札。由于前述祝渊、陈龙正、陶履卓和魏学濂诸人同对刘宗周执弟子礼，而刘、祝、陈三人均于弘光元年（1645）闰六月南京政权覆亡之后未久自杀尽节……由于三人均是间接得知学濂之死，恐无从确认真相。

　　……至于书末所附朱曾省（崇祯九年举人，秀水人）致吏科给事中马嘉植（字培原，平湖人）以及朱国望（万历四十三年举人，嘉善人）上吏部尚书徐石麒（字虞求，嘉兴人）的两信，均是希望动以嘉兴同乡之情，乞求参与审定从逆诸臣罪状的弘光朝吏科和吏部主管官员能对学濂高抬贵手。

再者，《嘉兴府嘉善县公移》收录有地方士绅为魏学濂具申的呈文，此乃因应清廷于顺治九年十一月下令访查李自成攻陷北京时死难的前明官员一事。其中署名者包括魏学濂之子举人允枚，生员曹尔坊、蒋玉立等五人，乡绅曹勋、曹尔堪、郁之章，吴亮中、钱继登等七人，举人钱继章、钱棻等十三人，他们或是魏学濂年轻时所结"柳洲八子"的文友，或是魏家的通家之好。

　　此外，为此书作序的王崇简亦与魏学濂同年登进士，……（顺治）十年，时任翰林院侍读学士的崇简，疏请褒旌范景文等二十八位明季殉难之臣，六月，内有十五人获清廷表彰，但当中均未包括魏学濂。王氏在前疏中除提及二十八位殉难者外，称尚有'隐忍一时，终于尽命者'，此或即指的是魏学濂。[①]

---

① 黄一农《两头蛇——明末清初的第一代天主教徒》"忠孝牌坊与十字架：魏雪莲其人其事考"，第184、185页。

可见，《忠孝实纪》所录文章、书信的作者，均是魏学濂的知交、亲友，这些人对魏学濂的死节，多是道听途说而来，但即使是为《忠孝实纪》作序的王崇简，也未将魏学濂视作殉难之臣。

三、魏学濂之死的考证

根据苏泓的《惕斋见闻录》及《忠孝实纪》等史料，可将魏学濂"最后出处"的大致情况叙述如下。

崇祯十七年（1644）正月十七，闯军用不到七十天的时间就攻下号称"形胜之国，带河山之险"的"百二河山"——关中地区，于月底分兵十二万渡河向山西进军。深感不安的魏学濂致信儿子魏允枚，称一旦南北隔绝，要他承担起"抚育、养生、送死"的家庭责任，并嘱咐家人要"读书以明理、耕田以养生，不可仕宦"，并称"天下事尚可图，我亦不轻死"，要家人不要过于担忧。

二月，魏学濂致信沈姓的邻居，有"弟身为忠孝之后，临难义难苟免，老亲弱息托之仁人孝子"等语，向他表明已做好殉国的准备。

三月十九日，李自成攻陷京城。原本打算微服南归的魏学濂在乱中于金水桥遇见陈名夏、吴尔埙、方以智等人。众人称应以死报帝恩，魏学濂说："死易尔，顾事有可为者，我不以有用之身轻一掷也！"并称太子和定、永二王仍在，义旅"旦暮且至"，劝众人少忍以待。

魏学濂所称"义旅"，乃指其此前曾遣使奔走直隶容城，与孙奇逢相约，以篆书"心"字旗为号，举兵勤王。也有称学濂与唐通相约举兵，学濂为内应的。

据说，精于象纬图谶的魏学濂，夜不能寐，整夜绕床而行。在仔细观察天象后，忽然悟道："一统定矣"，决定归顺闯王李自成。自董仲舒以来，"天命观"植入儒家伦理，魏学濂受天象引导，认为大明气数已尽，投靠李

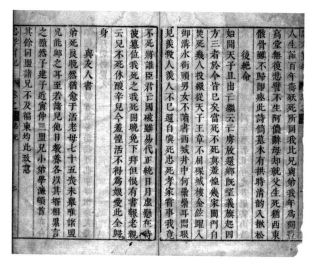

《忠孝实纪》书影

自成也是一种合乎逻辑的说法。彭孙贻后来便认为魏学濂是"象纬误之"。①

正当京城掀起殉国悲壮高潮的第二天，魏学濂、周钟、史可程、朱积、吴尔埙等同年庶吉士，已经在共商应如何投效新朝。事实上，当时的投效者远超殉国者，崇祯十六年考录的三十六名庶吉士中，有三十四人投靠了李自成，只有张家玉、吴而埙保全名节。

闯军初入北京城时，明朝的官员惧祸及身，纷纷将朝服冠带销毁。三月二十日即传出消息，次日为百官朝贺日，如打算归顺的，应于这一天"投职名"报到。隐匿不出的后果可想而知，仓促间，官员们忙不迭地四处寻找官服，甚至争相前往戏班子抢购戏服，以致一顶戏帽要卖到三四两银子。据说，魏学濂也急切想找一件大红的官袍，家仆拿出了魏大中的旧官袍，"濂见之夺魄，不敢服"，于是借了吴尔埙的伪制合式衣。由于报名者甚众，现场一度十分拥挤，守门的长班用棍打逐大明的官员。第二天早起，多达一千三百余官员，"各穿本等吉服"，在承天门外"露坐以俟"，准备向李自成投牒。这些官员不仅一整天没吃上一口饭，还要受到闯军士卒的羞辱，

① （清）彭孙贻《平寇志卷》十一，第219页。

但仍口称"肚虽饥饿,心甚安乐"①。李自成从这些降官中选出一百二十余名授以官职,未录用者,则押出严刑拷讯,追赃充饷。

三月二十三日,魏学濂与周钟一同上奏,请葬崇祯帝,此举虽遭大顺朝文谕院大学士顾君恩讥为"好名之事""即碎其牍",②但并未影响魏学濂在新朝任职。同榜庶吉士赵颖(《惕斋见闻录》作赵频)与魏学濂邻寓,且为丞相牛金星乡试同年,在赵的引荐下,学濂得以谒见牛金星。牛金星称:"汝是忠孝之家,正要借重。"学濂一躬曰:"不敢。"二十四日,李自成召见魏学濂,原拟改外任,因礼政府从事(相当于明礼部主事)韩霖向李自成举荐的缘故,特授魏学濂为户政府(相当于明朝户部)司务,掌理草场军需。魏学濂叩首称:"小臣何能,不过早知天命有归耳。"③魏学濂任职新政府后,三月二十五日左右即遣家仆张顺回家报信。

授官次日,前明庶吉士张家玉上书李自成荐举人才,称"忠臣义士,于明为多;劝义请忠,于顺为盛",建议赠恤殉明的范景文和周凤翔,隆礼刘宗周和黄道周,并尊养魏学濂和史可程等人。这样,"孝首而顺,人知有父也;忠首而顺,人知有君也"。④

按照大顺朝的规定,降官不准乘轿骑马,只准骑驴。有人称魏学濂骑一头驴,"穿伪式黄袍,负一伪敕,在草场阅刍,指挥得意"⑤,但闯军并不听从他的指挥。就任当日,魏学濂即连上三疏:一、因李自成之父名务,故请改司务的职称以避讳;二、建议攒粮;三、献《平两浙策》。

魏学濂并与周钟等人率先领班劝进,传周钟所撰的文章中有"比尧舜而多武功,迈汤武而无惭德"等谀词,并斥先帝崇祯为独夫。⑥李自成此刻无暇登基,忙着把明朝旧臣拘系起来,交部下刘宗敏榜掠,追胁献金

---

① (清)计六奇《明季北略》,第472页。
② (清)彭孙贻《平寇志》,第219页。
③ (清)彭孙贻《平寇志》,第220页。
④ 《甲申传信录》卷一、卷五。
⑤ (清)计六奇《明季北略》,第611—612页。
⑥ (清)顾炎武《明季实录》,第17页。

以助军饷。

陈名夏为报荐举之恩而设宴款请韩霖等人时，魏学濂也在座，有称魏学濂席间"行令猜拳，举座无敌，伪官骇服"，此说虽与魏学濂一向不赴酒宴的形象大相径庭，但据钱澄之记载，魏学濂实际上精于此道。钱澄之《魏洲来诗序》说："予因忆庶常公初赴公车时，大召客，予时在坐。公家法素谨，是夜变童靓妓，堕珥交舄。予大醉，挟庶常与妓拇战，不胜，罚巨觥。"可见，魏学濂虽家法严谨，但中举后大宴宾客，席间即与钱澄之一起与歌妓猜拳行酒令。

四月初二，魏学濂致信嘉善沈蔚，称"国家大坏，弟身为忠孝之后，断难苟活"，再次表明自己打算殉国。

闯王进入北京城后，北部的形势也在剧烈变动之中。明崇祯十七年（清顺治元年，1644）正月，多尔衮以清帝名义致书大顺军，提出协谋同力并取中原的策略，李自成未予理会。四月初九，多尔衮统率十万八旗军，离盛京（沈阳）西进。

于是，位居京城与清兵之间的吴三桂的地位显得十分关键。李自成命令明降将唐通领兵八千招降吴三桂，反复思量后，吴三桂决意归顺，率军再度离开山海关进京。大军行至永平（今卢龙）西沙河驿时，吴三桂路遇从北京逃出的家人，得知父亲吴襄遭农民军拷掠，爱妾陈圆圆被夺占，于是顿改初衷，拒降李自成，打着为崇祯帝复仇旗号，攻击唐通部。

四月初十日，李自成出告示，准备于十七日登基。十二日，文武百官在午门外演习大典礼仪。但当天下午，京城哄传吴三桂部及清军数十万即将入京。十三日，吴三桂派人潜入京城张贴告示，称即日将起兵勤王，要百姓身着白衣白冠以待义师。当日，李自成在唐通一再告急求援下，领军约十万，并挟明太子朱慈烺和永、定二王向山海关进发，登基之事因此暂缓。

吴三桂致书多尔衮求援。清军在翁后（今辽宁阜新境内）遇吴三桂使者，当即改道疾趋山海关。十五、十六日，京城谣传吴三桂两败闯军，并奉定王在永平府监军。十七日，又谣传闯军在血战后，伤亡过半，至此京城出现逃亡风潮。

面对奔袭而来的闯军，吴三桂一再向多尔衮催兵，清兵一昼夜疾行
二百余里，于四月二十日抵连山（今葫芦岛市连山区）。李自成部队行动
稍缓，四月二十一日才抵达山海关下，在石河西岸与吴三桂部成对峙之势。
当晚，清军进至山海关外一线集结。这样李自成的败局就基本已经注定。

二十二日、二十三日，吴三桂联合清军在山海关附近的关城"一片石"
（今抚宁县东北九门口村）大败闯军。四月二十六日李自成回京，二十九日
仓皇称帝。翌日，闯军放火焚烧宫殿并西奔。①

据苏濌称，就职户政府不久，魏学濂就领"泛海平浙之敕"南返。故
四月三十日李自成兵败出走时，魏学濂已在十一天前先行离京。魏学濂出都
前后有较多的目击者。如桐城方尔仙四月十四日出都时，曾向学濂辞行。翁
元益的家人于十六日出京时亲见魏学濂正整理行装。四月十九日，魏学濂与
会稽王自超、云间盛国芳以及中书舍人武林顾心宇一同出都，王自超和盛
国芳中途与魏学濂分手，而顾心宇则与魏学濂"连镳南还"。

李自成兵败，吴三桂打着为明帝复仇的旗号引清兵入关的消息传来，
身在归途的魏学濂肯定心旌为之动摇。因"身既逃归，恐罹重典"，魏学濂
一路之上不得不仔细考虑脱身之计，并设法与家人联络，商量对策。

五月初一日，家仆张顺抵达嘉善报信，带来魏学濂投效新朝的消息。
崇祯帝殉国的消息也于当日传至嘉善。②魏家可能已于魏学濂途中发出的信
函中，知其处境艰难。魏允枚或在其父亲的指使下，出面称魏学濂已于四
月初九日自缢，并为其发丧。魏允枚声称，张顺携回的家信中，有"留其身
以有为，将来必能自拔"等语，且魏学濂死前更有《绝命词》二章。魏允枚
还称，盛国芳、祝渊、顾心宇和吴江沈元龙等人，均在回家后致函告其父
自缢的死讯。

魏学濂自缢身死的消息传开，"合邑摧震，争走询允枚"，但魏允枚
竟"嬉笑迎客"，毫无悲痛之情。宗族亲戚索观张顺携回的家信，魏允枚也

---

① 以上参《明史》、（清）邹漪《明季遗闻》、樊树志《明史讲稿》（中华书局 2012 年版）等。
② 不题撰人《武塘野史》抄本，十七年甲申。

抵死不肯，以致"人人怪之"。

苏瀜称，魏允枚私下又遣二仆北上联络魏学濂。二仆北行至安徽蚌埠附近，与魏学濂和家仆张登相见，四人一齐折返嘉善，至五月十九日抵达。

因其他降官陆续从北返乡，魏学濂投顺的传闻不可避免地在家乡传播开来。嘉兴府随即出现声讨魏学濂的公檄，苏瀜在《恸斋见闻录》全文照录了嘉善讨伐学濂的檄文，称"逆贼伪户政府司务魏学濂从逆最著"。

当时，南归的"北来诸臣"如同过街老鼠，北京每个幸免于难的官员都被认为一概有罪，为众口唾骂、千夫所指，这种道德义愤不留丝毫余地地，使得南归的官员承受了相当大的精神压力。而身为忠臣孝子的魏学濂降闯与出逃事例，无疑是他们转移自身压力的绝佳话题。因此，南归降官对魏学濂降闯事迹的叙述可能带有夸大成分。

乡人知道魏学濂降闯后，欲毁其家所悬"忠孝世家"之匾额，有人劝阻说："逆止一人，无与父兄事"，但激动的人群并不罢休，甚至"欲焚其故庐"。魏允枚出门称父亲决不投降，一定会殉难而死。钱氏也亲出拜众曰："吾子必当死难，若等姑待之。"众人方始退去。

当时在苏州、常熟、太仓、松江、无锡、嘉定等地都发生了讨逆事件，冲击降官的家庭，甚至发生暴力事件。如周钟"降贼"消息传至江苏金坛，"合学绅衿遂相与诟詈之"，早先拟就的假定周钟死节、将其作为忠臣表彰的传记被销毁，自命为周钟知己的传文作者也被逐出士绅圈外。崇祯皇帝讣闻传来后，当地乡绅齐至文庙，毁掉周钟祖父的从祀牌位。之后，他们冲到周家，将象征着这个家族道德和名誉的门榜砸个粉碎。①

不久消息传来，福王朱由崧于五月十五日在南京监国。魏学濂于是命令张登假装扶椁初归，并授意魏允枚准备了一套说辞。魏允枚推翻了此前四月九日自尽的说法，改称魏学濂因"拒贼伪命"，于四月初五日被闯兵砍折一臂，因希望翼辅皇嗣，所以暂时忍辱偷生，并称其曾联络孙奇逢率义

---

① （清）抱阳生《甲申朝事小纪》，第44页。

兵勤王。四月十三日，祝渊准备离开京城时，魏学濂曾来其寓所，对其泣曰："真、保间消息杳然，万一不济，当以死继之。"因义军久无踪影，且太子和二王俱已为闯军所得，魏学濂决意一死，遂于四月二十九日李自成登基之日投缳自尽。

但魏家的这套说辞及魏学濂的绝命词、遗笔，存在一些无法自圆其说之处，让人疑窦丛生。如魏学濂因所约义军不至而失望自缢一说，苏潆反驳称，唐朝的颜杲卿、袁履谦，因身在外郡才得以起义兵，而大明京师陷落后，内外都是李自成的人马，凡是有兵权的官员或降或逃，学濂自己也归顺贼军，拿什么来起义？假如魏学濂有心，为何不私奔关外相助举义复仇的吴三桂，反倒寄希望于保定的一介举人孙奇逢？到四月十三日，人人皆知吴三桂的大军将至，魏学濂为何此刻反称"万一不济"？在闯贼出战、贼势已危时，魏学濂何不于城中约结力量反击闯贼？苏潆进而诘问，学濂不死于三月十九日贼至之日，而死于四月二十九日贼去之日；不死于先帝宾天之日，而死于贼氛溃败之日，这难道是为国而死吗？

苏潆还指出，顾心宇与沈元龙等均为降闯之人，其言不足信。虽祝渊曾致书陈龙正，表示自己曾经听闻学濂对其说起联络孙奇逢举义军一事，但苏潆声称，魏学濂曾派死友二人，恳求祝渊为其圆谎，祝渊念及同门之谊，不忍推脱。

据黄一农先生的考证，根据其他文献中获得的旁证，可以知道好几位自北京南归之人，如盛国芳和谭贞良等人，均不可能在北京亲见魏学濂于四月二十九日"自杀"，故魏允枚所称南归官员函告魏学濂自缢死讯的说法并不可靠。

但苏潆的质疑也有吹毛求疵的地方。比如魏允枚所称四月初五日学濂"拒贼伪命"而被砍折一臂之事，苏潆质疑称，为何十四日左右南还的方尔仙和谭贞良均不曾提及臂伤之事，难道学濂有"神胶之助"，在不到十天时间里就使断臂完好如初？但魏学濂被砍折一臂之事，也见于抱阳生的《甲申朝小纪》："魏学濂与贼语大不合，砍折一臂，复命送太医院调治。"可见魏学濂或确被闯军砍伤，随后入太医院治疗，但显然并非因为"拒贼伪命"

而被砍。①

此外，如果真如魏允枚所称，魏学濂于四月二十九日投缳自尽，最大的疑点在于张登绝不可能在五月十九日就扶榇回到嘉善。此前，魏学濂遣张顺回家报信，因事关重大，必嘱其兼程赶路。故张顺约三月二十五日出发，五月初一到家，行程约计三十六天。而崇祯帝殉国之事，三月二十一日方为京城百姓周知，按理这一爆炸性消息的传播速度不应慢于一般人的脚程，据嘉善地方史料

［日］岸本美绪《明清交替与江南社会》对北京陷落消息传播时间的考证

的记载，五月初一帝崩消息传至嘉善②，费时近四十天。反观护送笨重棺木的张登，竟能在不到二十天的时间内从北京到达嘉善，其速度远超单身兼程赶路的张顺以及崇祯皇帝死讯，实在令人匪夷所思。

至于魏学濂的遗笔，也有明显斧凿的痕迹，相关文辞细节令人生疑。如《后绝命》中所称"待彼篡位吾死之，吾死固晚免下拜"一句，让人感觉莫名其妙。伪政府授官时，魏学濂必定已向李自成跪拜。还有魏学濂的《遗令》中称："子孙非甲申以后生者，虽令读书，但其精通理义，不得仕宦。"这封书信写于四月二十八日，当时皇帝已殉国，太子与二王为闯军所获，但就此认为明朝国祚已绝，恐怕结论下得还太早。不仅吴三桂放出风声要迎立东宫，皇室各地的亲枝近派均安然无恙。朱由检之死，固如山崩地裂，给国人以巨大震撼，但类似局面在明朝并非第一次经历。如正统十四年，面对英宗朱祁镇在土木堡被蒙古人活捉的危机，于谦等人拥戴其弟朱祁钰

---

① （清）抱阳生《甲申朝小纪》，第 633 页。

② 见不题撰者《武塘野史》。

登基。甲申之变事态虽更严重，但仍可以按照成例，在皇帝的亲枝近派中挑选大统的继承者。晋室丢掉洛阳，仍可在建康继续存活，甚至比西晋还多一倍而有余。汴梁陷落，南宋的国祚也延续了一百五十二年，仅较北宋少十五年而已。五月十五日，朱由崧在南京宣布监国时，明朝疆域的十五省份中，除冀、鲁、晋、陕及河南北部落入满清之手外，大半个中国仍在南明朝怀抱中。因此，学濂书写《遗令》时，断不至于就此认定明朝复兴无望。

苏瀜相信学濂最后并未自杀，而是于四月十九日借《泛海平浙》之敕离京南返。当时《嘉兴府绅衿公讨伪户政府司务檄》中也称"潜柬逆儿，播流言以招众叛；密领伪敕，持片檄而胁东南"。

《忠孝实纪》中所呈现的，是一个充满孝心、爱惜羽毛的魏学濂。从两个反复删改的《忠孝实纪》版本来看，魏家对于学濂的"盖棺论定"十分在意，故不惜收罗一切可以证明学濂死节的证据，并拉刘宗周、徐石麒、陈龙正等为其背书，出面邀请黄宗羲为魏学濂撰写墓志，并一度想说服孙奇逢，入编其专记殉难诸臣的《甲申大义录》。

魏家为搜集有利于魏学濂的证据，甚至不惜与有通家之谊的钱栴反目。魏允枚称，魏学濂于甲申二月下旬寄"沈邻翁年伯"内有"弟身为忠孝之后，临难义毋苟免"等语之信，"沈年伯屡对人道之"，可见此信内容早已为亲友周知。这封信曾藏沈年伯袖中三载，但钱栴及其子钱默，"挟睚眦之怨、痛肆诬蔑"，趁沈年伯不注意偷走了这封信，并想将其销毁。可见，钱栴不仅不相信魏学濂死节，甚至是怒对魏学濂所作所为。

窃信事件发生在顺治三年。此时南都已经沦陷，而钱栴举抗清义旗，在南明政府出任兵部郎中，巡视江浙城防的使命已经告终，正与吴易、陈子龙等秘密策划坚持抗清。顺治四年，起义失败，钱栴与夏完淳一同在南京英勇就义。钱栴"痛肆诬蔑"投款变节的魏学濂，应该是十分自然的事。

笔者也倾向于认为魏学濂未曾于四月二十九日自缢，而他是否潜归故里则得不到相关文献的确证。明末连天烽火中，有关殉节与投诚、慷慨与逡巡的故事不仅一幕幕地上演，其中不少因难以厘清而无法盖棺定论。直至清初，仍有不少人相信学濂并不曾自杀死节。顺治间的《樵史通俗演义》一书中，就写到弘光朝时马士英称学濂当时居嘉善家中，阮大铖准备利用他曾任伪官一事为题，拿他至南京处置。黄宗羲在《留书》中也有马士英曾下令追捕魏学濂和陈名夏的记载。

弘光元年，南明王朝定降闯诸臣罪案时，魏学濂则被列入"有报已故，未确行察者"，这代表了当时朝廷综合各种消息得出的比较正式的结论。事实上，自五月十九日魏允枚对外正式宣布父亲死亡的消息后，迟死四十四天的魏学濂无论死活，都已绝无可能再以本来面目存在于这个世界上了。

四、关键当事人的说辞及后世评价

孙奇逢作为魏学濂死因的关键当事人，保持了长久的沉默。崇祯十七年（1644）四月间，孙奇逢入易州（今河北易县）五峰山中，并打算南徙避难。因孙奇逢未能募兵勤王，而又不辩一词，一直"坐负卖友之名"。

孙奇逢与魏学濂交往不多。两人仅见的几通书信，不过是叙述父辈情谊而已，孙奇逢对魏大中有这样出色的儿子颇为欣慰。崇祯初年，他在写给贾孔澜的信中称，学濂"刺血上疏，得邀恩宠，子敬且得祭葬，与其尊人同祠。廓园可谓有子哉"[1]。

甲申之后，孙奇逢致书魏允枏，称：

> 每念令大父（魏大中）、令先君（魏学洢），纯忠至衰，前代无两。仆以燕南老腐儒，得亲见古人，窃自幸矣。癸未（崇祯十六年），令先叔（魏学濂）复惠于书，叙两家家世存亡生死之谊，尤字字令人凄恻。不意时未几，而鼎沸林枯，世事遂至于此。仆病因衰迟，既不能采薇西山，垂纶东海，又复不能黄冠遁世，渡江远访古人，亦足羞矣。因便敬附数行，以通世好。张于度、鹿静观皆公家先

---

[1] （明）孙奇逢《夏峰先生集》卷六，第23页。

世旧交也，各嘱一通音问。①

　　孙奇逢对魏允枏说，崇祯十六年，魏学濂曾写信给他，不过是"叙两家家世存亡生死之谊"。孙奇逢或借此信，间接地向魏家否认崇祯十六七年间魏学濂曾与他有过密约，以举兵勤王的说法。

　　顺治十六年五月初七日，孙奇逢在《日谱》中记载了读邹漪《明季遗闻》中所录魏学濂《绝命词》的感想：

　　　　读此未尝不浩叹而痛惜之也。当仓卒生死之际，为从容暇豫之谋，一瞬失之，千古莫赎矣！伊时，孙绳甫父子以乞人装过访予山中，详念尼、子一谋所以就予者，予曰："万一不能出，当置此身何地耶？"后晤念尼，曾以此言诘问，念尼亦悔无追；子一此段心事，予知之而不能明言之，故不敢入吾《甲申大难录》，然不能感流绮之为此言矣！

　　孙嗣烈（绳甫）父子应王尔禄（念尼，魏学濂进士同年）、魏学濂之请向孙奇逢求援时，京城已经沦陷，故孙奇逢称"万一不能出，当置此身何地耶？"可见，北京陷落后，魏学濂确曾派人与孙奇逢联络。孙奇逢此说，与当时许多文献所称魏学濂在北京被围前与其联络一说明显不符。孙奇逢表示，魏学濂的这段心事，自己知道但不能明言，其原因可能是他为报答魏大中知遇之恩，不欲陷故人之子于不义，希望以个人的隐忍受冤，有助于魏学濂维系名誉。当然，若要孙奇逢曲意承认"卖友"也是万万不能，因此孙奇逢称："吾家兄若弟受（大中）恩最深，而余之辱知不浅。""辱知不浅"，大概就是自责自己没有能力为魏学濂洗白。

　　顺治十七年二月，魏允枏、魏允枚致函孙奇逢，除叙祖父魏大中的往事外，更以一首悲愤缠绵的长歌，追忆魏学濂"殉义"时的情况。孙

---

① 《孙奇逢集》（中册），第709页。

奇逢在《日谱》中称："此事海内既有人知之，昨见《明代遗闻》，亦曾及此，清议渐明，悠悠之口，想当渐熄矣！总之，庶常不死，心终难白。迟几日而死者，苦绪难以告人，只可以告无罪于先王！"他虽认为学濂无罪，但仍惋惜其迟死。

顺治十八年闰七月，孙奇逢以两百余字的篇幅记魏学濂事，他先引陈龙正致刘宗周之信，"敝邑魏子一因其后死，匝月以来，疑谤无穷。今得中翰顾心宇手报，乃知的状，于四月二十九日仗节死矣！众南独留，众生独死，交友、僮仆感其世传，洞其心事，投缳气涌，熟视不救。呜呼！亦足明其舍生取义之梗概矣！"然后称：

黄宗羲像

……（闯贼）择二十九日登基受朝贺，庶吉士魏学濂死之……先是，濂遣间使走容城，联络义旅，冀得一当，翼辅皇嗣。既而，太子、二王俱为贼得，知事不可为，遂就缳，其《绝命词》悲壮激烈。迟死一月之故，其心事当更苦耳，特表而出之。

孙奇逢虽再次认为魏学濂是死节，但作为当事人，他对魏学濂联络义旅一事语焉不详，既未加以确认，也未否认，更未提供任何新的细节，不免令人揣测其真正的意图。[①]

东林同难孤儿和复社同人很多倾向于认同魏学濂的死节，为魏学濂辩

---

① 以上据黄一农《两头蛇——明末清初的第一代天主教徒》，第210、202、203页。这段记载见于《孙奇逢先生笔记》，第88页，此书乃作者之手稿残本，现藏中国台北"国家图书馆"。

白最力的，当数冒辟疆、顾玉书和黄宗羲。

康熙十四年（1685），顾大章之子顾玉书（麟生）写信给冒辟疆，为学濂声冤，称：

> 子一一段报汉热肠，为邪党抹杀……此千古恨也。

冒辟疆又何曾不想弄清国破时学濂内心的挣扎。接到顾玉书信的两年后，即康熙十六年（1687），冒辟疆有一次常熟之行，他顺道拜访了周顺昌之子周茂藻和周茂兰。出来应门的老仆见到他时，竟兴奋得飞奔入内通报。该仆在崇祯九年（1636）曾与周茂兰和周茂藻一起，赴魏学濂主持的东林遗孤大会。当时，该仆年仅十六，而现在已经六十一岁了。盘桓数日后，冒辟疆去常熟拜访顾玉书，谁知顾玉书已于十日前仙去。

黄宗羲在为顾玉书所撰的墓志铭中，也回顾了东林同难孤儿的手足之情，并称顾玉书"惟言有两恨事，苟得暴白，即死亦无憾"。其一便是魏学濂死后蒙冤，以不能为其辩白为憾。

康熙十八年（1679）重阳夜，冒辟疆与徐倬、沈宗元、余仪曾、李滢等友人在如皋冒氏水绘园观赏李玉新作传奇《清忠谱》。一时曲终戏罢，数十年故人往事顿时一一涌上心头，年近七旬的冒辟疆老泪纵横，他起身对众人叹息道："诸君见此，视为前朝古人，惟余历历在心目间。"于是从书箱翻检出陈梁、方以智及魏学濂诸兄弟诗书笔墨，向众人叙述丙子观涛日（崇祯九年，1636）魏学濂于桃叶寓馆大会同难兄弟的故事。

余仪曾当夜写下了五百余字的长诗——《往昔行》，记录天启珰祸后，以魏学濂为代表的东林孤儿为父鸣冤，以及魏学濂与冒辟疆相识，并在冒辟疆的襄助下，大会东林诸孤的往事。冒辟疆览诗，颇感于中，提笔写下长篇跋语，开篇即道：

> 余与怀宁，丙子、己卯、壬午忤者三，咸从魏子一起见。去今四十余年，真隔世事，复何言。

冒辟疆因魏学濂的缘故，三次得罪阮大铖，距离此时已有四十多年，而阮大铖在金华仙霞岭中风而死（或为堕马而死）也已过去三十年。

弘光乙酉（顺治二年，1645），阮大铖在福王政权中骤贵时，欲一雪昔年屈辱，声称当初自己因魏学濂的血疏而名列"逆案"，现在魏学濂投靠大顺，要以"顺案"来反击，似乎心中只记得与魏学濂等人的仇恨，不将南明江山放在心上。当得知冒辟疆来南京时，命其伶人教师陈遇来对冒辟疆说："若辈为魏学濂仇我，今学濂降贼授宫，忠孝安在？吾虽恨若，实爱其才，肯执贽吾门，仍特荐为纂修词林。"冒辟疆笑称："祸福自天，吾辈实众，余已自来南京，任彼荼毒，'执贽'二字唾还之。"冒辟疆为躲避阮大铖的迫害，躲在桃叶渡小河房内，侥幸未被阮大铖抓去。当时陈贞慧被捕下狱，"（周）镳论死，（沈）寿民、（吴）应箕、（沈）士柱亡命"，黄宗羲等人也危在旦夕。①

康熙二十一年（1682），七十二岁的冒辟疆在家翻阅新收到的《嘉兴府志》，在读到其中所收录的魏学濂《绝命诗》后，"始知其（学濂）降贼苦心"。当年冬，冒辟疆在泰州与秀水曹溶等名士聚会，观剧赏曲之余，各以诗歌唱和，百感交集的冒辟疆出诗缅怀魏学濂、魏交让（允枬）、吴应箕、钱栴诸亡友。

康熙二十四年（1685），冒辟疆在宅招待友人观赏阮大铖的杰作《燕子笺》，忽旧事翻涌心头，遂命笔成诗：

> 燕子笺成极曼殊，当年看骂动南都。
> 非关旧恨销亡尽，细数同声一个无。

诗后自注，崇祯间联名刊播《留都防乱公揭》的一百四十余人以及与董小宛一同观戏时痛骂阮氏的三十余人，竟皆已作古，仅其一人尚存，言辞间百感交集。

冒辟疆一生仗义疏财，加上丧乱，家财散尽，晚年生活甚为凄凉。曾

---

① （明）冒辟疆《同人集》"往昔行迹"。

经一夜掷百金的倜傥少年冒辟疆，到后来家中"墓田丙舍"尽为富豪所踞，只得以陋巷独处。他每夜于灯下写蝇头小楷数千，第二天卖字换米度日。他在诗中写道："七十何所求，而况当八秩！渊明拙言辞，吾以托之笔。"表达了他不事二姓的遗民心态，这是冒辟疆一生中最为闪光的地方。

毛泽东对冒辟疆曾有高度评价，在与秘书田家英谈话时说：

> 所谓明末四公子中，真正具有民族气节的要算冒辟疆，冒辟疆是比较着重实际的，清兵入关后，他就隐居山林，不事清朝，全节而终。所以我常想：为私者务名，为国者务实，务名者可卑，务实者可贵。

清康熙三十二年（1693）腊月初五夜，冒辟疆病逝，享年八十三岁。

作为魏学濂情同手足的知交，黄宗羲也不愿相信魏学濂投款变节。康熙二十一年（1682），黄宗羲年七十三岁。这年，魏允札请黄宗羲为魏学濂撰写墓志铭：

> 嘉善魏允札来求其父子一先生学濂墓铭。公谓子一之大节，四十年尚然沉滞，则党人余论锢之也，因为之发其沈屈……公追忆五十年前以身所见闻者，铨次其事。家国之恨，集于笔端，不觉失声痛哭。[1]

在《墓志铭》中，黄宗羲辩称魏学濂为"死难"，将有关学濂失节的传闻，归因于同邑嫉妒之人以及阮大铖的造伪："同邑忌之者，造作飞条，言其倾侧荒朝，不持士节。阮大铖时方得志，附益增张，以报血书之役，君子亦多信之。"在他所撰《弘光实录钞》中列举的降顺诸人名单里，不见魏学濂之名。黄宗羲认为学濂之所以迟死，乃因"牵挽于密约，不得自由"，

---

[1] （清）汪有典《史外》卷四，第77页。

并认为魏学濂死在李贼登基日,并不算晚,惋惜"天生此才,仅供丧乱之摧剥"。

不过,黄宗羲认为魏学濂为人也有可检讨之处,对学濂的个性也有所批评,他称魏学濂等人"雅好标榜自喜""不知盛名之难居也","故后来皆中刻薄之论,为人所咀嚼"。[①]

对这篇《墓志铭》,当时就有人认为黄宗羲"谀墓"。王弘撰认为,黄宗羲替魏学濂所撰的墓志铭中,居然丝毫未提及唐通之事,类此"为说不一"的现象,显示这些说辞或多为魏学濂友人的"回护之词",以致"粉饰太过,反滋人疑"!

今人对黄宗羲对魏学濂的庇护也有所批评。赵园先生在她的《明清之际士大夫研究》一书中称:

> 更微妙也更为明人所热衷于辨析的,是"不即死";士论之苛也在这种题目上发挥到了极致。也是黄宗羲,为周钟辩外,还为因死迟而为时论所不满的魏学濂辩,且所对付的,像是一种更艰难的话题。

赵园认为:

> 那篇《翰林院庶吉士子——魏先生墓志铭》,文意曲折,用心良苦,实在是一篇难作的文字。黄氏之述魏氏末路,亦多属推测之词,却不免回避了某种更致命的推测。"道德化"不能不使人性理解肤浅——即使如黄氏者,已显示了高出于时人的对精神现象的分析能力。且同是黄宗羲,主张对魏学濂"谅其志"的,说及陈子龙被迫捕时的"望门投止",仍强调其牵连之广,借时人之口,比之于东汉的张俭(《思旧录·陈子龙》,《黄宗羲全集》第 1 册);

---

① (明)黄宗羲《南雷文定》(前集六)"前翰林院庶吉士韦庵鲁先生墓志铭"。

虽有门派偏见掺杂其间，亦可见"苛"正是"时论"的性格。

顾诚先生在《南明史》一书中对黄宗羲也提出严厉的批评：

> 黄宗羲等人往往出于偏私心理任意歪曲史实，甚至造谣生事……黄宗羲记述明清之际史事往往出于门户之见和个人好恶。像魏学濂在甲申三月于北京投降大顺政权，本无可议，黄宗羲因为同魏学濂是患难世交，绝力开脱其"从贼罪名"。

赵园在《士大夫处父子一伦——以明清为中心》一文中认为："继述"①往往是对于士大夫（尤其知名人士）子弟的特殊要求。这里"继述"固然是为人父者之于其子的期待，亦为人子者对于其父的责任，是更高境界的"孝"，更精神向度的"孝"。天启阉祸被难诸人父子，曾为一时观瞻所系。黄尊素之子黄宗羲的袖锥刺仇，以及魏大中之子魏学濂的"刺血上书"，为父报仇，就大为时论所称。孙奇逢致书魏学濂，说"尊公以一死完君臣之义，令兄以一死毕父子之情，痛定思之，是父是子，今古无两"。当然，后来的事情有点复杂。魏学濂之兄魏学洢之死，被认为无愧于其父，而魏学濂一度的附顺，则被视为门风之玷。忠臣子弟易代中的姿态，关系重大，已在通常人子的伦理义务之外。魏学濂因而难以为时论所恕。即使同为"东林子弟"的黄宗羲为其撰写墓志铭，对问题的尖锐性也无可回避。②

可见，对知名人士子弟的道德苛求，不仅体现在对子弟本人，甚至包括其亲友对其的评价。对于黄宗羲是否回护魏学濂，我们认为大可不必苛求，更不应站在今人的立场上妄加轻薄，哪怕他为年轻时挚友的失节讳言。

生命对于黄宗羲是慷慨的，他是魏学濂师友中活得最长的。晚年的黄宗羲用"三变"来总结自己一生所走过的道路："初锢之为党人，继指之为

---

① 继述，继：承受、继承；述：遵循。
② 赵园《士大夫处父子一伦》，载《学术研究》2014年第12期。

游侠，终厕之于儒林。"明朝灭亡后，他曾经举义旗起兵抗清，最终失望的黄宗羲选择埋首著书立说，成为震古烁今的一代大儒，被誉为"中国思想启蒙之父"。

后世对魏学濂的评论，毫无意外地趋于两极，同情肯定者有之、诋毁者也有之。

嘉兴吴仰贤在《小匏庵诗存》中以为，魏学濂"殉难稍迟，……然一死塞责，亦可谓勇于补过矣"①。全祖望在《跋明崇祯十七年进士录》中认为在京城陷落后，大多数新科进士在生与死的考验下，"逡巡出而尽汗伪命"。至于魏学濂的死，全祖望认为："不失为晚。"②同受业于刘宗周的陈确，虽认为魏学濂"不过文彩嚣浮之士"，但还是认为其"悔恨而死"，且认为"士大夫何可以一节概其平生"，主张对其应持全面客观的评价。③

史可法则认为，像魏学濂这样是否真心降闯尚有待考察的，也应当先定罪，不能因为"疑死"而放过。而谈迁更认为魏学濂、周钟等人是"啖名逐利"之徒，降闯是因为认定李自成必定可以得天下，并将魏学濂与京城的包姓漆匠对比，认为魏学濂甚至不如一名漆匠：

> 学濂自负忠孝门第，议论慷慨，时谓学濂必殉难，而惑于象纬，谓自成英雄，必有天下，思佐命功，至是愧恨……京师漆工包某，望宫殿纵火，恸哭，北向拜，自经。其视魏学濂辈，狗彘勿若矣！④

高宇泰在《雪交亭正气录》中称，魏家的一名仆人因学濂"变节"而自尽，魏学濂帐下一小军不食贼军之米，终令学濂羞愧自尽。高宇泰在文后评论道："当机不断，隳厥家声；正人为之短气、小人得以借口，不亦惜乎！"对其表示同情。

---

① （清）吴仰贤《小匏庵诗存》卷六，第9页。
② （清）全祖望《鲒埼亭集外编》卷二十九，第5—7页。
③ （清）陈确《干初先生遗集》（论·柳州）。
④ （明）谈迁《国榷》，第6073、6080页。

相比之下，计六奇的《明季北略》对学濂的评价较为中肯，其魏学濂传全文抄自邹漪的《启祯野乘》，又原文摘录《嘉兴府绅衿公讨伪户政府司务檄》一文作为对比，并为《檄文》加了一段按语：

> 称人可过也，毁人不可过；此等文字，后生家不看也罢。然予录之者，取其胸中有少许古书耳；所惜者，止欲自逞其笔锋，全不顾他人之死活也；善读者知之。

计六奇随后评论道：

> 甚矣！论人之难也。以身当其时者，而犹忠邪莫辨，贤逆难分！况传于千百世之下，而谓有信史乎？要之，誉之者多溢辞，而毁之者亦属过诋，惟《甲乙史》所载，实为学濂定论也！

在计六奇看来，笪重光在《甲乙史》中所持"学濂素负志节，一时堕误，知愧而死，亦愈于腼颜求生者矣"之说，较为公允。

魏家及魏学濂好友则有意维护并不断辩白，如在邹漪的《启祯野乘·魏庶常传》中，通篇未提及学濂变节一事，并称魏学濂迟死是因为：

> 结连豪杰，意在报韩。隐忍图存，冀翼皇嗣。至必死而未死，可归而不归，人臣处此，亦极难耳！卒以立孤匆克，感愤自经，虽不成程婴存赵之功，庶无忝姜维复汉之节。

邹漪以春秋时程婴佯降以存赵氏孤儿和三国时姜维伪降欲图复蜀国两个典故，以辩驳降闯传闻，并感慨生死之际的两难处境。

《明史稿》在魏大中传记中，称魏学濂隐忍受职，目的还是为"乘间以图大事"：

　　帝殉社稷，学濂以太子二王犹在，先所结畿辅义旅且至，思
得乘间以图大事，乃隐忍受贼户部司务，既而所图不果，贼且谋
僭号，慨然赋绝命词二章，自缢死。时四月二十有九日也。①

《明史稿》为清官方所修《明史》的底本，著者万斯同为黄宗羲高足，
其历史观深受黄宗羲影响，有意回护学濂。《明史》编撰者并不认同这一
说法，将其改为：

　　无何，京师陷，不能死，受贼户部司务职，颓其家声。既而自惭，
赋绝命词二章，缢死。去帝殉社稷时四十日矣。

　　"四库"馆臣在为魏学洢的《茅簷集》撰写提要时，亦称："学濂颓
其家声，论者不能以大中之故，曲为宽假。"

　　入清以后，魏家仍致力于为魏学濂辩护，除顺治九年积极为其争取入
列北京时死难的前明官员名单外，也在县志中为其洗白，将其列入"行谊"，
称其在年轻时即"自分以身死国"，北京城陷后多次自杀均为仆人所救，并
将学濂晚死的原因归因于家仆劝他"伺间得一当以报"。清雍正四年，知县
张镛在学宫西建忠义孝弟祠（后移建于明伦堂西北、隅崇圣堂左稍后），入
祠的自明以来的数六十二人中，魏学濂与其弟魏学洙列名其中。此祠在清代
多次改建、重修，每年春秋二祭，入祠者有入列县志孝弟者，也有"钦定胜
朝殉节诸臣"。②

　　直到近代，邑人仍坚持在为魏学濂辩解。1926 年，南社蔡昭声于魏
学濂十世孙魏飞青处得览《后藏密斋集》后，认为魏学濂"惟以一死稍迟
遂攖世议"，并将《明史》中关于魏学濂最后出处的评论归结为"宏光群小
与秉笔明史者不知贞惠（亲友给魏学濂的私谥）出处"，而"后世自浅之士

---

① （清）万斯同《明史》卷三五一。
② （清）光绪《嘉善县志》卷七，第 5 页。

且和而倡之"。蔡昭声认为，魏学濂"早具泰山鸿毛之见，而艰难卓识断非流俗企及"，并称其"处心积虑于勤王复国之计，思当一报，倘大势难回，死节非晚"[①]。

以今天掌握的资料来看，我们尚无法对魏学濂在国破之后投靠李自成的真正动机作出一个客观的评价，其真正死因在今天仍是历史谜题。在甲申之变后的数十天时间里，一度充满无限可能的魏学濂，就这样消逝在明清之际的漫天动乱中。

---

① 江雪滕《胥社》（第一集）"胥社文选"，第9页。

后　记

2004年春天，偶然读到明代黄煜所辑《碧血录》中收录的《魏廓园先生自谱》，这是我第一次看到魏大中较为完整的生平故事。其时，我正供职于报社，并受曹琦、杨越岷诸先生以及金一平博士新撰的《柳洲词派》影响，开始对地方文史产生浓厚兴趣，竟不自量力地起意要为这位明代嘉善英杰重新书写人生故事。

魏大中是晚明反抗魏忠贤暴政的死难者。他的事迹不仅当时海内知名，得到时人的记载与传颂之外，也被写入了《明史》。魏氏父子的忠孝故事是嘉善地方记忆中最深刻、最宝贵的部分，在明末至清代修编的历部邑志中，魏大中被提及与书写的频率超过了本邑任何一个名人。

我常常禁不住将魏氏父子与同时代嘉善的夏允彝、夏完淳父子对比，魏大中反抗暴政而"死封疆"、夏允彝抵御外侮而"死社稷"，两人都有十分出色的儿子，魏学洢、魏学濂是才华横溢的孝子，而夏完淳则是极为出名的少年英雄。但这两对父子人生故事的流传竟是截然不同，夏氏父子在近代被书写的频率，不下于明代许多知名的学者，而魏氏父子几乎还是空白。以夏完淳为例，仅1930年到1986年间，就有14篇论文以及一本专著问世。1902年，吴江诗人柳亚子受梁启超《少年中国说》激励，写下一篇少年英雄的故事——《夏内史传略》。抗战爆发后，夏完淳"年少殉国"形象成为民国时期重要的青年偶像。1940年，寓居上海孤岛的柳亚子又先后写成《夏允彝、完淳父子合传》与《江左少年夏完淳传》两篇文章。1943年前后，坊间更是出现了三部以夏完淳为主角的剧本，其中最知名的，应是郭沫若的

《南冠草》。

夏氏父子在近代中国重新得到关注的重要原因，与晚清以来重新建构民族精神运动有着密切的关系。正如朱彝尊指出的，亘古以来，能够同时具备"年少""忠烈"与"文采"三方面条件的，只有夏完淳一个。夏氏父子被频频书写的经历也提示我们，在我们回首历史的时候，需要更多地探寻尚未经过发掘的焦点以及值得当下反省的人文关怀。

嘉善陆勤方先生将魏大中称为"大明三百年忠烈刚强第一人"，我认为是非常恰当的评价。魏大中是堪比海瑞的清官，其清廉作风与操守足为后世景仰。魏大中更是忠于职守、敢于担当的官员，他骨鲠刚强、疾恶如仇的作风，应该成为今天我们学习的榜样。"百善孝为先"，魏大中的长子魏学洢因随父千里赴难、"哀毁而死"而名动天下，人称"魏孝子"，受到皇帝的旌表与赐葬。作为"善文化"的代表人物，魏氏父子所展现的忠、孝、廉、勤等品质，在今天仍然闪耀着熠熠的光辉。

同时，魏氏父子罕见地先后卷入了晚明党争的旋涡中心。如魏大中作为主要当事人的"吏垣之争""汪文言案""会推晋抚"等事件，使阉党从中找到罅隙，从而将东林一举击溃。魏学濂也是复社与阉党残余争斗的两大事件"留都防乱""骂座风波"的主角，对后来阮马煽虐，以及南明政权迅速溃灭产生了很大影响。从这个意义上说，魏氏父子是研究晚明党争的关键性人物，从嘉善走出的这两个读书人，曾经深刻地影响了晚明的历史。

在书写魏大中人生故事的时候，如何对待才华横溢但明亡后"迟死数十天"的魏学濂，一直是一个让我苦恼万分的问题。"千古艰难惟一死"，易代之际文人的彷徨与抗争是一个不容我们这些后人以现世的精明妄加轻薄的话题。我想，魏学濂最终归附农民军，实不能仅以"变节"来概括。钱穆与陈寅恪先生在治史时，都主张"了解之同情"，认为应"附随一种对本国已往历史之温情与敬意"。魏学濂在最后时刻所面对的，不仅仅是生死两难的痛苦选择，还有千百年来士人安身立命、达济天下的人生价值考量。明清鼎革之际，大厦将倾、梁木崩坏，诚如陈子龙所说"海内无智愚，皆知颠覆不远矣"，又岂是几个书生所能力挽？

本书动笔之后，我才发现历史资料与个人能力的匮乏。所幸的是，当下已是E时代，无所不及的互联网为我管窥古往今来的著作提供了前所未有的便利。从某种程度上说，这是一本基于互联网完成绝大多数资料搜集的作品，网上图书馆资料共享的普及，为业余作者开展专门性研究提供了可能。但文史功底的欠缺，仍给我制造了巨大的困难。哪怕是古籍中常见的异体字，也常常弄得我狼狈不堪，更不用说那些典故、隐喻，让我不知就里、如堕云雾。数年的写作，仅让我勉强读通浅显的古文，如此而已。

当然，写作也给我带来了很大的乐趣。徜徉在古书中，如同在与古人对话：高攀龙、杨涟、左光斗、孙奇逢、孙承宗、黄宗羲、冒辟疆、刘宗周，这些晚明重要人物与本书的主人公共同经历的历史，在我面前翻开了一幅幅壮丽的画卷。

书写历史就像拼图游戏，你或者能将恰当的历史碎片放置于恰当的位置，从而再现出较为真实的历史图卷来；或者拿了正确的碎片，却放错了地方，甚至拿在手中的是一块错误的碎片。而我就像一个刚刚步入乐高积木乐园的孩子，贪婪地搜罗了一地的碎片，并竭力争取每块历史碎片的真实，小心翼翼地试图去完成一幅幅历史拼图。我相信，与历史真实相比，这些拼图难免因理解的偏颇造成细节的失真，而文字差错与知识硬伤更是在所难免。况且，我更不是一个善于讲故事的人，情节铺陈的拖沓、史料的堆砌、大段古文引用，大大降低了文字的可读性，我深知作者眼中的甘饴，可能是读者阅读时的毒药。毕竟，这既是魏大中生平研究的开创性探索，也是地方文史爱好者的业余之作，已远超我这个工科生的能力所及。自从在键盘上敲下第一个字开始，本书断断续续的写作已超过十个年头，我为能早日结束这样的写作感到庆幸，又为交出这样一篇并不成熟的文字而深感惴惴不安。

2018年出版后，得到不少师友的勉励，并为拙作订正不少错漏，现嘉善县委宣传部、嘉善名人与乡贤文化研究会决定将此书纳入《嘉善历史文化名人丛书》修订再版，一并致以深深谢意！

李　勇

2021年5月

图书在版编目（CIP）数据

魏大中传 / 李勇著. — 上海：上海三联书店，
2021.6
ISBN 978-7-5426-7443-2

Ⅰ. ①魏… Ⅱ. ①李… Ⅲ. ①魏大中（1575—1625）
— 传记 Ⅳ. ①K827=48

中国版本图书馆CIP数据核字（2021）第101322号

魏大中传

著　　者 / 李　勇

责任编辑 / 程　力　陆雅敏
特约编辑 / 孙　嘉
装帧设计 / 长　岛
监　　制 / 姚　军
责任校对 / 丁　实

出版发行 / 上海三联书店
　　　　（200030）中国上海市漕溪北路 331 号 A 座 6 楼
邮购电话 / 021-22895540
印　　刷 / 苏州市越洋印刷有限公司

版　　次 / 2021 年 6 月第 1 版
印　　次 / 2021 年 6 月第 1 次印刷
开　　本 / 787×1092 毫米　1/16
字　　数 / 240 千字
印　　张 / 22.5
书　　号 / ISBN　978-7-5426-7443-2 / K・643
定　　价 / 78.00 元

敬启读者，如发现本书有质量问题，请与印刷厂联系：0512-68180638